网店创业一本通

崔恒华 编著

電子工業出版社
Publishing House of Electronics Industry
北京•BEIJING

内 容 简 介

淘宝是一个梦想的舞台，也从来不缺乏成功的例子，淘宝成就的百万富翁也不计其数。本书是一本帮助初学者和有一定计算机使用经验的用户学习网上开店创业知识的书籍，以实例的形式一步步详细讲解具体的操作细节，让读者可以学习到最实用、最有效并且能长久持续的网上创业与致富技术。

本书主要内容包括网络创业的准备、注册淘宝领取网上开店的“身份证”、发布商品、卖出商品完成交易、拍摄处理吸引顾客眼球的商品照片、装修漂亮的店铺、在淘宝推广店铺的方法、在淘宝外进行推广的技巧、淘宝网店常见促销策略、打造淘宝金牌客服团队、处理交易纠纷的绝招、网上开店货源大揭秘、轻松解决网店销售中的物流配送难题、掌握网店经营管理艺术、网店创业成功之道等知识。

本书不仅适合想在网上创业的大学生、初创业者、寻求兼职者、自由职业者，还适合想获得更大的市场和更多利润的店长们，亦可作为大学生创业课程的参考用书。

图书在版编目（CIP）数据

网店创业一本通 / 崔恒华编著. —北京：电子工业出版社，2015.1
ISBN 978-7-121-24471-1

Ⅰ. ①网… Ⅱ. ①崔… Ⅲ. ①电子商务－商业经营－基本知识－中国 Ⅳ. ①F724.6

中国版本图书馆 CIP 数据核字（2014）第 231196 号

策划编辑：林瑞和
责任编辑：王 静
印 刷：北京中新伟业印刷有限公司
装 订：北京中新伟业印刷有限公司
出版发行：电子工业出版社
北京市海淀区万寿路 173 信箱 邮编 100036
开 本：787×980 1/16 印张：21 字数：394 千字
版 次：2015 年 1 月第 1 版
印 次：2015 年 1 月第 1 次印刷
印 数：4000 册 定价：49.00 元

凡所购买电子工业出版社图书有缺损问题，请向购买书店调换。若书店售缺，请与本社发行部联系，联系及邮购电话：（010）88254888。

质量投诉请发邮件至 zlts@phei.com.cn，盗版侵权举报请发邮件至 dbqq@phei.com.cn。

服务热线：（010）88258888。

前言

在 21 世纪的今天，互联网已经脱去了神秘的面纱，从专家学者的实验室走进了千家万户，甚至成为人们工作和生活的一部分。互联网在改变人们的工作和生活方式的同时，也让更多的人找到了一条通向成功的道路——互联网创业之路。你必须相信，这是一个前所未有的机遇，而且正有越来越多的人通过网络拥有了属于自己的事业。

目前“全民创业，人人致富”成了一个颇为热门的话题。人们谈论成功，向往财富，也在不断地寻求创业致富的方法与技巧。随着网络的迅速发展，不少商业精英已投身于网络经济中，并在这个领域中抢占了一片空间，大显身手，各领风骚。不管你是想兼职，还是想寻求一份职业上的突破，网店正在成为一块集创业和就业机会于一身的“黄金宝地”。越来越多的年轻人正在通过网店创业，建立了属于自己的商业王国，他们聚集财富的能力和方式与他们的前辈有着天壤之别，其财富暴增的速度也已经远远超过了他们的前辈。

本书主要内容

毋庸置疑，在网络上不但可以赚到钱，而且还可以赚到大钱，甚至可以把网络生意当成毕生追求的事业，这一点，已经在越来越多的人身上得到了证实。本书旨在帮助读者了解网店创业致富的方法，并通过对自身的各种总结，让读者在实际操作中尽量少走弯路。真正的财富来自经验，来自不断的尝试，你可以失败，但不能不尝试。

本书主要内容包括网络创业的准备、注册淘宝领取网上开店的“身份证”、发布商品、卖出商品完成交易、拍摄处理吸引顾客眼球的商品照片、装修漂亮的店铺、在淘宝推广店铺的方法、在淘宝外进行推广的技巧、淘宝网店常见促销策略、打造淘宝金牌客服团队、处理交易纠纷的绝招、网上开店货源大揭秘、轻松解决网店销售中的物流配送难题、掌握网店经营管理艺术、网店创业成功之道等知识。

本书的特色

本书作者结合自身的网络创业致富经历，通过具体、可操作的实战案例介绍了大量网上创业方向和创业项目，读者可以拿来就用，轻松创业！对于想通过网络创业赚钱的人有一定的帮助，概括起来本书具有如下特点。

- 本书作者中既有具有多年的淘宝网店经验的店长，也有电子商务和创业专业的大学教授。
- 操作性强。本书以图文并茂的轻松形式和众多实例，介绍如何利用网店赚钱创富的方法和途径，通过详细、直观的步骤讲解相关操作，使读者轻松上手，举一反三。读者只需要根据这些操作步骤完全可以轻松赚钱。
- 本书绝大部分的技术都是经过实践证明能够长期有效的，都能够实实在在地帮助读者在网上赚到理想的收入。
- 内容紧随时代发展。本书的内容都是基于当前淘宝最新的资源和版本，讲解了大量最新的理念和方法，便于读者把握网络的最新动态。
- 内容实用。本书作者具有多年的网络经验，将作者在从事网店创业致富过程中的经验和技巧总结了出来，涵盖了网店创业致富过程中遇到的许多细节问题，具有极高的实用价值和可操作性。

本书适合读者

对网店创业的经历体验及对网店创业赚钱过程的提炼，使本书又可以成为互联网创业致富的实用指南。无论是想在网上创业的大学生、初创业者、寻求兼职者、自由职业者，还是想获得更大的市场和更多的利润的店长们，如果想尝试网上创业，都可以在本书中找到适合自己的篇章，本书亦可作为大学生创业课程的参考用书。

本书由经验丰富的网店老手与网络技术高手编写，同时也得到了众多网站站长的支持，在此表示衷心的感谢。本书参加编写的还有郭海旺、孙东云、邓静静、张连元、孙素华、徐洪峰、王冬霞、刘桂香、陈石送、马武帮、葛俊科、葛俊彬、孙起云、孙良军。由于作者水平所限，书中可能还存在疏漏和不足之处，欢迎读者朋友不吝赐教。

编著者

目录

第1章 网络创业的准备

开店指导

互联网有着无数的创业机会，可以毫不夸张地说，互联网网站可以遍及人类生活的每一个方面。网站并不是什么虚拟的经济，它是现实商业的延伸和补充，它是创造神奇经济的载体！据中国互联网络信息中心统计，截至 2013 年 12 月底，我国网民规模达到 6.18 亿人。人们在互联网上娱乐、交友、获取信息、购物、进行商务活动等，互联网已经真正成为人们生活的一部分。当互联网成为人们生活必不可少的一部分的时候，商业机会也就无穷无尽了。

1.1 网络创业前景

网络创业是有了网站运营、网店经营之后才产生的一种新型创业形式。大多数网络创业者是从事 IT 行业的青年人，所以网络创业也是一种勃勃生机的创业形式。

网络创业主要指经营网站和网店，归根结底就是一种以网络作为载体的创业形式，包括网站的经营、网上开店等。下面以网络创业中最重要的网上开店为例讲述网络创业的前景。

2014 年 1 月 16 日，中国互联网络信息中心（CNNIC）在京发布第 33 次《中国互联网络发展状况统计报告》(以下简称《报告》)。《报告》显示，截至 2013 年 12 月，中国网民规模达 6.18 亿人，互联网普及率为 45.8%。其中，手机网民规模达 5 亿人，继续保持稳定增长。手机网民规模的持续增长促进了手机端各类应用的发展，成为 2013 年中国互联网发展的一大亮点。2013 年，中国网络购物市场交易规模达到 1.85 万亿元，增长了 42.0%。根据商务部最新预测的 2013 年全年社会消费品零售总额数据，2013 年，网络购物交易额占社会消费品零售总额的比重将达到 7.8%，比 2012 年提高 1.6%。

随着网民购物习惯的日益养成，网络购物相关规范的逐步建立及网络购物环境的日渐改善，中国网络购物市场将开始逐渐进入成熟期，未来几年，网络购物市场增速将趋稳。同时，随着传统企业大规模进入电商行业，中国西部省份及中东部三四线城市的网络购物潜力也将得到进一步开发，加上移动互联网的发展促使移动网络购物日益便捷，中国网络购物市场整体还将保持相对比较快的增长，预计 2016 年至 2017 年，中国网络购物市场交易规模将达到 40000 亿元。

如此诱人的市场让不少人决定在网上开店，截至 2012 年 12 月，电子商务平台中仅淘宝网一家即创造直接就业机会 467.7 万个，拉动间接就业约岗位 1333 万个。网络就业的最大优势在于，极大地降低了大学生、下岗职工、残疾人、贫困农民等弱势群体的就业压力，给他们提供了一个相对公平、便捷的就业平台。

电子商务的普及给年轻人以更多的工作机会。他们辞去朝九晚五的枯燥工作，全职网络创业。捧杯咖啡，坐在家中创业，成为越来越多年轻人的全新选择。可见网上开店创业的前景是美好的，让我们衷心祝愿：网店越走越好，掌柜们的钱越赚越多！

1.2 进行网络创业前的准备

与传统的创业模式相比，进行网上创业门槛降低了很多，需要提醒大家注意的是：尽管网络创业商机无限，但最好还是做好准备，因为门槛低并非意味没有门槛。那么，面对汹涌而来的互联网热潮和众多狂热的网上淘金者，在网络创业前我们应该做好哪些准备呢？

1.2.1 网络创业不可缺少的心态

在网络创业之初，一个好的开端是非常重要的，而这个开端就是自己在心理上要有充足的准备，这一点不需要花钱就可以做到。

在网上开店初期，最重要的是应该时刻保持冷静的心态，除了学习电子商务知识和一些常用软件的使用方法之外，还要时刻跟随年轻人的步伐，融入他们的群体。

1．平淡之心

但凡做一件事，心理上准备得好的人，往往会更容易成功，或者说更容易接受不断的失败，再不断地进行新的尝试。怀着这样的一颗心做事并坚持下去，一定会成功！

要在网上创业，首先要对网络创业的困难有足够的认识。不要认为在家里轻轻点几下鼠标，就可以赚到钱了。网络创业和任何一件谋生工作一样艰辛，甚至有过之而无不及。

网上开店创业的朋友何止千万？在这么多人里，买家找到你的机会又会有多少？所以，一天、两天甚至是一个月没有生意都应该事先有心理准备。

2．不要怕别人知道你是新手

绝大多数人都认为“新手”这个词对经营很不利，其实“新手”也有自己的独特优势。新手很谦虚，因为你是新手，所以有许多买家会向你提出更多意见：“这款怎么没有红色的，别人家的店铺就有。”这时候你应该很谦虚地说：“谢谢您的建议，如果您需要我可以马上给您定做一个。”这时买家会觉得你的态度很好。

3．勤学苦干之心

网络开店创业之初，最担心的就是自己辛苦进的货放到网上没人看。此时提高店里的人气是当务之急。在这样的情况下，要先清楚自己所处的环境，花大力气熟悉淘宝的规则和环境，如此才能得心应手地开店。

要常去淘宝论坛，多看一看别的商家是怎么做的，多学一学别人的经验，多找精华帖子看，淘宝的经验畅谈居是很好的去处。看到实用性强的好帖子就收藏起来，如果有条件还可以打印出来，多看多揣摩，自然会有所领悟。只有深入到网店经营生活中去的人，才会真正明白其中的奥妙。很多事情，需要自己亲身经历过方知其艰辛。

4．不要不好意思

很多新手在对自己的店铺做推广时会很不好意思，总是觉得“我是新手，给人家发信息人家会理我吗？”实际上，只有主动出击才会赢，你可以把你的广告词说得婉转一些，要非常有礼貌，所谓“礼多人不怪”，绝大多数人是不会反感的。

5．感恩的心

所有曾给过我们帮助的朋友，以及所有曾支持过我们的买家朋友，都是我们受之恩惠的人。要感谢买家、感谢卖家、感谢朋友，感谢一切曾给予我们生命快乐的人和事。一颗感恩的心，将是最快乐的心。

6．戒骄戒躁

其实皇冠也没有什么了不起的，它代表的只不过是成交的数量，付出的努力和劳动更多罢了。皇冠不是炫耀的资本，因为所有的一切都是你应该做的。既然选择开网店，就应该好好经营，就应该做到四皇冠、五皇冠，甚至更高的级别。

做好每一笔生意，走好每一步路，让买家和卖家都满意，自己也会从中得到快乐与金钱的回报。

7．一定要有耐心和信心

开店的前几周很可能会颗粒无收，这时候的卖家是最痛苦的，但无论如何一定要坚持下去，要坚信“道路是坎坷的，前途是光明的”。如果你半途而废将永远没有开始，坚持不懈才能拥有未来。另外，还可以利用生意的冷淡期抓紧时间学习，也是不错的机会。

在网上开店，每天重复的事情很多：店铺管理、推广宝贝，在论坛发帖、回帖……还有就是与顾客交流，在与顾客交流的时候一定要有耐心。

8．有勇于承担责任的心态

一旦自己的商品有了问题，或者是出现了别的问题，顾客找你的时候，千万不要找借口推卸。要勇于把责任承担起来，该道歉就道歉，即使自己有委屈，顾客气在头上说了很难听的话也不能和顾客吵架。有了这样的气魄，别人才会信任你，误会才会消除。有了相互之间的信任，才可能有生意。

经商做生意是一件非常辛苦的工作，并不像大多数未涉商海的人想象得那样，是一件潇洒有趣的事情。

1.2.2　寻找合适的创业商机

在做好网上创业的准备之后，接下来就是寻找合适的项目。无论商机大小，从经济意义上讲一定是能够产生利润的机会。商机表现为需求和满足方式在时间、成本、数量、对象上的不平衡状态。归纳起来可以大致分为如下几种。

1．短缺商机

物以稀为贵，短缺是赚取利润的第一动因。一切有用的东西都可以是商机，比如高科技、真情、真品、知识等。

2. 价格与成本商机

水往低处流，货往高价上卖。在需求的问题上，能用更低成本满足时，低价替代物的出现也是商机。

3. 变化就是机会

环境的变化，会给各行各业带来良机，人们透过这些变化就会发现新的前景。变化可以包括：① 产业结构的变化；② 科技进步；③ 通信革新；④ 政府放松管制；⑤ 经济信息化、服务化；⑥ 价值观与生活形态变化；⑦ 人口结构变化。

4. 方便性商机

“江山易改，惰性难移”，很多人愿意花钱买方便，因此才会出现“网上店铺”与“传统店铺”并存的现象。

5. 通用需求商机

吃、穿、住、行这些人们必需的东西，人们每天都在消费，并且周而复始，有人的地方，就会有这种商机。

6. 集中盯住某些顾客的需要

创业机会不能从全部顾客身上去找，因为有共同需要的顾客容易被寻找到，基本上已很难再找到突破口。而实际上每个人的需求都是有差异的，如果我们时常关注某些人的日常生活和工作，就会从中发现创业机会。因此，在寻找机会时，应把顾客分类，例如分为政府职员、农民、教师、杂志编辑、学生、时尚白领、退休职工等，认真研究各类人员的需求特点，创业机会就会出现。

7. 基础性商机

基础性商机指的是引起所有商机的商机，比如社会制度、基础建设、商业规则等。对长期的投资者来说，这是很重要的。

8. 战略商机

战略商机指未来一段时间必然出现的重大商机，二十年前的中国人就面临了这种商机，这就是“下岗”和“下海”的天壤之别，主动“下岗”就变成了致富。

9. 关联性商机

关联性商机指的是由需求的互补性、继承性、选择性所决定的商机，就是地区间、行业间、商品间的关联商机，具有“一荣俱荣，一损俱损”的特点。

10. 系统性商机

系统性商机源于某一个独立价值链上的纵向商机，例如电信繁荣，IT 需求旺盛，IT 厂商赢利，众多配套商增加，增值服务商出现，电信消费大众化。

1.3 了解网上开店平台

在网上开店需要一个好的平台，一般的创业者通过注册成为网站会员，然后依靠其网站开设店铺。在人气高的网站上注册建立网店是目前国内最火的开店方式，目前常见的网上开店三大平台分别是淘宝网、易趣网、拍拍网。

1.3.1 淘宝网

淘宝网是由阿里巴巴集团在 2003 年 5 月 10 日投资创立的。淘宝网现在的业务跨越 C2C（个人对个人）、B2C（商家对个人）两大部分，是中国比较受欢迎的网购零售平台，目前拥有近 6 亿的注册用户数，每天有超过 6000 万的固定访客，同时每天的在线商品数已经超过了 8 亿件，平均每分钟售出 4.8 万件商品。如图 1-1 所示是淘宝网首页。

图 1-1 淘宝网首页

1.3.2　易趣网

1999 年 8 月，易趣在上海创立。2002 年，易趣与 eBay 结盟，更名为 eBay 易趣。秉承帮助几乎任何人在任何地方能实现任何交易的宗旨，不仅为卖家提供了一个网上创业、实现自我价值的舞台，以及品种繁多、价廉物美的商品资源，也给广大买家带来了全新的购物体验。如图 1-2 所示是易趣网首页。

图 1-2　易趣网首页

1.3.3　拍拍网

拍拍网是中国知名的网络零售商圈，是腾讯旗下的电子商务交易平台。拍拍网依托腾讯 QQ 的庞大用户群及活跃用户的优势资源，具备良好的发展基础。拍拍网作为腾讯“在线生活”战略的重要业务组成，在创立之初就定位于“中国电子商务的普及者和创新者”，以促进电子商务在中国的全民普及和发展。如图 1-3 所示是拍拍网首页。

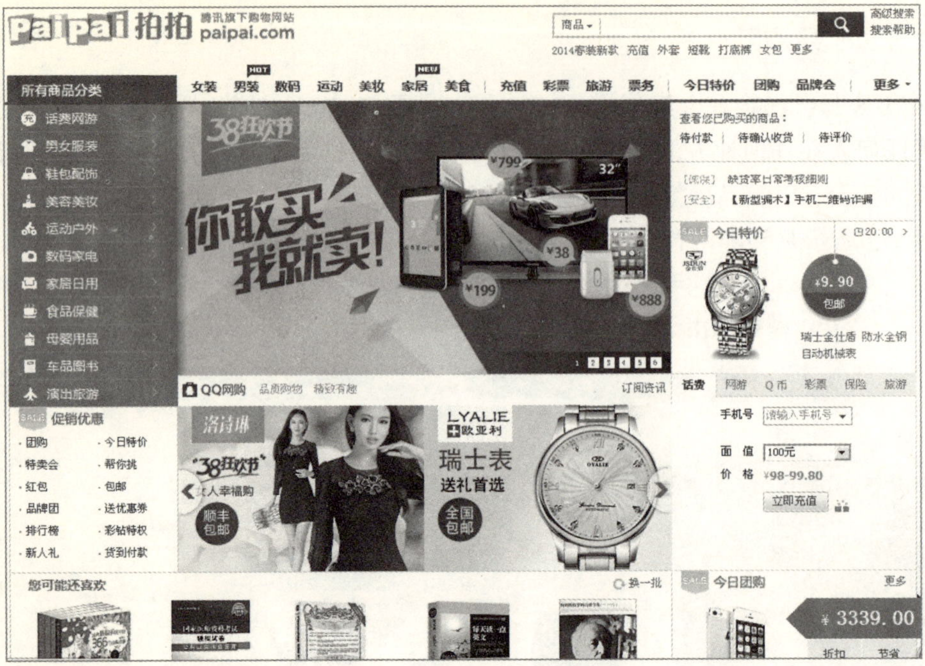

图 1-3　拍拍网首页

1.4　现代创业赚钱的几个方向

决定将创业的资金投入哪个项目，哪种商品，是一种投资决策，通过各种途径和方式筹到的资金只有投向最能赢利的地方，才能达到资金利润的最大化。有关业内人士还给出了如下投资建议。

1. 大型不如小型

大型项目运行后，单位成本低、技术基础强，容易形成支柱产业，但资金需求量大，管理经营难度大。作为一般的投资者，哪怕你已经是百万富翁，只要是做民间性质的投资，就宜选择投资小、见效快、技术难度系数低的投资方向。近年来，发展最快的民间投资项目种类千差万别，经营方式无奇不有，但上千万元的大项目却是寥寥无几。

2. 重工业不如轻工业

重工业是国民经济发展的基石，轻工业却是发展的龙头。重工业投资周期长、回收慢，一般不是民间资本角逐的领域，而是国有企业的天下。无论是生产加工，还是流通贸易，经营轻工业产品尤其是消费品，风险小，投资强度和难度小，容易在短期内见效，因此特别适合民间资本。

投资用品不如食品。民以食为天，中国人有闻名世界的饮食文化。千家万户的一日三餐，食品市场是十分庞大而持久不衰的，而且政府除了技术监督、卫生管理外，对食品的规模、品种、布局、结构，一般不予干涉。食品业投资可大可小，切入容易，选择余地大。

3．“做”男不如“做”女

全社会购买力 70%以上是掌握在女人手中。女人不但执掌着大部分中国家庭的“财政大权”，而且相当部分商品是由女人直接消费的，例如高档时装、鞋帽、名贵首饰、化妆品等。所以，你若在消费品领域投资，无论是生产还是销售，把你的客户定向于女人，你就会发现更多的机会。

4．大人不如孩子

孩子代表未来，独生子女在中国已成为一种独特的文化现象，因此，中国的儿童消费品市场很有特色。在零售食品、用品方面，很大一部分是儿童消费品的市场。儿童消费品市场弹性大，随机购买力强，加上容易受广告、情绪、环境的影响，向这种市场投资，是一种富有生命力的选择。尤其在我国，满足了小孩的需求，在很大程度上就是满足了他们父母的需求。

5．综合不如专业

品种丰富，大众买卖，这已经是一般投资者的思维定势。大而全、小而全的经营，是计划经济中上下认同的模式。市场经济是综合化发展的，不过这更多的是一种宏观的态势和整体格局，微观领域往往要靠专业化取胜。专业化生产和流通容易形成技术和批量经营的市场特色，厂商有竞争的环境，用户有比较大的选择余地。

1.5　网络创业建议

在互联网领域创业的人越来越多，但究竟怎样才能成功创业，很多人对此一直存在着理解的误区，它也困扰着很多创业者。

1.5.1　先别辞职

网上创业是需要时间的，建立一个网站并从中赚取利润，不是一件简单的事情。从我自身经验来看，如果不走邪门歪道，至少也得花几个月的时间。你需要做市场调查，建网站，写内容，推广，这些都不是几天能做成的。

最好的方式就是白天有正式的工作，业余时间开始在网上创业。当你从网站上赚的钱足够你生活上的花销时，再考虑辞职。

1.5.2 从自己的兴趣出发

千万别看什么热门就干什么。热门行业门槛高，要花的时间精力和金钱很多，不适合创业者，除非你有几千万元可以投资。

开始在网上创业时，你需要做研究调查，读大量的东西，开发产品，回复客户的询问，提供售后支持，写大量的文章。如果你选择的行业不是你喜欢的，这些日常操作将会是一件非常痛苦的事情。

如果你对每天做的工作乐此不疲，又能赚钱，这才是网上创业的最大快乐。

1.5.3 先找准目标市场再谈其他

不要觉得自己某天灵感一来想出的主意特别棒，更不要觉得自己开发出来的产品或服务肯定会受到欢迎，任何没经过目标市场验证的东西都是不确定的。

所以你应该先找准目标市场，研究目标市场需要什么，有什么问题，而你的爱好和特长是否能帮助这个目标市场解决问题和烦恼。如果你能，那么一个能赚钱的服务或产品的点子才真正诞生了。

1.5.4 不要期望过高

也许是网上的骗局太多，也许是网上创业门槛很低，或者故事听得太多，总之很多人以为在网上创业是一件简单的事情。很多人想网上创业的原因竟然是线下创业太难，也即认为线上创业很简单。

其实在网上做生意并不比在线下做生意容易，虽然需要投入的硬性资金设备可能比较少，但要花费的时间和精力可一点也不少，而且同样是有风险的，也不一定会达到你所希望的结果。

1.5.5 花时间学习最基本的技术

网上创业是一个需要不断学习和探索的工作，在初期准备中除了投入必要的硬件外，还需要有相应的软件。掌握基本的网上操作技术并学习一些相关的软件操作知识，将会更加有利于开展网上创业，其中包括网站设计、简单的编程、网络营销推广，以及提供售后支援。

1.5.6　合伙创业应注意的事项

首次创业者因为各种情况需要选择合作伙伴一起来创业，合作伙伴在开始的时候无非就是朋友、同学和亲戚，因为志同道合，因为共同的目的，因为互相的信任，走在一起合作经营一个项目。这时候会有很多的问题产生，为了合作更加愉快、长久，为了长久目标的发展应该注意以下几点。

1．合作目的与目标

商业合作需要有相同的目的和目标。有了一个共同的创业目标，才能走到一起来，所以目标的正确与合作有很大的关系，也是能否找到合作伙伴的关键。利益的合理分配是合作伙伴选择你的主要因素。

在合作初期，创业合作者要明确合作伙伴各自的职责，不能模糊，要能拿出书面的职责分析，因为是长期的合作，明晰责任最重要，这样可以在后期的经营中不至于互相“扯皮”，反目成仇。在创业合作中出现的许多问题就是因为责任明细不够造成的。

2．合作过程的投入比例和利润分配

因为投入比例和分配利益成正比的关系，要在书面上写清楚；当然根据经营情况的变化，投入也会发生变化，在开始的时候就要分析后期的资金或者资源的再进入情况。根据合作双方约定的书面分配合同，分配双方的利润。

3．合作方的退出机制

合作要想好不合作的时候，当一方退出，什么时候退出，退出时的投入与退出的比例，以及怎样补偿，由谁承担等，这些要提前在书面上写清楚，签到合同里，在保证项目的后期合作中双方都能顺利结束，避免产生不必要的瓜葛，不要意气用事，以为大家是朋友不必计较！合理的退出机制是合作中很重要的组成部分！

4．预防合作过程中的摩擦

合作双方之间产生摩擦主要是因为后期经营权和利润分配的矛盾，要合理安排合作职责，明晰合作双方的利益，保持一个良好的经营合作氛围。要预防摩擦，重视摩擦，解决摩擦。良好的合作心态是解决摩擦的方法。

5．合作之间建立商业信任

合作者在初期重情，把一些合作细节都模糊了，这样的做法是不正确的，等有问题出现

的时候，没有一个根本的办法解决，互相攻击，留下一个乱摊子，只能靠道德和情谊解决。要把朋友和亲人之间的合作建立在商业的基础上，用商业的解决方法去解决合作纠纷，一切合作细节都要提前预防，提前明晰，这样才能创造一个良好的合作平台。

1.5.7 创业提高成功率的 6 个方法

据不完全统计，创业企业的失败率高达 70%以上，而新手创业的成功率只有 5%～20%，远低于一般企业的创业成功率。那么，如何尽可能地提高创业的成功率？应该从以下几个方面入手。

1．有一份完整的创业计划书

创业必须制订一个完整、可执行的创业计划书，即可行性报告，主要回答所选的项目能否赚钱、赚多少钱、何时赚钱、如何赚钱，以及所需条件等。回答这些问题必须建立在现实、有效的市场调查基础上，不能凭空想象、主观判断。根据计划书的分析，再制订出企业目标并将目标分解成各阶段的分目标，同时制订出详细的工作步骤。

2．要有周密的资金运作计划

资金如同企业的粮食，要保证企业每天有饭吃，不能饿肚子，就要制订周密的资金运作计划。在企业刚启动时，一定要做好 3 个月以上或到预测赢利期之前的资金准备。

开业后由于各种情况会发生变化，比如销售不畅、人员增加、费用增加等，因此要随时调整资金运作计划。而且，由于企业资金运作中的收入和支出始终处于动态之中，创业者还要懂得一些必要的财务知识。

3．为自己营造一个好的氛围

初创业者由于缺少社会经验和商业经验，如果把自己独立放到整体商业社会中，往往会难以把握。这时可以先给自己营造一个小的商业氛围，进入行业协会是比较有效的一条途径。创业者可以借助行业协会了解行业信息，结识行业伙伴，建立广泛合作，促成自己在行业中的地位和影响。同时，创业者可以选择一个能提供有效配套服务的创业园区落户，借助其提供的优惠政策、财务管理、营销支持等服务，使企业稳定发展。另外，还可以找一个经验丰富的企业管理咨询师做企业顾问，并学会借助各种资源，与各方面的人合作，千方百计给自己营造一个好的商业氛围，这对创业者的起步十分重要。

4．从亲历亲为到建立团队

创业不是想出来的，是干出来的。在创业的初期，受资金的限制，在没有形成运作团队之前，方方面面的事情必须自己去做。只有明确目标不断行动，才能最终实现目标。在做事的过程中，要分清主次，抓住关键，重要的事情先做。每天解决一件关键的事情，比做十件次要的事情会更有效。当企业立足并有了资金后，就应该建立一个团队。创业者应从自己亲力亲为，转变为发挥团队中每一个人的作用，把合适的工作交给合适的人去做。一旦形成了一个高效稳定的团队，企业就会跨上一个台阶，进入一个相对稳定的发展阶段。

5．赢利是做企业最终的目标

做企业的最终目的就是赢利，因此无论是制订可行性报告、工作计划还是活动方案，都应该明确如何赢利。大学生思维活跃，会有许多好的点子，但要使这些好的点子有商业价值，必须找到赢利点。企业的赢利来源于找准用户，因此，企业要时刻了解最终的客户是谁，他们有什么需求和想法，并尽量使之得到满足。

6．失败是迈向成功的阶梯

在企业的运作过程中失败是难免的，失败了不气馁，调整方案，换一个方式和方法继续前进，永远不要停止前进的脚步。

1.6　成功网络创业者的必备素质

成功并非偶然，失败却带着必然。下面是成功网络创业者的必备素质。

1．欲望

将“欲望”列在创业者必备素质的第一位，你可能会感到意外。“欲”，实际就是一种生活目标，一种人生理想。创业者的欲望与普通人欲望的不同之处在于，他们的欲望往往超出他们的现实，需要突破他们现在的立足点才能够实现。所以，创业者的欲望往往伴随着行动力和牺牲精神。这不是普通人能够做得到的。

一个真正的创业者一定是有强烈欲望者。他们想拥有财富，想出人头地，想获得社会地位，想得到别人的尊重。

2．有专业的行业技能

创业者在工作中不需要事事具备，面面俱到，但是熟练的专业知识，精湛的专业技能却是保证自己在行业内游刃有余的必备条件。尤其对于从零开始的创业者来说更加重要。

3．忍耐

“艰难困苦，玉汝于成”这句话很贴切地说明创业的不易。不易在哪里呢?要忍受肉体上和精神上的折磨。肉体上的折磨挺一挺就过去了，但要忍耐精神上的折磨，却不是一件容易的事情。

对创业者来说，肉体上的折磨算不得什么，精神上的折磨才是致命的，如果有心自己创业，一定要先在心里问一问自己，面对从肉体到精神上的全面折磨，你有没有那种宠辱不惊的“定力”与“精神”。如果没有，那么一定要谨慎行事。对有些人来说，给别人打工是一个更合适的选择。对一般人来说，忍耐是一种美德，对创业者来说，忍耐是必须具备的品格。

4．要有敏锐的眼光

创业者是要带领一个团队打天下的人；是一个事事冲在前线的人；是一个与形形色色的人打交道的人；是一个能审时度势，透过现象看本质的人。这就需要你有敏锐的目光去区别是非、辨别真伪、洞察秋毫、预算未来。

广博的见识，开阔的眼界，可以很有效地拉近自己与成功的距离，使创业活动少走弯路。如果你是一个创业者，那么开阔的眼界意味着你不但在创业伊始可以有比别人更好的起步，有时候甚至可以挽救你和企业的命运。

5．要有独到的管理能力

说到管理可能大家都会说：管理，那还不容易，不就是管管人，动口不动手的事吗，谁不会？其实没那么简单，小到经营一个家庭，大到经营一个国家，都需要有科学的管理。如何能将内部的资源利用最大化？如何使一个企业的办事效率最大化？这都是与科学管理有直接的关系，对于企业来说就更重要了。良好严格的管理体制，能使企业散发活力，充满生命力，这就形成了企业文化，能带领企业进行团队作战，其作用可想而知；相反一个没有科学管理能力的创业者带领的企业就如一帮团伙，哪里起火哪里救，哪里出事哪里死。何谈战斗力，哪来生命力?

6．创业者要具备宽大的胸怀

海之宽博，令人敬畏，让人敬仰，因为它有容乃大；山之壮观，巍峨，令人感叹，让人喜爱，因为它躯体高大；领袖之风采，让人敬佩，令人仰慕，是因为其胸怀之宽广，知识之广博，为人之和蔼，处事之冷静。人非圣贤，孰能无过？面对下属的斤斤计较，又怎么能够让别人信任你，服从你呢？创业之道乃集集体之力量，统一发挥，方能克难制胜。然而聚众人之力量者必是能容纳众人的所有优点和缺点的人。

7. 要诚实守信

有一位商业老前辈说得好，关系就是人脉，人脉就是钱脉，有了钱脉何忧创业不成？然而如何建立牢固和庞大的人脉呢？回想三国之刘备，内严外宽，外直内奸，以意得人心，以善搏天下，以信立世间，方才领导众多大才，成就一番伟业。商场如战场，其道理一样。和员工交流需要诚实守信，否则谁能相信你，又怎么能为你卖命？和客户交流需要诚实守信，否则又怎么能相信你能办好事情，怎么敢和你从事商业交往呢？诚实守信是立身之根本，创业之基础。失去诚实和守信，便是诈骗之徒，人人得而诛之。

8. 要踏实稳重

人生应有梦，但筑梦应踏实。创业的艰辛，没有亲身经历过的人，是完全无法体会出来的。尤其，创业绝非儿戏，必须负担资本回收与营运绩效等责任，所以，创业前三思而后行是必要的。从个人人格特质的评估、资金的筹措、人力问题、经验的累积，到市场调查，选择适当的行业与时机投入等，都是在创业前要仔细衡量的要素，如此，才能踏出成功创业的第一步。

9. 自我反省的能力

反省其实是一种学习能力。创业既然是一个不断摸索的过程，创业者就难免在此过程中不断地犯错误。反省，正是认识错误、改正错误的前提。对创业者来说，反省的过程，就是学习的过程。有没有自我反省的能力，是否具备自我反省的精神，决定了创业者是否能认识到自己所犯的错误，是否能改正所犯的错误，是否能不断地学到新东西。

作为一个创业者，遭遇挫折是常有的事，在这种时候，反省能力和自我反省精神能够很好地帮助你渡过难关。

第 2 章 注册淘宝，领取网上开店的“身份证”

开店指导

网上开店首先要选择一个网站作为交易平台，有了交易平台，就可以在这个平台上进行各种交易了。淘宝网就像日常生活中的小商品市场，支付宝就是这个市场的管理员，它掌握着你的账本。我们在日常生活中要到小商品市场购物开店，享受市场管理员的服务，就必须先成为这个市场的一分子。现在我们来淘宝开店，享受支付宝的服务前，也必须先成为它们的会员。

2.1　注册成为淘宝会员

一般来说成为网站会员可以享受更多的功能。在电子商务交易中，一定要成为会员才能进行交易，会员账号就相当于在此网站上的身份证。成为淘宝会员后，用户就可以享受免费网上交易的乐趣，不仅可以在注册的邮箱里收到淘宝发送的促销信息，在交易过程中，淘宝还会随时发邮件提醒你交易所处的状态，并督促你执行下一步操作。

2.1.1　注册淘宝会员

注册淘宝会员非常简单，不需花一分钱，并且程序非常简单。只需要根据提示即可获取淘宝的通行证——淘宝会员账户。下面讲解怎样在淘宝注册会员，具体操作步骤如下。

❶ 打开浏览器窗口，在地址栏中输入 http://www.taobao.com/，打开淘宝首页，单击“免费注册”按钮，如图 2-1 所示。

图 2-1　单击“免费注册”按钮

❷ 进入如图 2-2 所示的填写账户信息页面，输入会员名和密码。

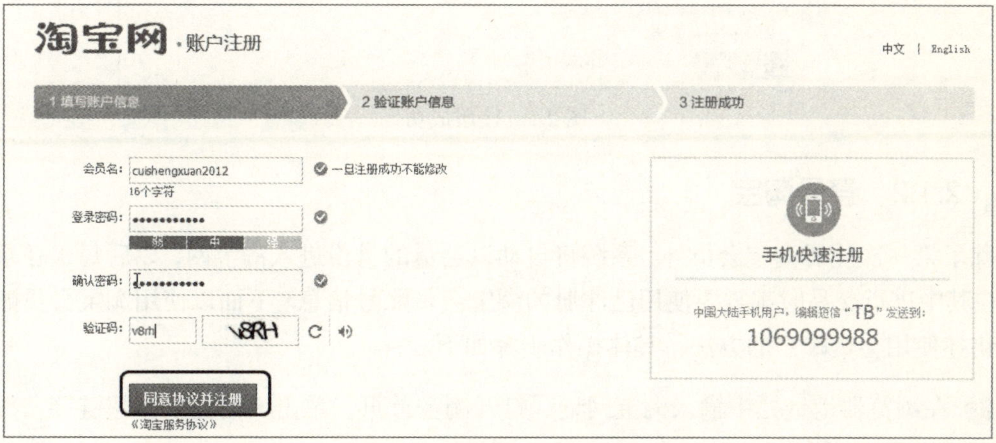

图 2-2　填写账户信息页面

❸ 单击“同意协议并注册”按钮，在打开的页面中输入国家和手机号，如图 2-3 所示。

❹ 单击“确定”按钮，打开“短信获取验证码”页面，输入短信收到的验证码，如图 2-4 所示。

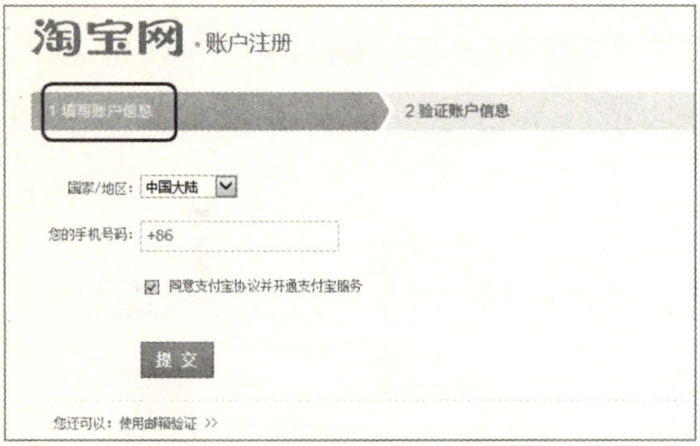

图 2-3　输入国家和手机号

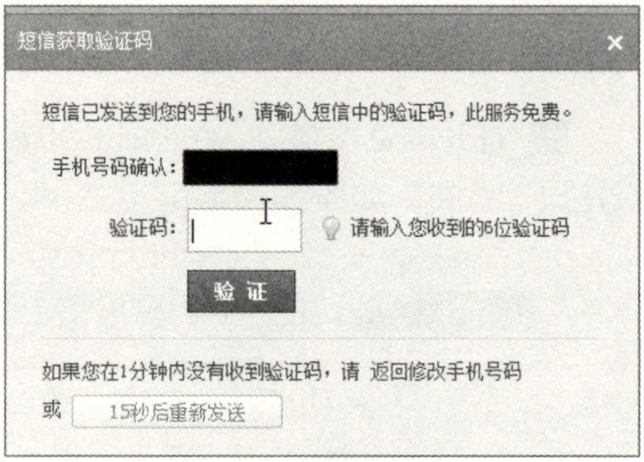

图 2-4　手机短信验证

❺ 单击“验证”按钮，即可成功注册淘宝用户，如图 2-5 所示。

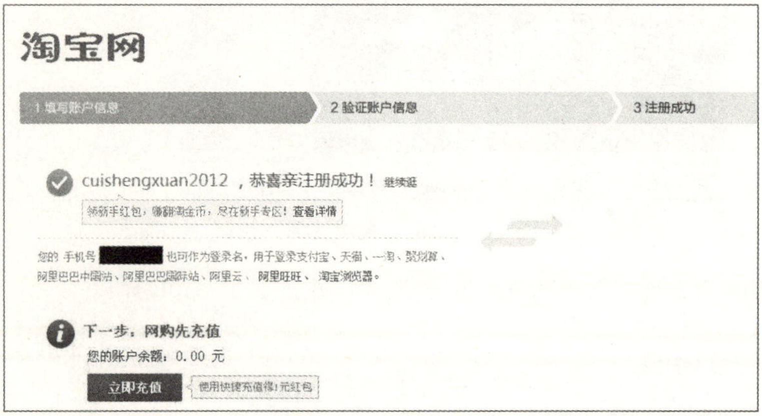

图 2-5　注册成功

2.1.2　登录淘宝

除了第一次注册淘宝会员外，系统将自动以会员的身份进入淘宝网，以后每次登录淘宝网，在其中进行交易时都需要使用已注册的淘宝会员账号信息。下面以使用淘宝会员账户为例，讲述使用会员账户的方法，具体操作步骤如下。

❶ 在浏览器地址栏中输入淘宝网址，打开淘宝首页，单击“请登录”超链接，准备登录淘宝，如图 2-6 所示。

❷ 在打开的网页中输入会员名和密码，如图 2-7 所示。

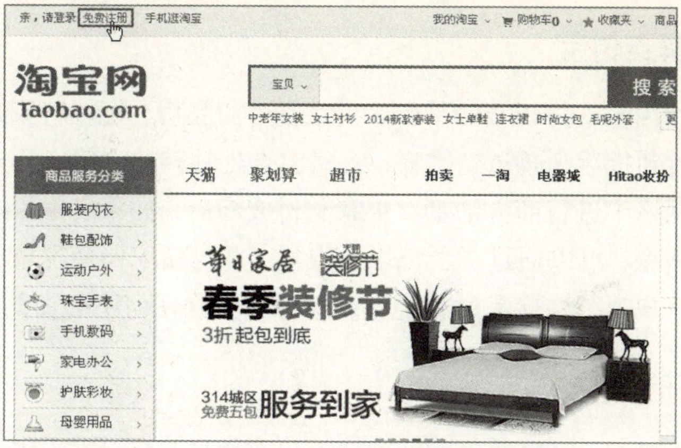

图 2-6　淘宝首页

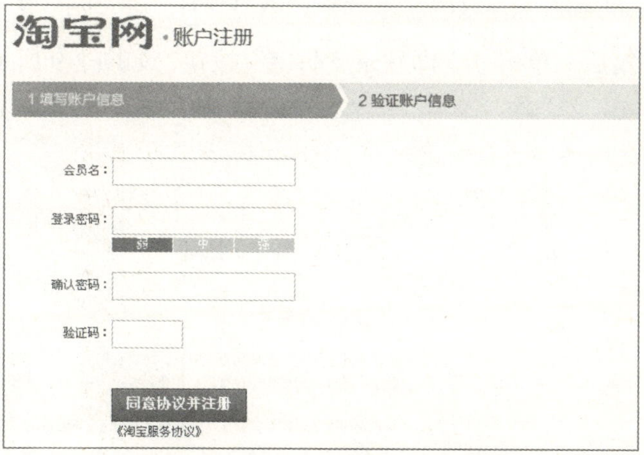

图 2-7　使用会员名和密码登录淘宝

❸ 在淘宝首页单击“登录”按钮，输入登录名和登录密码，再单击“登录”按钮，即可登录淘宝，如图 2-8 所示。

图 2-8　登录淘宝

2.1.3 了解支付宝

支付宝是淘宝网用来支付现金的平台，买家看中商品后，把钱打到这里，然后支付宝通知卖家发货，买家收到货后，通知支付宝，支付宝再把钱转给卖家。用支付宝进行交易，用户就可以放心地在网络中进行商务活动。买家支付成功后，如果卖家没有发送货物，或者买家对收到的货物不满意，可以通过支付宝申请退货，并与卖家协商退款，支付宝会把货款退还到买家的支付宝账户里。在交易过程中，买家不会受到任何不必要的经济损失。

2.1.4 注册激活支付宝账户

注册为淘宝网会员时，可以选择自动创建支付宝账号。淘宝将为用户自动创建一个以注册邮箱为账户名的支付宝账号。激活支付宝账户的具体操作步骤如下。

❶ 登录注册邮箱后，单击“立即登录支付宝”按钮，如图 2-9 所示。

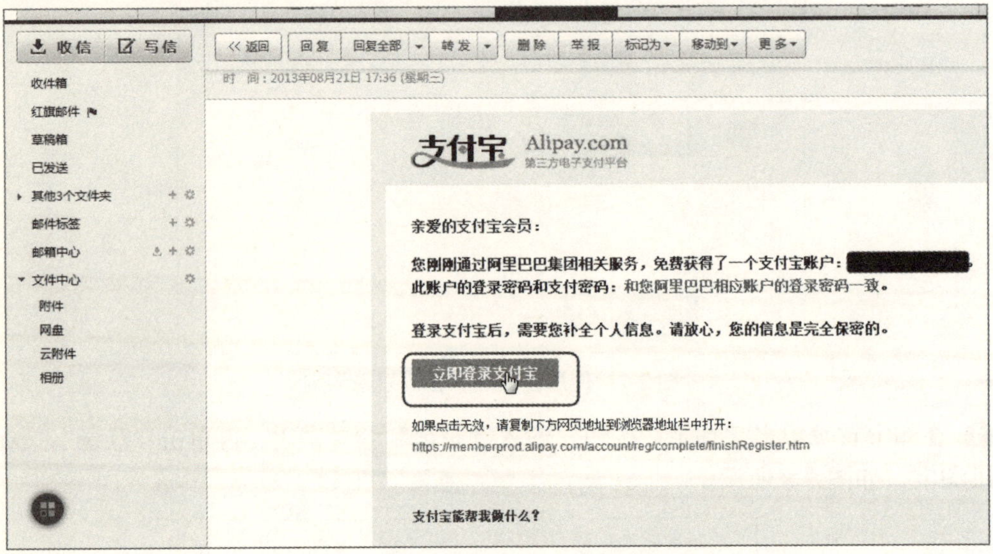
收信
写信
返回
回复
回复全部
转发
删除
举报
标记为
移动到
更多
时 间：2013年08月21日 17:36 (星期三)
收件箱
红旗邮件
草稿箱
已发送
其他3个文件夹
邮件标签
邮箱中心
文件中心
附件
网盘
云附件
相册
支付宝 Alipay.com
第三方电子支付平台
亲爱的支付宝会员：
您刚刚通过阿里巴巴集团相关服务，免费获得了一个支付宝账户：[redacted]。
此账户的登录密码和支付密码：和您阿里巴巴相应账户的登录密码一致。
登录支付宝后，需要您补全个人信息。请放心，您的信息是完全保密的。
立即登录支付宝
如果点击无效，请复制下方网页地址到浏览器地址栏中打开：
https://memberprod.alipay.com/account/reg/complete/finishRegister.htm
支付宝能帮我做什么？

图 2-9 单击“立即登录支付宝”按钮

❷ 进入“支付宝”登录页面，输入“账户名”和“密码”，单击“登录”按钮，如图 2-10 所示。

❸ 进入“支付宝补全账户信息”页面，如图 2-11 所示。

❹ 单击“确定”按钮，输入银行卡卡号和手机号码，单击“同意协议并确定”按钮，如图 2-12 所示。

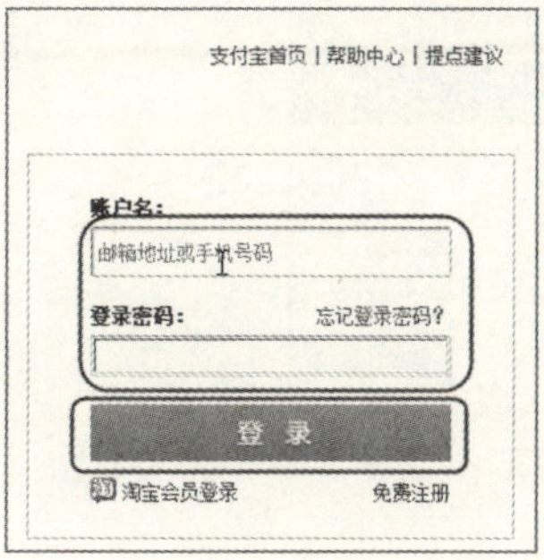
支付宝首页 | 帮助中心 | 提点建议
账户名:
邮箱地址或手机号码
登录密码:
忘记登录密码?
登　录
淘宝会员登录
免费注册

图 2-10　“支付宝”登录页面

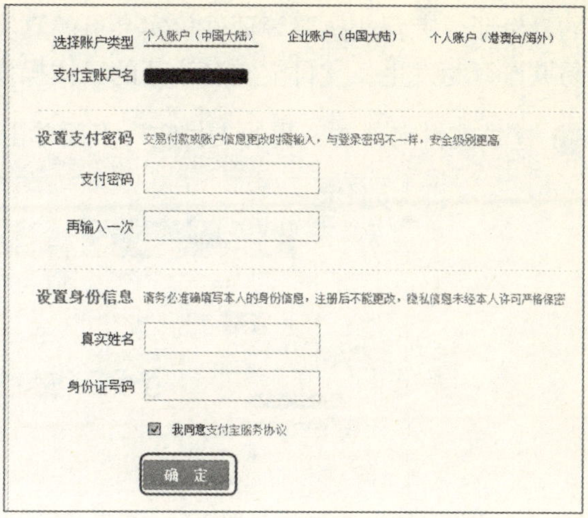
选择账户类型
个人账户（中国大陆）
企业账户（中国大陆）
个人账户（港澳台/海外）
支付宝账户名 [redacted]
设置支付密码 交易付款或账户信息更改时需输入，与登录密码不一样，安全级别更高
支付密码
再输入一次
设置身份信息 请务必准确填写本人的身份信息，注册后不能更改，隐私信息未经本人许可严格保密
真实姓名
身份证号码
我同意支付宝服务协议
确　定

图 2-11　“支付宝补全账户信息”页面

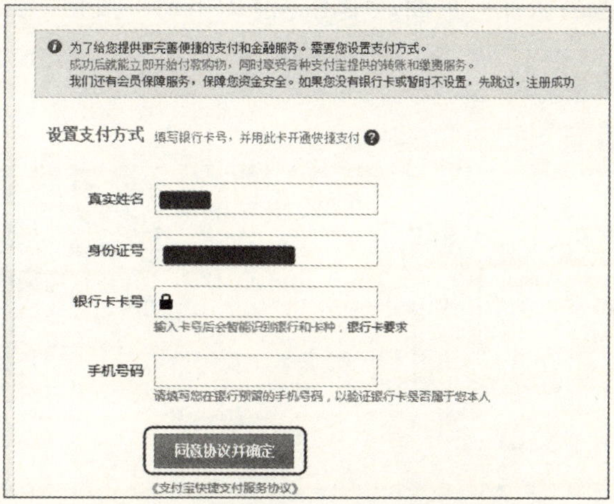
为了给您提供更完善便捷的支付和金融服务，需要您设置支付方式。
成功后就能立即开始付款购物，同时享受各种支付宝提供的转账和缴费服务。
我们还有会员保障服务，保障您资金安全。如果您没有银行卡或暂时不设置，先跳过，注册成功
设置支付方式 填写银行卡号，并用此卡开通快捷支付
真实姓名 [redacted]
身份证号 [redacted]
银行卡卡号
输入卡号后会智能识别银行和卡种，银行卡要求
手机号码
请填写您在银行预留的手机号码，以验证银行卡是否属于您本人
同意协议并确定
《支付宝快捷支付服务协议》

图 2-12　输入银行卡卡号和手机号码

❺ 提示成功开通支付宝服务，如图 2-13 所示。

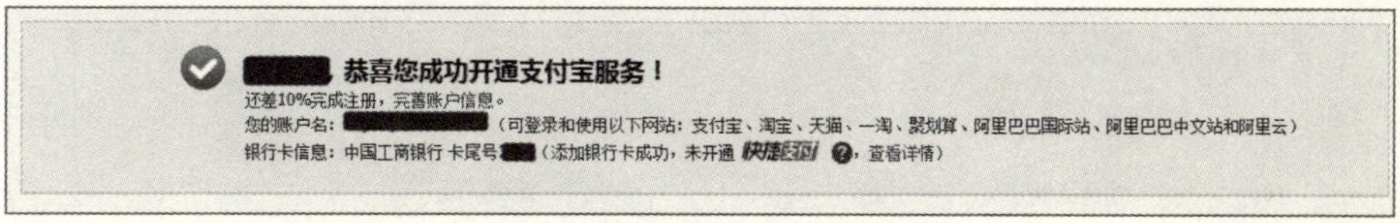
[redacted]，恭喜您成功开通支付宝服务！
还差10%完成注册，完善账户信息。
您的账户名: [redacted]（可登录和使用以下网站：支付宝、淘宝、天猫、一淘、聚划算、阿里巴巴国际站、阿里巴巴中文站和阿里云）
银行卡信息：中国工商银行 卡尾号 [redacted]（添加银行卡成功，未开通 快捷支付，查看详情）

图 2-13　成功开通支付宝

2.1.5　申请支付宝实名认证

淘宝为了营造诚实可信的交易环境，为买卖双方设置了支付宝认证程序。淘宝通过会员

提交的身份证或者营业执照等证件核实会员的真实身份，并与公安部门、银行系统接轨，防止交易欺诈行为发生。支付宝实名认证的具体操作步骤如下。

① 登录支付宝，在“我的支付宝”下面单击“实名认证”超链接，如图 2-14 所示。

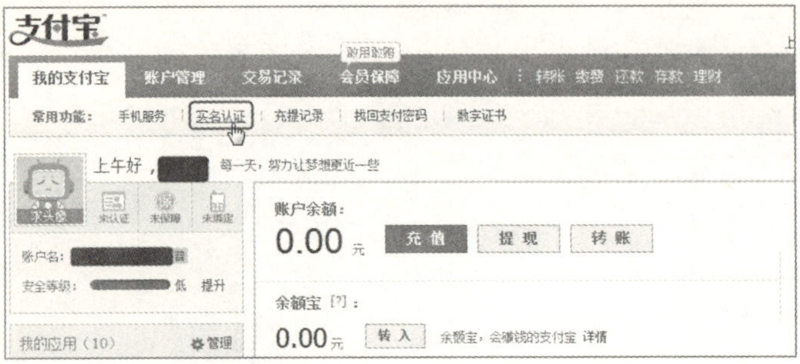

图 2-14　单击“实名认证”超链接

② 进入支付宝“实名认证”页面，单击“立即申请”按钮，如图 2-15 所示。

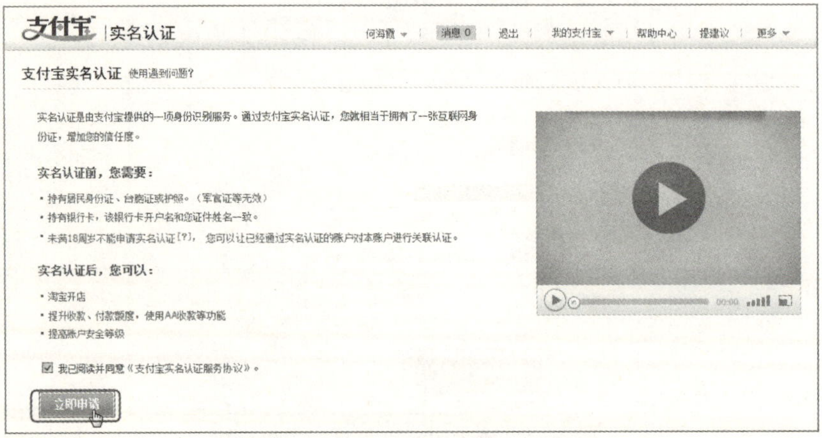

图 2-15　单击“立即申请”按钮

③ 进入到如图 2-16 所示的页面，在这里选择“普通认证”选项后，单击“立即申请”按钮。

图 2-16　单击“立即申请”按钮

❹ 填写个人信息，填写完成后，单击“下一步”按钮，如图 2-17 所示。

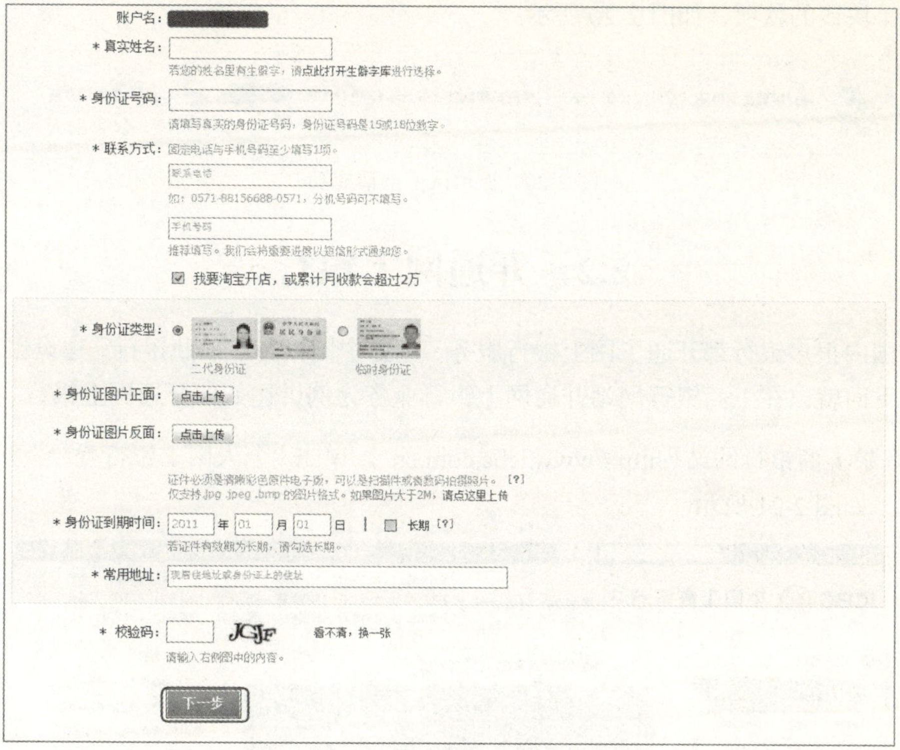

图 2-17　填写个人信息

❺ 进入到如图 2-18 所示的填写银行卡信息页面，单击“下一步”按钮。

❻ 进入“确认个人信息”页面，单击“确认信息并提交”按钮，如图 2-19 所示。

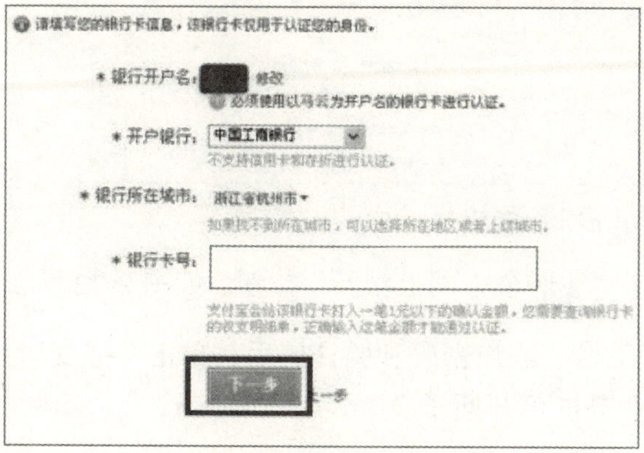

图 2-18　填写银行卡信息

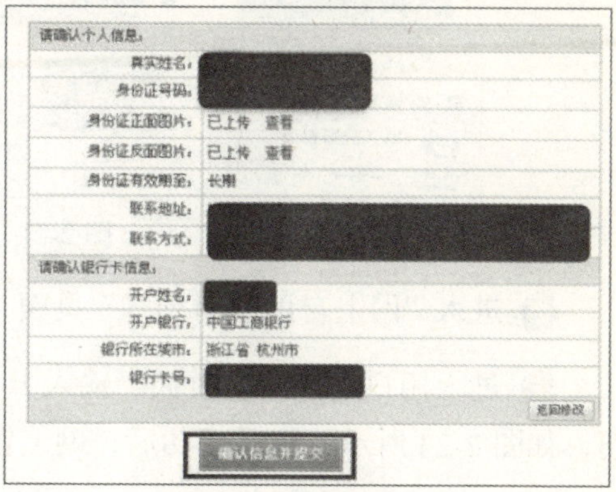

图 2-19　确认银行信息

❼ 提示认证申请提交成功，支付宝会在 1 ~ 2 天内给你所使用申请支付宝的银行卡汇入一笔小于 1 块钱的款项，如图 2-20 所示。

图 2-20　提示认证申请成功

2.2　开通网上银行

目前国内很多银行都开通了网上银行服务，例如中国银行、工商银行、建设银行和招商银行等。下面就以在工商银行网站开通网上银行业务为例讲述如何开通网上银行。

❶ 登录工商银行网站（http://www.icbc.com.cn/），单击“个人网上银行登录”下面的“注册”按钮，如图 2-21 所示。

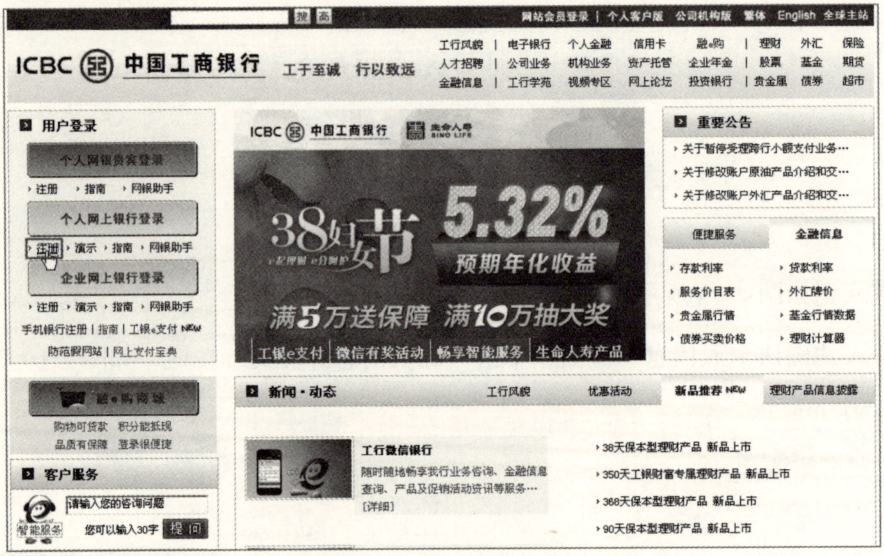

图 2-21　登录工商银行网站

❷ 进入“网上自助注册须知”页面，单击“注册个人网上银行”按钮，如图 2-22 所示。

❸ 进入用户自助注册页面，输入卡（账）号、账户密码和验证码后，单击“提交”按钮，如图 2-23 所示。注册成功后，网上银行业务即可开通了。

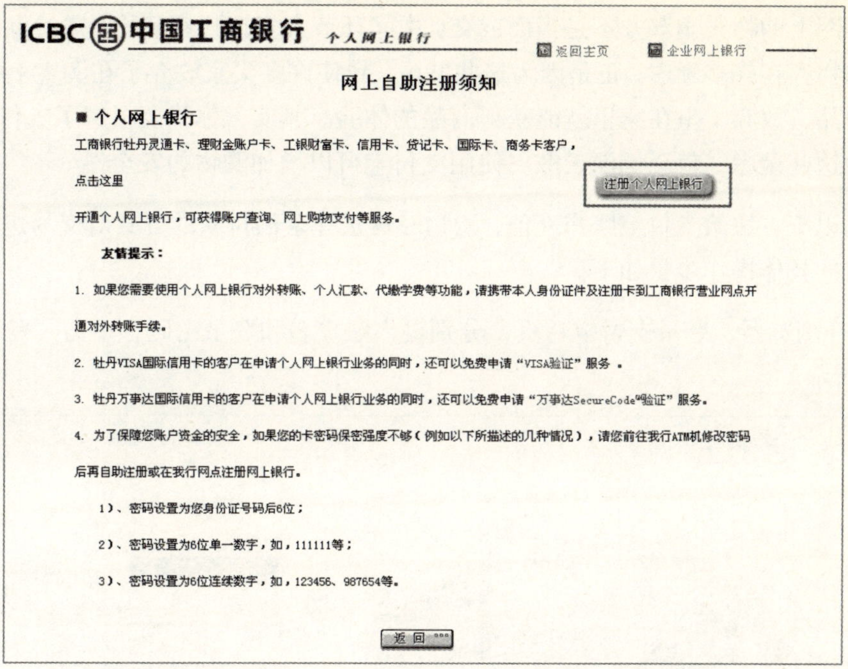
ICBC 中国工商银行 个人网上银行
返回主页
企业网上银行
网上自助注册须知
■ 个人网上银行
工商银行牡丹灵通卡、理财金账户卡、工银财富卡、信用卡、贷记卡、国际卡、商务卡客户，
点击这里
注册个人网上银行
开通个人网上银行，可获得账户查询、网上购物支付等服务。
友情提示：
1. 如果您需要使用个人网上银行对外转账、个人汇款、代缴学费等功能，请携带本人身份证件及注册卡到工商银行营业网点开
通对外转账手续。
2. 牡丹VISA国际信用卡的客户在申请个人网上银行业务的同时，还可以免费申请“VISA验证”服务 。
3. 牡丹万事达国际信用卡的客户在申请个人网上银行业务的同时，还可以免费申请“万事达SecureCode验证”服务。
4. 为了保障您账户资金的安全，如果您的卡密码保密强度不够（例如以下所描述的几种情况），请您前往我行ATM机修改密码
后再自助注册或在我行网点注册网上银行。
1）、密码设置为您身份证号码后6位；
2）、密码设置为6位单一数字，如，111111等；
3）、密码设置为6位连续数字，如，123456、987654等。
返回

图 2-22　单击“注册个人网上银行”按钮

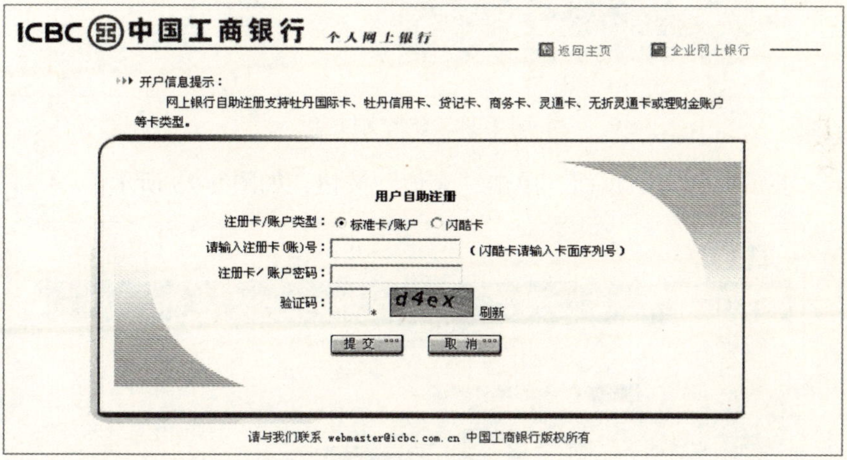
ICBC 中国工商银行 个人网上银行
返回主页
企业网上银行
开户信息提示：
网上银行自助注册支持牡丹国际卡、牡丹信用卡、贷记卡、商务卡、灵通卡、无折灵通卡或理财金账户
等卡类型。
用户自助注册
注册卡/账户类型： 标准卡/账户 闪酷卡
请输入注册卡(账)号：
（闪酷卡请输入卡面序列号）
注册卡/账户密码：
验证码：
d4ex
刷新
提交
取消
请与我们联系 webmaster@icbc.com.cn 中国工商银行版权所有

图 2-23　填写用户信息

2.3　使用支付宝

当你坐在家里打开计算机，登录到淘宝选择好宝贝，经过一番讨价还价，下定决心掏钱拍下时，经常会产生疑问：如果我在网上交了钱，卖家不把商品寄来，或寄来了又不满意怎

么办？因为网上购物买卖双方不是当面成交，中间环节太多，很多不可预知的事情都会导致你对网上购物存在许多疑虑，正是因为这些疑虑，致使许多买家放弃了在淘宝上购买既便宜又正宗的商品，放弃了坐在家里就能获得商品的体验。其实，你只要了解了支付宝的工作，上面所说的这些疑虑，就会烟消云散。使用支付宝可以增加购物的安全性。

可以用以下方法给支付宝账户充值，购物时再选择余额付款的方式对交易进行付款。给支付宝充值的具体操作步骤如下。

❶ 打开浏览器，登录支付宝首页，分别输入账户名和登录密码，单击“登录”按钮，如图 2-24 所示。

图 2-24　登录支付宝

❷ 进入“我的支付宝”页面，单击“充值”按钮，如图 2-25 所示。

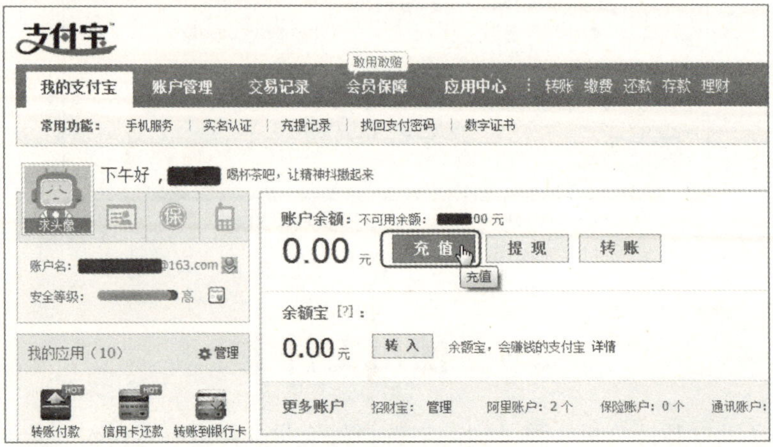

图 2-25　“我的支付宝”页面

③ 进入到“充值”界面，在“请选择充值方式：”中选择“储蓄卡”，单击“下一步”按钮，如图 2-26 所示。或者单击“选择其他”下三角按钮选择其他银行，如图 2-27 所示。

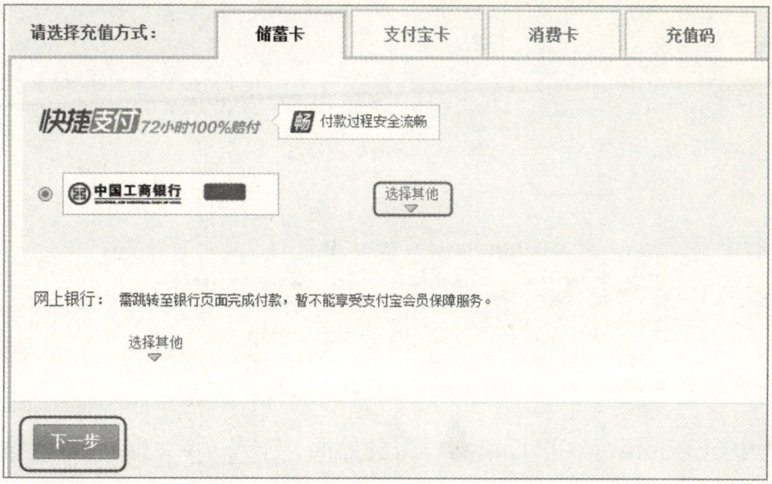

图 2-26　充值向导

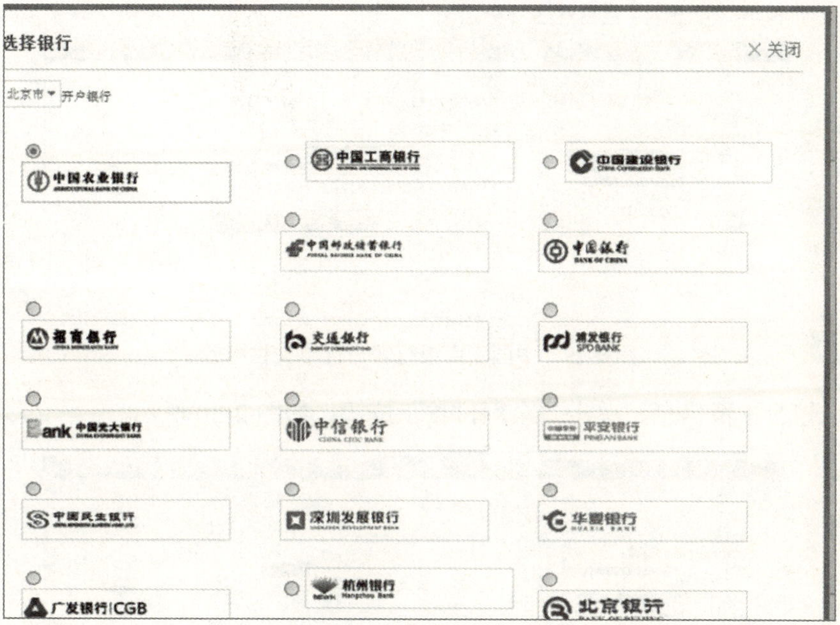

图 2-27　选择其他银行

④ 在这里以中国工商银行为例，选择网上银行“个人版”选项，再选择“中国工商银行”选项，输入充值金额，单击“登录到网上银行充值”按钮，如图 2-28 所示。

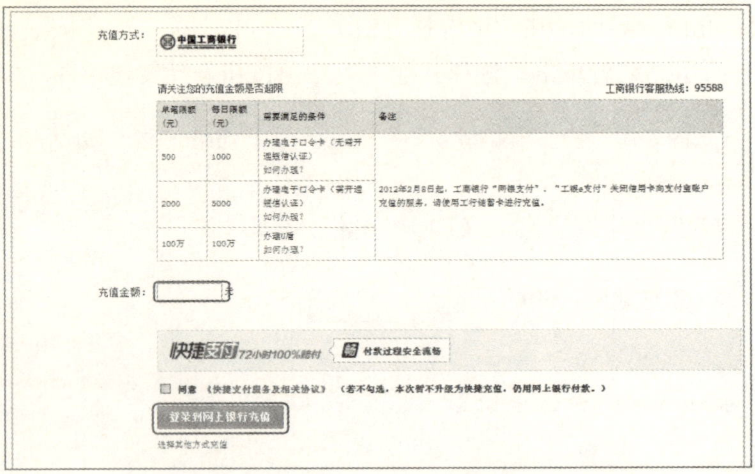

图 2-28　选择网上银行

5 进入到中国工商银行客户订单支付服务界面，输入“卡（账）号:”，输入“验证码”，单击“下一步”按钮，如图 2-29 所示。

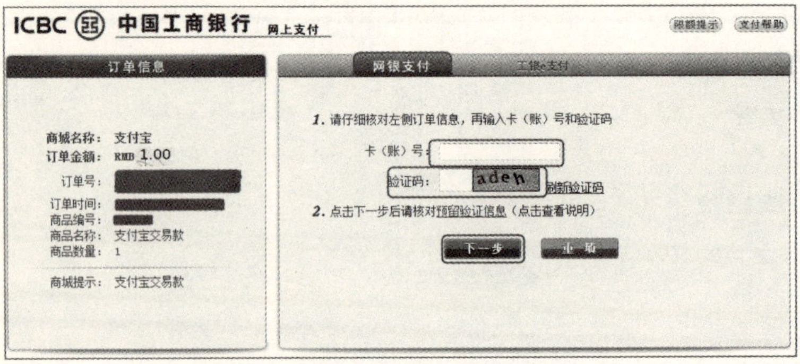

图 2-29　中国工商银行客户订单支付服务

6 确认银行预留信息，单击“全额付款”按钮，如图 2-30 所示。

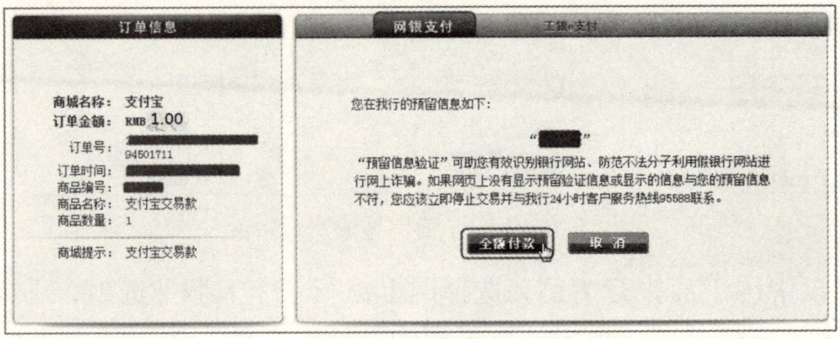

图 2-30　全额付款

2.4　使用千牛软件

千牛软件是为淘宝卖家和天猫商家制作的卖家一站式工作平台，集卖家中心、阿里旺旺卖家版和量子恒道店铺经等诸多功能于一身，还有很多功能插件可选择。

2.4.1　下载与安装千牛

千牛是阿里巴巴卖家版旺旺的升级版。2014 年初旺旺停止更新，统一更新为千牛工作台。下载与安装千牛的具体操作步骤如下。

❶ 登录淘宝网首页，在页面右边的“网站导航”栏目下单击“阿里旺旺”超链接，如图 2-31 所示。

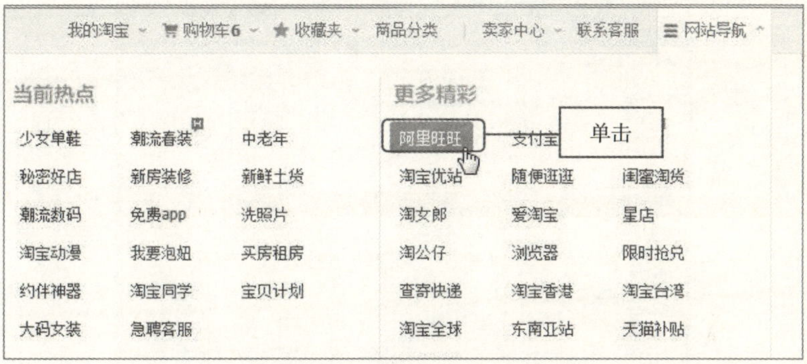

图 2-31　单击“阿里旺旺”超链接

❷ 进入到阿里旺旺下载页面，打开后单击“卖家用户入口”按钮，如图 2-32 所示。

图 2-32　单击“卖家用户入口”按钮

❸ 打开千牛卖家版页面，单击“立即下载”按钮，如图 2-33 所示。

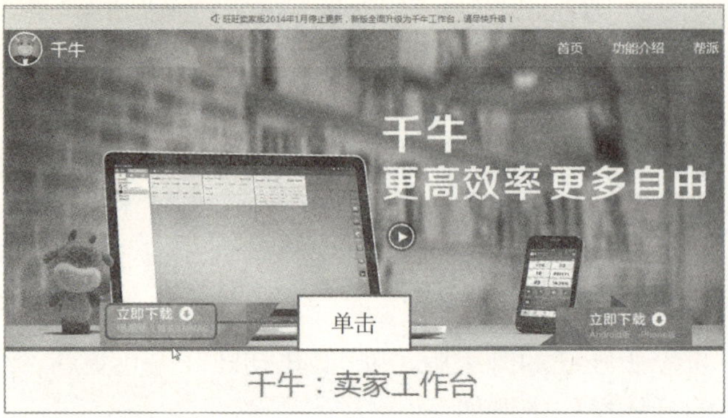

图 2-33　单击“立即下载”按钮

4 选择要下载到本地计算机上的存储位置，如图 2-34 所示。

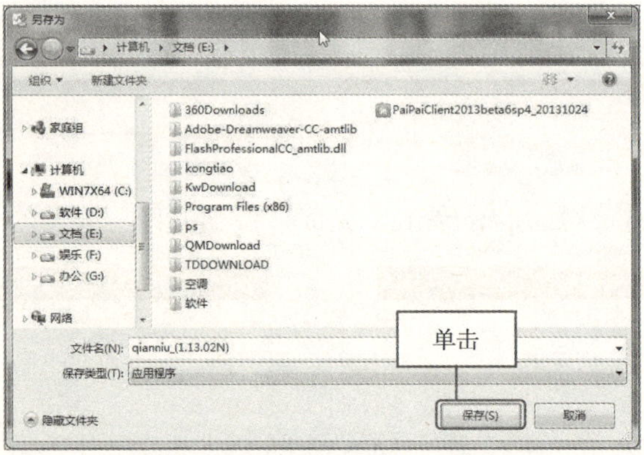

图 2-34　下载到本地计算机

5 双击下载完的软件，即可启动安装程序，单击“下一步”按钮，如图 2-35 所示。

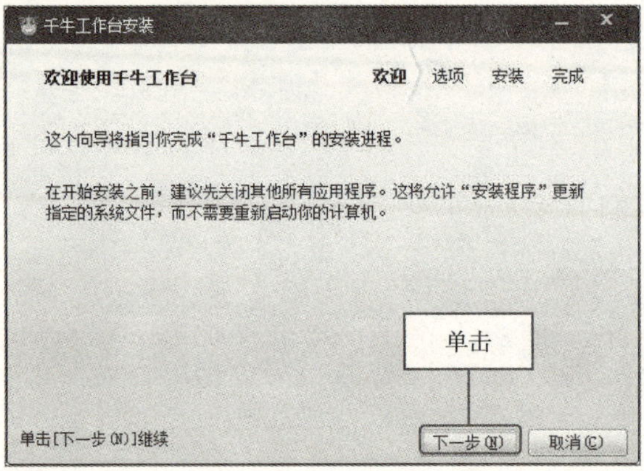

图 2-35　单击“下一步”按钮

❻ 弹出“许可协议”对话框，单击“下一步”按钮，如图 2-36 所示。

❼ 弹出“选择安装位置”对话框，单击“浏览”按钮选择安装位置，单击“下一步”按钮，如图 2-37 所示。

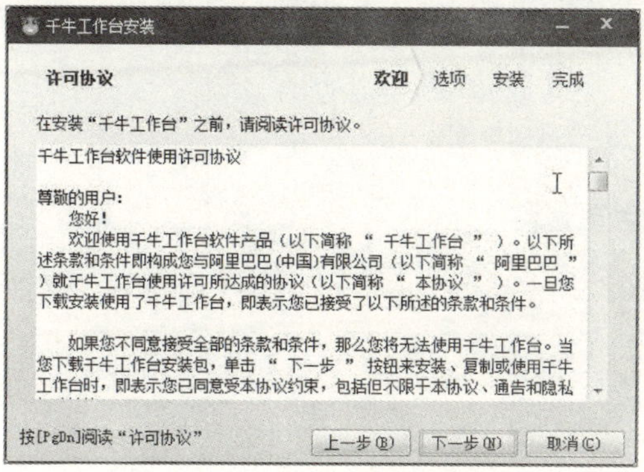

图 2-36　“许可协议”对话框

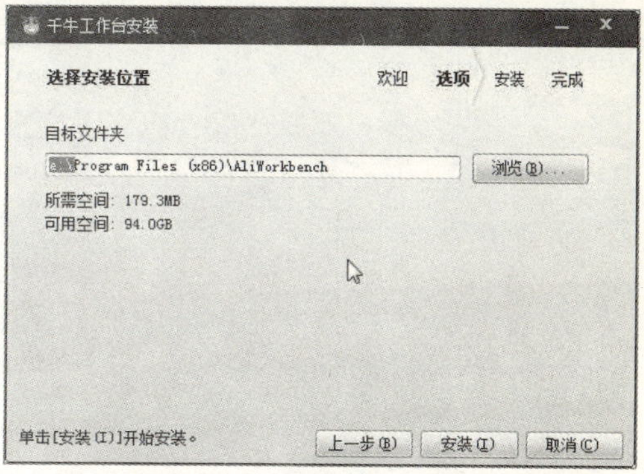

图 2-37　“选择安装位置”对话框

❽ 弹出正在安装页面，安装千牛工作台软件，如图 2-38 所示。

❾ 弹出“安装完成”对话框，单击“完成”按钮，即可完成安装，如图 2-39 所示。

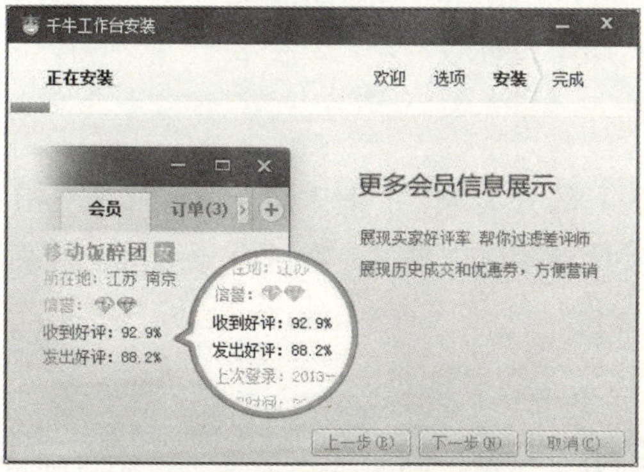

图 2-38　安装千牛工作台软件

图 2-39　完成安装

2.4.2　使用千牛的分组功能

很多卖家的千牛管理得并不好，显得杂乱无章。例如，很多卖家有了促销活动就全部群发，虽然这样也能招来一些买家，但同时也会招来买家的反感，一不小心还会被投诉禁用。可以利用分组功能来管理买家，即在千牛上分成咨询、订单、发货、成交及回头客 5 组。

登录千牛卖家工作台，在界面上单击鼠标右键，在弹出的菜单中选择“添加组”选项即可添加一个新组，如图 2-40 所示。

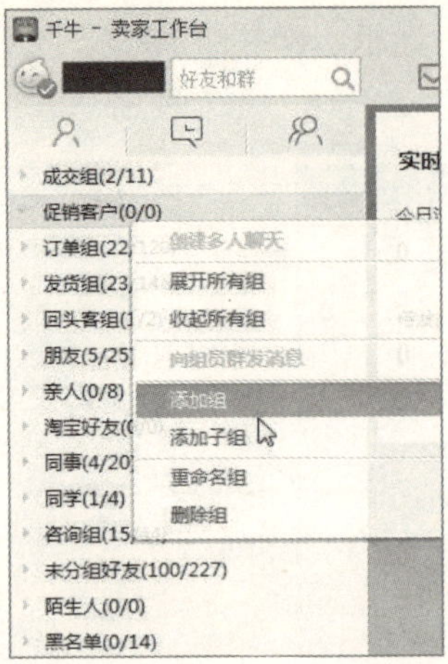

图 2-40　添加一个新组

1. 咨询组

把每个前来咨询的卖家都加为好友放在咨询组，同时在备注里说明买家咨询过的产品，这样时间再长也不会忘记买家曾经感兴趣的产品。能够前来咨询的买家肯定是对产品感兴趣的，虽然因为种种原因没有成交，但这些买家仍然属于目标客户。

2. 订单组

订单组里面是已经拍下商品，但还没有付款的一部分买家。一般来说，顾客都是在拍下产品后就付款，但是还会有买家因为各种原因最后没有达成交易的，在这个分组里，店家应该很礼貌地提醒买家付款。

3. 发货组

付款、发货之后，店主应将订单里的买家分到发货组里，随时问买家是否已经收到货，或者对收到货品的意见。如果顺利，应及时提醒买家做出评价。

4. 成交组

要把成交之后的买家放在成交组。他们大多数都收藏过店家的店铺，也曾接受过店家的服务。只要店家对自己的商品有信心，那么就很容易把这些买家再次吸引过来。

5. 回头客组

成交组里的买家第二次到你的店铺里来买东西，这肯定表示你的商品是让人满意的，而且要让买家继续感觉舒服、满意。把这些买家放到回头买家组，并不时给他们一些折扣。

2.4.3　设置千牛自动回复

作为一名优秀的淘宝卖家，当别人向你咨询时，你要立即给对方一个回复，当你不在线上时也要给对方一个合理的回复，可以在千牛中设置自动回复，不让客户久等。好的回复语可以让买家自动联系你，降低丢失客户的风险。那么这些回复在哪里设置，怎么设置呢？具体操作步骤如下。

❶ 打开千牛客户端，选择“旺旺模式”，输入用户名和密码，单击“登录”按钮，如图 2-41 所示。

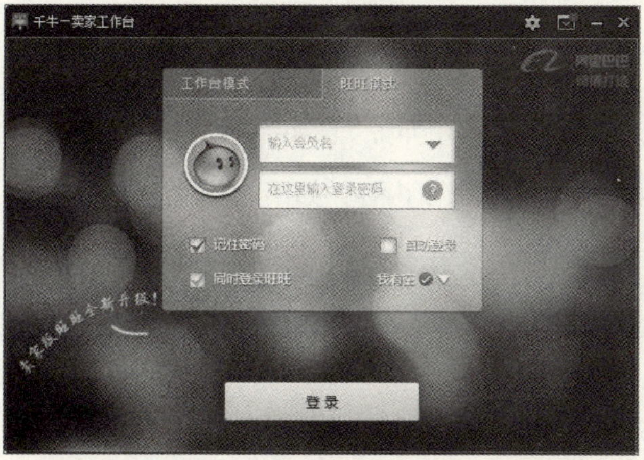

图 2-41　选择工作台模式

❷ 登录千牛卖家工作台，单击“系统设置”按钮，如图 2-42 所示。

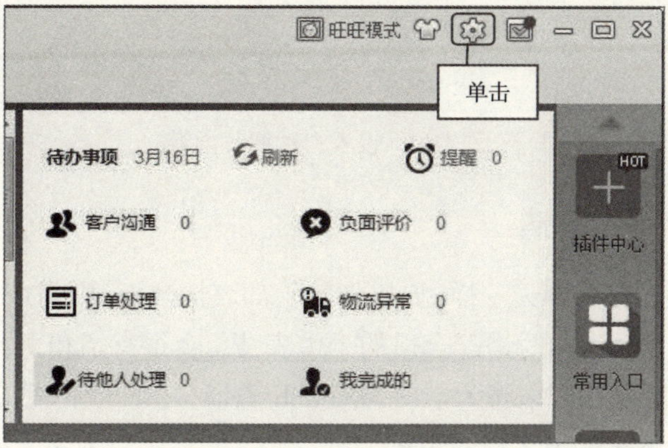

图 2-42　单击“系统设置”按钮

❸ 弹出“系统设置”对话框，切换至“客服设置”页面，单击“设置自动回复”选项，如图 2-43 所示。

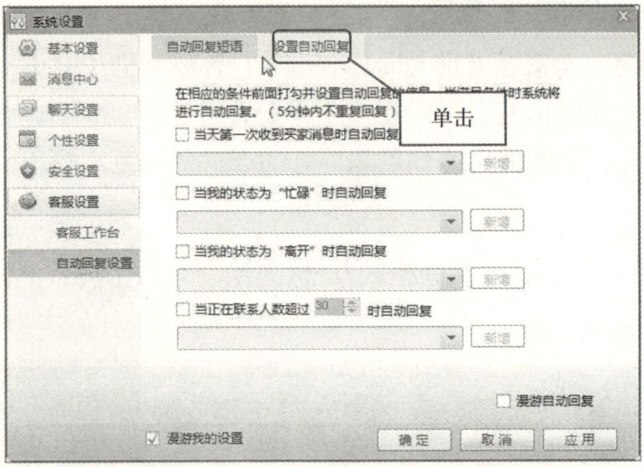

图 2-43　单击“自动回复设置”选项

❹ 单击勾选需要设置的自动回复内容，如图 2-44 所示。

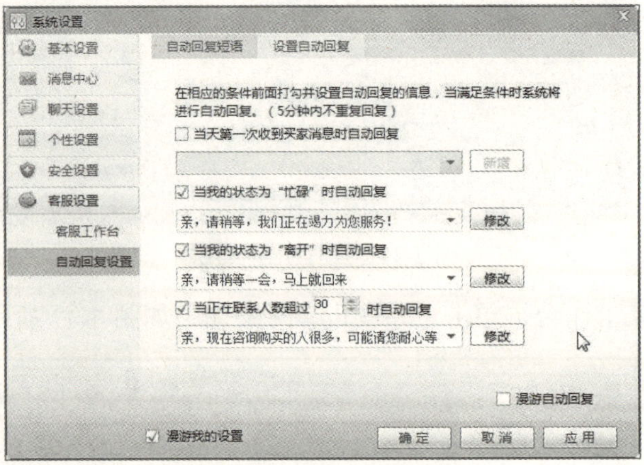

图 2-44　设置自动回复内容

2.4.4　使用千牛表情

一般网络聊天跟面对面聊天一样，如果你的脸部表情呆板，则客户可能询问两句就跑了。表情是沟通的润滑剂。在沟通时搭配合适的千牛表情，会很有亲和力，可以拉近与顾客的距离有利于促成交易。所以在网络聊天中要善用旺旺表情，在回应招呼的文字后面增加一个微笑和俏皮的表情能一下拉近与客户的距离。

❶ 登录千牛卖家工作台，双击打开要聊天的对话框，如图 2-45 所示。

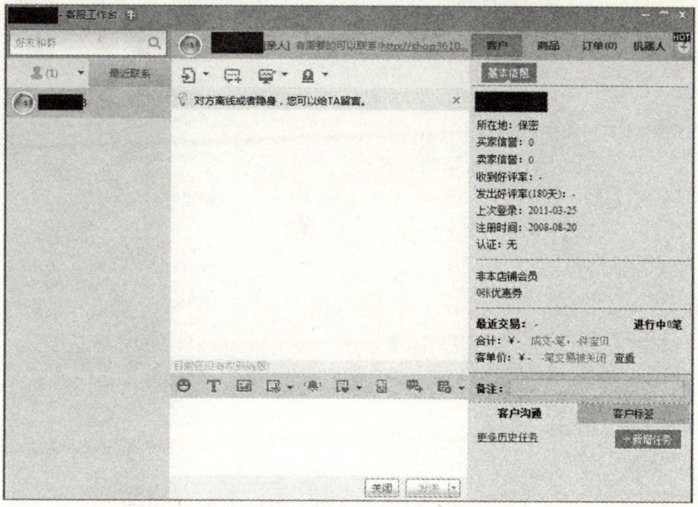

图 2-45　要聊天的对话框

❷ 单击底部的“选择表情”图标，在弹出的列表框中选择合适的表情，如图 2-46 所示。

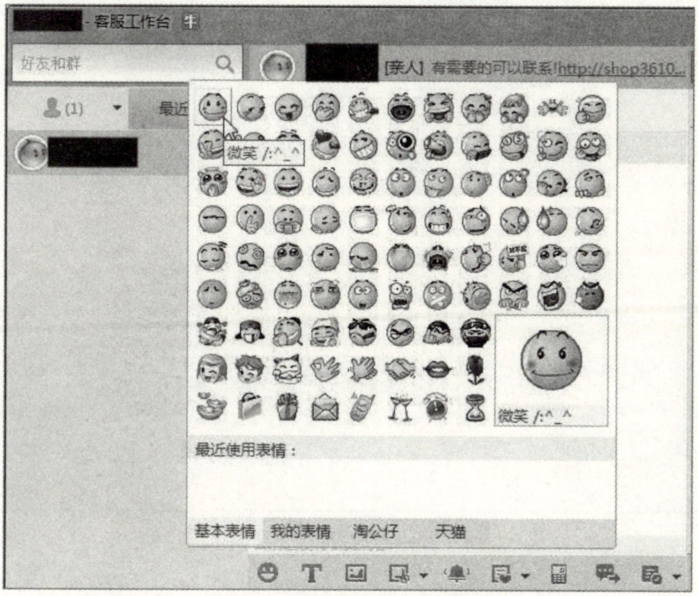

图 2-46　选择合适的表情

❸ 选择以后即可将表情添加到输入框中，如图 2-47 所示。

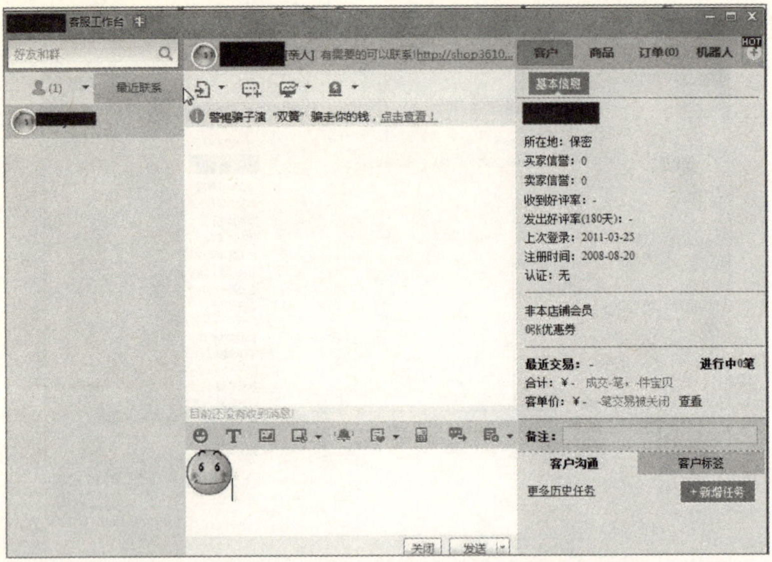

图 2-47　将表情添加到输入框中

❹ 单击“发送”按钮，即可成功发送表情，如图 2-48 所示。

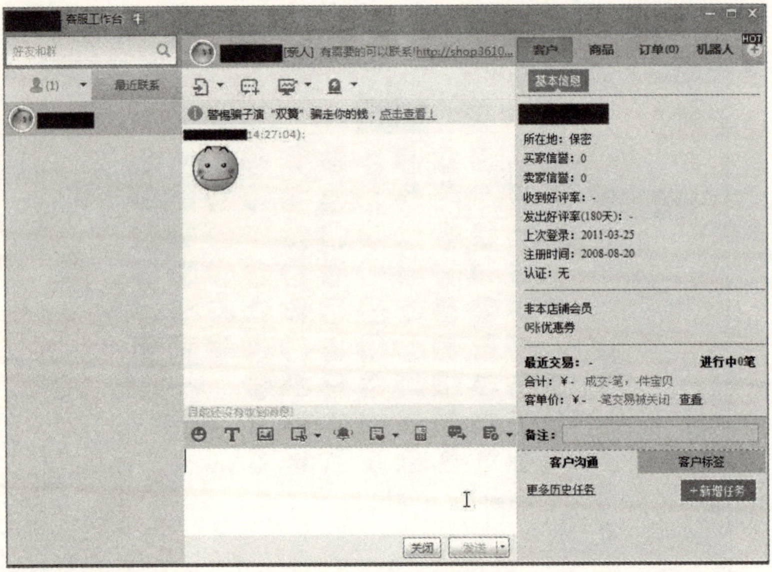

图 2-48　成功发送表情

第3章 发布商品，开设我的网上店铺

开店指导

在淘宝免费注册成功，并拿到网络交易的身份证——支付宝之后，就有了在淘宝开网店的基本资格，就可以发布商品卖东西了。在发布商品前首先要寻找合适的货源。在淘宝中卖家可以根据自己的宝贝类型和爱好选择店铺的风格，而且还可以将重点宝贝陈列在橱窗中进行推荐。

3.1 准备商品资料

注册成功后，先发布商品，店铺里面有商品才可以开张。还需要为商品取个好名字，是为了买家进行搜索时能更好地搜索到和吸引买家对商品产生一定的兴趣，并随之购买。

3.1.1 一定要配有清晰的图片

网络购物有别于日常的面对面交易，买家难于亲身感受商品的质地、做工、细节及其他商品的特点，在这种大环境下，商品图片就变得至关重要了。图片的好坏直接关系到交易的成败，一张好的商品图片能向买家传递很多东西，起码应该能反映出商品的类别、款式、颜色、材质等基本信息。在这个基础上，还要求图片要拍得清晰、主题突出，以及颜色还原准确，具备这些要素后，可以在上面添加货号、美化装饰品、店铺防盗水印、店铺链接等。

要把一件商品完整地呈现在买家面前，让买家对商品在宏观上、细节上有一个深层次的了解，刺激买家的购买欲望，至少需要两张商品图片。

（1）第一张图片是该商品的整体效果，通过整体图片买家可以对商品有一个大致的了解。如图 3-1 所示是一张整体效果的图片。

➢ 注意背景问题。在拍摄照片时，适当加一个背景可以更好地展示商品。但背景千万不要喧宾夺主，牢记我们的图片是表现商品的，主次要分明。如图 3-2 所示是添加了适当背景的图片。

图 3-1　整体效果的图片

图 3-2　添加了背景的图片

➢ 商品图片中的配件，顾名思义就是配合点缀衬托商品的小东西，所占的面积不能太大，不然就可能喧宾夺主。

➢ 推荐有条件的卖家使用真人模特，因为以上两点只是给买家一个纯物件的概念，真的佩带穿着起来是什么概念，买家心里没底，不知合适不合适，如果有真人示范，则其实就是给买家最好的定心丸。如图 3-3 所示的商品采用了模特实拍。

➢ 外景拍摄。有些商品需要外出拍摄，配合四季的气息，给人一种自然的感觉，所以有时出外景拍摄也是不错的选择。如图 3-4 所示的商品采用外景拍摄。

（2）第二张图片是该商品的细节图，因为上面几点说到的图片只是宏观上的概念，买家可能有购买意向，但是缺乏对细节上的概念，有可能放弃购买，所以适当加入一两张商品的细节图有助于买家对商品的细部认知。如图 3-5 所示是商品的细节图。

一张好的图片能起到事半功倍的作用，前提是图片质量要过关，一张模糊的图片不仅影响买家对该商品的认知，还大大降低买家浏览时的心情。

图 3-3　采用模特实拍

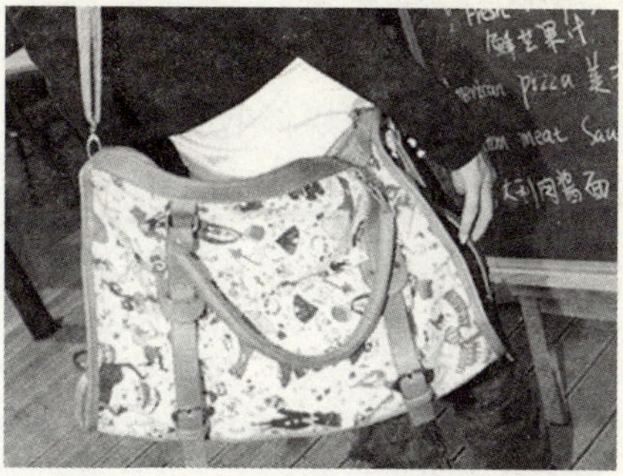

图 3-4　采用外景拍摄

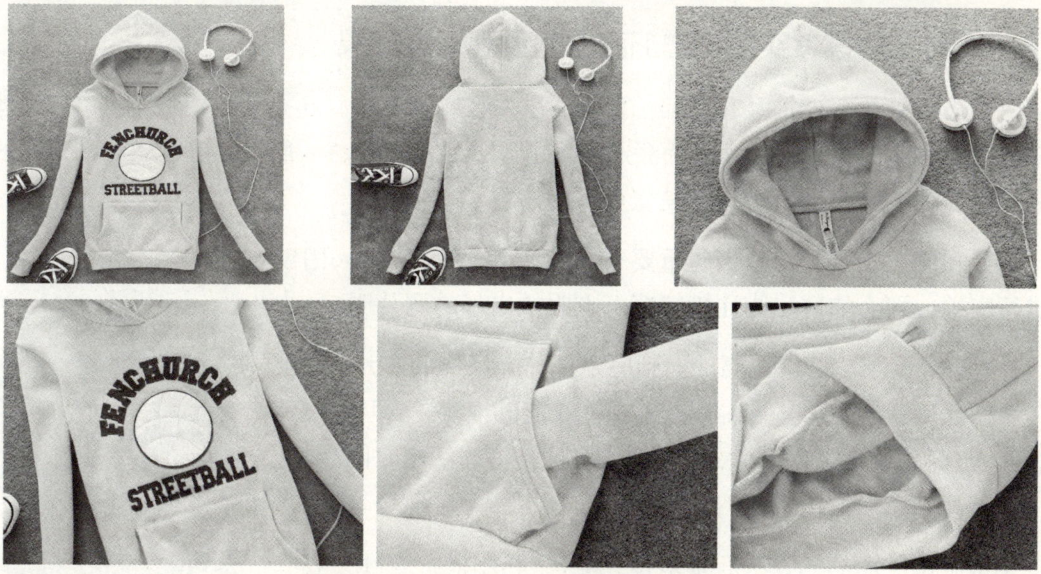

图 3-5　商品细节图

3.1.2　写好商品介绍，勾起买家的购买欲望

在向买家介绍商品的时候，必须针对商品本身的特点及商品的缺点，有技巧地向买家解释并做推荐。商品的缺点本来是应该尽量避免触及，但如果因此造成事后的买家抱怨，反而会让店铺失去信用。所以，要让买家了解商品的缺点，并努力让他知道商品其他的优点。

怎样得知商品的优点与缺点呢？以下是一些信息来源的渠道，要随时记得掌握。

- 向本店的资深人员询问。
- 向厂商、批发商的营业人员询问。

- 阅读报纸、专业杂志。
- 参观展示会、工厂。
- 利用电视、杂志等媒体收集资料信息。
- 亲自试穿、试吃、试用。

要陈述商品对消费者有价值的部分，而不是滔滔不绝地只讲述商品特征。

在向顾客介绍商品，应该实事求是，给顾客一个真实全面的信息，不要为了使自己的商品能卖出去就满口说好。在网络上经营，最重要的就是诚信。如果欺骗顾客，自己的路会越走越窄。

3.1.3 用模特实拍，增加商品的直观视觉效果

除了最常见的底板拍摄和衣架拍摄外，在衣服展示上最好还是使用模特拍摄，这样才能完全表现出衣服的立体造型，从而激起买家的购买欲，如图 3-6 所示。毕竟，放在地上的衣服和穿在身上的衣服给人的感觉是完全不同的。

如今在网上开店图片越来越重要，很多有实力的卖家都采用模特进行实拍，那么如何才能让模特穿上衣服拍出好的图片呢？

图 3-6 模特拍摄

使用模特摄影时，首先要计划到底要拍什么风格的照片。如果事先不做任何计划，只按照临时想法或单纯依靠模特，不但会拖延摄影时间，而且也无法得到满意的效果。而且模特的使用时间越长，费用也越高，会增加经济上的负担。

拍摄服饰类商品的方法有很多种，其中，利用模特实际穿着衣服的拍摄方法最自然，因为衣服就是用来穿的。模特摄影大致可以分为室内摄影和室外摄影两种，二者最大的区别就是照明，也就是自然光和人工光的区别。

在实地拍摄时，要进行多角度拍摄。从上向下拍摄会使人和衣服看上去比较矮小和比较短，从下往上拍则会显得人身材高挑、衣服比较长。并且各个角度拍摄都有不一样的效果，所以如果想要给买家一个最直观的感觉，那么我们就要从每个角度都进行拍摄，然后从中挑选出效果最佳的来展示。商品展示图片越多、越全面，买家看到后的购买欲望就会越强烈。所以拍摄时不要心烦气躁，要拿出百分之百的耐心出来。有好的心态才能拍摄出好的照片。

3.2　申请网上店铺

通过了支付宝的个人认证，就符合了在淘宝上免费开店的要求，这时你就可以申请一间具有独立网址的淘宝店铺。

3.2.1　发布 10 件商品信息资料

商品可以在淘宝上直接发布，也可以使用“淘宝助理”发布。这里讲述在淘宝上直接发布商品的操作，具体操作步骤如下。

❶ 登录“我的淘宝”页面，进入“卖家中心”页面，单击“发布宝贝”超链接，如图 3-7 所示。

开店高手支招

> 如果没有通过个人实名认证和支付宝认证，可以发布宝贝，但是宝贝只能发布到“仓库里的宝贝”中，买家是看不到的。只有通过认证，才可以上架销售。

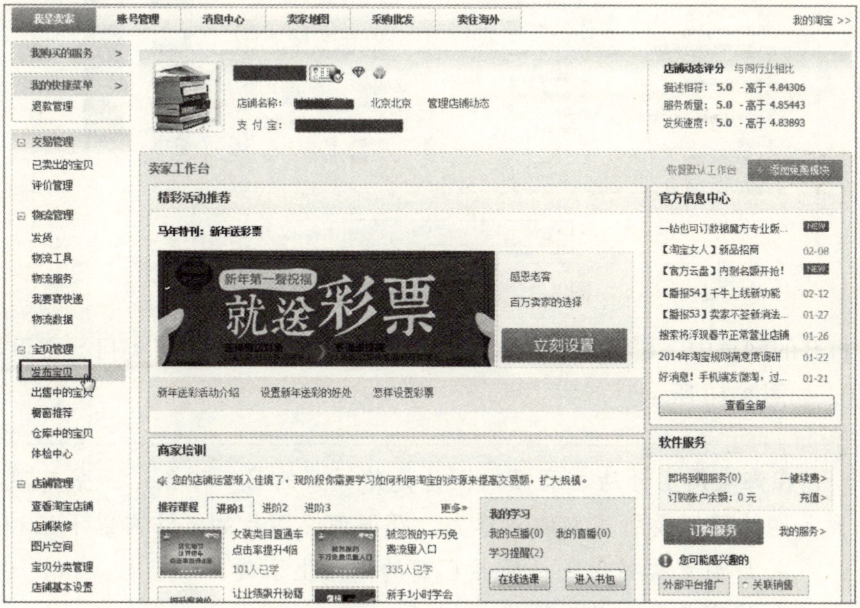

图 3-7　单击“发布宝贝”超链接

❷ 进入发布商品页面，在“请选择宝贝发布方式：”页面中单击“一口价”按钮，以一口价的方式发布，如图 3-8 所示。

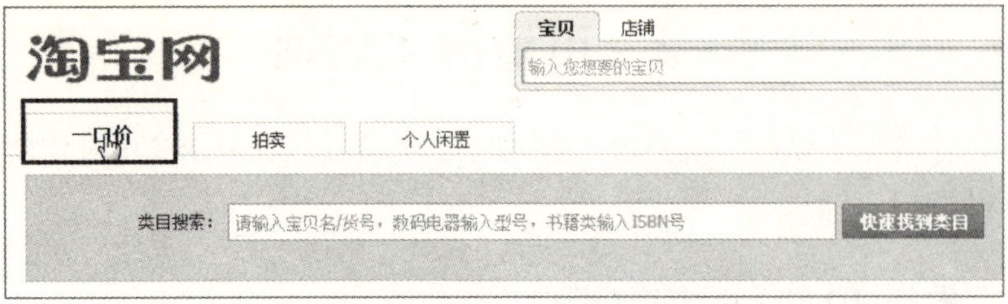

图 3-8　选择宝贝发布方式

开店高手支招

在发布商品前一定要先认真阅读淘宝网的发布商品协议，然后再发布商品，以免以后带来不必要的麻烦。

❸ 在打开的网页中，选择要发布宝贝的类目，然后单击“我已阅读以下规则，现在去发布宝贝”按钮，如图 3-9 所示。

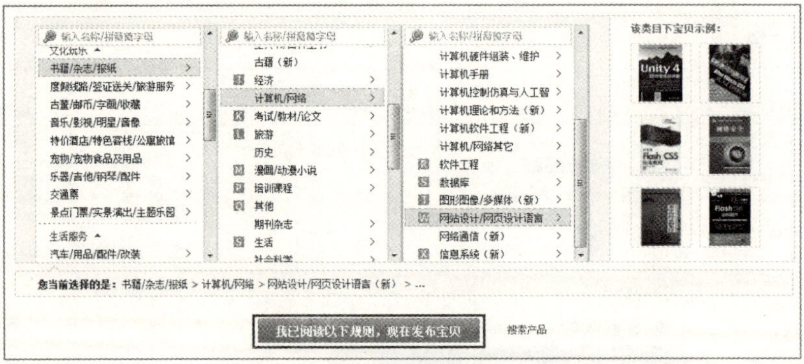

图 3-9　选择要发布宝贝的类目

❹ 在打开的网页中，根据提示输入发布宝贝的交易类型、宝贝类目、宝贝类型、宝贝标题等信息，如图 3-10 所示。

开店高手支招

在淘宝网上开店，商品的图片是给买家的第一印象，一张美观、专业的商品图片可以吸引买家的注意力。获得商品图片的方法有以下三种。

- 厂商直接提供或从商品厂商的网站上下载。
- 将商品或商品手册进行扫描。
- 用数码照相机拍摄，拍摄后将图片传输到电脑中。

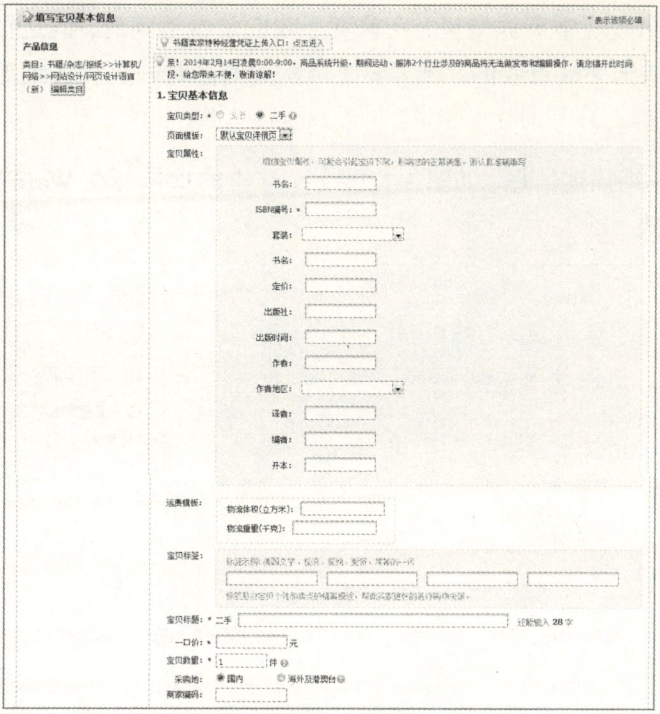

图 3-10　输入宝贝基本信息

❺ 单击“文件上传”按钮，上传宝贝图片，如图 3-11 所示。

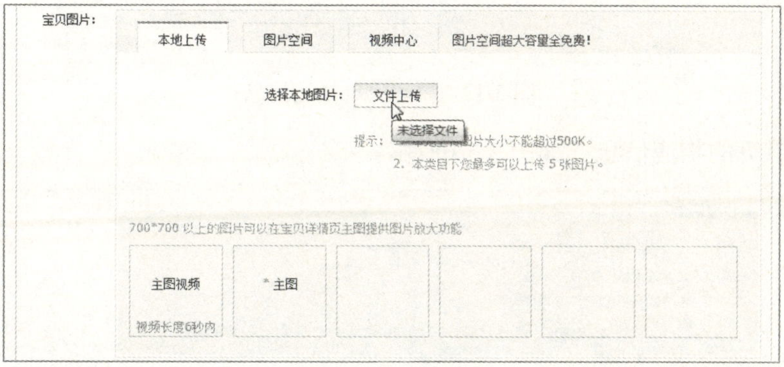

图 3-11　上传图片

开店高手支招

淘宝网规定商品图片必须是 GIF 或者 JPG 格式的，不能超过 500 像素 × 500 像素，大小不能超过 120KB。如果图片不符合以上要求，可用图像处理软件进行处理，如 Photoshop。

宝贝描述模板出现在宝贝详情里，在首页上我们是看不到的，但是打开每个商品后都会呈现，因此是店铺装修中最重要的。顾客要决定购买商品时一定会详细地查看宝贝的展示和描述。

6 填写宝贝详细描述信息，如图 3-12 所示，这里的操作与在 Word 文档中的操作相同，可以设置文本的格式。

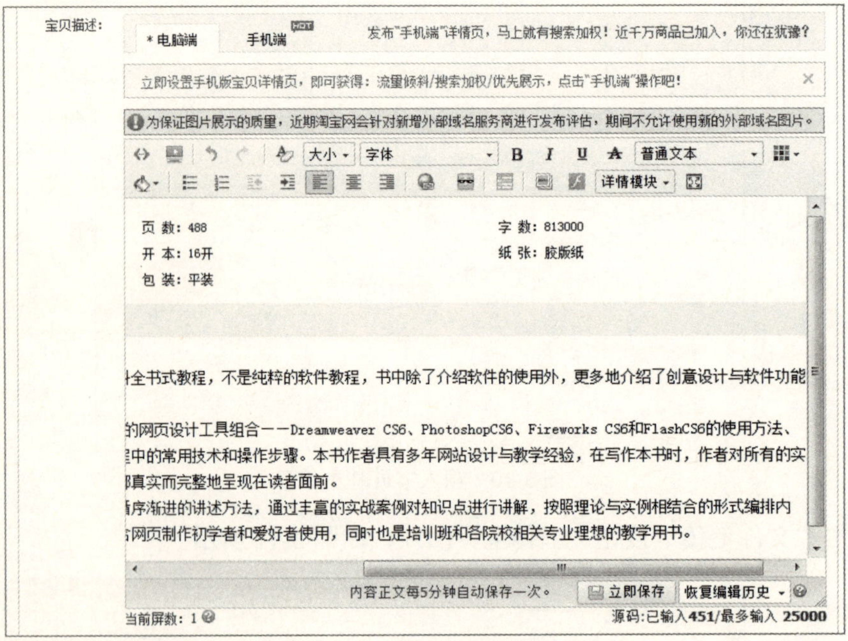

图 3-12　填写宝贝描述信息

7 填写宝贝的物流信息，如图 3-13 所示。

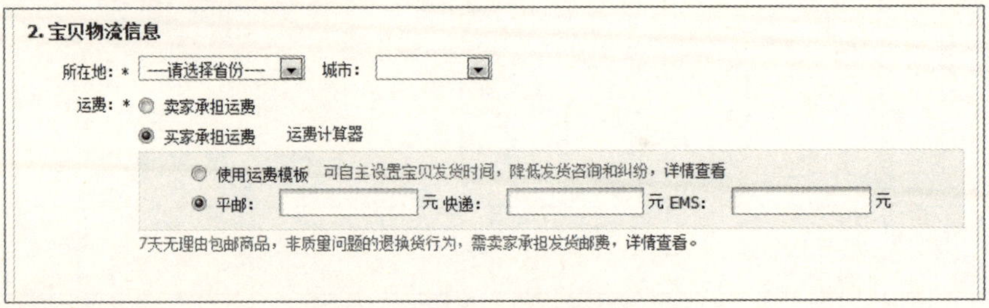

图 3-13　填写宝贝的物流信息

8 填写宝贝的其他信息，如图 3-14 所示，最后单击“发布”按钮，宝贝发布成功。

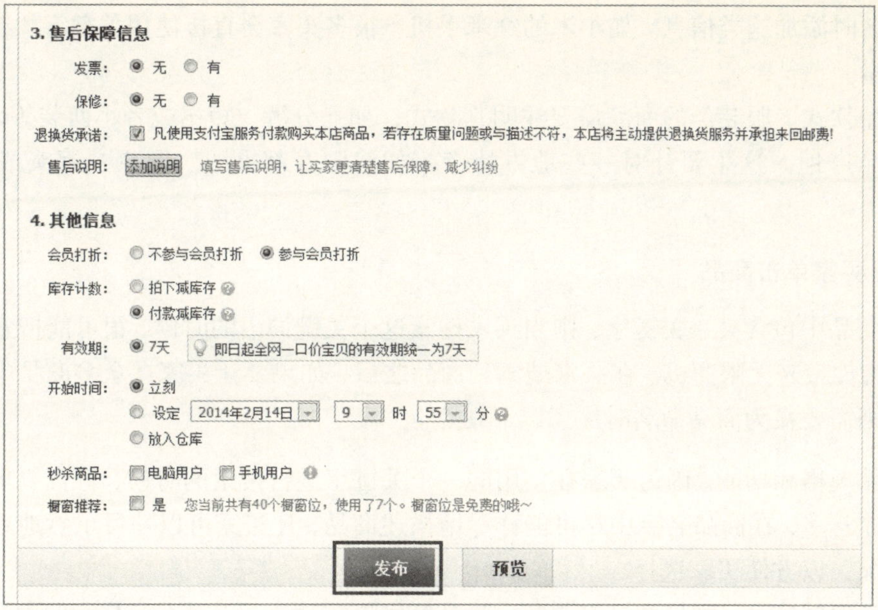

图 3-14　填写宝贝的其他信息

3.2.2　给商品取一个好名字

一个吸引人的商品标题是增加商品点击率的关键。为商品取名有两个要求，第一个是能够被买家搜索到，第二个是能够吸引买家点击商品。

淘宝网规定：商品的名字必须在 60 个字符以内（不能超过 30 个汉字），否则会影响发布。那么各位卖家就需要在这 60 个字符里，尽可能地让买家搜索到并且点击自己的商品。

1. 让买家搜索到商品

在淘宝网上买家是通过商品的关键字来搜索相关商品的，因此用户在设置商品标题的时候需要尽量添加可能被搜索到的关键字。

一般商品的关键字需要包含以下信息。

- 商品主体。比如卖手机的，在商品名称中一定要包括“手机”。
- 商品品牌。特别是某些知名品牌，卖家要充分利用生产厂商多年经营起来的品牌效应为自己做广告。如小米的手机在为商品命名的时候，除了要写小米的中文名还要写其英文名。
- 商品型号。某些数码类的产品，其商品型号的知名度是非常高的，卖家需要在为商品命名时添加这类信息。如小米的红米手机，很多买家会直接使用关键字“红米”进行搜索。

- 商品款式。服装类的商品需要注明其款式，如七分裤、短裙或者小西装等。
- 商品产地。这主要针对一些地方特产，如洛阳春都火腿、北京二锅头或者贵州茅台等。

2．让买家单击商品

如果商品中包含某一关键字，则当买家搜索这个关键词语的时候，很可能搜索到你的商品，从而为你带来无限商机。在买家搜索到商品之后，如果要让买家在众多商品中单击自己的商品，则需要在为商品命名时注意以下几点。

- 商品规格和功能。因为买家在使用同一个关键字进行搜索的时候，符合要求的商品可能非常多，在商品名字中尽可能详尽地描述商品，让买家可以一目了然地看到商品的概况，以方便买家选择。
- 商品促销信息。如果商品有包邮、赠品等优惠活动，一定要在商品标题中注明，这样可以增加商品在同类商品中的竞争力。
- 店铺信用度信息。如果你是皇冠店铺，或者信誉比较高，那么就可以使用类似“皇冠信誉”、“百分百好评”等词。新手也可以使用“特价”、“促销”、“超值”，“新品上市”等词汇。还有很多很具有煽动性的感官词，比如：“疯抢”、“月销上千”、“限量”、“热销”、“某明星推荐”、“淘宝销售冠军”、“镇店之宝”、“亏本热卖”、“秒杀包邮”、“保证 100%正品”等，善用这些能够调动人情绪的词语，对店铺的生意是非常有帮助的。因为网上购物具有特殊性，所以掌柜的信用度越高，买家才买得越放心。
- 参考其他网店。参照一些同类店铺，看一下他们的商品名称是怎么写的。这样你有可能会得到意外的关键字。
- 如果在商品名称上使用了错别字，也会给买家的搜索加大难度，如“生肖”打成“生俏”，这样的失误无形中就将自己的商品给淘汰了。

另外，需要注意规范使用商品名称中的关键字，太多无关的关键字可能会让买家无法确定销售的究竟是什么商品，容易引起消费者反感；而且乱加热门关键字很容易受到淘宝的处罚，可能对商品进行下架处理。

3.2.3 成功申请到店铺

发布 10 件宝贝以后，在“我的淘宝”页面中，会出现“免费开店”的字样，单击“免费开店”超链接，就可以建立一个网上店铺，申请店铺具体操作步骤如下。

❶ 在“我是卖家”页面中，单击“店铺管理”下面的“我要开店”超链接，如图 3-15 所示。

❷ 进入如图 3-16 所示的页面。

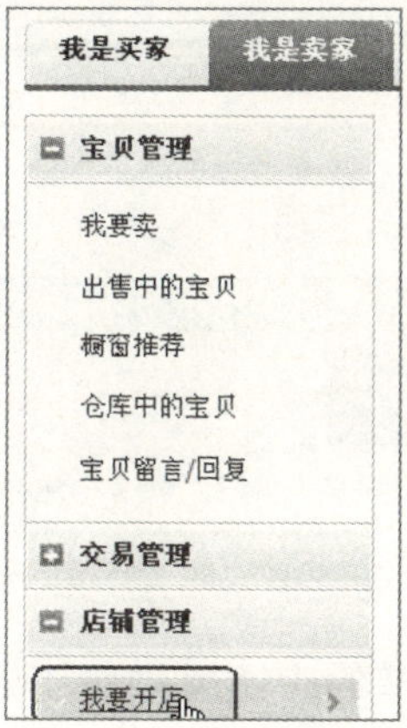

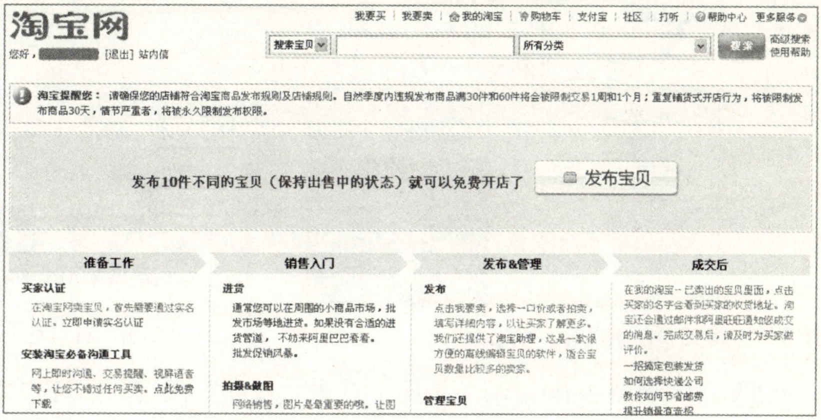

图 3-15 单击“免费开店”超链接　　　图 3-16 提示发布 10 件宝贝就可以免费开店

❸ 单击“发布宝贝”按钮立即去发布宝贝，发布 10 件商品以后，店铺即可开张。

3.3 “装修”网店

有了自己的店铺，接下来就该为店铺装修了。装修店铺不仅可以使卖家的店铺更加美观，而且还能表现卖家对店铺的重视程度，使买家觉得卖家是在用心经营，从而提升买家对店铺的好感度。将店铺装修得可以使买家产生认同感是网上开店取得成功的一个重要因素，买家对店铺的认同感越强，就越容易成为意向客户。

3.3.1 选择店铺风格

店铺风格是店铺的背景颜色和元素基调，决定了店铺给人的直观印象，所以选择一个合适的店铺风格很重要。选择店铺风格的具体操作步骤如下。

❶ 登录淘宝，单击“店铺管理”下面的“店铺装修”超链接，如图 3-17 所示。

❷ 进入“装修”页面，将光标放置在“装修”字样上，在其下拉列表中单击“样式管理”超链接，如图 3-18 所示。

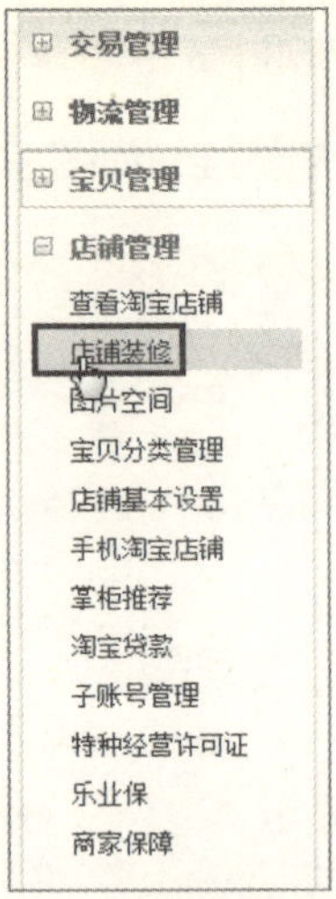

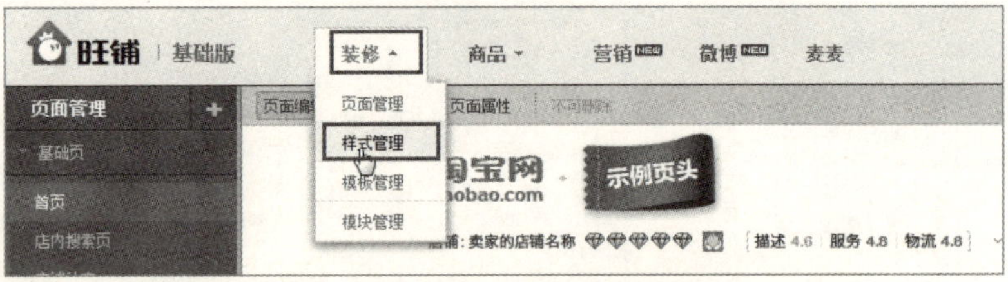

图 3-17　单击“店铺装修”超链接　　　　图 3-18　单击“样式管理”超链接

❸ 进入如图 3-19 所示的页面。单击“保存”按钮，即可将选择的店铺风格应用到店铺中。

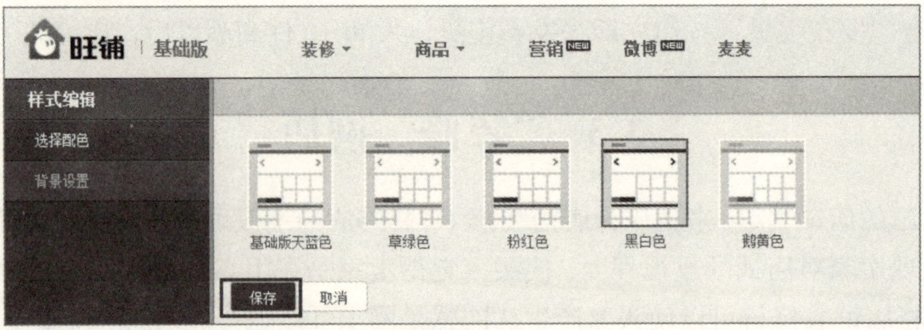

图 3-19　设置店铺风格

3.3.2　设置店铺公告

普通店铺的店铺公告位于店铺首页的右上角，占据着很重要的位置，买家进入店铺以后，首先就会注意到店铺公告，所以设置一个好的店铺公告至关重要。公告可以包含店铺的促销广告、店铺的服务特色、店主的联系方式，以及最新优惠信息等，这些信息可以在公告处及时更新，以方便进来的买家在第一时间看到。

❶ 登录淘宝网，单击“店铺管理”下面的“店铺装修”超链接，进入“店铺装修”页面，如图 3-20 所示。

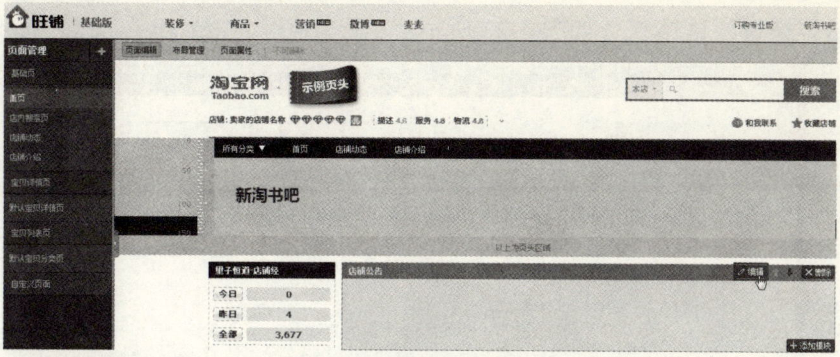

图 3-20 设置店铺公告

❷ 单击店铺公告右边的“编辑”按钮，弹出如图 3-21 所示的页面。

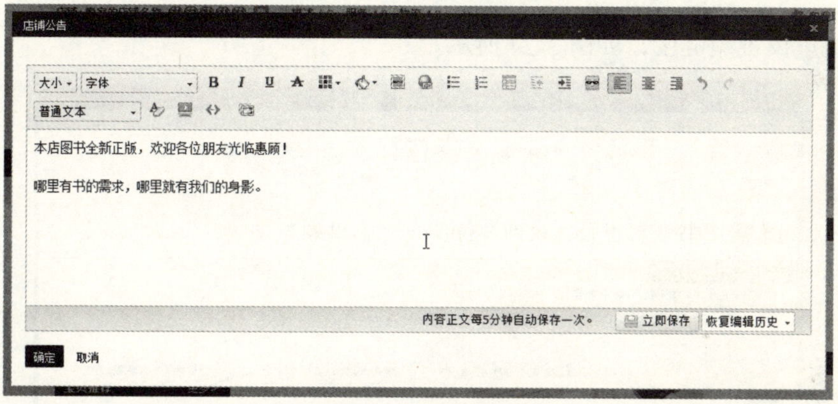

图 3-21 店铺公告设置

❸ 在这里设置字体样式和颜色，如图 3-22 所示。

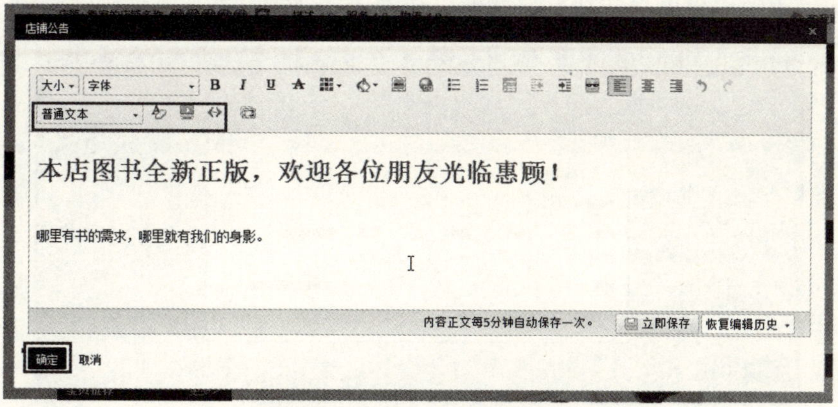

图 3-22 设置字体样式和颜色

❹ 在这里设置段落格式，如图 3-23 所示。

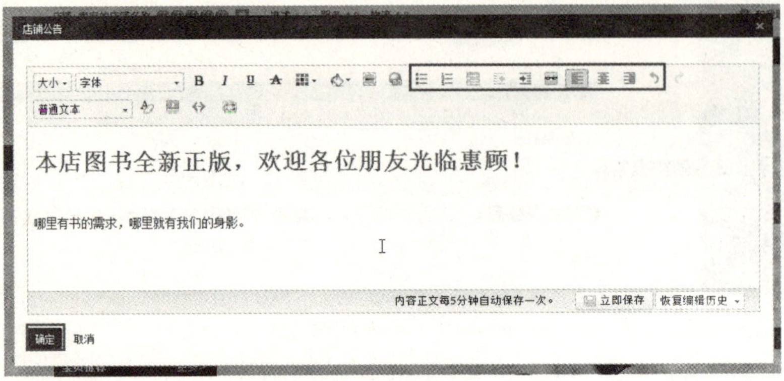

图 3-23　设置段落格式

❺ 在这里设置超链接，如图 3-24 所示。

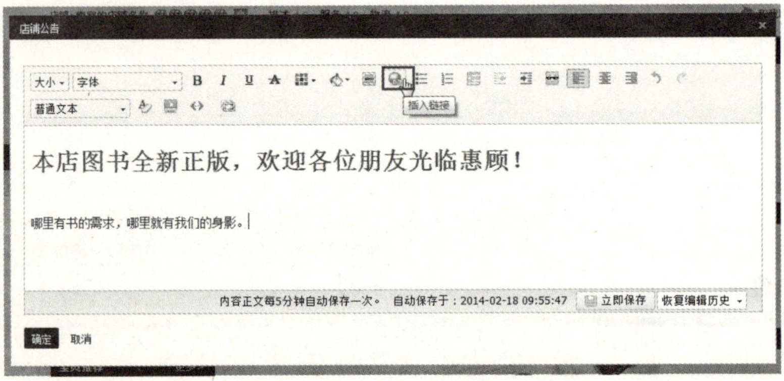

图 3-24　设置超链接

❻ 单击按钮，弹出“图片”对话框，如图 3-25 所示。

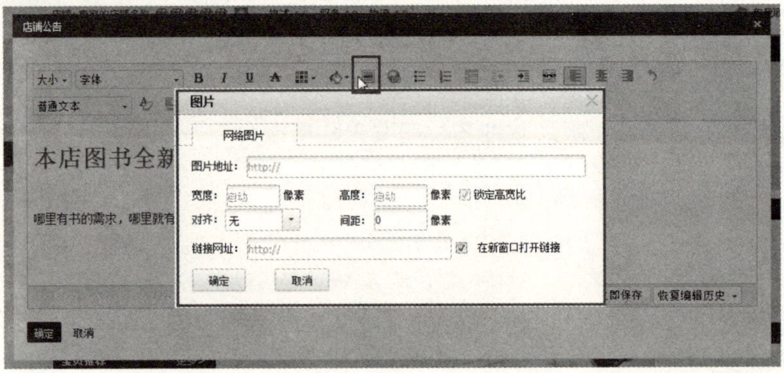

图 3-25　“图片”对话框

开店高手支招

> 先把图片上传到电子相册里，把网址输入到“图片地址”后面的文本框即可。

3.3.3　添加商品分类

网店与实体店一样，商品都需要按类别归位，如商场有服装专柜、化妆品专柜、精/饰品专柜等，商场这样做的好处就是花较少的成本请来了一个不说话的“导购经理”，还有就是方便商场物管员管理商品。网店也一样，产品分类好了既方便客户选购，又方便自己对商品的管理。淘宝卖家可以针对自己店铺的商品建立对应的分类，如图 3-26 所示店铺左侧的商品分类。

❶ 登录淘宝网，在“我是卖家”下面的“店铺管理”中单击“宝贝分类管理”超链接，如图 3-27 所示。

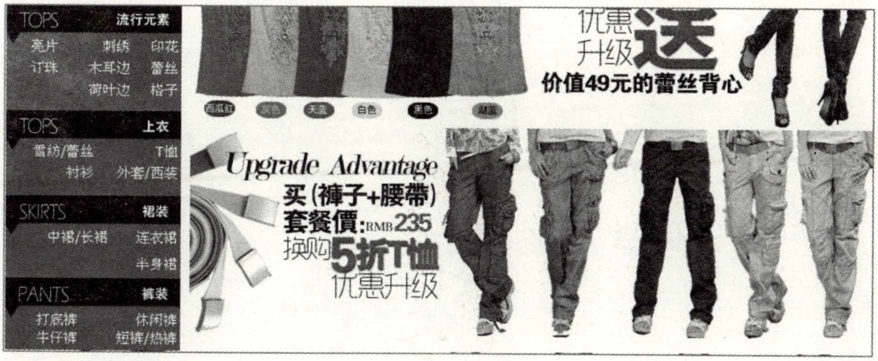

图 3-26　商品分类

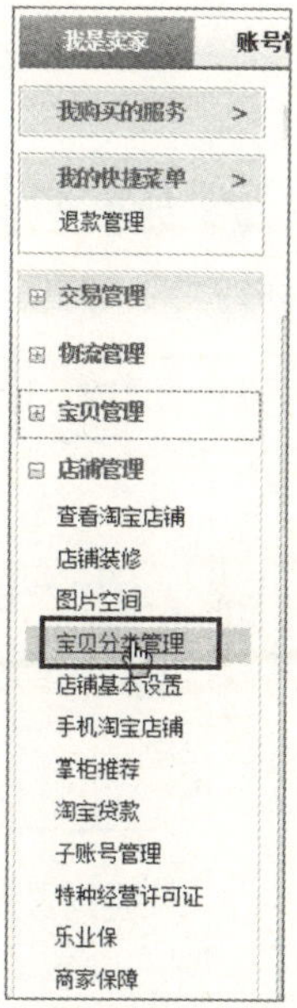

图 3-27　单击“宝贝分类管理”超链接

❷ 在“宝贝分类管理”页面中，单击“添加手工分类”按钮，在“添加新分类”按钮的上面出现一个宝贝分类，如图 3-28 所示。

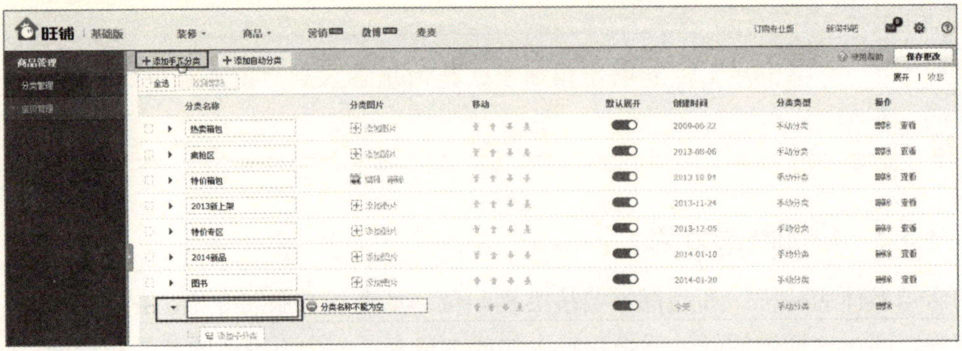

图 3-28　添加新分类

❸ 单击“添加图片”按钮，将出现“图片地址”文本框，在文本框中输入图片的地址即可，单击“确定”按钮，如图 3-29 所示。

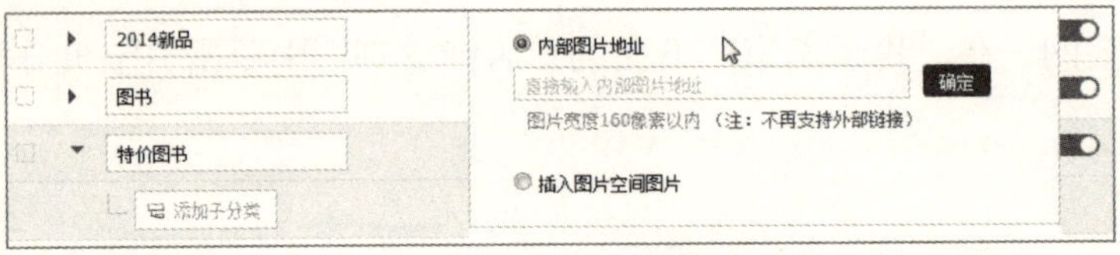

图 3-29　添加图片地址

❹ 如果要添加子分类，单击“添加子分类”按钮，在其上方出现的文本框中输入分类名称即可，单击“确定”按钮，如图 3-30 所示。

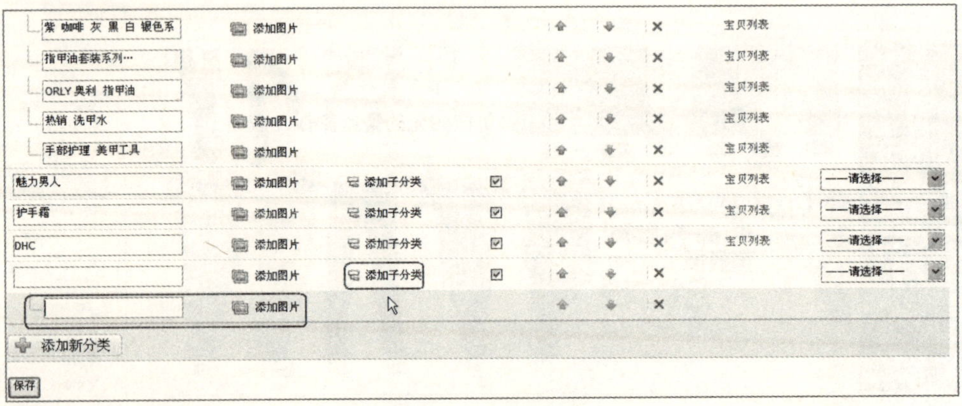

图 3-30　添加子分类

❺ 单击上箭头和下箭头按钮可以将宝贝分类上移或下移，如图 3-31 所示。

❻ 设置完毕，单击“保存更改”按钮。在页面的右上角，单击“查看我的店铺”超链接，进入如图 3-32 所示的预览店铺状态。

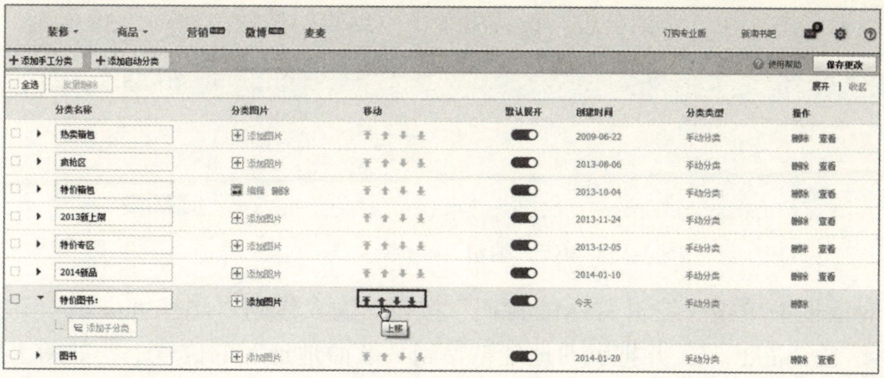

图 3-31　移动宝贝分类

图 3-32　查看宝贝分类

开店高手支招

宝贝分类图是装修店铺必不可少的，做出漂亮、闪动的个性动态分类图，能让你的分类更有特色，能够吸引更多的人，锁定买家的眼球。

3.3.4　为店铺添加背景音乐

当买家打开店铺时，如果能够听到优美的音乐，可能会增加买家对网店的好感。下面介绍为网店添加背景音乐，具体操作步骤如下。

❶ 在网上搜索合适的音乐，这里就以一首背景音乐讲解，如图 3-33 所示。

❷ 登录“我的淘宝”页面，进入“我是卖家”页面，单击“店铺管理”下面的“店铺装修”超链接，如图 3-34 所示。

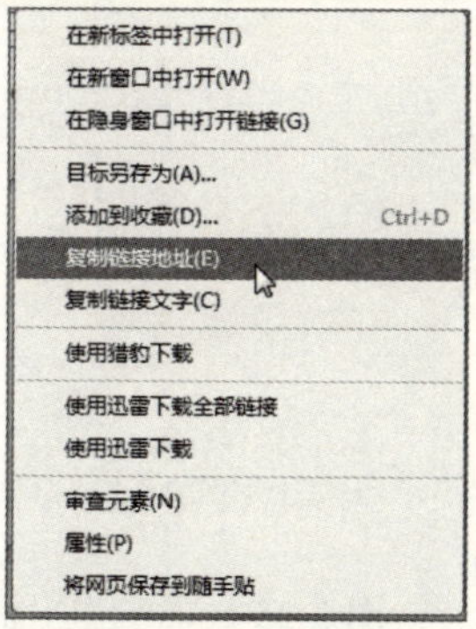

图 3-33　复制快捷方式

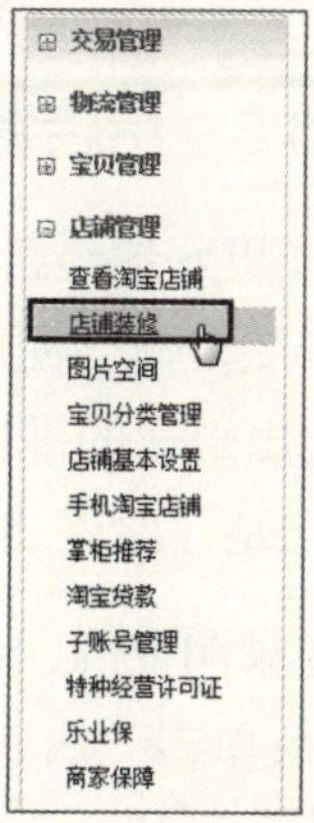

图 3-34　单击“店铺装修”按钮

3 进入店铺编辑状态，在“店铺公告”设置中单击“编辑”按钮，如图 3-35 所示。

图 3-35　单击“编辑”链接

4 在打开的对话框中单击“编辑 HTML 源码”按钮，输入代码“<bgsound src="歌曲地址" loop="-1""></ bgsound >”，并把歌曲地址粘贴到“歌曲地址”的位置上，如图 3-36 所示。

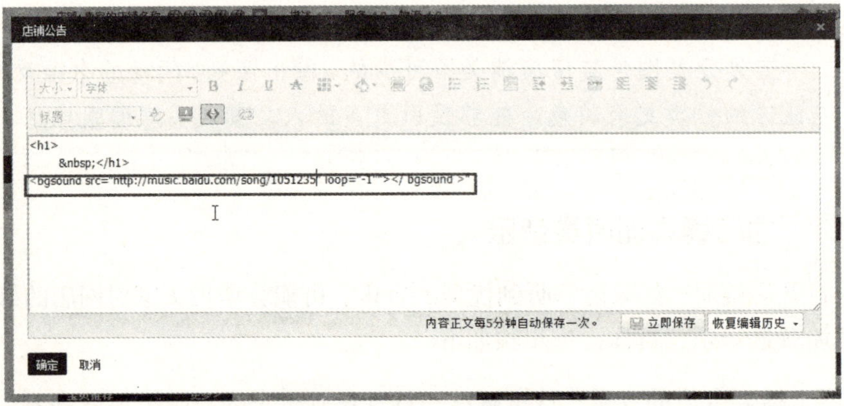

图 3-36　输入代码

5 设置完成后，可以单击预览链接试听效果。确认无误后，单击“保存”按钮就可以听到背景音乐了。

3.3.5　给店铺添加计数器

如何能更好地经营自己的网店，已经成为卖家整天苦思冥想一个问题。学会使用统计分析系统对自己的店进行数据分析，制定出合适的推广方案，才能让自己的店铺脱颖而出，立于不败之地。给网店添加计数器具体操作步骤如下。

1 登录淘宝网，进入到“卖家中心”的“管理我的店铺”页面，单击“店铺管理”中的“店铺装修”按钮，如图 3-35 所示。

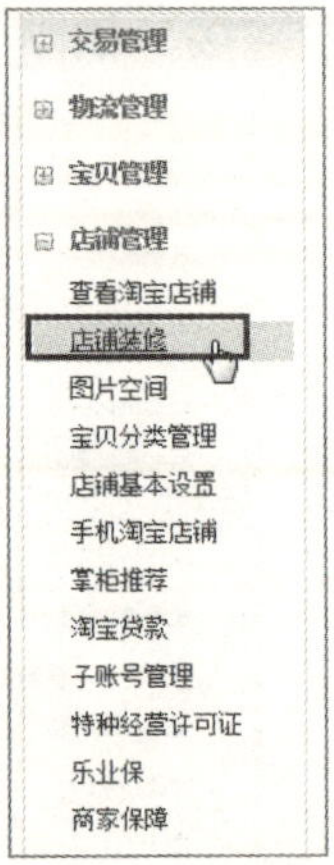

图 3-35　单击“店铺装修”按钮

❷ 单击左侧的“添加模块”按钮，如图 3-38 所示。

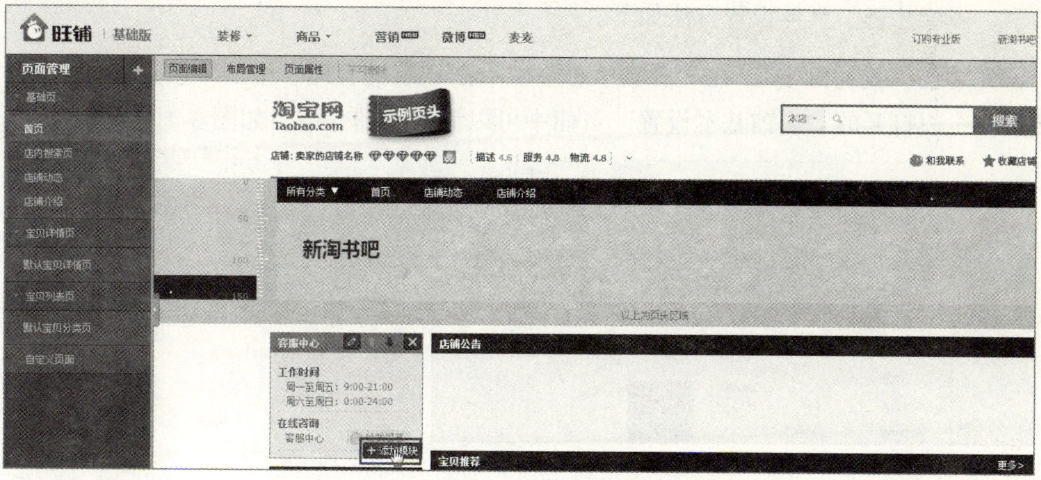

图 3-38　单击左侧的“添加模块”按钮

❸ 弹出“添加模块”对话框，在对话框中选择“量子恒道-店铺经”后面的“添加”按钮，如图 3-39 所示。

❹ 即可添加计数器，效果如图 3-40 所示。

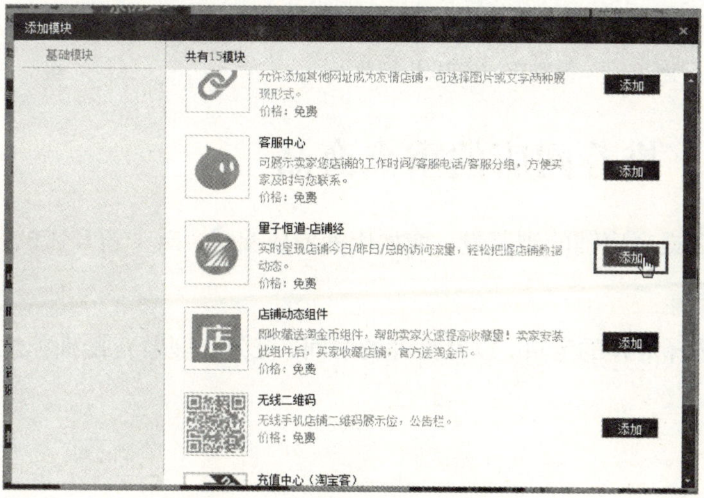

图 3-39　“添加模块”对话框

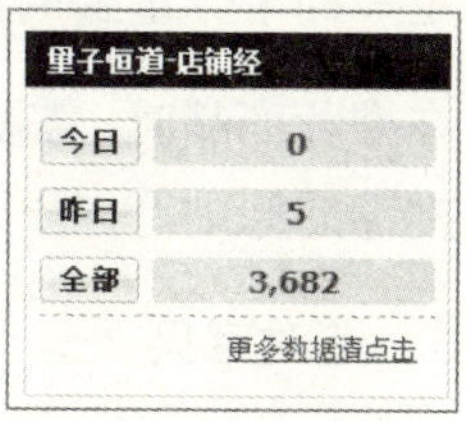

图 3-40　计数器

3.3.6　修改店铺的基本设置

店铺介绍可对店铺整体情况进行介绍，也是宣传店铺的一种方式。好的介绍是吸引顾客的因素之一，只要自己真正用心去介绍了，一定会有意想不到的收获，要仔细推敲其中的每一个字，多读几遍。具体设置方法如下。

首先登录“我的淘宝”，在“卖家中心”中单击“店铺管理”中的“店铺基本设置”超链接，在右边打开的“店铺基本设置”页面中可以设置店铺介绍，如图 3-41 所示。

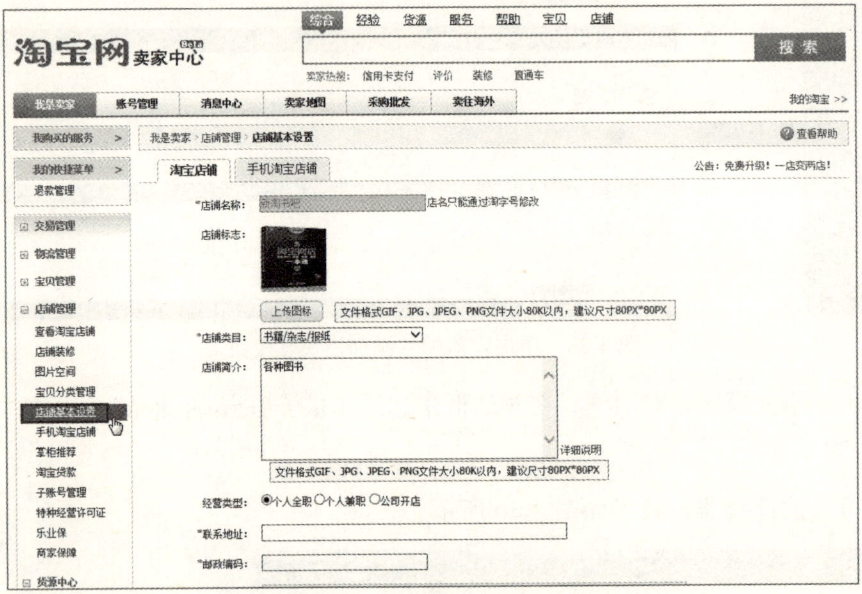

图 3-41　设置店铺的基本介绍

3.4　推荐网店的重点商品

使用橱窗、店铺推荐位可以提高店铺的浏览量，增加店铺的成交量，对于新开店的卖家而言是一种十分重要的营销手段。

在推荐商品时，需要正确选择推荐的宝贝，以及推荐的时间，充分合理地安排推荐位置。商品推荐的原则有以下几种。

1. 选对宝贝

进行商品推荐的宝贝可以说是店铺的橱窗，除了可以展示宝贝本身外，也有助于带动店内其他宝贝的浏览量。选择宝贝的标准有以下几个。

- 性价比高的宝贝。在同类产品中具有一定优势。
- 命名很完善的宝贝。有着好名字的宝贝在淘宝网上被搜索到的概率更高，得到的展示机会也更多。

➢ 图片精美的宝贝。漂亮的宝贝可以吸引更多买家的注意，同时也给店铺的其他宝贝争取了展示的机会。

➢ 低价的宝贝。根据买家喜欢按照价格搜索宝贝的习惯，低价位宝贝将得到优先展示的机会。

2．选对时间

➢ 将快要下架的宝贝设置为橱窗推荐，因为淘宝是按照上架剩余时间由少到多显示宝贝的，剩余时间越少的宝贝排得越靠前。

➢ 建议将商品的上架时间设置为 7 天一个周期，比 14 天一个周期多了一次最少剩余时间，可以多拥有一次排在靠前的机会。

3.4.1　使用橱窗推荐位

橱窗推荐位是淘宝为卖家设计的特色功能，是淘宝提供给卖家展示和推荐宝贝的功能之一。橱窗推荐宝贝会集中在宝贝列表页面的橱窗推荐中显示，每个卖家可以根据信用级别与销售情况获得不同数量的橱窗推荐位。合理利用这些橱窗推荐位，将大大提高卖家宝贝的单击率。

为了鼓励新卖家成长，淘宝对于开店时间少于 3 个月的卖家赠送 10 个推荐位，3 个月后自动取消。卖家可以在这段时间通过交易取得信用分值，以增加橱窗推荐位的数量。

合理地应用橱窗位，可以增加浏览量并间接增加交易量，如图 3-42 所示。

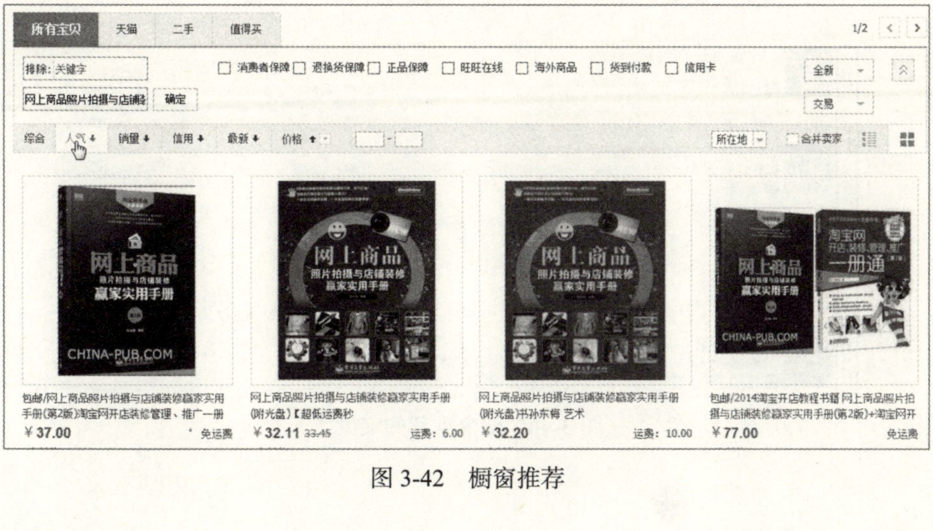

图 3-42　橱窗推荐

橱窗位的数量，可以在“我是卖家”页面中的卖家提醒区看到，如图 3-43 所示。

设置橱窗推荐的具体操作步骤如下。

❶ 单击“我是卖家”页面中“宝贝管理”下面的“橱窗推荐”超链接，如图 3-44 所示。

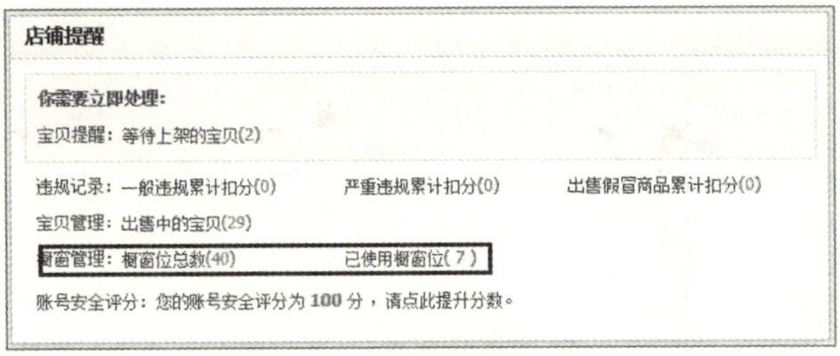

图 3-43 卖家提醒区

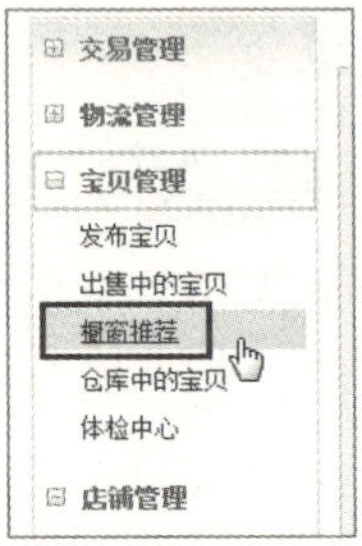

图 3-44 单击“橱窗推荐”超链接

❷ 进入橱窗推荐页面，勾选商品列表前面的复选框，然后单击顶部的“橱窗推荐”按钮，如图 3-45 所示。

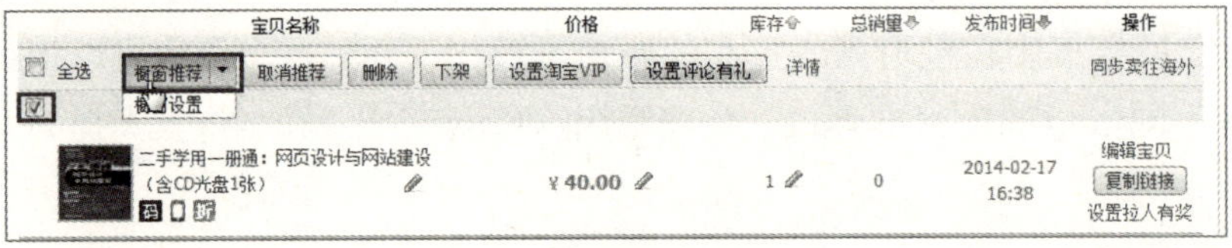

图 3-45 推荐宝贝

❸ 在打开的网页中即可看见已推荐的宝贝，如图 3-46 所示。

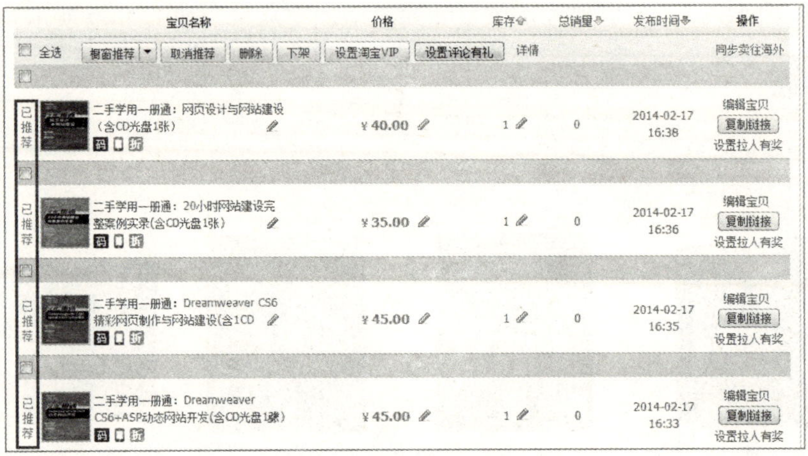

图 3-46 橱窗推荐的宝贝

3.4.2　使用店铺推荐位

店铺推荐宝贝出现在每个宝贝介绍页面的底部或者在店铺中间的推荐位上，买家浏览宝贝及店铺时第一眼就能看到这些被推荐的宝贝。该推荐宝贝同时也会出现在旺旺对话框的推荐位置中，与买家聊天时，对方可直接在旺旺对话框中看到推荐的宝贝。店铺推荐宝贝可以设置 6 件（旺铺有 16 件），由卖家自行选择，在“我是卖家”页面中单击“店铺管理”下面的“掌柜推荐”超链接，如图 3-47 所示。

将光标置于“宝贝管理”上，会出现下拉菜单，单击“掌柜推荐宝贝”超链接，即可进入如图 3-48 所示的页面。

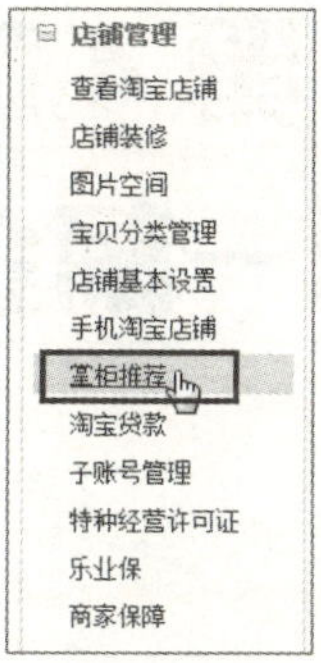

图 3-47　店铺管理平台

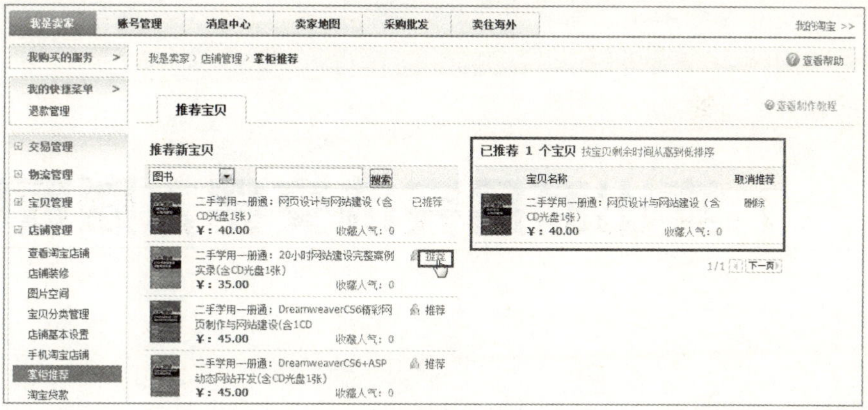

图 3-48　店铺管理平台

推荐好的宝贝会出现在所有宝贝的上方，公告和店标的下方，如图 3-49 所示。

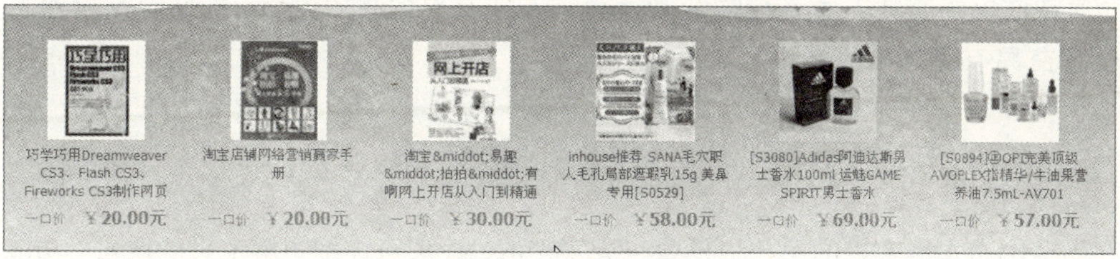

图 3-49　店铺推荐

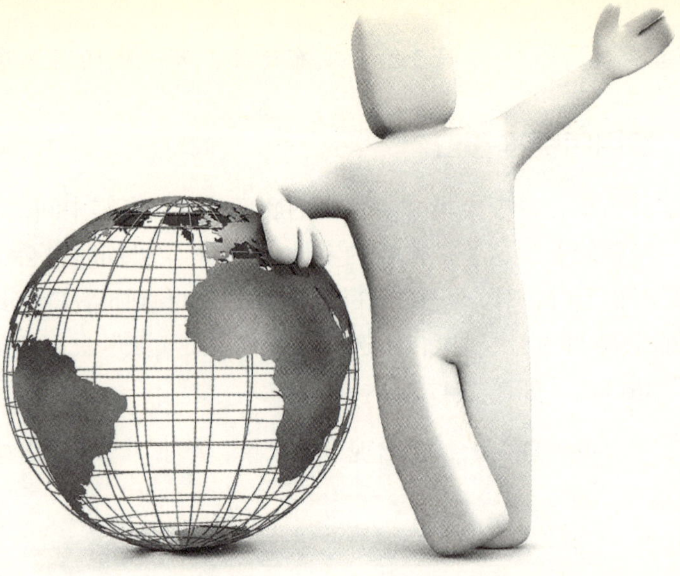

第 4 章
卖出商品完成交易，赚取第一桶金

开店指导

网上店铺开张了，生意来了。网上开店改变了“一手交钱，一手交货”的传统交易规则，如何完成网络交易？本章会详细讲述卖家完成交易的基本流程，帮助卖家对网上买卖和支付宝交易有更明确的认识。

4.1 与买家交流

在淘宝网站卖出宝贝的第一步是要与买家交流，让买家详细了解宝贝的质量、功能和价格等信息。在和买家交流时，除了可以使用阿里旺旺进行沟通外，还可以使用淘宝本身的站内信和买家沟通。

4.1.1 收发站内信

为了方便与买家沟通，淘宝为所有的会员都提供了一个站内信箱。如果有买家向卖家发了站内信，只要一进入“我的淘宝”页面，就可以看到有一个统计站内信数量的数字，这时一定要及时回复这些信件。

❶ 登录淘宝网页，进入“卖家中心”，在页面顶部单击“站内信”超链接，如图 4-1 所示。

❷ 打开淘宝网站内信箱，选择要阅读的信件，如图 4-2 所示。

图 4-1　单击“站内信”超链接

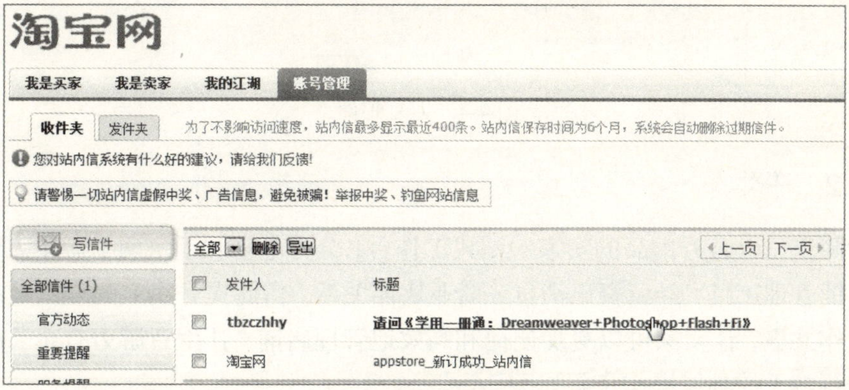

图 4-2　查看信件

❸ 单击要回复的信件，在打开的网页中阅读所选的邮件内容，然后单击 回复该信件 按钮，准备回复邮件，如图 4-3 所示。

图 4-3　回复邮件

❹ 在打开的网页中，在“内容”文本框中输入需要回复的信息，在“校验码”文本框中输入校验码，如图 4-4 所示。单击 发 表 按钮，即可回复成功。

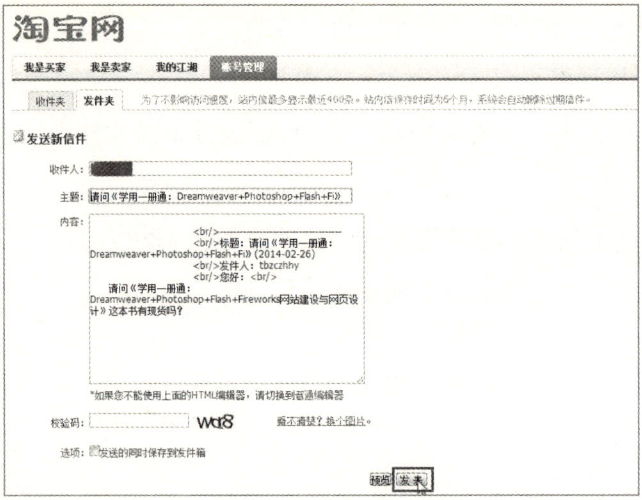

图 4-4　回复邮件

4.1.2　千牛

千牛为阿里巴巴官方出品的卖家一站式工作台，分为电脑和手机两个版本。其核心是为卖家整合店铺管理工具、经营资讯消息、商业伙伴关系，借此提升卖家的经营效率，促进彼此之间的合作共赢，让卖家可以更加便捷和高效地管理店铺，让生意游刃有余。使用千牛添加联系人进行聊天的具体操作步骤如下。

❶ 在千牛工作界面的顶部输入要查找的好友，单击“+”按钮，如图 4-5 所示。

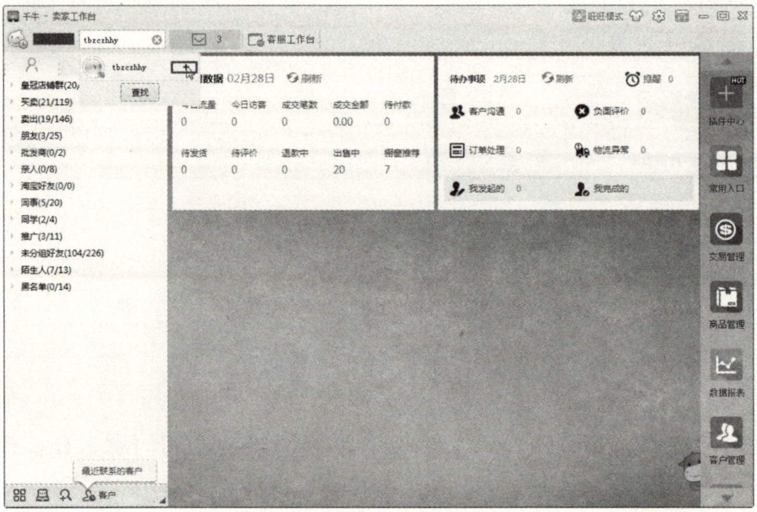

图 4-5　添加好友

❷ 弹出“阿里旺旺-安全验证”对话框，输入“验证字符”，单击“确定”按钮，如图 4-6 所示。

❸ 提示添加好友成功，单击“完成”按钮，如图 4-7 所示。

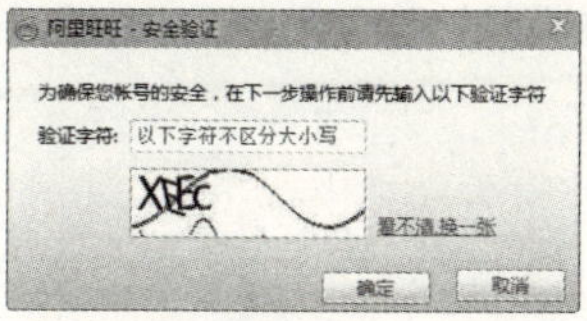

图 4-6　“安全验证”对话框

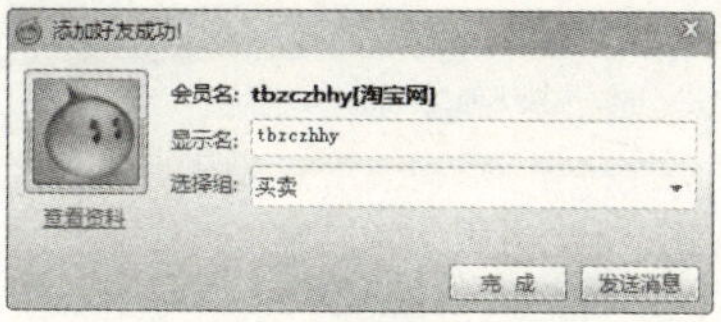

图 4-7　添加好友成功

4.2　卖出商品

在和买家交流的过程中，经常会涉及讨价还价和发货方式等问题，因此只会与买家交流还不行，还应该学会修改交易价格、选择物流发货、给买家评价等。

4.2.1　修改交易价格

淘宝上的商品有的也是可以议价的，如果你设定的不是一口价，那么遇到买家讲价是很平常的事。如果和顾客沟通达成的成交价格和你出售的宝贝的价格有出入，那你就要修改价格了。修改价格对于老掌柜来说不是难事，但是新手卖家就不同了，很多新手卖家由于经验不足往往不知如何修改价格。修改宝贝价格具体操作步骤如下。

❶ 登录“我的淘宝”页面，进入“我是卖家”，单击左侧的“交易管理”下面的“已卖出的宝贝”超链接，如图 4-8 所示。

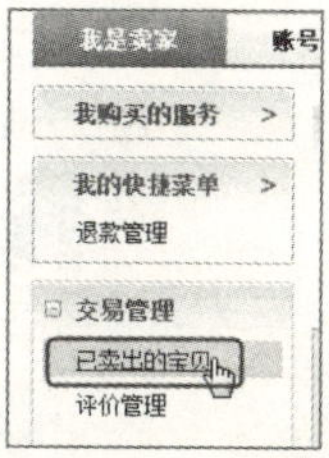

图 4-8　单击“已卖出的宝贝”超链接

❷ 打开已卖出的宝贝页面，单击“修改价格”超链接，如图 4-9 所示。

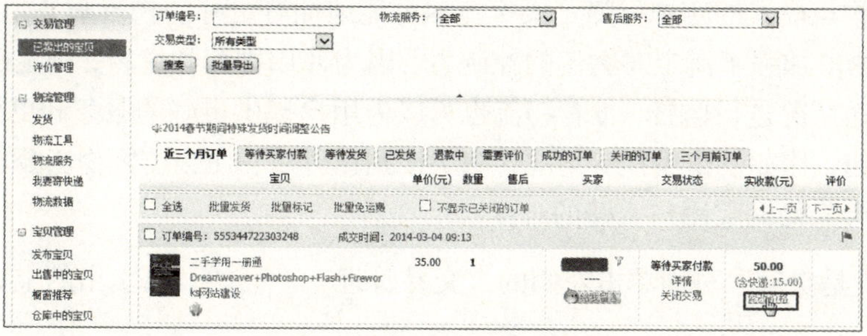

图 4-9　已卖出的宝贝页面

③ 打开“订单原价”页面，在“涨价或折扣”下面的文本框中直接输入折扣，可以在“邮费”和“快递”下面的文本框中直接输入邮费金额，也可以单击下面的“免邮费”超链接直接免邮费，如图 4-10 所示。

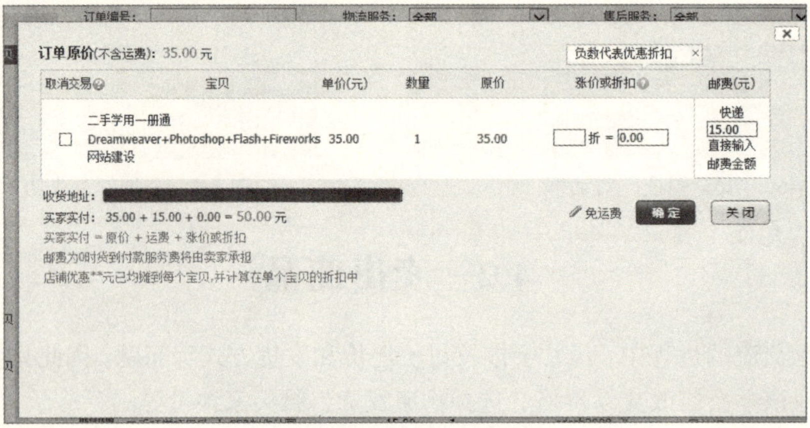

图 4-10　修改交易价格

④ 设置完毕，单击“确定”按钮，就可以看到已经修改完的价格，如图 4-11 所示。

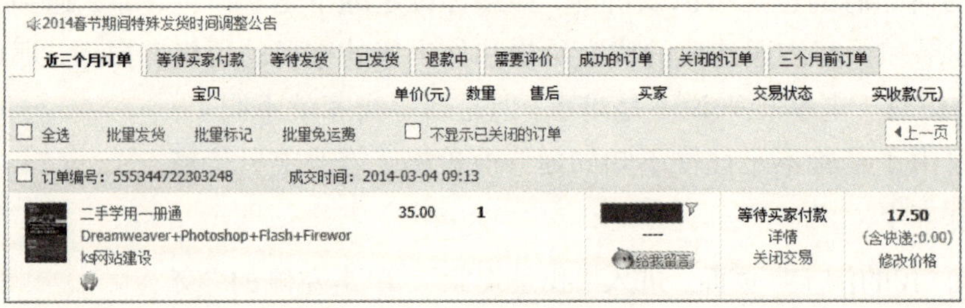

图 4-11　已经修改完的价格

4.2.2　选择物流发货

淘宝推荐物流模式的实施保障了买家能尽可能地拥有更好的物流服务，以及更优惠的价格。使用推荐物流加强了淘宝对物流的控制力。因为使用推荐物流后，淘宝可以对相应物流公司的物流配送情况进行监督，推荐物流也可以为用户提供更好的服务和更优惠的价格。而且一旦出现差错，比如发生破损等情况，淘宝接到投诉后，便会监督物流公司的投诉和理赔情况，这样也会降低淘宝用户索赔的难度。

① 在“我是卖家”页面单击左侧的“交易管理”下面的“已卖出的宝贝”超链接，如图 4-12 所示。

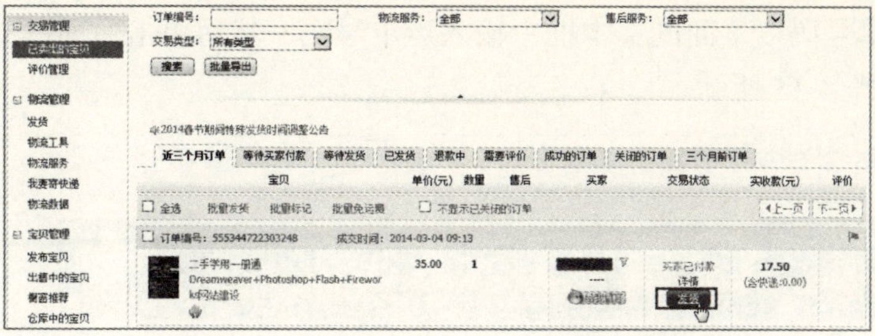

图 4-12　单击“已卖出的宝贝”超链接

❷ 在右侧订单中单击订单后的“发货”按钮。打开“确认收货信息及交易详情”页面，如图 4-13 所示。

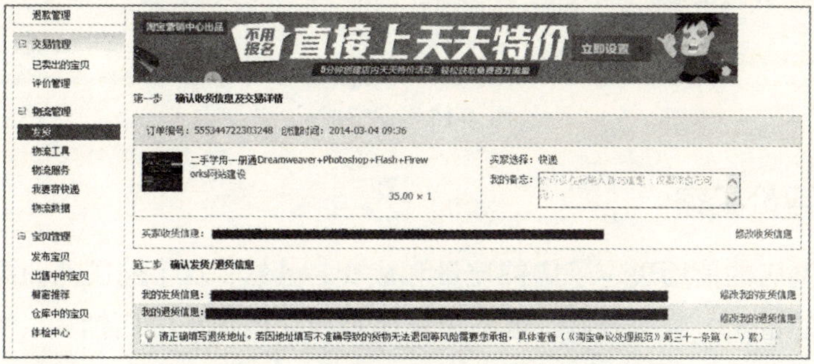

图 4-13　确认收货信息及交易详情

❸ 在“选择物流服务”中选择“自己联系物流”选项卡，可以选择自己想要联系的物流公司，如图 4-14 所示。

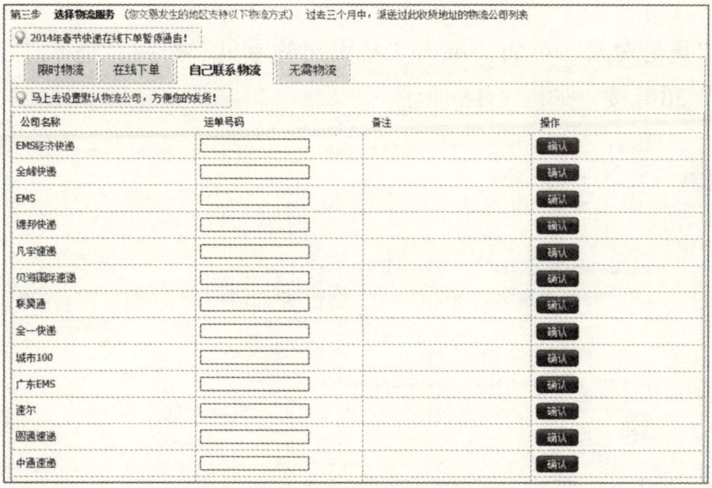

图 4-14　选择物流发货

4 在“运单号码”下面的文本框中输入运单号码，然后单击后面的“确认”按钮，提示发货成功，如图 4-15 所示。

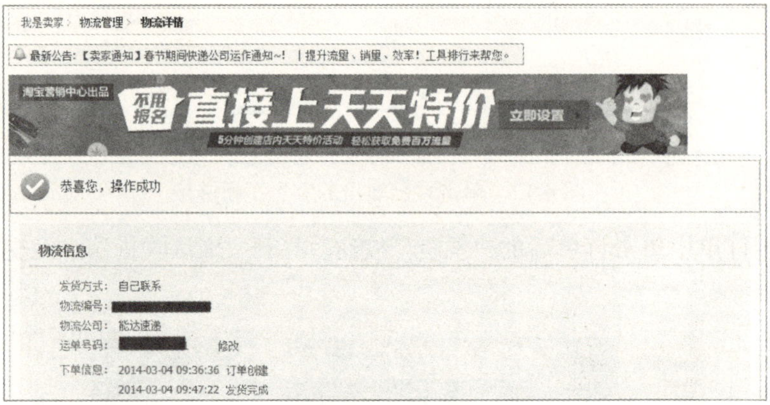

图 4-15　发货成功

4.2.3　评价买家

如今，淘宝网店的信用决定了店铺流量和成交，虽然，新手网店的商品质量跟大店铺一样，服务质量有的也比大店铺要好，可是买家还是想在信用高的店铺买。淘宝会员在淘宝个人交易平台使用支付宝服务成功完成每一笔交易订单后，双方均有权对对方交易的情况做出相关评价。买家可以针对订单中每项买到的宝贝进行好、中、差评；卖家可以针对订单中每项卖出的宝贝给买家进行好、中、差评。这些评价统称为信用评价。给买家评价具体操作步骤如下。

1 进入到“我是卖家”页面，单击“已卖出的宝贝”按钮，进入“已卖出的宝贝”页面，单击“评价”超链接，如图 4-16 所示。

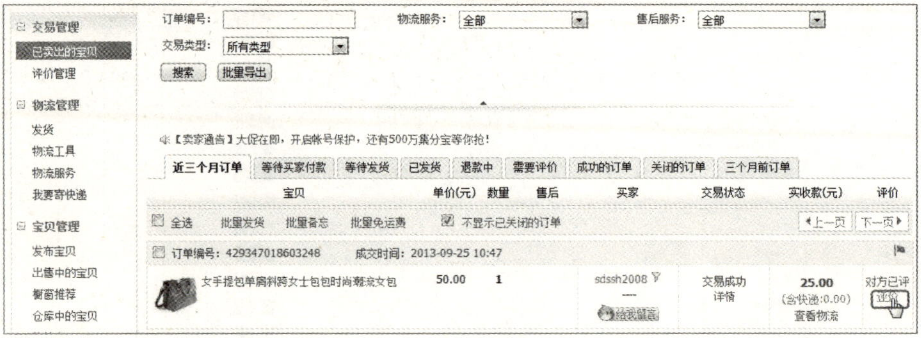

图 4-16　卖家中心

❷ 可以看到这里有好评、中评及差评 3 个评价，在这里选择好评，并附上好的评语，然后单击“提交评论”按钮，如图 4-17 所示。

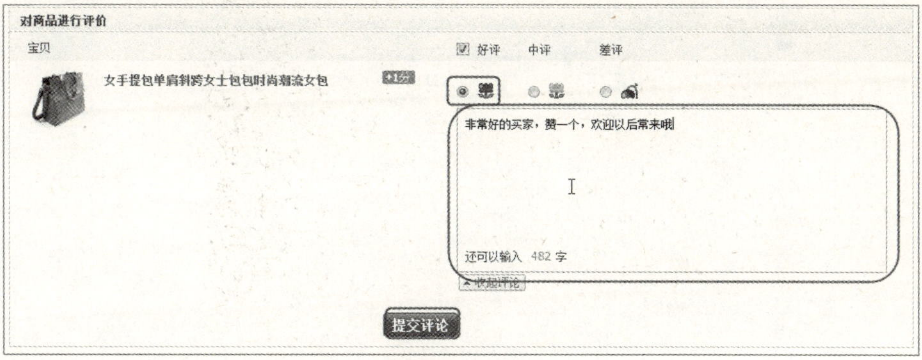

图 4-17　评价

❸ 提示信用评价成功，如图 4-18 所示。

图 4-18　信用评价成功

好评即好的评价，是有利于被评价方的评价，好评会给被评价方加一分；中评即一般评价，是不好也不差的评价，中评不记分但会影响被评价方的好评率；差评即差的评价，是不好的评价，不利于被评价方的评价，差评会给被评价方减一分。信用是慢慢积累的，千万不要着急，切记不能通过不正当的方式提高账户信用，若被发现，则淘宝会视情节严重程度对相关账户处罚处理。

4.3　从支付宝提现

随着交易的增多，卖家要对自己的支付宝账户进行账目管理，例如查询支付宝余额、从支付宝中提取现金、进行账户明细的查询等。

如果卖家想把支付宝账户上的“电子钱”换成“现金”，就需要从支付宝账户中提取现金，这就是账户提现，具体操作步骤如下。

❶ 登录“我的支付宝”页面，单击“提现”按钮，如图 4-19 所示。

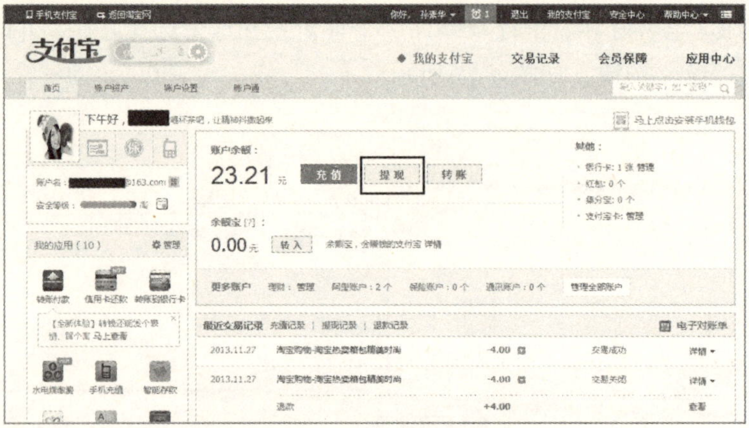

图 4-19　单击“提现”按钮

❷ 打开如图 4-20 所示的提取余额到银行卡页面，输入自己的银行卡账号和提现金额。

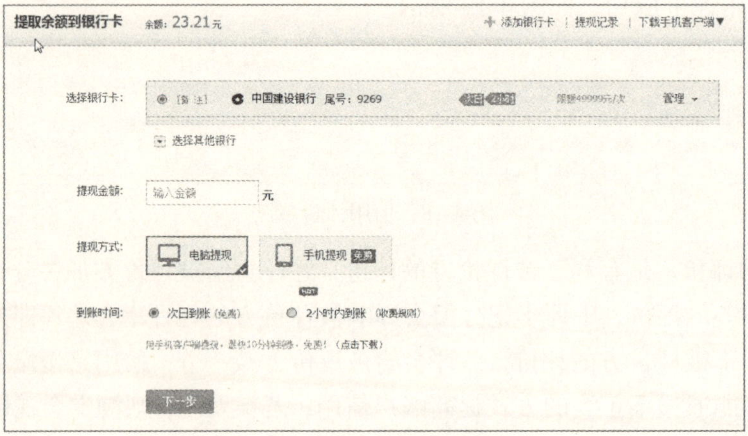

图 4-20　提取余额到银行卡

小提示

为什么我提现申请失败了？

（1）核实你需要提现的款项是否是充值进来的，充值的款项是不能提现的，只能原路退回，即从哪张银行卡上支出就会退回到哪张银行卡上，不能退到其他的银行卡上。

（2）支付宝账户名字和提现的银行卡名字不一样，不能提现成功。

（3）提现失败后款项会返回到支付宝账户，可以重新登录支付宝网站——提现——设置提现银行账户，确认之前填写的提现银行账户信息是否正确，如果不正确可以及时修改并保存。

❸ 单击“下一步”按钮，打开“确认提现信息”页面，输入支付密码，如图 4-21 所示。

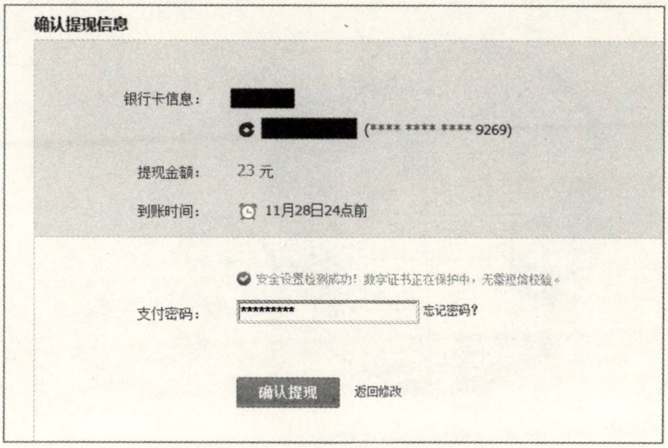

图 4-21 “确认提现信息”页面

❹ 单击“确认提现”按钮，即可申请提现，等待银行处理，如图 4-22 所示。

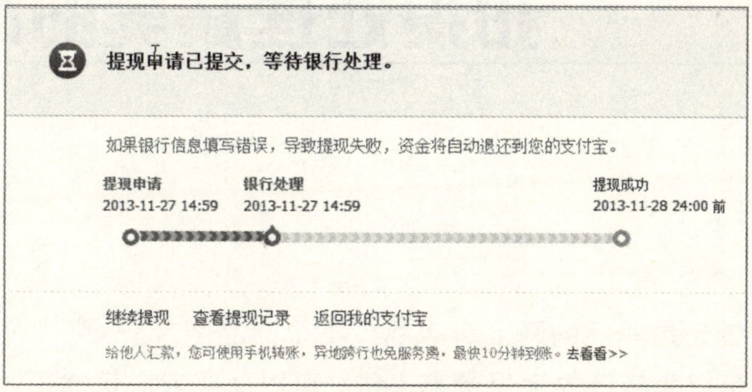

图 4-22 等待银行处理

小提示

申请提现多久款项可以到我的银行卡中？

款项将在你申请提现开始起，1～2 个工作日到达你的银行账户。

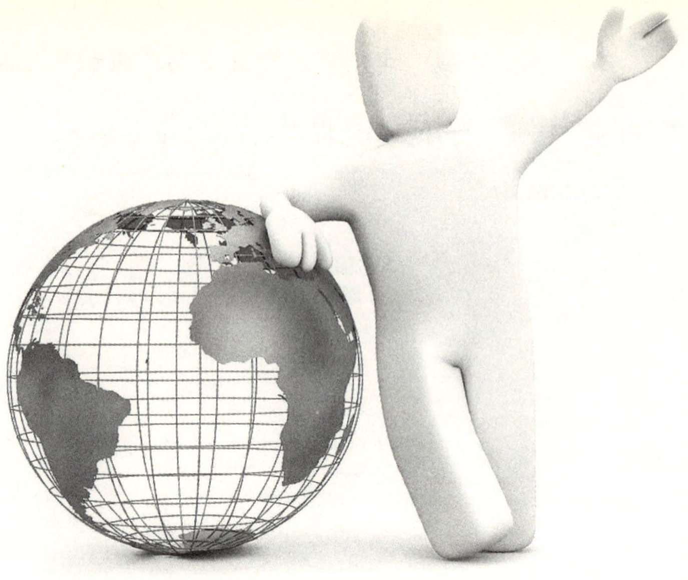

第 5 章 拍摄处理精美的商品照片

开店指导

无论是淘宝店铺还是其他的网上商店都少不了商品图片。一张漂亮的图片可以让店铺的宝贝脱颖而出；可以为店铺的宝贝带来人气；可以让买家心情愉悦；可以让买家怦然心动。本章介绍如何拍摄图片和利用图片处理软件处理出合格的商品照片。

5.1 拍摄照片的准备工作

网店不同于实体店，因为在网店购物买家无法看到真实的物品，只能通过网店上的照片来看，为了增加商品的成交率，卖家就需要在图片的拍摄与处理上下功夫了。

5.1.1 了解拍摄工具

（1）照相机

选择的照相机最好带有手动功能，手动功能可以在拍摄过程中，根据光线和拍摄需要自由调节相机的设置，以满足拍摄的需要。

（2）照明工具

照明工具通常和摄影棚一起使用，是商品拍摄时主要的光源。台灯的灯泡最好使用节能灯，因为节能灯所散发出来的光线投射到商品上，不会使商品的色泽发生比较大的变化，如图 5-1 所示。

（3）辅助工具

用一块布或者 A4 纸做背景，这样拍出来的照片主题会比较突出，减少色差。还可以在一角放上一朵花，一个小玩具、装饰品之类可以让照片更漂亮，但是一定要摆在一角，不然就抢了宝贝的镜头了，如同 5-2 所示。

图 5-1　利用台灯平衡光学

图 5-2　突出照片主题

5.1.2　拍摄场景的布置

要获得一张成功的商品照片，除了使用照相机本身的功能外，人为地创造辅助拍摄条件也很重要，下面介绍拍摄场景的布置。

1．为什么要布置场景

在室内拍摄商品和在专业摄影棚里拍摄商品有很大的区别：第一，室内拍摄环境既复杂，背景杂乱，需要花费不少力气处理。第二没有专用的工作台，开展工作不方便。第三，缺少必要的专业拍摄工具，需要找到合适的代用品。

布置场景的过程，就是解决拍摄前遇到困难的过程，为商品创建最佳的拍摄环境。只有动脑筋思考的人，才能达成预期目标。如图 5-3 所示为没有布置场景拍摄的照片，图 5-4 所示为布置好场景拍摄的照片。

图 5-3　没有布置场景拍摄的照片

图 5-4　布置好场景拍摄的照片

2. 使用反光板材布置场景

反光板是我们常用的补光设备。一般常见的是金银双面可折叠的反光板，携带方便。同时，这种反光板的反光材料反光率比较高，光线强度大，光质适中，适用于多种主体摄影。不过这种便携性反光板在使用的时候，需要一个人配合。反光板还可以改变主体的色温，比如用金色反光板，在某些情况下可以使主体更加突出，如图 5-5 所示。在拍拍上有很多出售反光板的店铺，一般价格在几十元左右。

图 5-5　反光板

3. 使用墙纸、背景纸布置场景

生活中能够用于布置场景的材料很多，要开拓思路寻找各种道具。例如美化家居用的花纹墙纸非常适合用来充当小型商品照片的背景，如图 5-6 所示是用精美墙纸布置场景的效果。也可以使用背景布或背景纸布置场景，让人感觉很干净，也能突出主体。如图 5-7 所示使用背景布布置的场景。

图 5-6　用精美墙纸布置的场景

图 5-7　使用背景布布置的场景

5.1.3 怎样用普通数码照相机拍出好照片

网上销售最重要的特点就是商品是通过图片来展现的。好的图片是吸引买家点击和购买的最重要因素之一。所以，拍摄出漂亮、真实的图片可以说是网店销售至关重要的一个环节。只要掌握好技巧，完全可以拍摄出精美、吸引人的图片。

要拍好照片，需要注意如下几个方面。

（1）一般拍摄商品照片时最好使用照相机的 M 手动模式，把照相机微距打开，这样产品的细节就可以很清楚地表现出来。如图 5-8 所示为使用 M 手动模式并把照相机微距打开拍摄的物品。

（2）在拍摄的地方放一张白纸，将照相机设置为手动白平衡，然后将镜头对着白纸，使白色充满照相机屏幕中间的框，按下设置键（不同的相机有不同的设置键，在照相机的屏幕上会有提示），如图 5-9 所示。

图 5-8　把照相机微距打开拍摄的物品

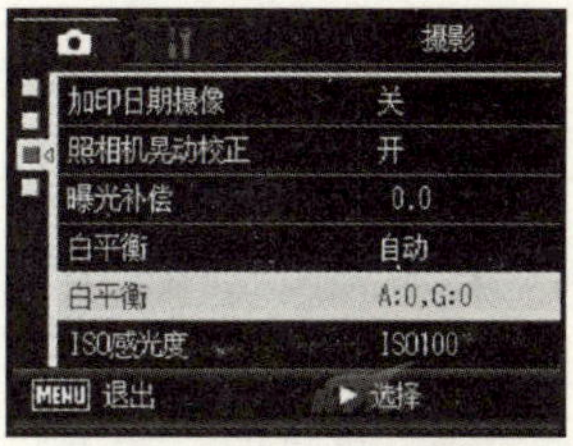

图 5-9　设置白平衡

这时你会发现，在照相机中看到的白纸和刚刚看到的白纸相比，颜色有了变化，这说明设置成功了。然后在刚刚放白纸的同一个地方，放上要拍摄的商品，这时白平衡就是正确的了。如果换一个地方拍摄，那么就需要重新设置白平衡。

（3）缩小拍摄距离。有时候，只需要离商品近一些拍摄，就可以得到比远距离拍摄更好的效果。在拍摄商品照片时，并不一定非要把整个商品全部照下来，有时候，对商品的某个具有特色的地方进行放大拍摄，反而会拍摄出具有强烈视觉冲击力的照片。

（4）注意正确的曝光，注意光线是否充足。在拍摄时，应尽可能避免逆光拍照，应让光线照在拍摄物上，拍摄者要站在背光的方向。在阴天或阴影处，应使用柔和光源。在不同的光线条件下，应选择适当的光圈及快门速度。光圈的大小是以数字表示的，数字越大光圈越小，数字越小光圈越大；光圈越大，进入镜头的光线越多。光线不足时就要使用闪光灯，但应注意所使用闪光灯的有效距离，一般闪光灯的有效范围只有三四米。

（5）变换拍摄风格。如果拍摄的很多商品都是一种风格，就会给人一种一成不变的感觉。所以在拍摄过程中应该不断地尝试新的拍摄方法或情调，为商品增添光彩。比如可以分别拍摄一些商品的全景、特写镜头或单个、多个商品等。

（6）照相机的曝光补偿功能可以在拍摄时进行调节，避免光线不足或光线过于强烈时引起曝光不足和曝光过度等情况。如图 5-10 所示为使用曝光补偿功能拍摄的照片。

图 5-10　使用曝光补偿功能拍摄的照片

（7）摄影缺少了光线就不能称为摄影，它是光与影的完美结合，所以在拍摄时需要有足够的光线照射到被摄主体上。最好也是最简单的方法就是使太阳处于拍摄者的背后并有一定的偏移，前面的光线可以照亮商品，使它的色彩和阴影变亮，轻微的角度则可以产生一些阴影来显示出商品的质地。

（8）每个卖家都不希望自己拍摄的商品看起来没有立体感。所以在拍摄时，就要适当地增加参照物。通过对比，可以显示出商品的大小。

5.2　调整照片效果

精美的商品图片使人产生愉悦的快感，增加产品销售的成交率。在拍摄图片时，由于某种原因，拍出来的图片可能没有那么完美。这时就需要用专门的软件处理一下，然后再上传。从本节开始介绍网店行家常用的几种 Photoshop 软件功能，即使以前不会使用 Photoshop 软件的人，只要根据下面介绍的操作步骤一步步操作，也能制作出令人满意的图片来。

5.2.1　调整曝光不足的照片

拍摄出来的照片总会有一些不尽如人意的地方，需要调整，本节讲述调整曝光度不足的照片，具体操作步骤如下。

❶ 启动 Photoshop，选择菜单中的“文件”|“打开”命令，弹出“打开”对话框，如图 5-11 所示。

❷ 在该对话框中选中图像文件“曝光不足.jpg”，单击“打开”按钮，打开图像文件，如图 5-12 所示。

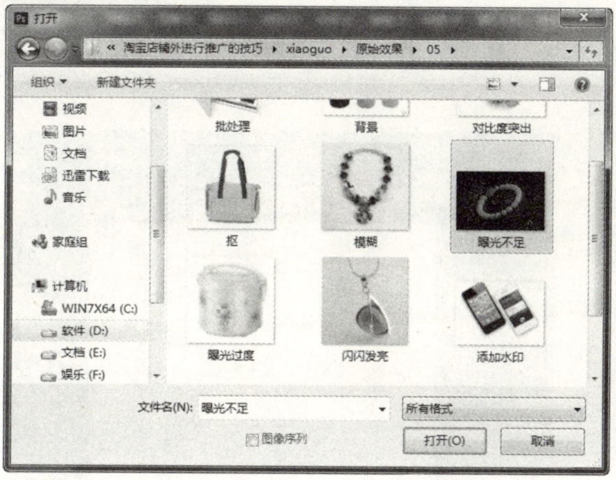

图 5-11　“打开”对话框

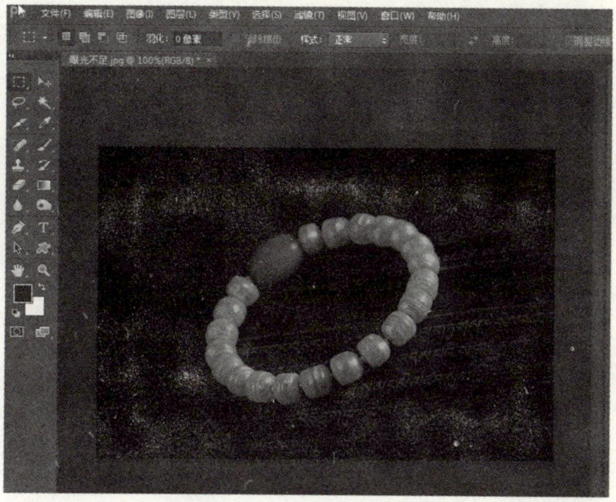

图 5-11　打开图像文件

❸ 选择“图像”|“调整”|“曝光度”命令，弹出“曝光度”对话框，如图 5-13 所示。

❹ 在该对话框中设置相应的参数，单击“确定”按钮，即可调整曝光的图片，如图 5-14 所示。

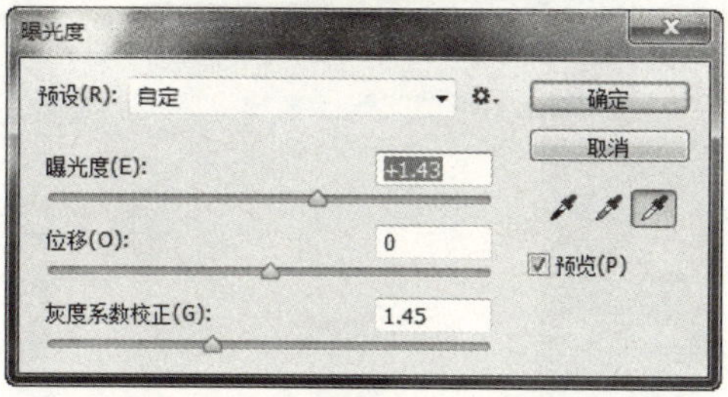

图 5-13　“曝光度”对话框

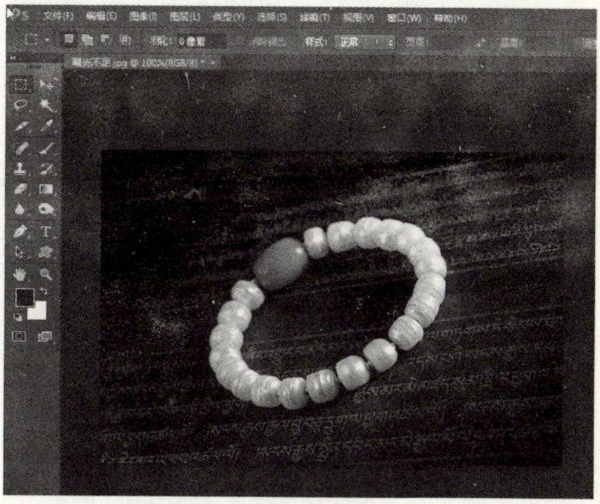

图 5-14　调整曝光的图片

5.2.2 调整曝光过度的照片

调整曝光过度的照片的具体操作步骤如下。

❶ 启动 Photoshop 软件，选择“文件”|“打开”命令，弹出“打开”对话框，如图 5-15 所示。

❷ 在该对话框中选中图像文件“曝光过度.jpg”，单击“打开”按钮，打开图像文件，如图 5-16 所示。

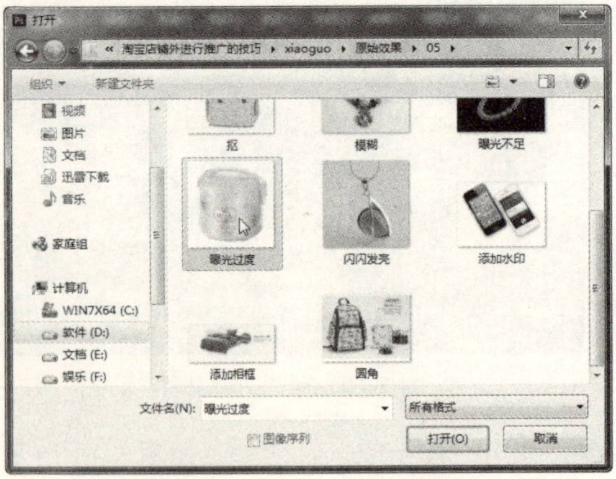

图 5-15 “打开”对话框

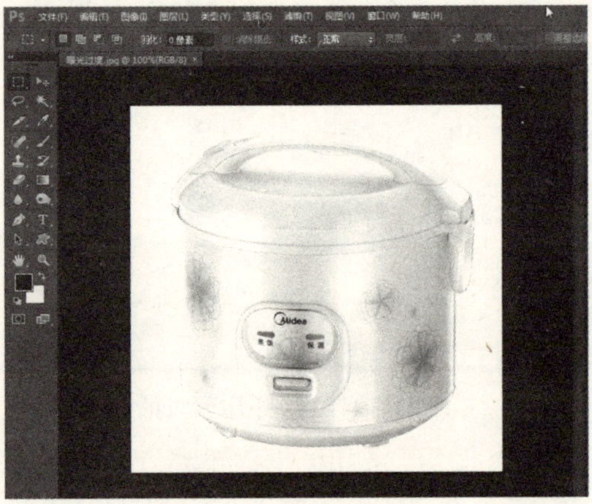

图 5-16 打开图像文件

❸ 选择“图像”|“调整”|“曝光度”命令，弹出“曝光度”对话框，如图 5-17 所示。

❹ 在该对话框中设置相应的参数，单击“确定”按钮，即可调整曝光的图片，如图 5-18 所示。

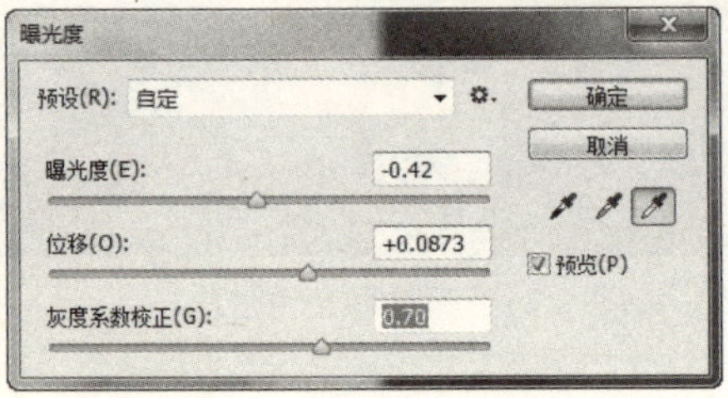

图 5-17 “曝光度”对话框

图 5-18 调整曝光的图片

5.2.3　调整模糊的照片

用数码照相机或手机拍照，难免会因为各种原因使照片效果不尽如人意，其中照片模糊是最常见的。使用 Photoshop 调整模糊图片的具体操作步骤如下。

❶ 启动 Photoshop 软件，打开图像文件，如图 5-19 所示。

❷ 选择“图像”|“模式”|“Lab 颜色”命令，如图 5-20 所示。

图 5-19　打开图像文件

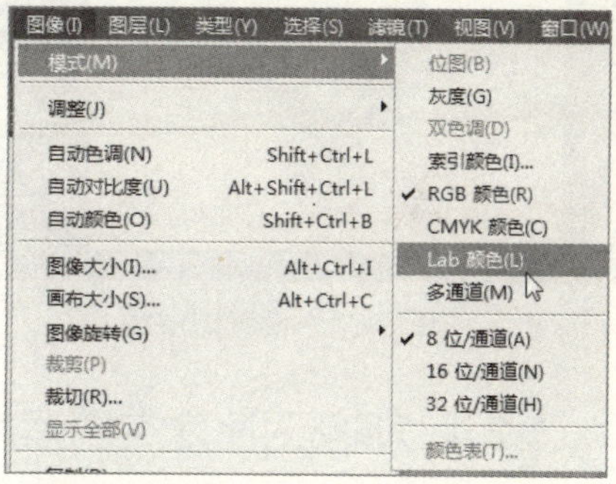

图 5-20　选择“Lab 颜色”命令

❸ 打开“图层”面板，在该面板中将背景层拖动到“创建新图层”按钮上，复制背景图层，如图 5-21 所示。

❹ 选择“滤镜”|“锐化”|“USM 锐化”命令，弹出“USM 锐化”对话框，如图 5-22 所示。

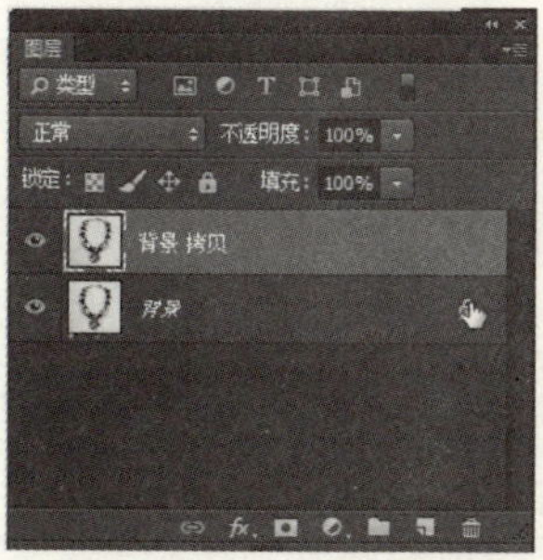

图 5-21　复制背景图层

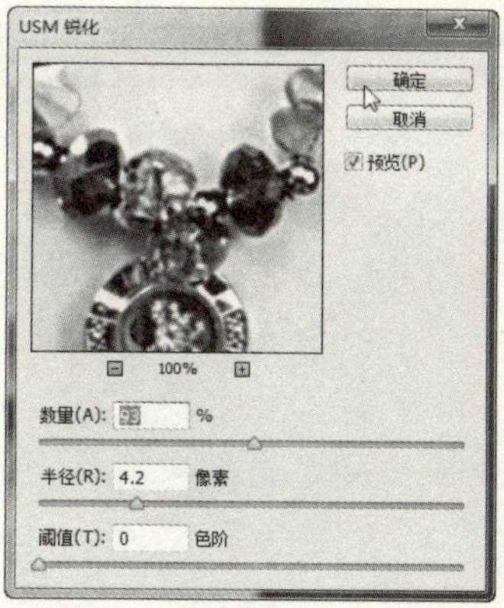

图 5-22　“USM 锐化”对话框

5 单击“确定”按钮，设置 USM 锐化，将图层模式设置为柔光，不透明度设置为 90%，如图 5-23 所示。

6 如果还是不够清楚，还可以重复步骤 5 复制相应的图层，直到调整至清楚为止，如图 5-24 所示。

图 5-23　设置图层模式

图 5-24　调整清晰度

5.2.4　调整对比度突出照片主题

对数码照片进行适当的调整是非常必要的。要突出图像的主题，首先必须确认图像的主题是什么。只要主题确认下来了，剩下的步骤就很简单了。通过提高主题与背景的对比度、模糊背景、简化背景等方法，都可以很有效地突出主题，具体步骤如下。

1 启动 Photoshop 软件，打开图像文件，如图 5-25 所示。

2 选择“图像”|“亮度/对比度”命令，弹出“亮度/对比度”对话框，如图 5-26 所示。

图 5-25　打开图像文件

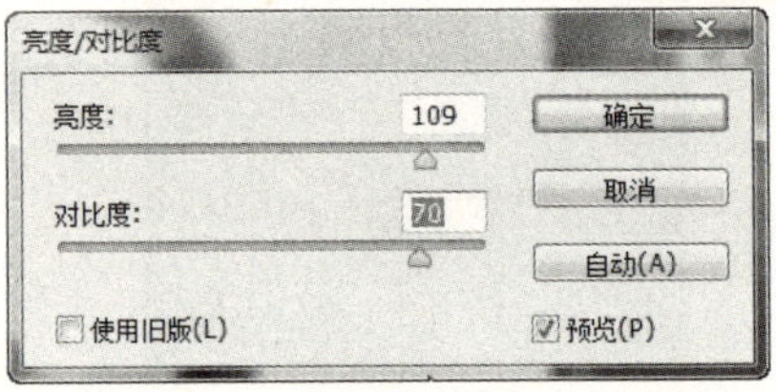

图 5-26　“亮度/对比度”对话框

③ 单击“确定”按钮，即可调整图像的亮度/对比度，如图 5-27 所示。

图 5-27　调整图像的亮度/对比度

5.3　为照片添加水印和边框

使用 Photoshop 软件给商品图片添加边框、背景、水印，就是对自己的商品图片进行加工处理，主要目的是突出商品、防止图片被别人盗用和统一店铺风格。

5.3.1　为照片添加水印防止他人盗用

相信各位淘宝店主都有自己所钟爱的商品图片，为了防止被他人非法窃取，就需要给图片添加水印，具体操作步骤如下。

① 启动 Photoshop 软件，打开图像文件，如图 5-28 所示。

② 选择工具箱中的文本工具，在图片上输入文字“创先科技”如图 5-29 所示。

图 5-28　打开图像文件

图 5-29　输入文本

❸ 选择“图层”|“图层样式”|“投影”命令，弹出“图层样式”对话框的“投影”界面，如图 5-30 所示。

❹ 在该对话框中设置相应的参数，单击“确定”按钮，设置图层样式，如图 5-31 所示。

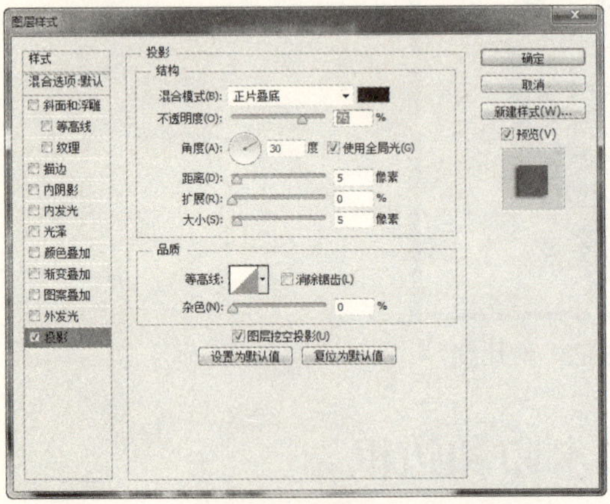

图 5-30 “投影”对话框的“投影”界面

图 5-31 设置图层样式

❺ 打开图层面板，将不透明度设置为 50%，如图 5-32 所示。

图 5-32 设置不透明度

5.3.2 为照片添加相框提高商品档次

为照片添加相框，既漂亮大方又能衬托出照片的珍贵。在 Photoshop 中，可以给商品图片添加边框，以突出显示和美化版面，并将商品图片与其他内容区分开。为照片添加相框的具体操作步骤如下。

❶ 启动 Photoshop 软件，打开图像文件，如图 5-33 所示。

❷ 按 Ctrl+A 键全选图像，如图 5-34 所示。

图 5-33　打开图像文件

图 5-34　全选图像

❸ 选择“编辑”|“描边”命令，弹出“描边”对话框，将“宽度”设置为“20 像素”，设置描边颜色，如图 5-35 所示。

❹ 单击“确定”按钮，设置图像描边，如图 5-36 所示。

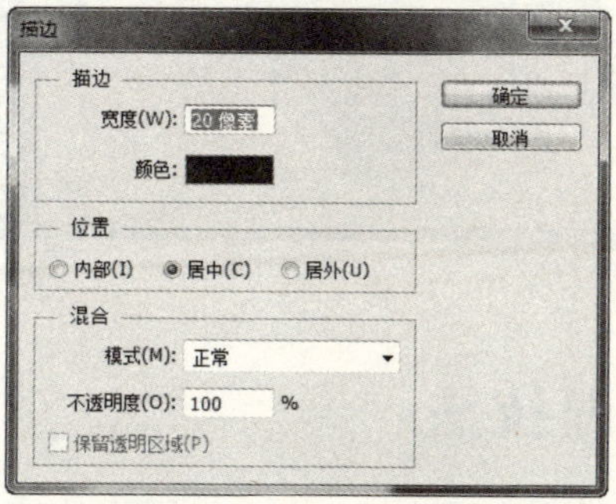

图 5-35　“描边”对话框

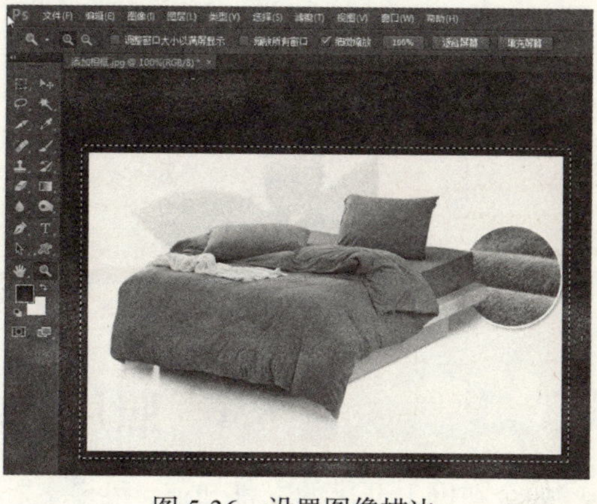

图 5-36　设置图像描边

❺ 打开“图层”面板，将背景图像拖动到“创建新图层”按钮上，复制图层，如图 5-37 所示。

❻ 选择工具箱中的魔棒工具，单击选中添加的边框，如图 5-38 所示。

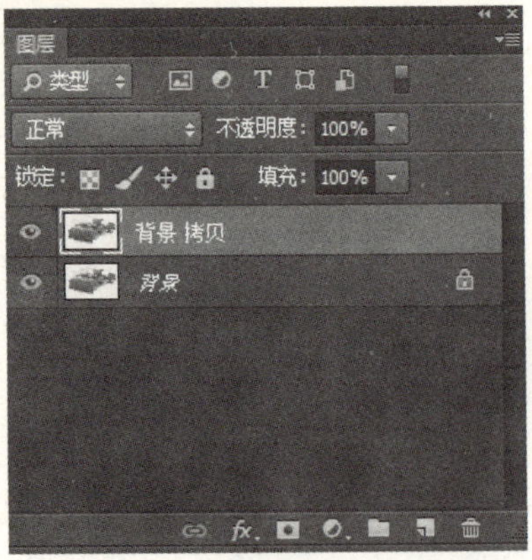

图 5-37　复制图层

图 5-38　选中边框

❼ 选择“滤镜”|“扭曲”|“波浪”命令，弹出“波浪”对话框，将“生成器数”设置为 2，“波长”最大设置为 120，最小设置为 10，“波幅”最小设置为 5，最大设置为 35，如图 5-39 所示。

❽ 单击“确定”按钮，设置边框，如图 5-40 所示。

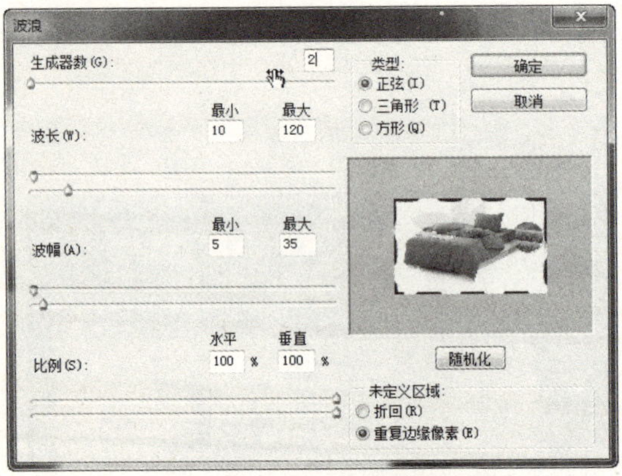

图 5-39　“拼贴”对话框

图 5-40　设置边框

5.4　照片特殊效果处理技法

如今在网上开店的人都知道，很多皇冠店铺之所以能成为皇冠店铺，大多是因为他们的商品图片让人看起来非常漂亮。本节讲述照片特殊效果的一些处理技巧。

5.4.1　把照片中的商品抠出来

抠图是在图像设计中最常用到的技术之一。下面讲述利用魔术棒工具抠取图像，具体操作步骤如下。

下面使用 Photoshop 软件为照片添加相框提高商品档次，具体操作步骤如下。

① 启动 Photoshop 软件，打开图像文件，如图 5-41 所示。

② 选择工具箱中的魔术棒工具，在图像中单击，同时按住 Shift 键，单击没有选中的地方，将背景选中，如图 5-42 所示。

图 5-41　打开图像文件

图 5-42　将背景选中

③ 选择“选择”|“反向”命令，反选图像，如图 5-43 所示。

④ 选择“选择”|“修改”|“羽化”命令，弹出“羽化选区”对话框，在对话框中输入“1”，如图 5-44 所示。

图 5-43　反选图像

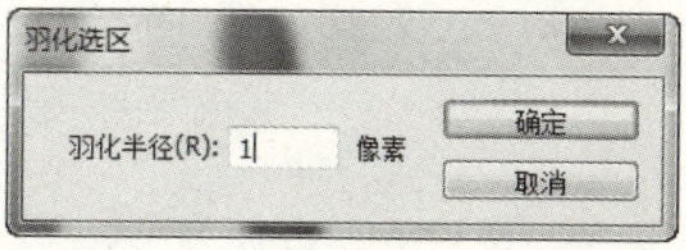

图 5-44　“羽化选区”对话框

❺ 单击“确定”按钮，羽化图像，选择“编辑”|“剪切”命令，剪切图像，如图 5-45 所示。

❻ 新建一个空白透明文档，选择“编辑”|“粘贴”命令，将剪切的图像粘贴到文档中，如图 5-46 所示。

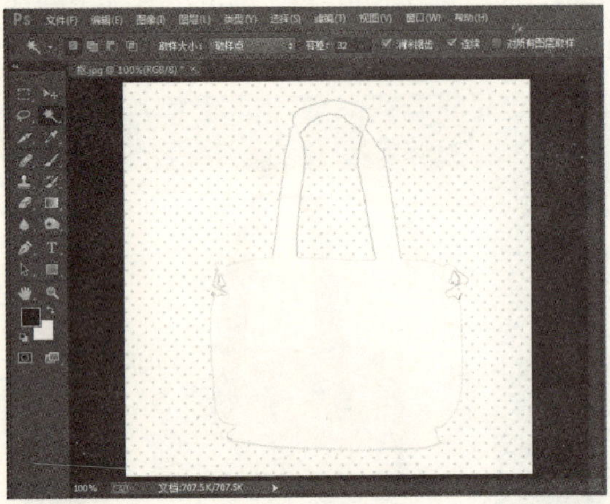

图 5-45　剪切图像

图 5-46　粘贴图像

❼ 选择“文件”|“存储为 Web 所用格式”命令，弹出“存储为 Web 所用格式”对话框，如图 5-47 所示。

❽ 单击“存储”命令，弹出“将优化结果存储为”对话框，将“格式”设置为“仅限图像”，如图 5-48 所示。单击“保存”按钮，即可保存图像。

图 5-47　“存储为 Web 所用格式”对话框

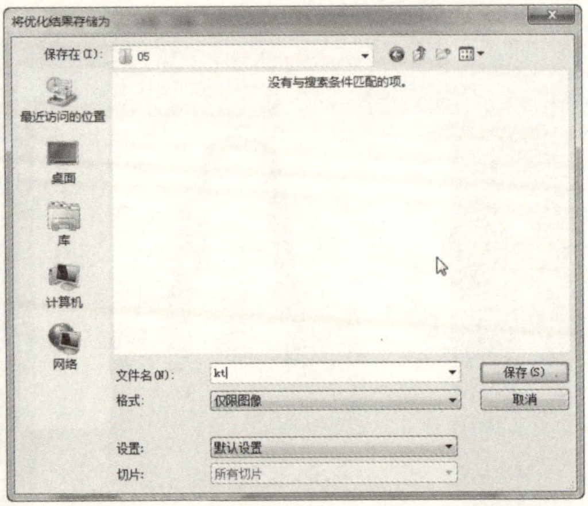

图 5-48　“将优化结果存储为”对话框

5.4.2　快速更换图片的背景

下面使用 Photoshop 软件为照片快速更换背景，具体操作步骤如下。

❶ 启动 Photoshop 软件，打开图像文件，如图 5-49 所示。

❷ 选择工具箱中的魔术棒工具，在图像中单击，同时按住 Shift 键，单击没有选中的地方，将背景选中，如图 5-50 所示。

图 5-49　打开图像文件

图 5-50　将背景选中

❸ 在工具箱中单击背景按钮，在弹出的“拾色器”对话框中设置背景颜色，如图 5-51 所示。

❹ 单击“确定”按钮，设置背景颜色。在舞台中按 Ctrl+Delete 键填充背景，如图 5-52 所示。

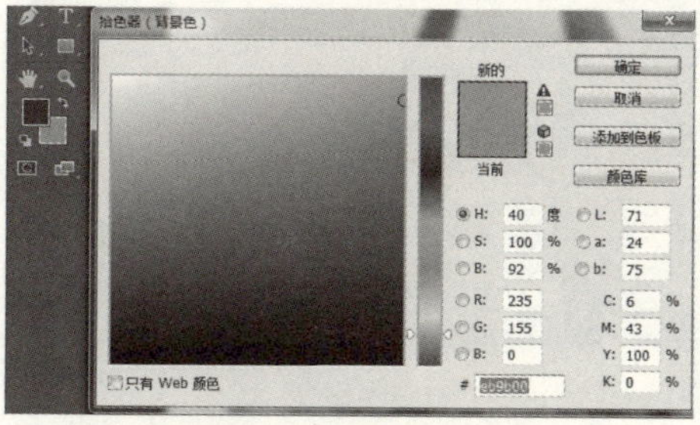

图 5-51　设置背景颜色

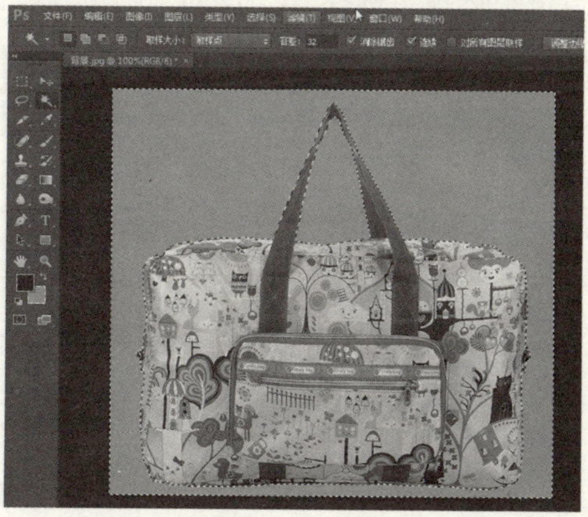

图 5-52　填充背景

5.4.3 给商品图片加圆角

商品的照片一定要具备两个要素：清晰、美观。要使照片清晰、美观只要懂得照相机的操作和修图技能就行了。当然，一张好照片有时候不需要进行太多的美化。为什么要为照片添加圆角呢？因为圆角比较柔和，不会像方角一样给人很强的压迫感，让整个图片看起来会比较顺眼。如何为图片添加圆角？具体操作步骤如下。

① 启动 Photoshop 软件，打开图像文件，如图 5-53 所示。

② 选择工具箱中的圆角矩形工具，在选项栏中的工具模式中选择“路径”，在舞台中绘制路径，如图 5-54 所示。

图 5-53　打开图像文件

图 5-54　绘制路径

③ 按 Ctrl+Enter 键将路径转换为选区，如图 5-55 所示。

④ 选择“选择”|“反向”命令，反选图像，如图 5-56 所示。

图 5-55　转换为选区

图 5-56　反选图像

❺ 按 Delete 删除选区，完成圆角照片的制作，如图 5-57 所示。

图 5-57　完成圆角制作

5.4.4　制作闪闪发亮的商品图片

有些图片经过特殊处理，使图片看起来闪闪发亮，显得很有气派，具体操作步骤如下。

❶ 启动 Photoshop 软件，打开图像文件，如图 5-58 所示。

❷ 在“图层”面板中双击背景图层，弹出“新建图层”对话框，如图 5-59 所示。

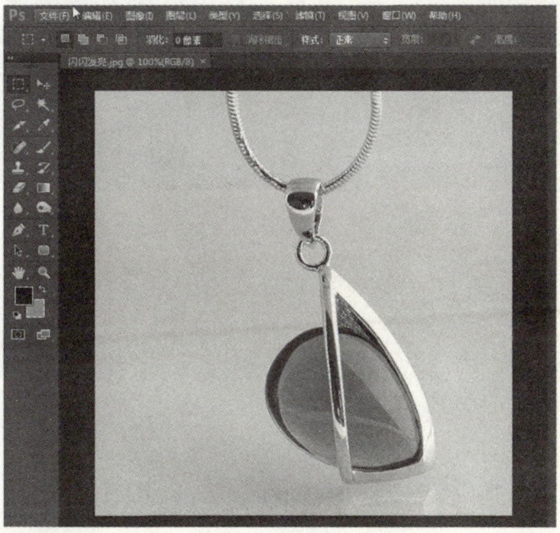

图 5-58　打开图像文件

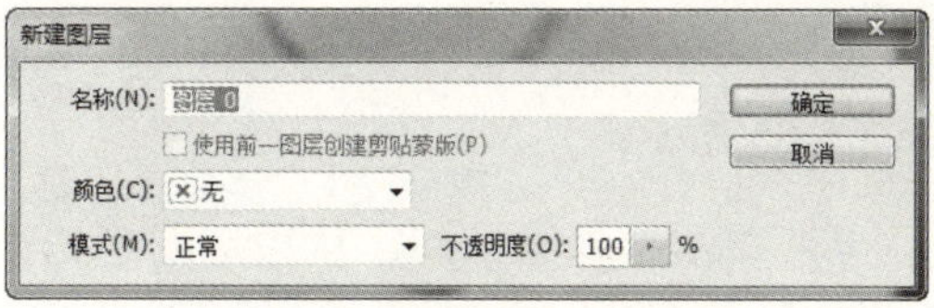

图 5-59　“新建图层”对话框

❸ 单击“确定”按钮将其转换为普通层。在工具箱中选择画笔工具，如图 5-60 所示。

❹ 选择画笔以后，单击左上角的按钮，弹出一个列表，在该列表中选择相应的画笔形状，如图 5-61 所示。

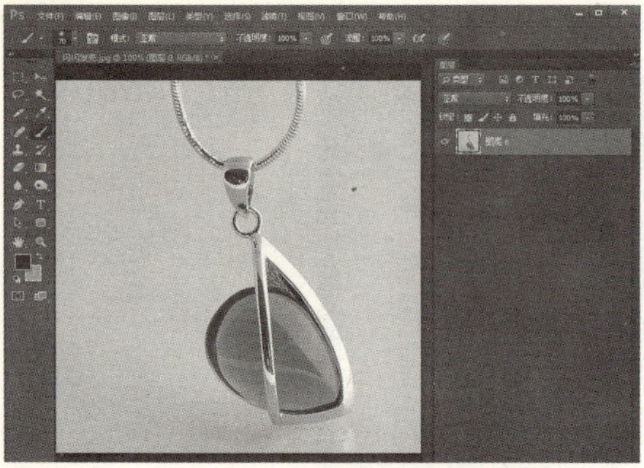

图 5-60　选择画笔工具

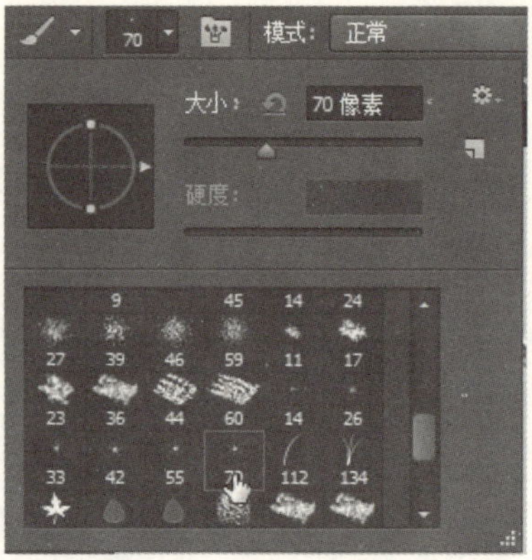

图 5-61　选择画笔

❺ 调整画笔大小，然后在图像中绘制形状，如图 5-62 所示。

❻ 每次在图片上使用画笔时可以新建一个图层，方便做动态的效果，如图 5-63 所示。

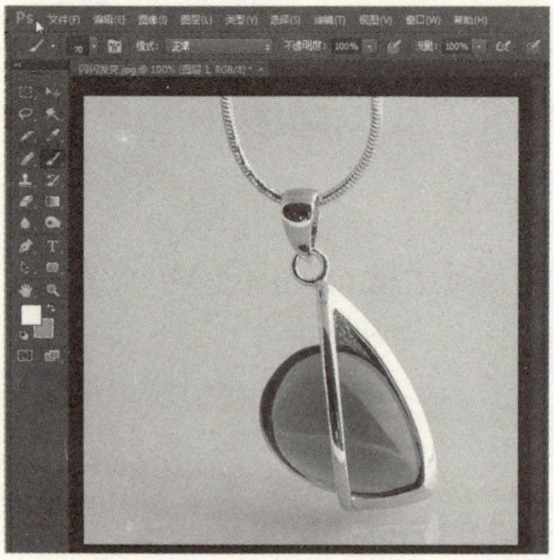

图 5-62　绘制形状

图 5-63　新建图层

❼ 选择“窗口”|“时间轴画”命令，打开“时间轴”面板，如图 5-64 所示。

❽ 只有一帧是图片不会闪闪的，单击“复制所有帧”按钮，即复制 4 张相同的帧，如图 5-65 所示。

❾ 单击选择第一帧，从星星的第二个图层开始，单击相应的小眼睛图标让图层隐藏，直到最后一个星星图层。这样第一帧就设置完了，如图 5-66 所示。

❿ 单击第二帧，让第二帧里有相应的星星图层和背景可见，照此方法，将所有帧都设置好，如图 5-67 所示。

图 5-64　“时间轴”面板

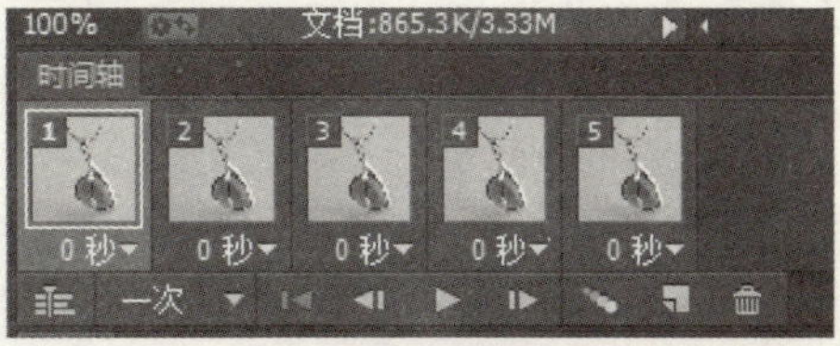

图 5-65　复制帧

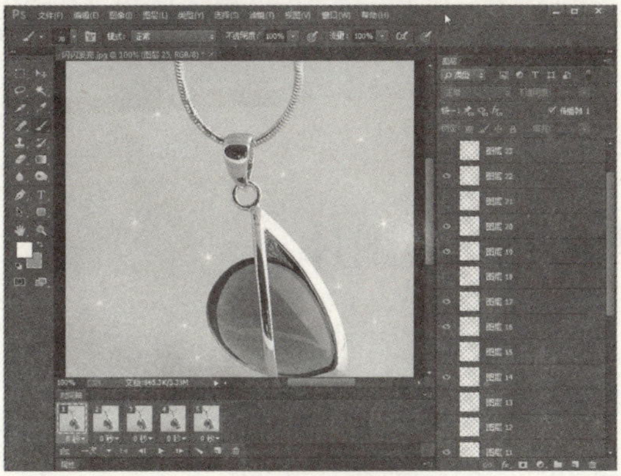

图 5-66　设置第一帧

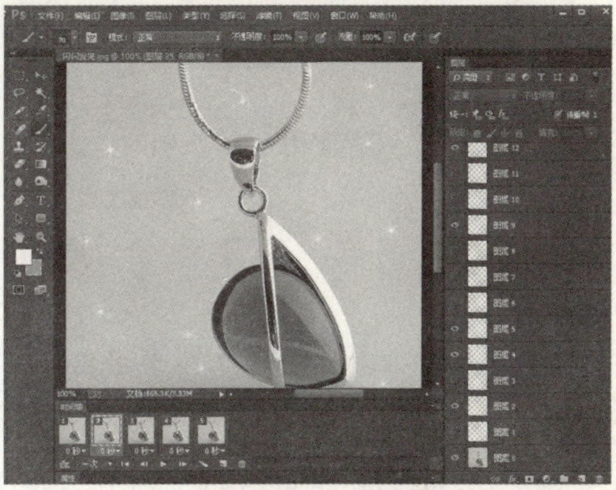

图 5-67　设置第二帧

⓫ 调整每帧的显示时间，单击每个帧下面的 0 秒图标就会出现时间选择列表，在弹出的列表中选择 0.2 秒，如图 5-68 所示。

⓬ 用同样的方法设置其余的时间，如图 5-69 所示。

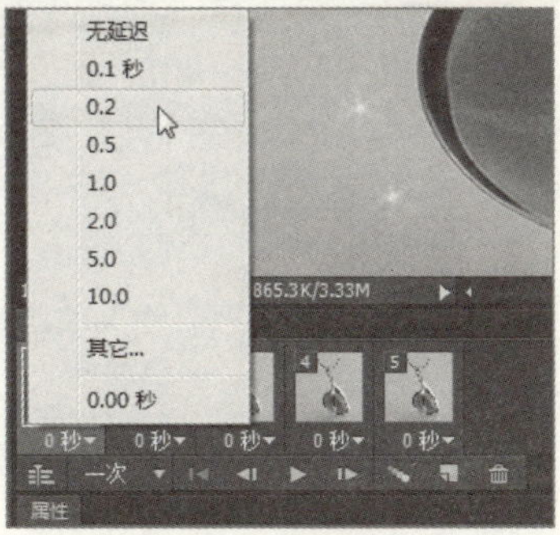

图 5-68　设置帧时间

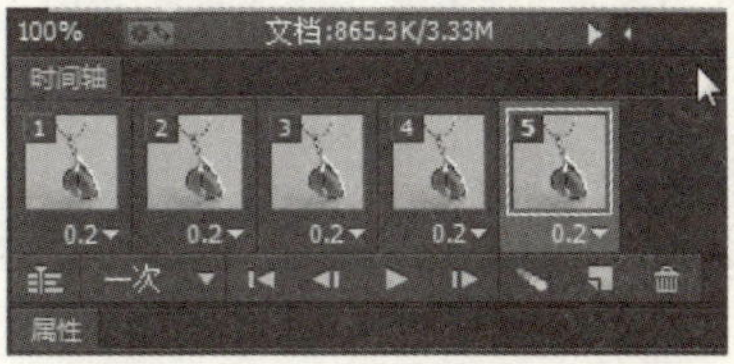

图 5-69　设置其余帧的时间

⑬ 选择“文件”|“存储为 Web 所用格式”命令，将其存储为 gif 格式，如图 5-70 所示。

⑭ 单击“存储”按钮，预览效果如图 5-71 所示。

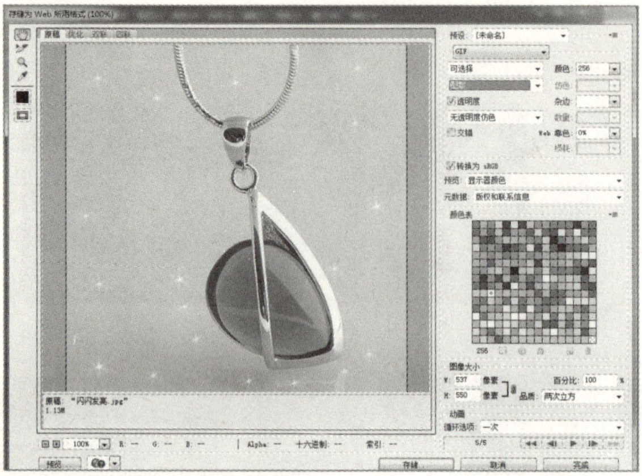

图 5-70 “存储为 Web 所用的格式”对话框

图 5-71 预览效果

5.5 一次性处理大量产品图片

拍摄了那么多的照片，如果要一张张处理，既费人力又费时间，Photoshop 软件有好用的 Action 工具可以帮我们做批处理。具体操作步骤如下。

① 启动 Photoshop 软件，打开一张图像文件，如图 5-72 所示。

② 选择“窗口”|“动作”命令，打开“动作”面板，如图 5-73 所示。

图 5-72 打开图像文件

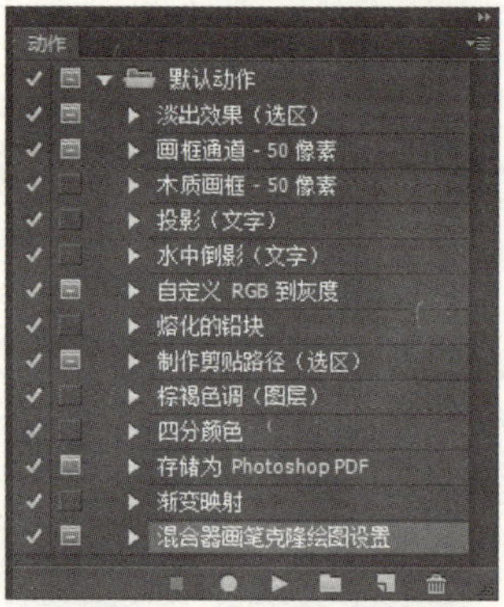

图 5-73 “动作”面板

❸ 单击右下角的“创建新动作”按钮，弹出“新建动作”对话框，如图 5-74 所示。

❹ 单击“记录”按钮，即可新建动作 1，如图 5-75 所示。

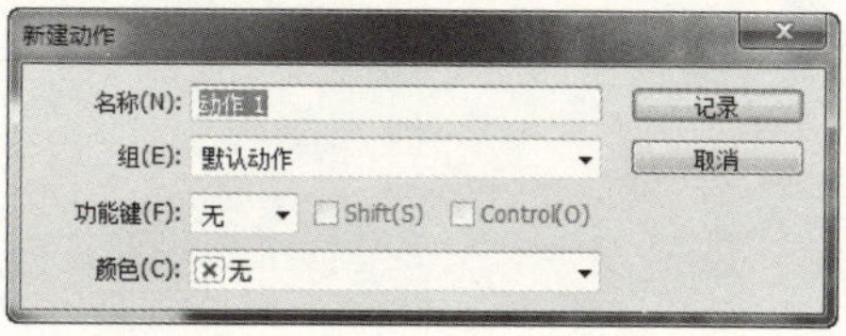

图 5-74　“新建动作”对话框

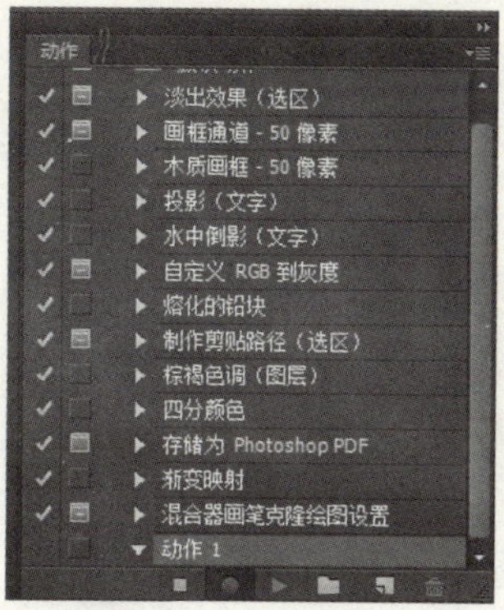

图 5-75　新建动作

❺ 选择工具箱中的横排文字工具，在舞台中输入文本“源源箱包”，如图 5-76 所示。

❻ 打开“图层”面板，将“不透明度”设置为 40%，如图 5-77 所示。

图 5-76　输入文本

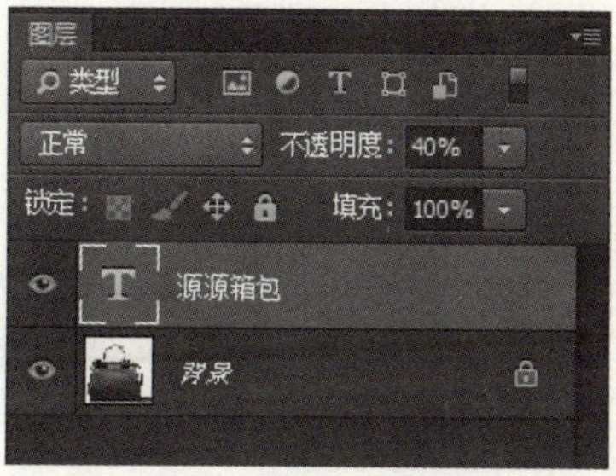

图 5-77　设置不透明度

❼ 单击左下角的“停止播放/记录”按钮，停止记录，如图 5-78 所示。

❽ 选择“文件”|“自动”|“批处理”命令，弹出“批处理”对话框，如图 5-79 所示。

❾ 单击“源”选项下面的“选择”按钮，选择图像所在的位置，如图 5-80 所示。

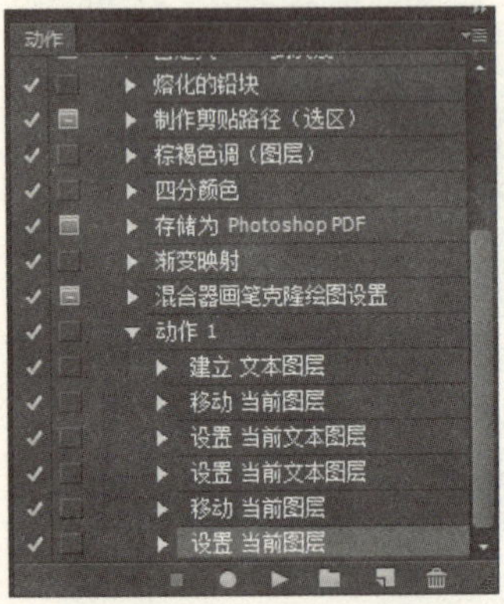

图 5-78　停止记录

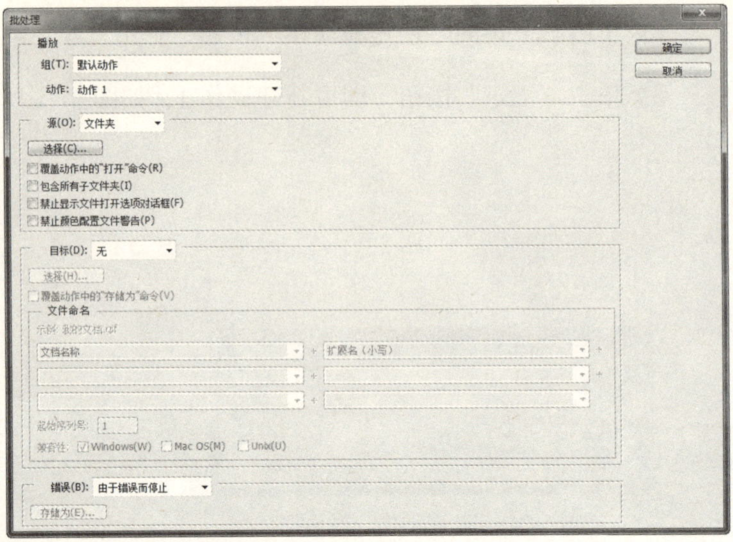

图 5-79　“批处理”对话框

⑩ 单击“确定”按钮，即可对文件中所有的图像进行大小处理，如图 5-81 所示。

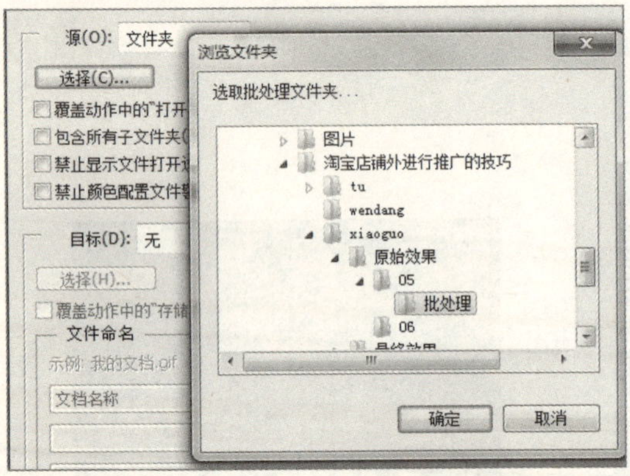

图 5-80　选择图像所在的位置

图 5-81　批处理图像

第 6 章 装修漂亮的店铺

开店指导

网上开店的用户越来越多，但是对许多人来说，如何在网上建一个有特色的店铺，仍然是一知半解。网店装修得好会帮你赢得潜在客户的信任感。要针对客户和产品来准确定位店铺风格。其实并不是说一定要装修得很豪华，可以根据自家产品本身的特点来进行网店装修。通过本章的学习可以让读者轻松掌握网店装修的基础知识。

6.1 店铺计数器

不管是实体店还是网店，卖家都要学会做数据统计、分析，然后给店铺制定促销、经营策略。网店的数据统计是通过淘宝计数器实现的，现在，大家用得最多的计数器就是量子恒道统计。本节讲述量子恒道计数器的添加，具体操作步骤如下。

❶ 登录淘宝用户，进入“卖家中心”页面，单击“店铺管理”下面的“店铺装修”超链接，如同 6-1 所示。

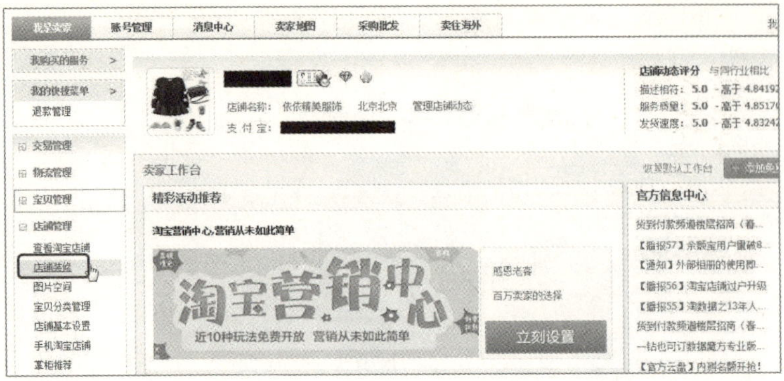

图 6-1　登录淘宝用户

❷ 打开“店铺装修”页面，单击“客服中心”下面的“添加模块”按钮，如同 6-2 所示。

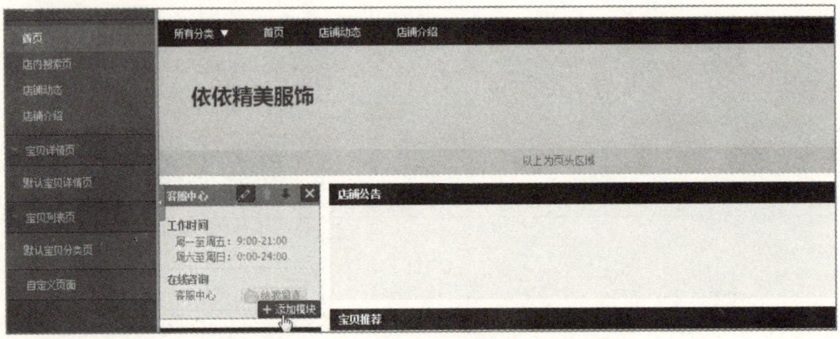

图 6-2　单击“添加模块”按钮

❸ 弹出“添加模块”列表框，单击“量子恒道-店铺经”后面的“添加”按钮，如图 6-3 所示。

❹ 此时即可成功添加计数器，如同 6-4 所示。

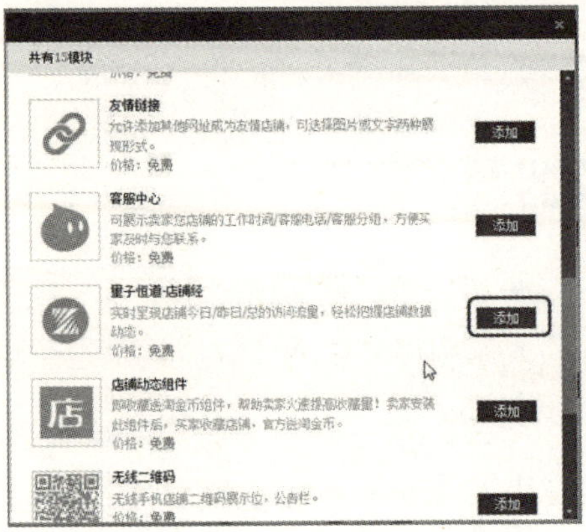

图 6-3　单击“添加”按钮

图 6-4　添加计数器

❺ 单击右上角的“发布”按钮，预览店铺效果，如图 6-5 所示。

图 6-5　添加计数器效果

6.2　宝贝分类设计与设置

网店与实体店一样，商品都需要按类别归位，例如商场有服装专柜、化妆品专柜、精品/饰品专柜等，商场这样做的好处就是花较少的成本请来了一个不会说话的“导购经理”，还有就是方便商场物管员管理商品。网店也一样，产品分类好了既方便客户选购，又方便自己对商品的管理。淘宝卖家可以针对自己店铺的商品建立对应的分类。

6.2.1　宝贝分类制作的注意事项

把商品分好类，可以让小店看起来整洁干净，又能让顾客得到很好的用户体验。下面讲述宝贝分类制作时的注意事项。

（1）新品和特价商品的分类要尽量放在最前面，越醒目越容易引起别人的关注。

（2）特价商品要分别放进商品分类和特价类里，不要漏掉任何一个对分类理解有误的情况。

（3）仔细观察其他网店，就会发现许多卖家喜欢将新品放在最前面，以便让客户在第一时间知道新品的信息。下面紧跟着就是特价商品，其实特价专区是吸引人气的好地方。但是一定要做到真正的“特价”，不要将商品换个位置就变成“特价”了，要让顾客得到真正的实惠的价格才叫“特价”。

（4）紧接着往下就可以按照商品的类别、品牌、尺寸、颜色等进行分类，具体怎么分要根据所经营的商品来确定，目的就是要让买家一目了然。

（5）商品分类的名称要简单易懂，因为顾客是来店里购物的，不是来玩猜谜游戏的。

（6）如果店铺已经有了整体的装修风格，那么宝贝分类的设计就需要从整体的装修风格出发，让分类的设计符合店铺的装修要求。

（7）宝贝分类的图片宽度不能大于 150 像素，图片的高度不限。如果图片宽度大于 150 像素，显示器分辨率小于或等于 1024×768 像素时，就会造成店铺首页宝贝分类栏右边的宝贝列表下沉，看起来不美观；在分辨率大于 1024×768 像素时，是不会出现这种情况的。

（8）卖家可以根据宝贝分类再添加子分类，让宝贝分类更合理，方便买家浏览。在已有宝贝的分类下，不能创建子分类，建议先新建分类及子分类，再将宝贝转移到子分类中。

6.2.2 制作宝贝分类图片

在默认的情况下，网店只以文字形式显示分类，但卖家可以花一点心思，制作出很漂亮的宝贝分类图，然后添加到店铺的分类设置上，即可产生出色的店铺分类效果。下面使用 Photoshop 软件设计宝贝分类图片，具体操作步骤如下。

❶ 启动 Photoshop 软件，选择“文件”|“新建”命令，弹出“新建”对话框，在该对话框中将“宽度”设置为 150，“高度”设置为 50，如图 6-6 所示。

❷ 单击“确定”按钮，新建空白文档，在工具箱中将前景颜色设置为#ec0160，选择工具箱中的油漆桶工具，在舞台中单击鼠标填充背景，如图 6-7 所示。

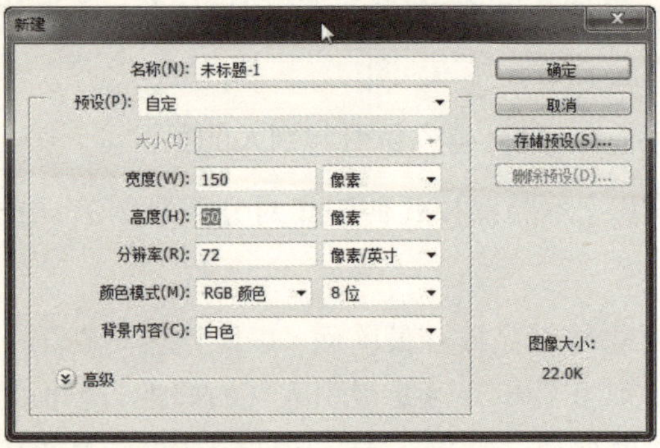

图 6-6 “新建”对话框

图 6-7 填充背景

❸ 选择工具箱中的矩形工具，在选项栏中将“填充”颜色设置为#cb014a，在舞台中绘制矩形，如图 6-8 所示。

❹ 选择工具箱中的自定义形状工具，在选项栏中单击“形状”右边的下拉按钮，在弹出的列表框中选择相应的形状，如图 6-9 所示。

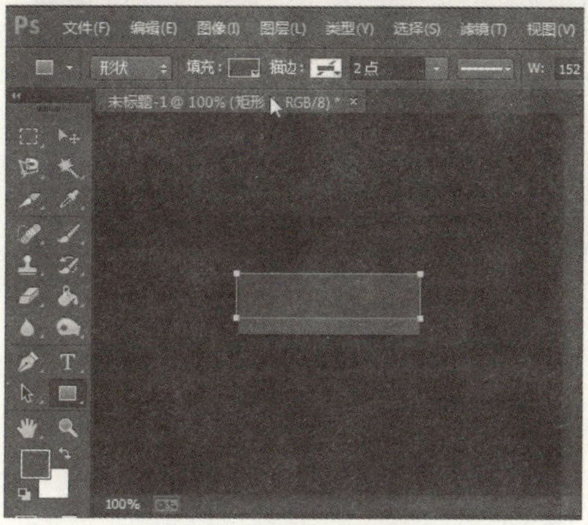

图 6-8　绘制矩形

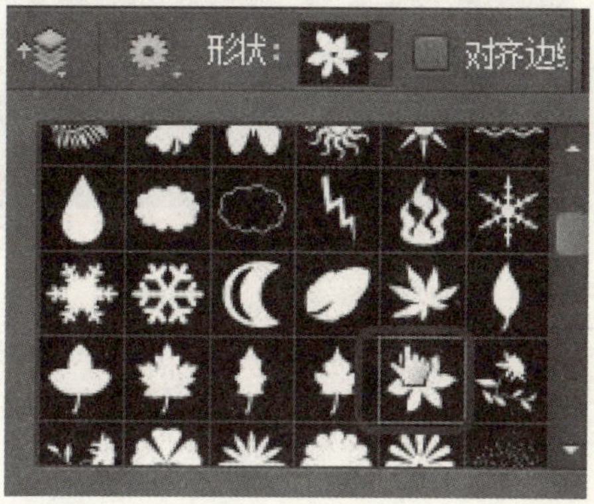

图 6-9　选择形状

❺ 在舞台中按住鼠标右键绘制形状，如图 6-10 所示。

❻ 选择“图层”|“图层样式”|“混合选项”命令，弹出“图层样式”对话框，单击左边的“样式”按钮，在弹出的样式列表框中选择合适的样式，如图 6-11 所示。

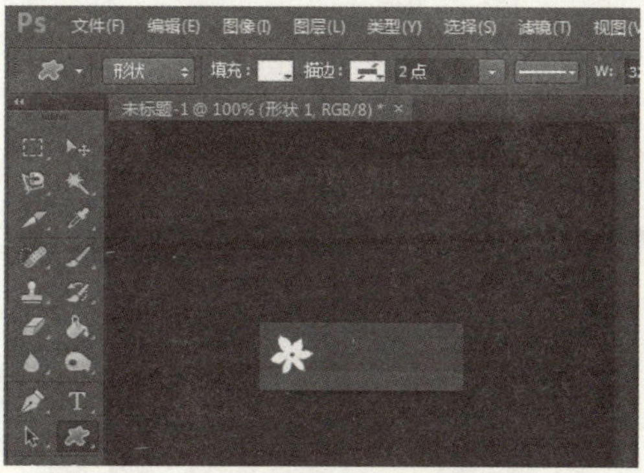

图 6-10　绘制形状

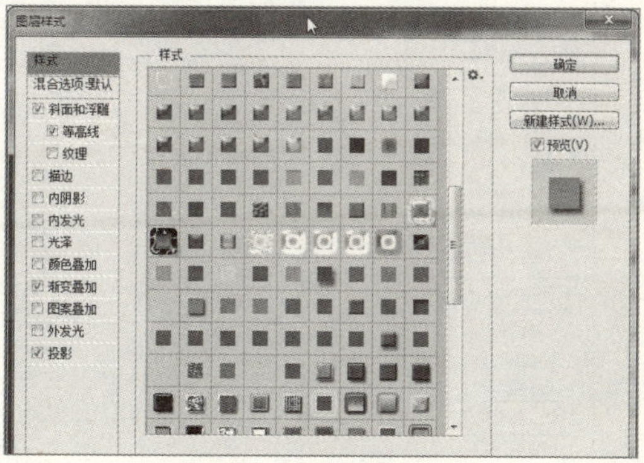

图 6-11　选择样式

❼ 单击“确定”按钮，设置图层样式，如图 6-12 所示。

❽ 选择工具箱中的横排文字工具，在舞台中输入文本“特价专区”，如图 6-13 所示。

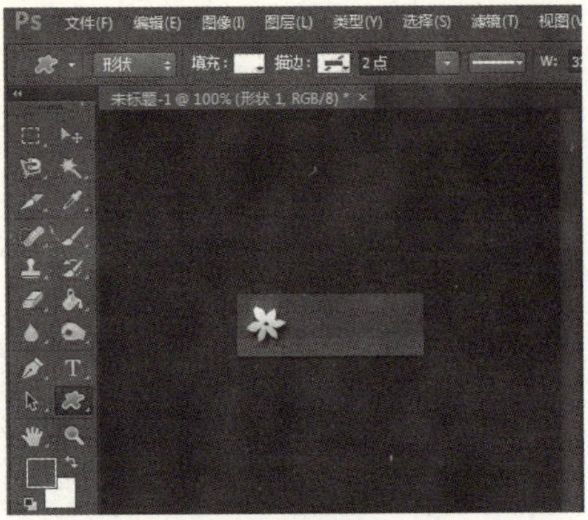

图 6-12　设置图层样式

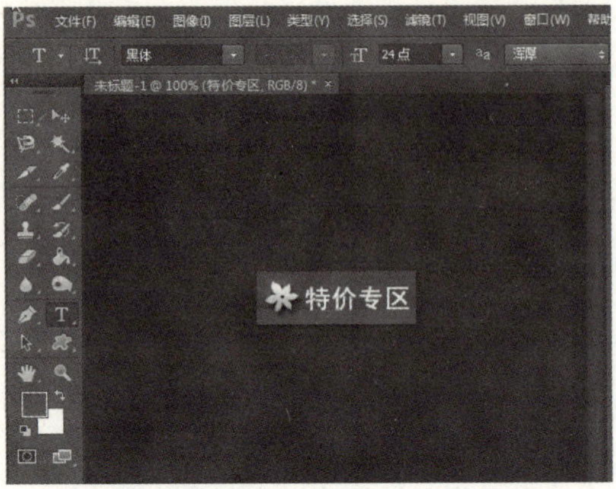

图 6-13　输入文本

6.2.3　上传图片并设置宝贝的分类

本节讲述如何上传宝贝分类图片，具体操作步骤如下。

❶ 登录“我的淘宝”页面，进入卖家中心，单击“店铺管理”|“图片空间”超链接，如图 6-14 所示。

❷ 进入图片空间页面，单击“图片上传”按钮，如图 6-15 所示。

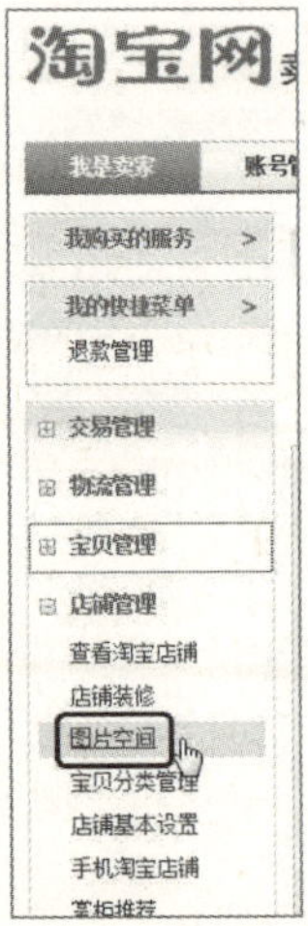

图 6-14　进入卖家中心

图 6-15　进入图片空间页面

❸ 打开图片上传页面，如图 6-16 所示。

❹ 单击“添加图片”按钮，打开“添加图片”对话框，选择要添加的图片的路径，如图 6-17 所示。

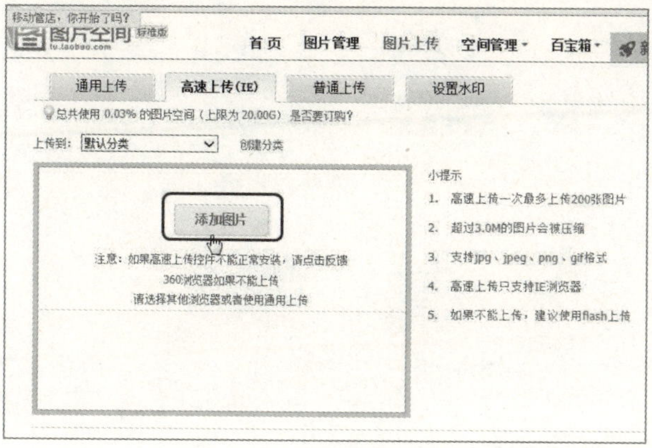

图 6-16　图片上传页面

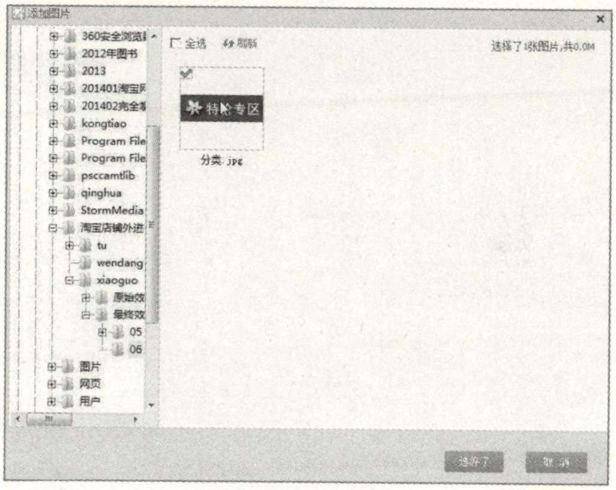

图 6-17　添加图片

❺ 选择图片，单击“选好了”按钮，打开“上传图片”页面，如图 6-18 所示。

❻ 单击“立即上传”按钮，即可成功上传图片，如图 6-19 所示。

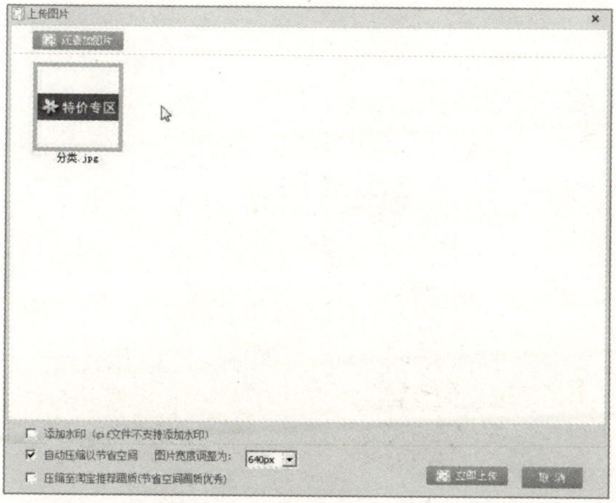

图 6-18　“上传图片”页面

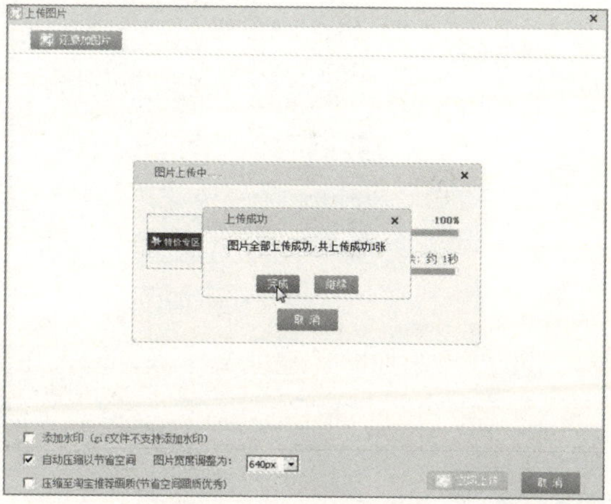

图 6-19　成功上传图片

❼ 单击“完成”按钮，将图片上传到图片空间，单击图片底部的“链接”按钮，复制链接地址，如图 6-20 所示。

❽ 返回到卖家中心，单击“宝贝分类管理”超链接，如图 6-21 所示。

❾ 进入宝贝管理页面，单击特价专区右边的“添加图片”按钮，如图 6-22 所示。

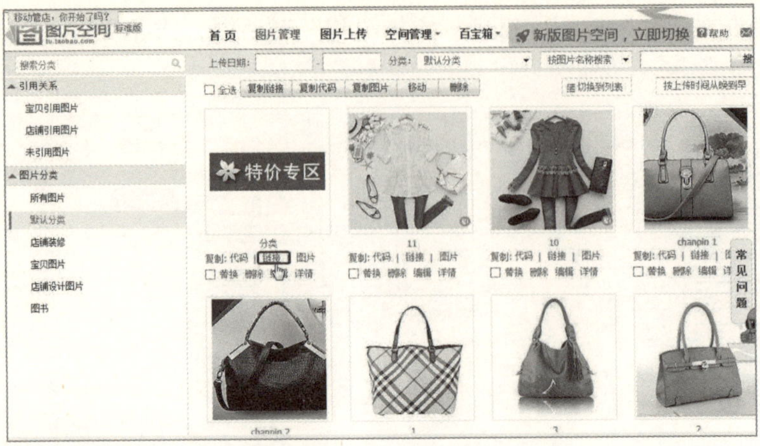

图 6-21　复制链接地址

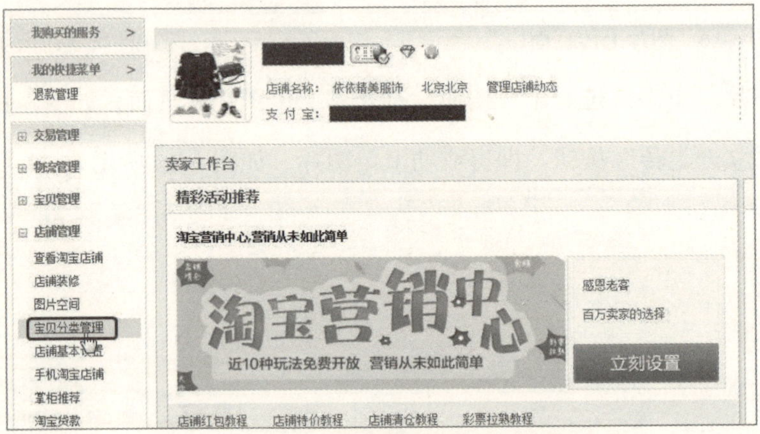

图 6-21　单击“宝贝分类管理”超链接

⑩ 弹出添加图片地址文本框，输入在步骤 7 中复制的链接地址，如图 6-23 所示。

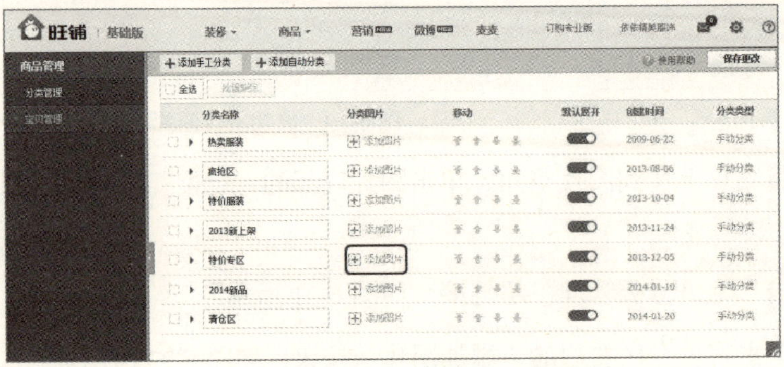

图 6-22　单击“添加图片”按钮

图 6-23　粘贴地址

⑪ 单击“确定”按钮，添加图片，如图 6-24 所示。

⑫ 单击“保存更改”按钮，查看淘宝店铺效果，如图 6-25 所示。

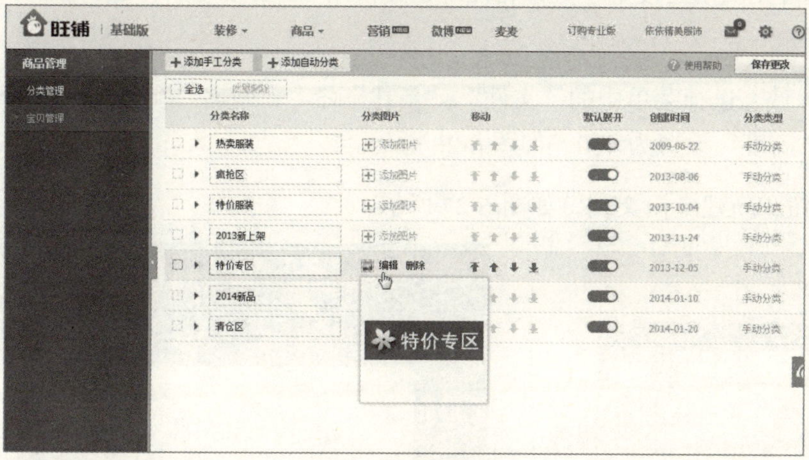

图 6-24　添加图片

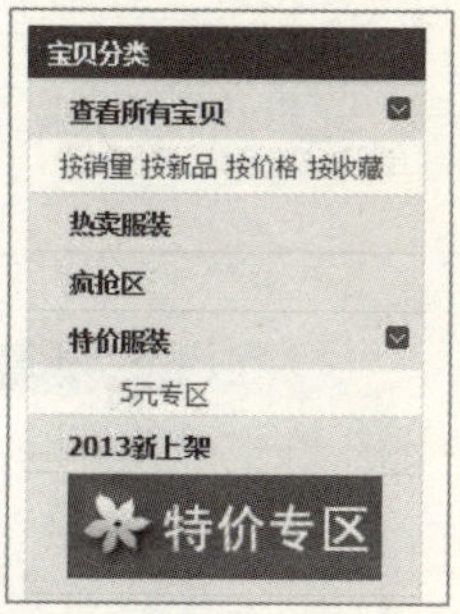

图 6-25　查看店铺效果

6.3　公告区域的制作

通过公告栏发布内容，可以方便顾客了解店铺的重要信息。卖家在淘宝开店后，淘宝已经为店铺提供了公告栏的功能，卖家可以在“管理我的店铺”页面中设置公告的内容。

6.3.1　制作公告区时的注意事项

卖家在制作公告栏前，需要了解并注意一些事项，以便制作出效果更好的公告栏。

（1）淘宝基本店铺的公告栏具有默认样式。卖家只能在默认样式的公告栏上添加公告内容。

（2）由于店铺已经存在默认的公告栏样式，而且这个样式无法更改，因此卖家在制作公告栏时，可以将默认的公告栏效果作为参考，使公告的内容效果与之搭配。

（3）淘宝基本店铺的公告栏默认设置了滚动的效果，在制作时无须再为公告内容添加滚动设置。

（4）公告栏内容的宽度不要超过 750 像素，否则超过部分将无法显示，而公告栏的高度可随意设置。

（5）如果公告栏的内容为图片，那么需要指定图片在互联网上的位置。

6.3.2 制作精美的图片公告

在制作公告图片前，可先从网上搜集一些素材图片，再使用 Photoshop 软件制作美观的公告图片，具体操作步骤如下。

❶ 启动 Photoshop 软件，选择菜单中的“文件”|“新建”命令，弹出“新建”对话框，将“宽度”设置为 550，“高度”设置为 400，如图 6-26 所示。

❷ 单击“确定”按钮，新建空白文档，如图 6-27 所示。

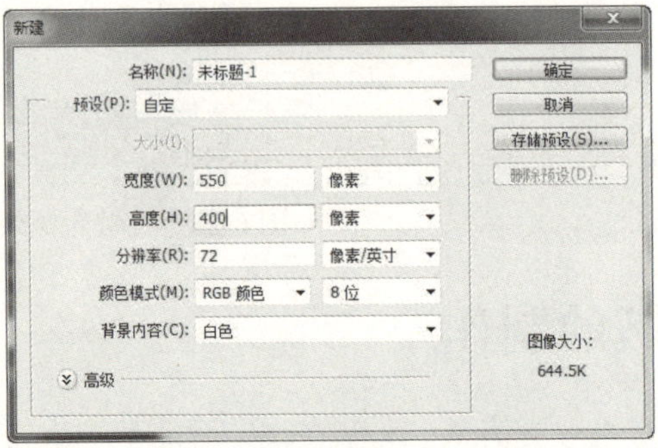

图 6-26 “新建”对话框

图 6-27 新建空白文档

❸ 选择工具箱中的自定义形状工具，在选项栏中单击“形状”右边的下拉按钮，在弹出的列表框中选择相应的形状，如图 6-28 所示。

❹ 在选项栏中将“填充”颜色设为#f2952d，在舞台中绘制形状，如图 6-29 所示。

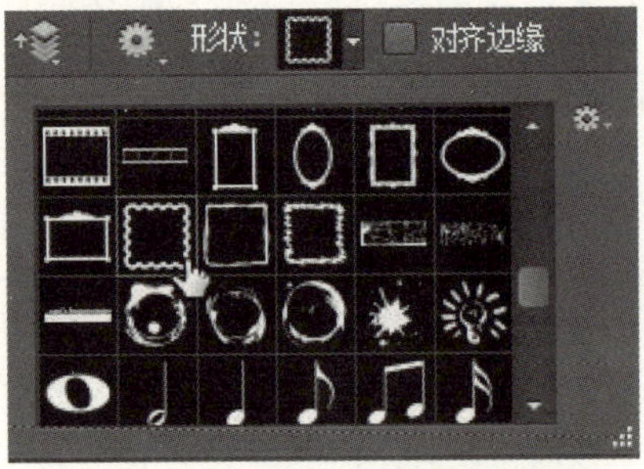

图 6-28 选择形状

图 6-29 绘制形状

⑤ 选择工具箱中的横排文字工具，在舞台中输入文本“店铺公告”，如图 6-30 所示。

⑥ 选择工具箱中的横排文字工具，在舞台中输入公告文本，如图 6-31 所示。

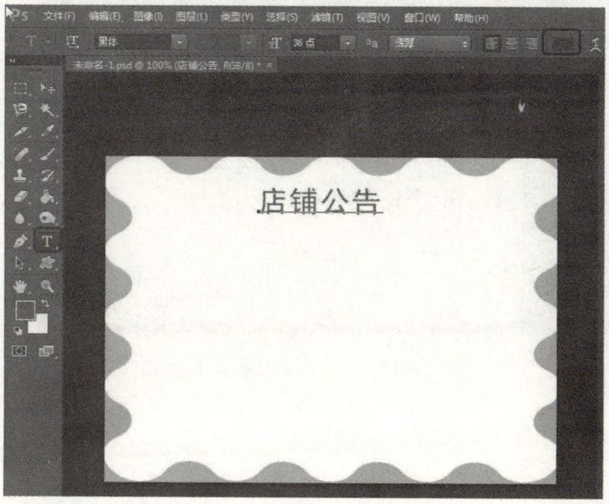

图 6-30　输入文本

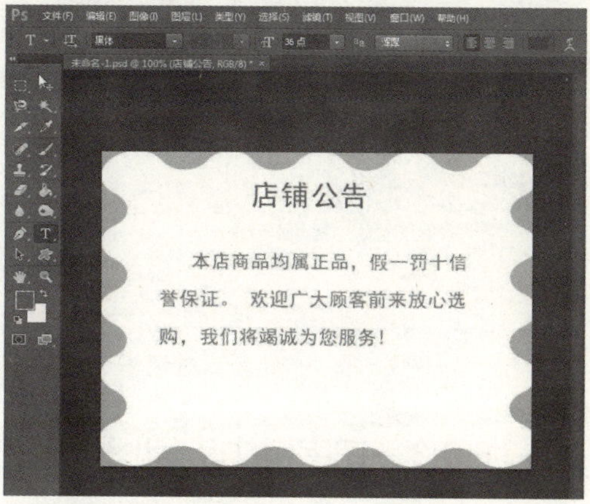

图 6-31　输入公告文本

⑦ 选择“图层”|“图层样式”|“混合选项”命令，弹出“图层样式”对话框，在该对话框中单击左边的“样式”按钮，在弹出的列表框中选择合适的样式，如图 6-32 所示。

⑧ 单击“确定”按钮，设置图层样式，如图 6-33 所示。

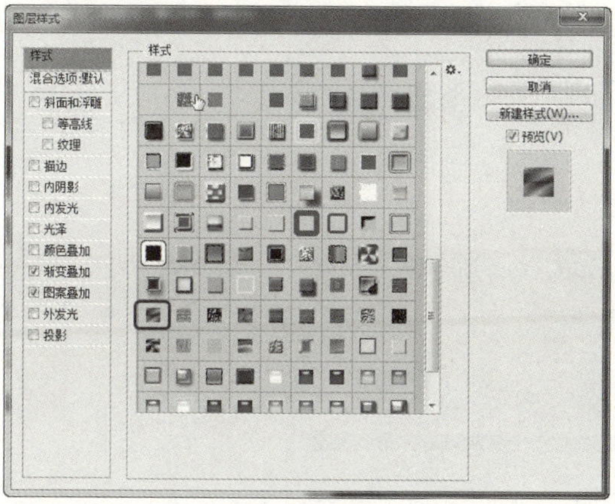

图 6-32　选择样式

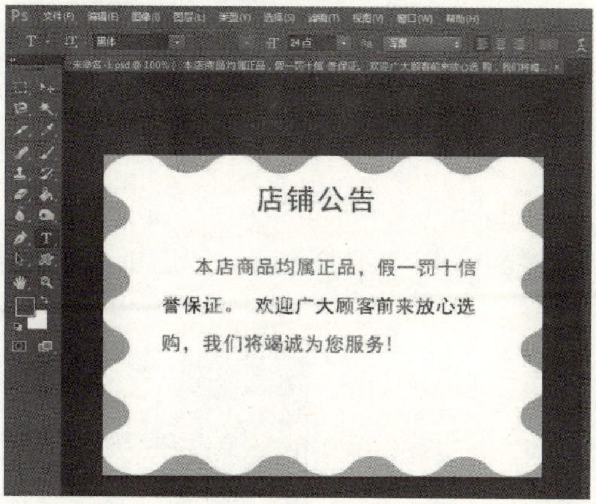

图 6-33　设置图层样式

⑨ 选择“文件”|“置入”命令，弹出“置入”对话框，在该对话框中选择要置入的图像文件，如图 6-34 所示。

⑩ 单击“置入”按钮，置入图像文件，将其拖动到合适的位置，如图 6-35 所示。

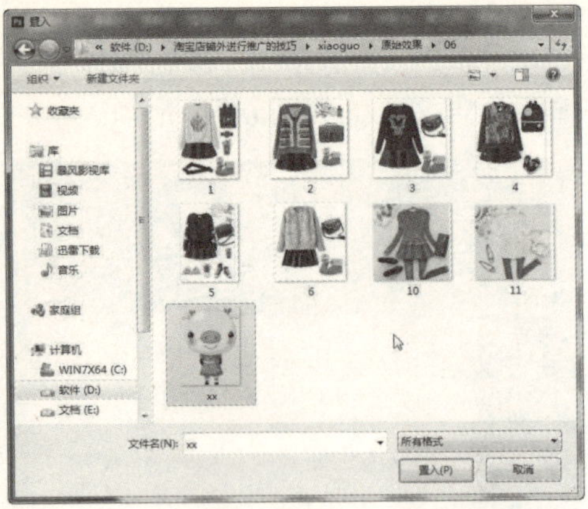

图 6-34　“置入”对话框

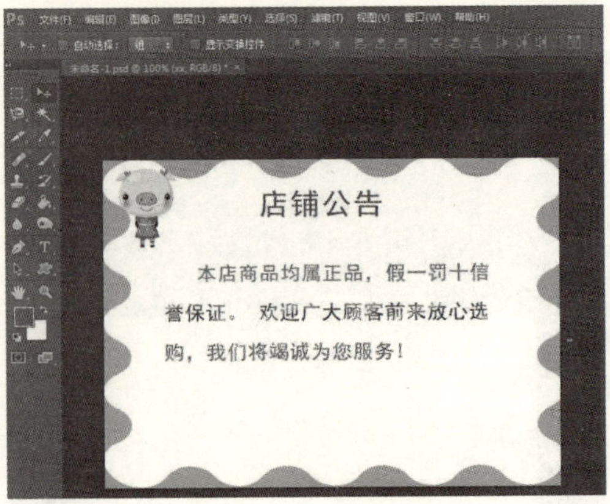

图 6-35　置入图像文件

6.3.3　在店铺中应用图片公告

本节讲述在店铺中应用图片公告，具体操作步骤如下。

❶ 登录“我的淘宝”页面，单击“我是卖家”按钮进入卖家中心页面，如图 6-36 所示。

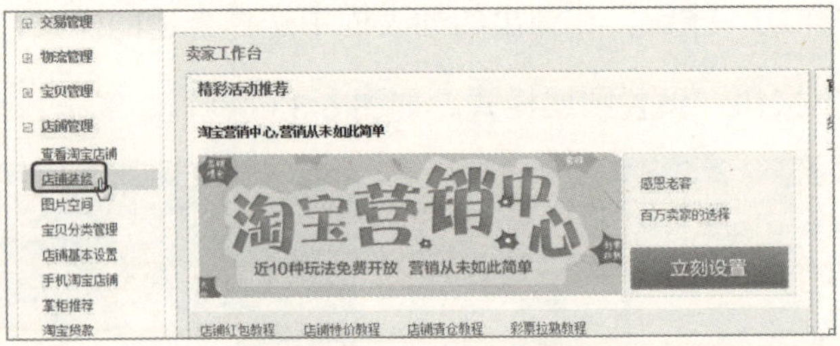

图 6-36　卖家中心页面

❷ 单击“店铺管理”|“店铺装修”超链接，进入店铺装修页面，如图 6-37 所示。

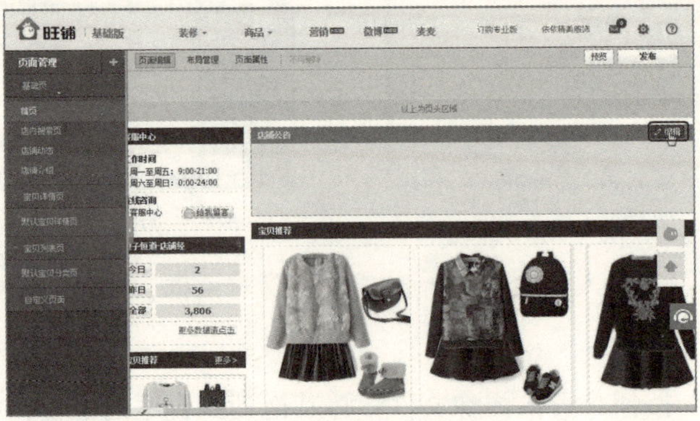

图 6-37　店铺装修页面

③ 单击店铺公告右边的“编辑”按钮，弹出“店铺公告”对话框，如图 6-38 所示。

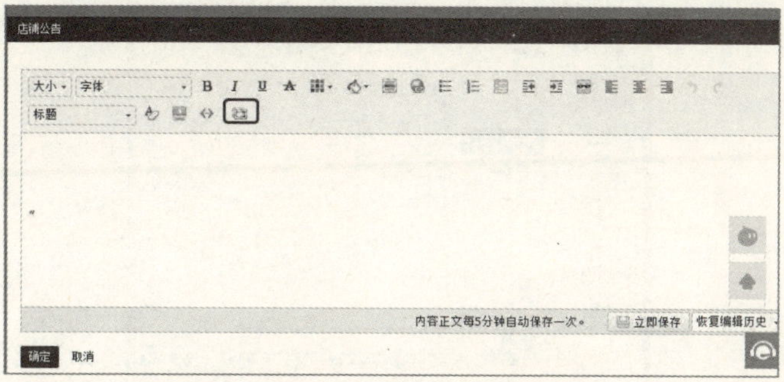

图 6-38　“店铺公告”对话框

④ 单击“插入空间图片”按钮 ，从图片空间上传图片，如图 6-39 所示。

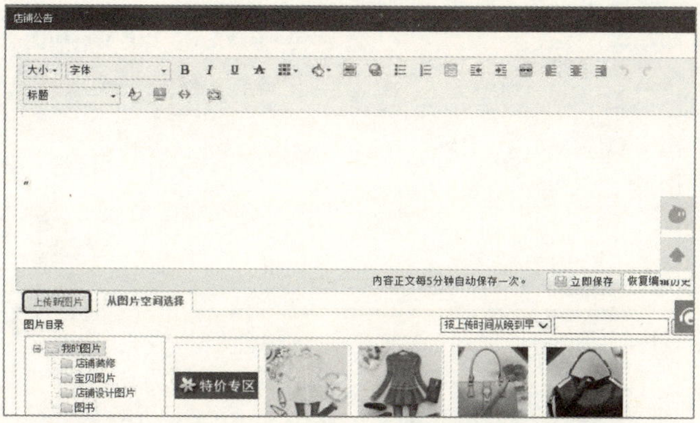

图 6-39　从图片空间上传图片

⑤ 单击“上传新图片”按钮，单击底部的“添加图片”超链接，如图 6-40 所示。

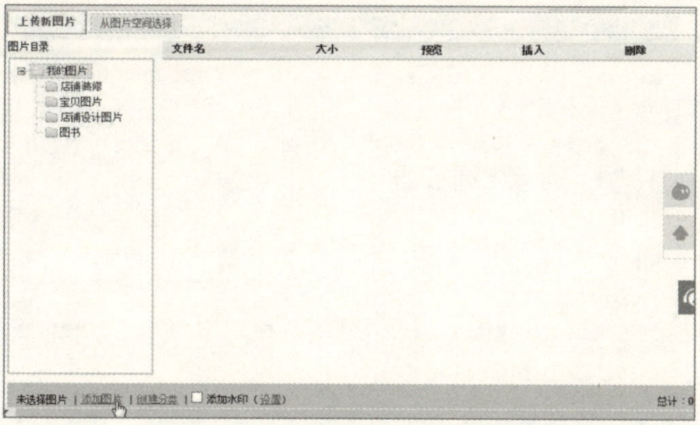

图 6-40　单击“添加图片”超链接

⑥ 弹出“选择要上载的文件”对话框，在该对话框中选择公告文件，如图 6-41 所示。

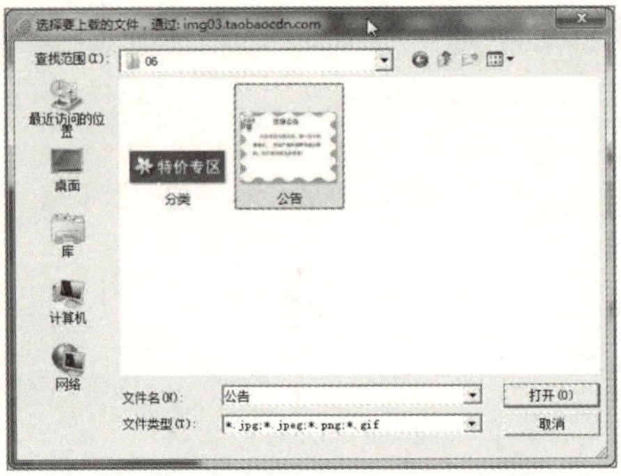

图 6-41 “选择要上载的文件”对话框

⑦ 单击“打开”按钮，即可添加图像文件，如图 6-42 所示。

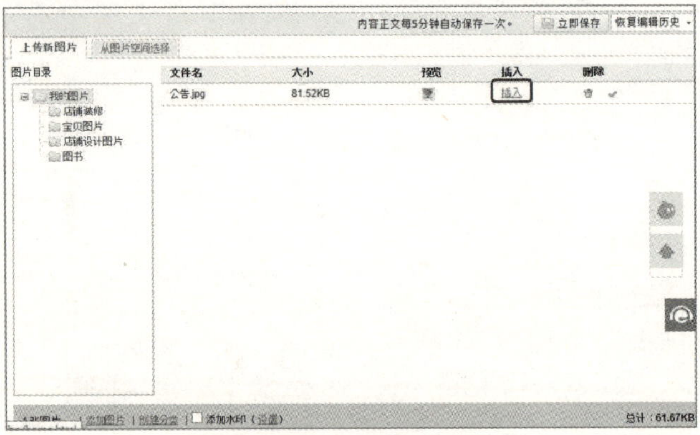

图 6-42 添加图像文件

⑧ 单击图像右边的“插入”超链接，成功添加图像文件，如图 6-43 所示。

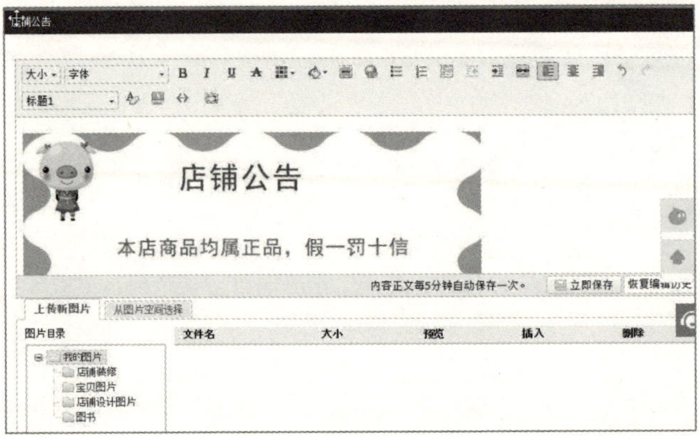

图 6-43 成功添加图像文件

❾ 单击“确定”按钮，添加店铺公告，如图 6-44 所示。

图 6-44　添加店铺公告

❿ 单击右上角的“发布”按钮，发布预览店铺公告效果，如图 6-45 所示。

图 6-45　发布预览店铺公告效果

6.4　店标的设计与发布

店标可以代表店铺的形象，给人的感觉是最直观的。店标也可以代表店铺的风格，店主的品位，产品的特性，也可以起到宣传的作用。

6.4.1 什么是网店的店标

店标是在店铺的重要地方（左上角）显示的图片，是店铺形象的代表。

网店的店标，按其构成主要分为以下 3 种类型。

（1）文字标志。它是由各种文字、拼音字母等单独构成的。这种类型的标志清晰，具有易读易记的特点。

（2）图案标志。它是指无任何文字，单独用图形构成的标志。用图案表示的标志形象生动，色彩明快，而且不受语言的限制，易于识别。但是，由于图案标志中没有标志名称，不便呼叫，因此表意不如文字标志准确。

（3）组合标志。它是指采用各种文字、图形、拼音字母等交叉组合而成的标志。这种标志利用和发挥了文字标志和图案标志的特点，图文并茂，形象生动，引人注目，便于识别，易于被广大消费者所接受。

6.4.2 店标设计的原则

店标是传达信息的一个重要手段，店标设计不仅仅是一般的图案设计，更重要的是要体现店铺的精神、商品的特征，甚至店主的经营理念等。一个好的店标设计，除了给人传达明确信息外，还在方寸之间表现出深刻的精神内涵和艺术感染力，给人以静谧、柔和、饱满、和谐的感觉。

要做到这一点，在设计店标时需要遵循一定的设计原则和要求。

（1）要有创新意识，做到构图新颖别致，富于个性化，与其他店铺的标志区别开来。这样的标志图案才能感染人，给人留下深刻印象。

店标是用来表达店铺的独特性质的，要让买家认清店铺的独特品质、风格和情感。设计个性独特店标的根本性原则就是要设计出可视性高的视觉形象，使设计出来的店标达到易于识别、便于记忆的功效。

（2）店标是一种直接表达的视觉语言，要求产生瞬间效应，因此店标设计要求简练、明确、醒目，图案切忌复杂，也不宜过于含蓄。

（3）店标的含义应该深刻，能够体现出店铺的个性特点、精神风貌、独特品质、经营理念和经营范围等。

（4）店标设计要符合人们的审美观点。店标设计要形象并具有简练清晰的视觉效果和视觉冲击力。店标的造型要有点、线、面、体，设计者要借助这 4 种要素，通过掌握不同造型形式的相关规则，使所构成的图案具有独立于各种具体事物结构的美。

（5）保持稳定。也就是说，店铺的标志一旦确定，在相当长的时期内应该保持稳定，切不可多变。

（6）店铺标志设计必须符合有关法律法规的要求。

6.4.3　设计店铺标志

本实例讲述网店店标的设计，具体操作步骤如下。

❶ 启动 Photoshop 软件，选择“文件”|“新建”命令，弹出“新建”对话框，如图 6-46 所示。

❷ 单击“确定”按钮，新建空白文档，如图 6-47 所示。

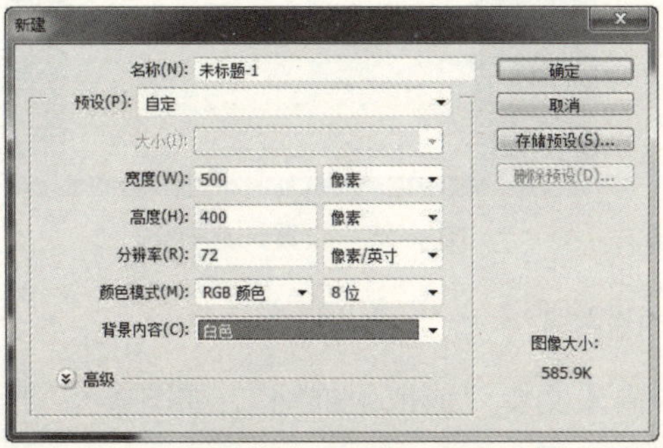

图 6-46　打开图像文件

图 6-47　新建空白文档

❸ 选择工具箱中的自定义形状工具，在选项栏中单击“形状”按钮，在弹出的列表框中选择合适的形状，如图 6-48 所示。

❹ 在舞台中按住鼠标右键绘制形状，如图 6-49 所示。

❺ 选择“图层”|“图层样式”|“混合选项”命令，弹出“图层样式”对话框，在该对话框中选择合适的样式，如图 6-50 所示。

图 6-48　选择形状

图 6-49　绘制形状

❻ 单击“确定”按钮，设置图层样式，如图 6-51 所示。

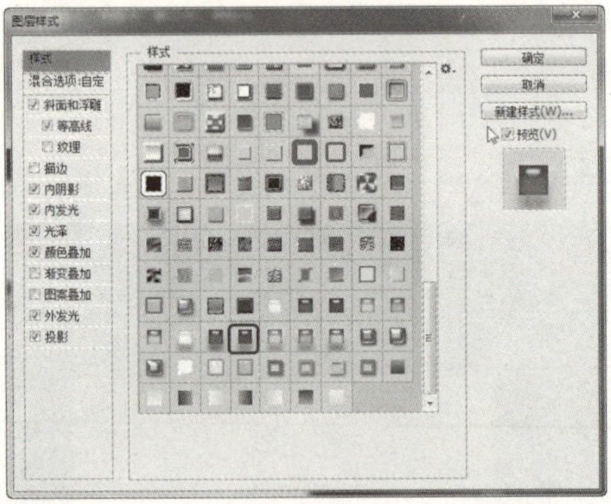

图 6-50　“图层样式”对话框

图 6-51　设置图层样式

❼ 重复步骤 3 ~ 6 制作另外两个形状，如图 6-52 所示。

❽ 选择工具箱中的横排文字工具，在舞台中输入文本“依依服饰网”，如图 6-53 所示。

图 6-52　绘制形状

图 6-53　输入文本

❾ 选择“图层”|“图层样式”|“混合选项”命令，弹出“图层样式”对话框，在该对话框中选择合适的样式，如图 6-54 所示。

❿ 单击“确定”按钮，设置图层样式，如图 6-55 所示。

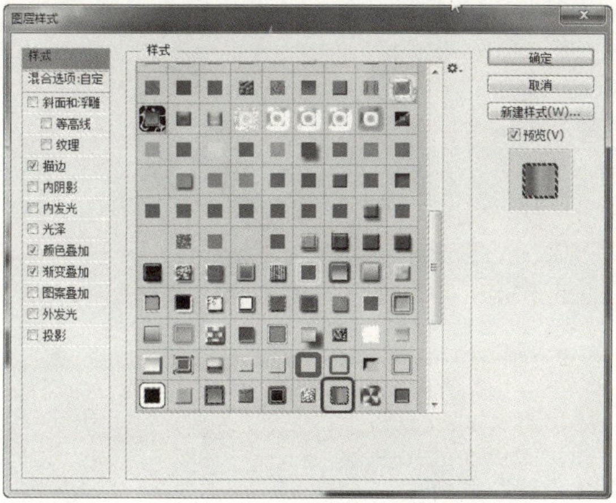

图 6-54　“图层样式”对话框

图 6-55　设置图层样式

6.4.4　将店标发布到店铺上

下面讲述如何将店标发布到店铺上，具体操作步骤如下。

❶ 登录“我的淘宝”页面，进入卖家中心页面，如图 6-56 所示。

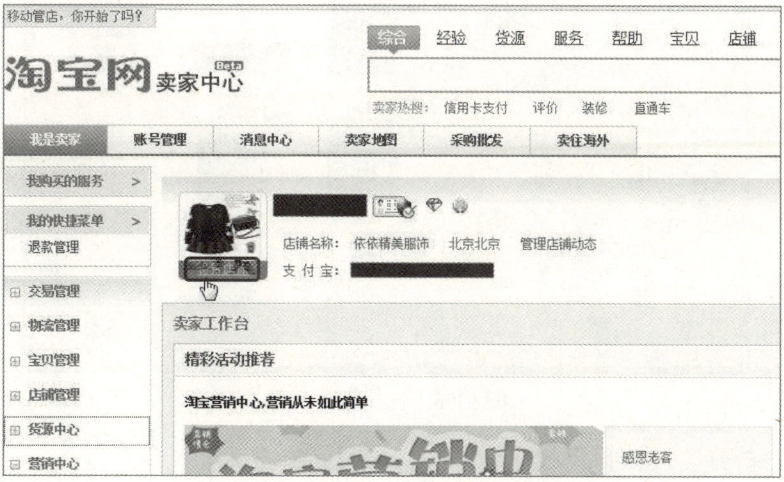

图 6-56　卖家中心

❷ 单击店标下面的“设置店标”按钮，进入“店铺基本设置”页面，如图 6-57 所示。

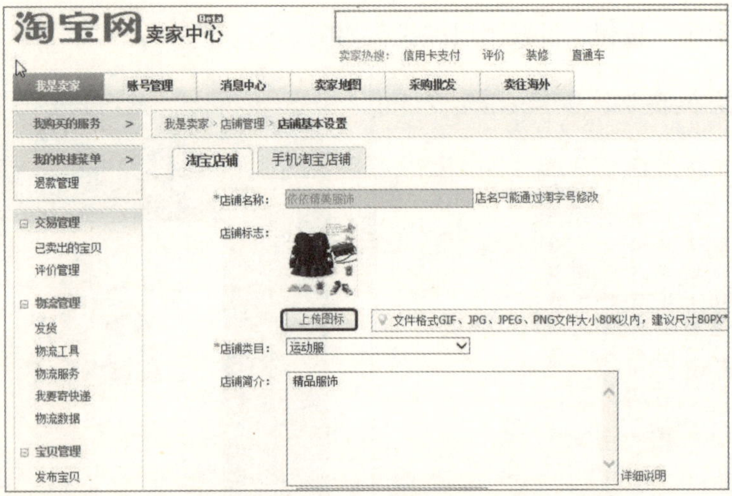

图 6-57 “店铺基本设置”页面

❸ 单击“店铺标志”下面的“上传图片”按钮，打开“选择要加载的文件”对话框，选择图片文件，如图 6-58 所示。

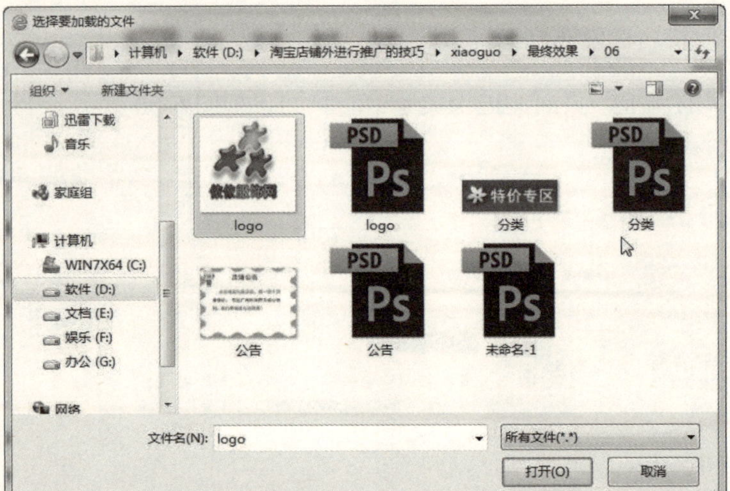

图 6-58 选择图片文件

❹ 单击“打开”按钮，更改店铺标志，如图 6-59 所示。

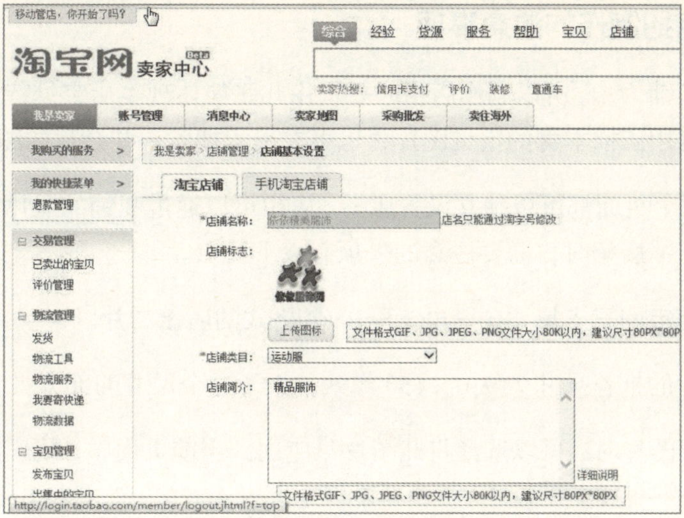

图 6-59　更改店铺标志

❺ 单击底部的“保存”按钮，即可成功更改店铺标志，如图 6-60 所示。

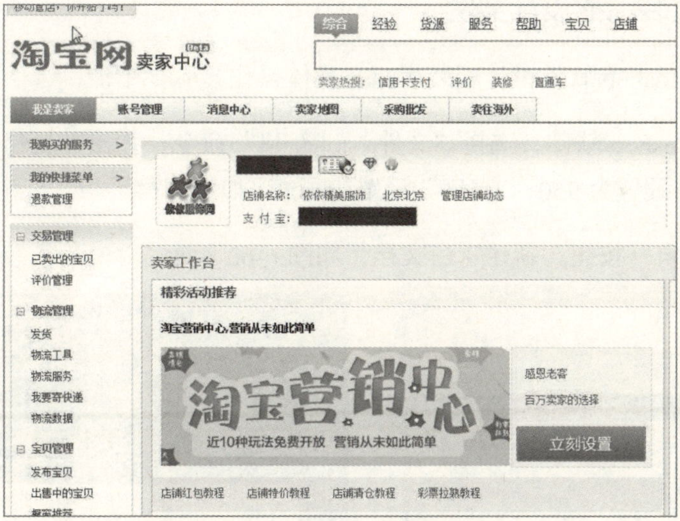

图 6-60　成功更改店铺标志

6.5　制作个性店招

要装修自己的旺铺，首先要做一个个性化的招牌。有一个醒目的招牌，那么店铺的装修就成功了一半。店铺招牌是店铺十分重要的宣传工具，也是店铺的一个广告牌，设计时识别性要强。

6.5.1 店招制作的注意事项

店招以宣传店铺为主，所以制作店招时要选用几张能体现本店宝贝特色的图片及文字来装点店招。此图可用店铺本身的宝贝图片，也可在网上搜索一些合适的图片。

在旺铺中，每个页面都可以独立设置店招。店招可以通过旺铺的照片设置区域功能来设置。制作和应用旺铺店招时，需要注意的事项有以下几点。

（1）目前，淘宝网只支持 GIF、JPG 和 PNG 格式的店招图片。

（2）店招图片的推荐尺寸为 950 × 150 像素，大于这个尺寸的部分将会被裁切。

（3）上传店招图片时，可以选择将此图片只应用到当前页面中，或应用到整个店铺的页面中。

（4）上传的图片大小不能超过 100 KB。

6.5.2 服装店招设计实例

下面使用 Photoshop 软件设计服装店招，具体操作步骤如下。

❶ 启动 Photoshop 软件，选择“文件”|“新建”命令，弹出“新建”对话框，在该对话框中将“宽度”设置为 950，“高度”设置为 100，如图 6-61 所示。

❷ 单击“确定”按钮，新建空白文档，如图 6-62 所示。

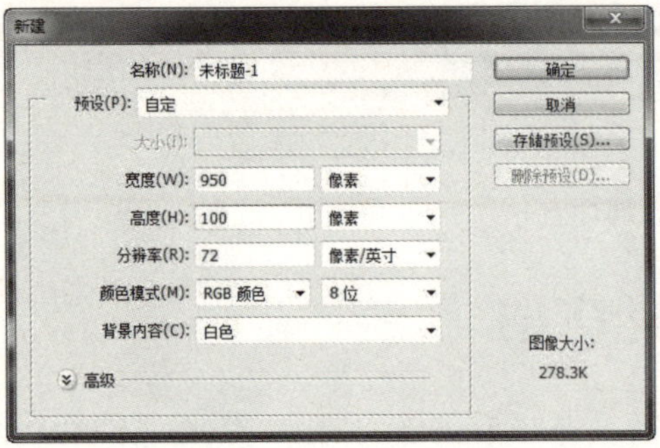

图 6-61 “新建”对话框

图 6-62 新建空白文档

③ 选择工具箱中的矩形工具，在选项栏中将“填充”颜色设置为#d62140，在舞台中绘制矩形，如图 6-63 所示。

④ 选择工具箱中的横排文字工具，在舞台中输入“天猫”，将文本颜色设置为白色，输入文本“2014”，将文本颜色设置为黑色，如图 6-64 所示。

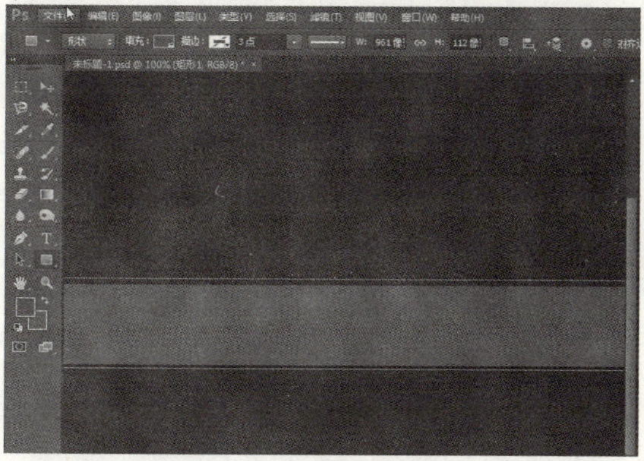

图 6-63　绘制矩形

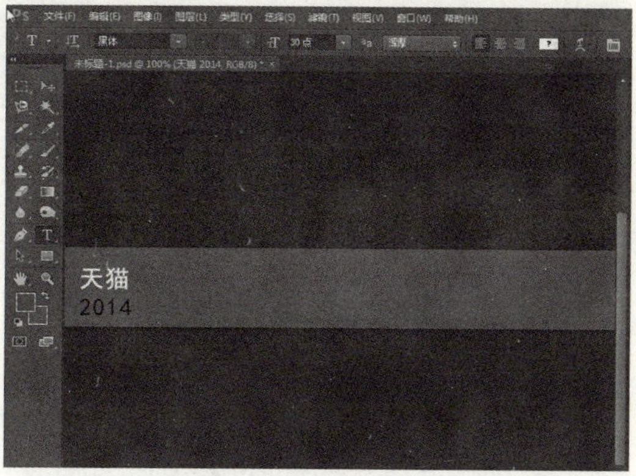

图 6-64　输入文本

⑤ 选择工具箱中的横排文字工具，在舞台中输入“春季新品”，如图 6-65 所示。

⑥ 选择“图层”|“图层样式”|“混合选项”命令，弹出“图层样式”对话框，在该对话框中单击“样式”按钮，在弹出的列表框中选择合适的样式，如图 6-66 所示。

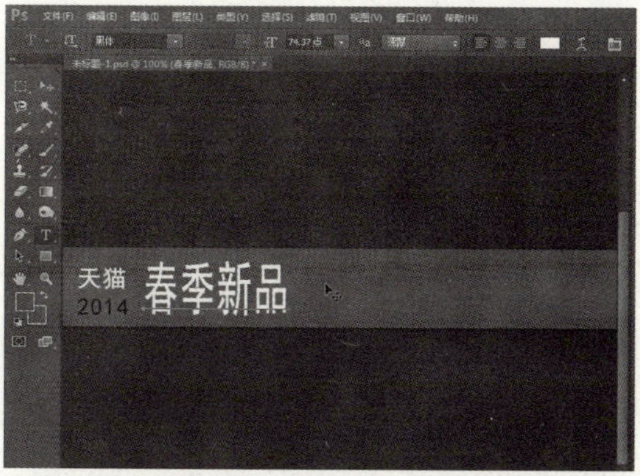

图 6-65　再次输入文本

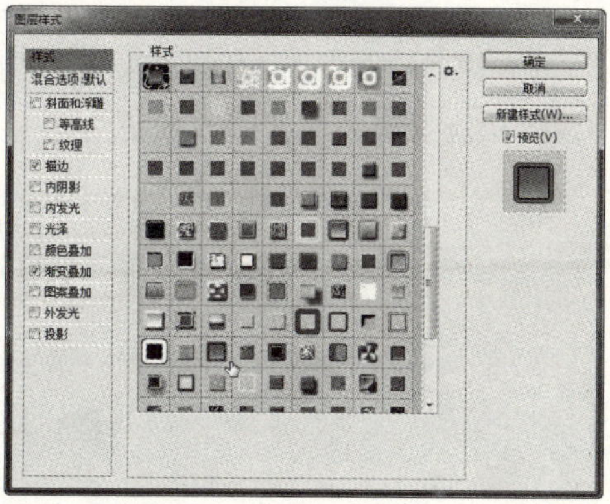

图 6-66　“图层样式”对话框

⑦ 单击“确定”按钮，设置图层样式的效果如图 6-67 所示。

⑧ 选择工具箱中的自定义形状工具，在选项栏中的形状下拉列表框中选择合适的形状，在舞台中按住鼠标左键不放并拖曳鼠标绘制形状，如图 6-68 所示。

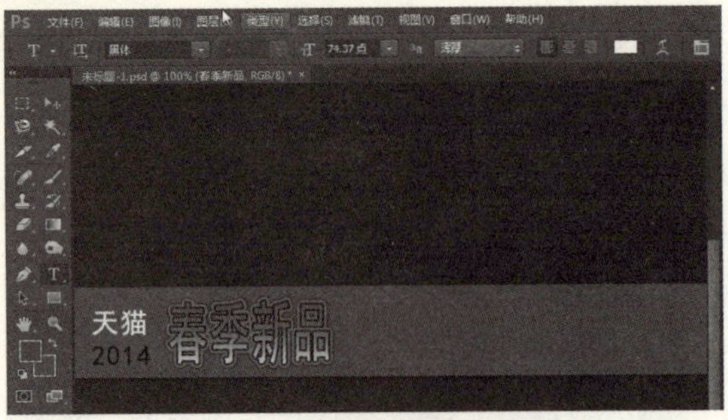

图 6-67 设置图层样式

图 6-68 绘制形状

❾ 选择工具箱中的横排文字工具，在舞台中输入“火热爆款”，如图 6-69 所示。

❿ 选择工具箱中的横排文字工具，在舞台中输入“5 折封顶”，如图 6-70 所示。

图 6-69 输入文本

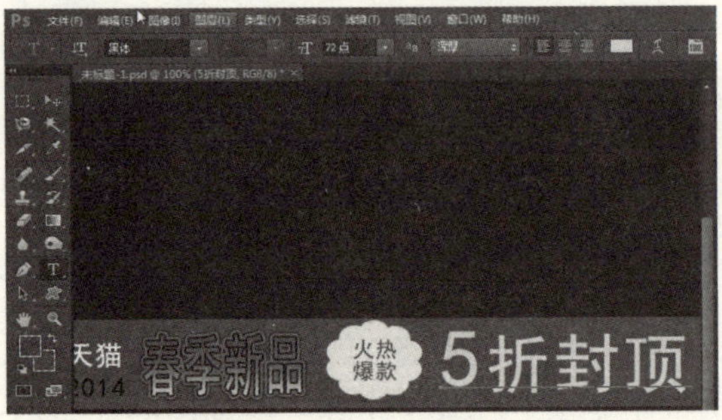

图 6-70 再次输入文本

⓫ 选择“图层”|“图层样式”|“投影”命令，弹出“图层样式”对话框，在该对话框中设置相应的参数，如图 6-71 所示。

⓬ 单击“确定”按钮，设置图层样式的效果如图 6-72 所示。

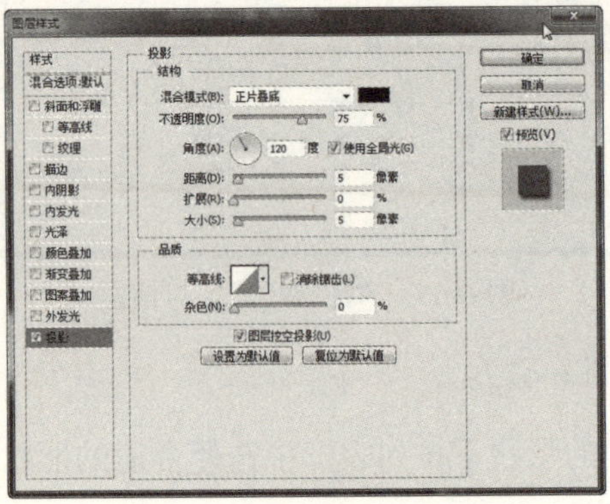

图 6-71 “图层样式”对话框

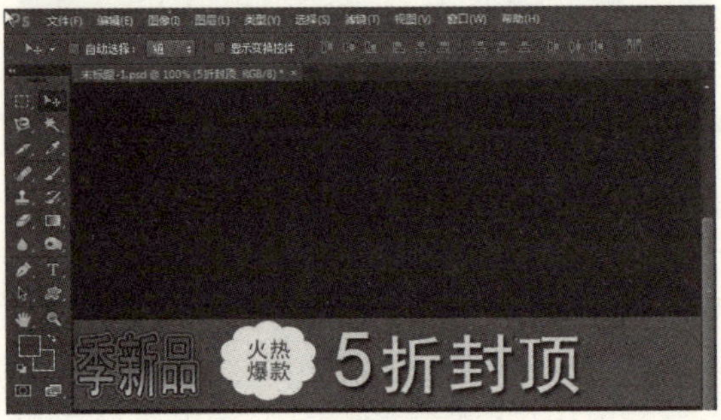

图 6-72 设置图层样式

⑬ 选择“文件”|“置入”命令，弹出“置入”对话框，在该对话框中选择相应的图像，单击“置入”命令，置入图像文件，如图 6-73 所示。

⑭ 重复步骤 13 置入其余的两侧两幅图像，并将其拖动到合适的位置，如图 6-74 所示。

图 6-73　置入图像文件

图 6-74　再次置入图像文件

6.5.3　将店招应用到店铺中

本节讲述将店铺招牌应用到店铺中，具体操作步骤如下。

① 登录“我的淘宝”页面，进入卖家中心页面，如图 6-75 所示。

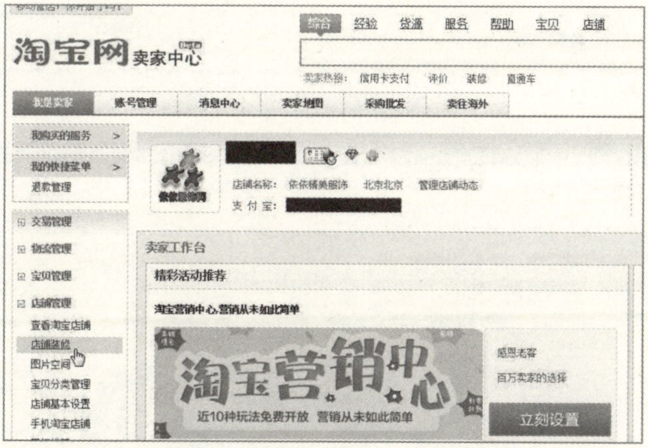

图 6-75　进入卖家中心页面

② 单击“店铺管理”|“店铺装修”超链接，进入店铺装修页面，如图 6-76 所示。

③ 单击店招右边的“编辑”按钮，弹出“店铺招牌”对话框，如图 6-77 所示。

④ 单击背景图右边的“选择文件”按钮，在下面的列表框中单击“上传新图片”按钮，如图 6-78 所示。

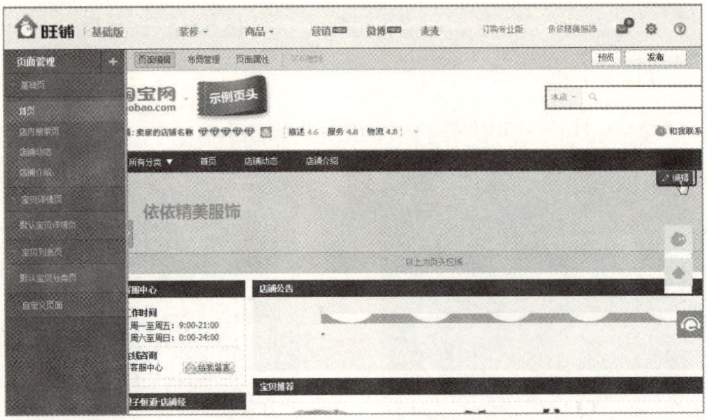

图 6-76　店铺装修页面

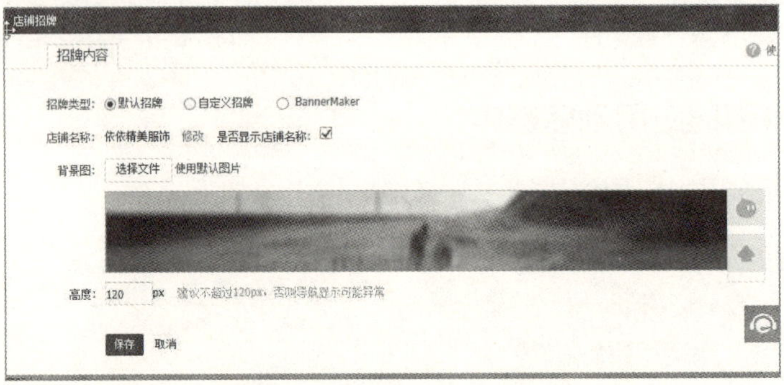

图 6-77　“店铺招牌”对话框

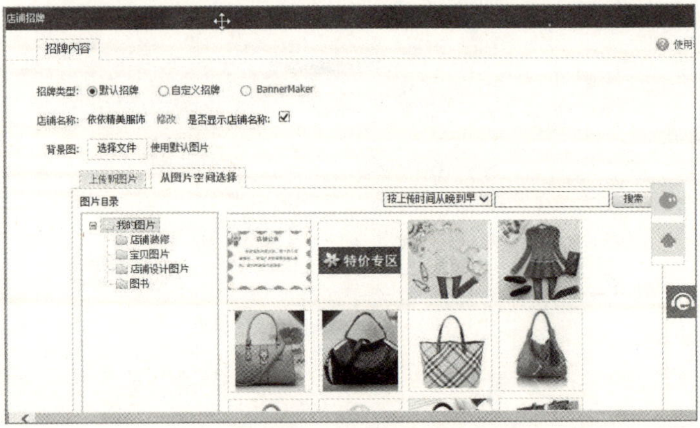

图 6-78　单击“上传新图片”按钮

5 单击底部的“添加图片”超链接，如图 6-79 所示。

6 弹出“选择要上载的文件”对话框，选择制作好的店招图片，如图 6-80 所示。

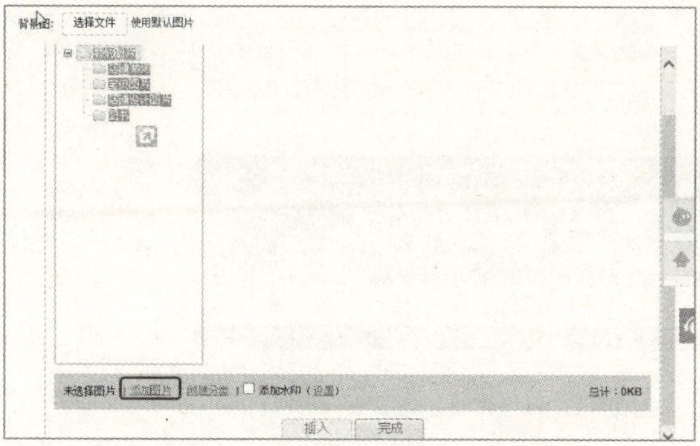

图 6-79　单击“添加图片”超链接

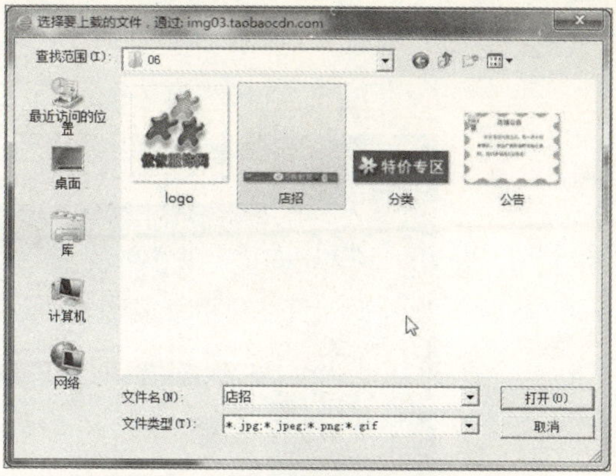

图 6-80　“选择要上载的文件”对话框

❼ 选择以后添加店招文件，如图 6-81 所示。

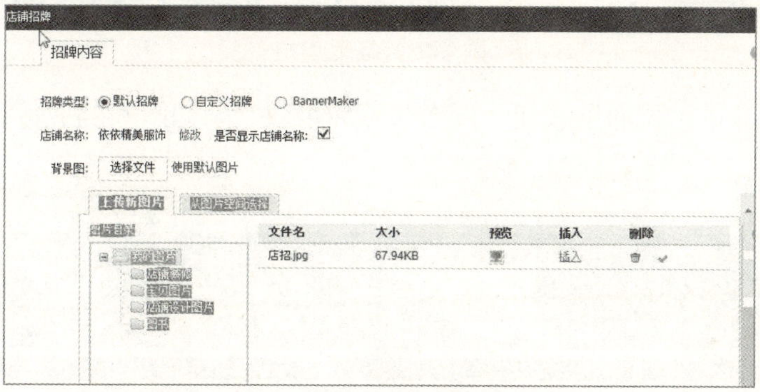

图 6-81　添加店招文件

❽ 单击图像文件右边的“插入”超链接，插入图像文件。取消勾选“是否显示店铺名称”复选框，将“高度”设置为 100px，如图 6-82 所示。

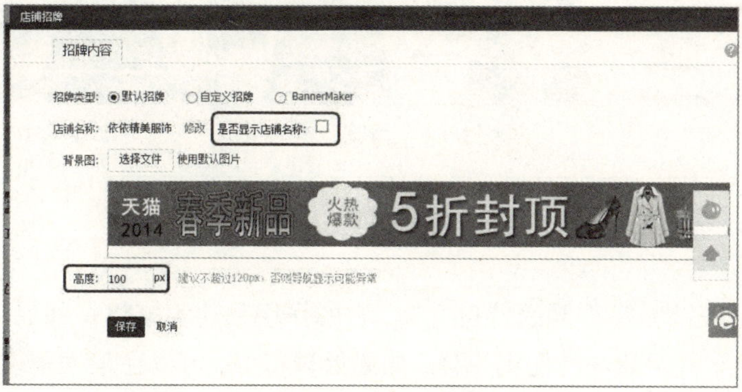

图 6-82　插入图像文件

⑨ 单击“保存”按钮，插入店招，如图 6-83 所示。

图 6-83　插入店招

⑩ 单击右上角的“发布”按钮，发布预览店铺效果，如图 6-84 所示。

图 6-84　预览店铺效果

6.6　巧妙制作宝贝促销区

宝贝促销区是旺铺非常重要的特色之一，它的作用是让卖家将一些促销信息或公告信息发布在这个区域上。就像商场的促销一样，如果处理得好，可以在最大程度吸引买家的目光，让买家一目了然地知道店铺在搞什么活动，有哪些特别推荐或优惠促销的商品。

6.6.1　制作宝贝促销区的注意事项

旺铺的宝贝促销区包括了基本店铺的公告栏功能，但比公告栏功能更强大、更实用。卖家可以通过促销区，装点漂亮的促销宝贝，吸引买家注意。初次使用旺铺的卖家，制作宝贝促销区时，需要注意下面几点。

（1）宝贝促销区支持 HTML 编辑，卖家可以通过编写和修改 HTML 代码制作宝贝促销区。

（2）宝贝促销区限制该区域字数为 20 000 字符。

（3）新旺铺取消了宝贝促销区高度为 500 像素的限制，但建议不要过高，同时宽度不要超过 738 像素，以获得最佳的浏览效果。

6.6.2　宝贝促销区的制作方法

目前，制作宝贝促销区的方法基本有三种。

第一种方法是通过互联网找一些免费的宝贝促销模块，然后下载到本地并进行修改，或者直接在线修改，在模板上添加自己店铺的促销宝贝信息和公告信息，最后将修改后的模板代码应用到店铺的促销区即可。这种方法方便、快捷，而且不用支付费用；缺点是在设计上有所限制，个性化不足。如图 6-85 所示为从百度中搜索的免费宝贝模板。

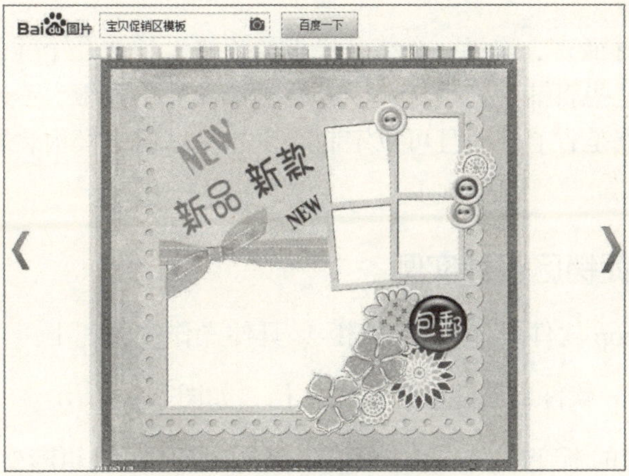

图 6-85　免费宝贝模板

第二种方法是自行设计宝贝促销网页。卖家可以先使用图像制作软件设计好宝贝促销版面，然后进行切片处理并将其保存为网页，接着通过网页制作软件（如 Dreamweaver、

FrontPage）制作编排和添加网页特效，最后将网页的代码应用到店铺的宝贝促销区上即可。这种方法由于是自行设计，所以在设计上可以随心所欲，可以按照自己的意向设计出独一无二的宝贝促销效果；缺点是对卖家的设计能力要求比较高，需要卖家掌握一定的图像设计和网页制作技能。

第三种方法是最省力的，就是卖家在提供淘宝店铺装修的店铺中购买整店装修服务，或者只购买宝贝设计服务。目前淘宝网上有很多专门提供店铺装修服务和出售店铺装修模板的店铺，卖家可以购买这些装修服务，如图 6-86 所示。

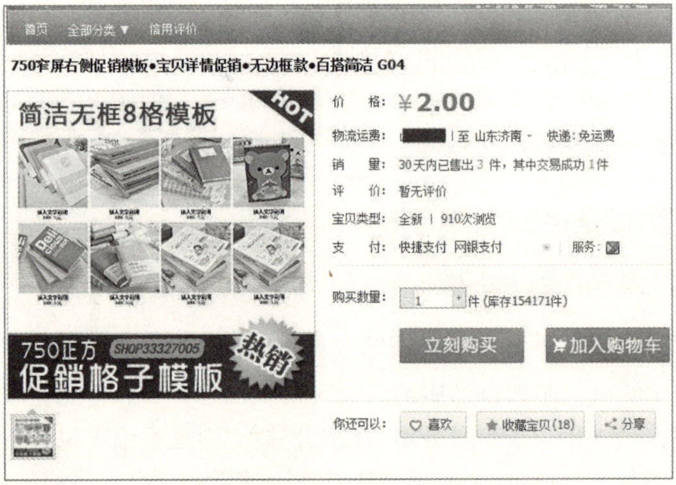

图 6-86　购买宝贝模板

就宝贝促销区设计而言，购买一个精美模板的价格大约在几十元。如果卖家不想使用现成的模板，还可以让这些店铺为你设计一个专属的宝贝促销模板，不过价格比购买现成模板稍贵。这种方法的优点是省心，而且可以定制专属的宝贝促销模板，缺点就是需要花费一定的金钱。

6.6.3　宝贝促销区设计实例

下面使用 Photoshop 软件设计宝贝促销区，具体操作步骤如下。

❶ 启动 Photoshop 软件，新建一个空白文档，如图 6-87 所示。

❷ 选择工具箱中的渐变工具，在选项栏中单击“点按可编辑渐变”按钮，在弹出的“渐变编辑器”对话框中设置渐变颜色，如图 6-88 所示。

❸ 单击“确定”按钮，设置渐变颜色，在舞台中从上往下拖动鼠标填充背景，如图 6-89 所示。

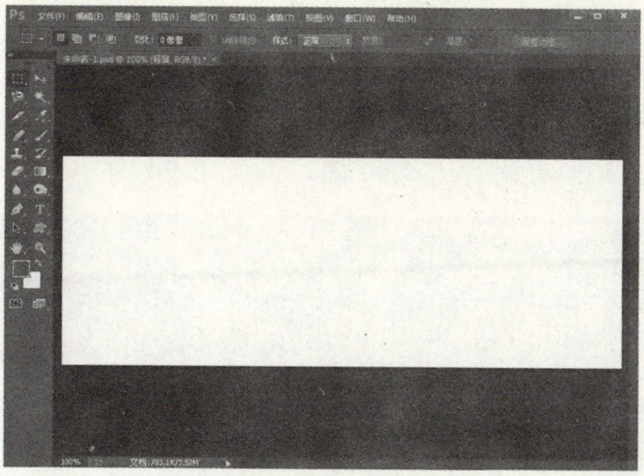

图 6-87　新建空白文档

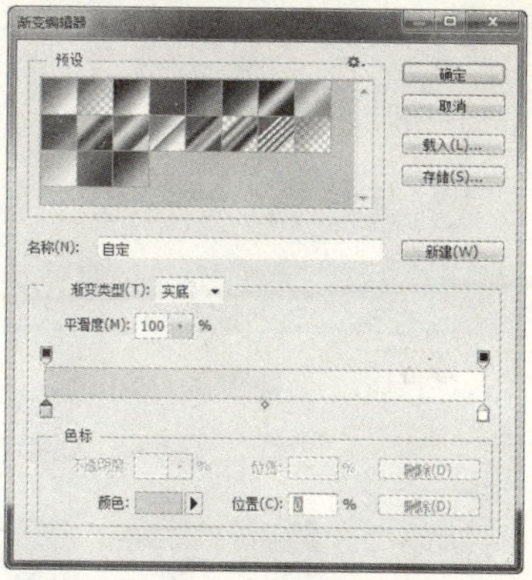

图 6-88　“渐变编辑器”对话框

❹ 选择工具箱中的横排文字工具，在舞台中输入文本，并设置不同大小和颜色，如图 6-90 所示。

图 6-89　填充背景

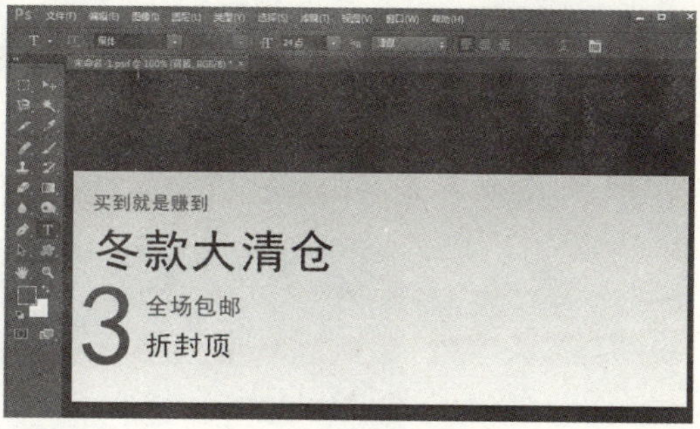

图 6-90　输入文本

❺ 选择工具箱中的矩形工具，在选项栏中将“填充”颜色设置为#9e0b0f，在舞台中绘制圆角矩形，如图 6-91 所示。

❻ 选择工具箱中的横排文字工具，在舞台中输入文本“立即抢购”，如图 6-92 所示。

图 6-91　绘制圆角矩形

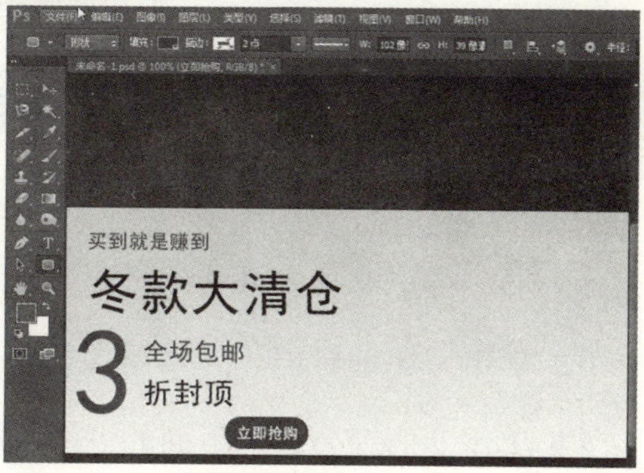

图 6-92　输入文本

❼ 选择“文件”|“置入”命令，弹出“置入”对话框，在该对话框中选择图像文件“包.JPG”，如图 6-93 所示。

❽ 单击“置入”按钮，置入图像文件，将其拖动到合适的位置，如图 6-94 所示。

图 6-93 “置入”对话框

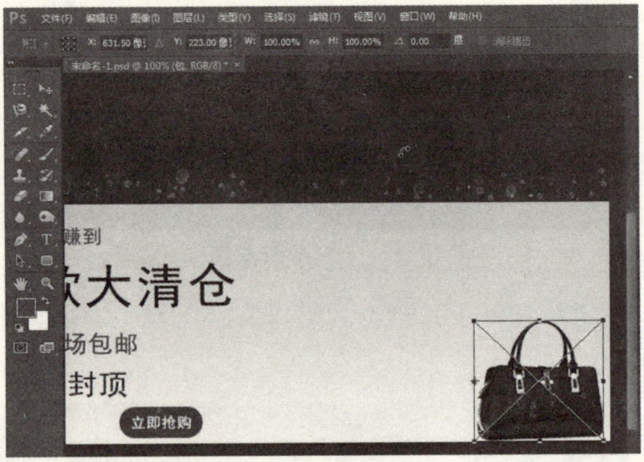

图 6-94 置入图像文件

❾ 重复骤 7 和步骤 8 可以置入其余的图像文件，如图 6-95 所示。

图 6-95 置入图像文件

6.6.4 将促销区应用到旺铺中

下面讲述将制作好的促销区应用到店铺中，具体操作步骤如下。

❶ 登录淘宝网页，进入卖家中心，如图 6-96 所示。

❷ 单击“店铺管理”|“店铺装修”超链接，进入店铺装修页面，如图 6-97 所示。

❸ 单击“店铺公告”下面的“添加模块”按钮，弹出“添加模块”对话框，如图 6-98 所示。

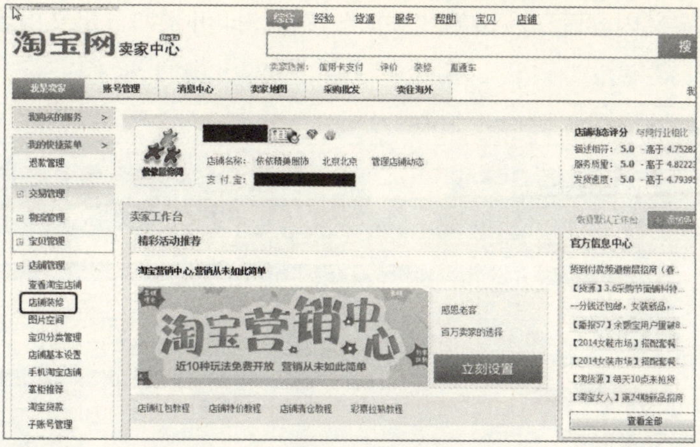

图 6-96　卖家中心

图 6-97　店铺装修页面

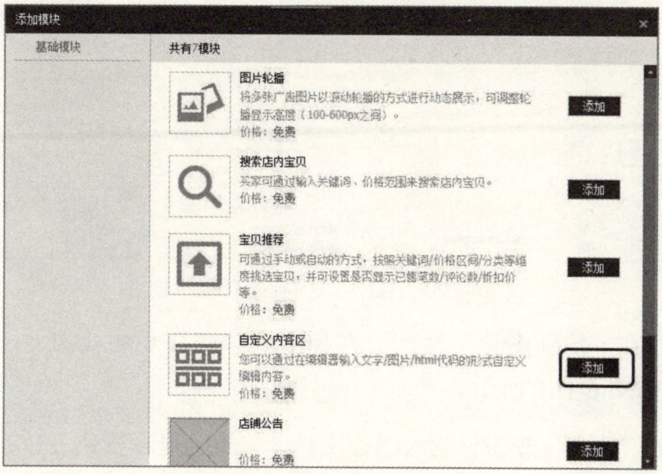

图 6-98 “添加模块”对话框

❹ 单击“自定义内容区”右边的“添加”按钮，即可添加自定义内容模块，如图 6-99 所示。

图 6-99　添加自定义内容模块

❺ 单击“自定义内容区”右边的“编辑”按钮，弹出“自定义内容区”编辑框，如图 6-100 所示。

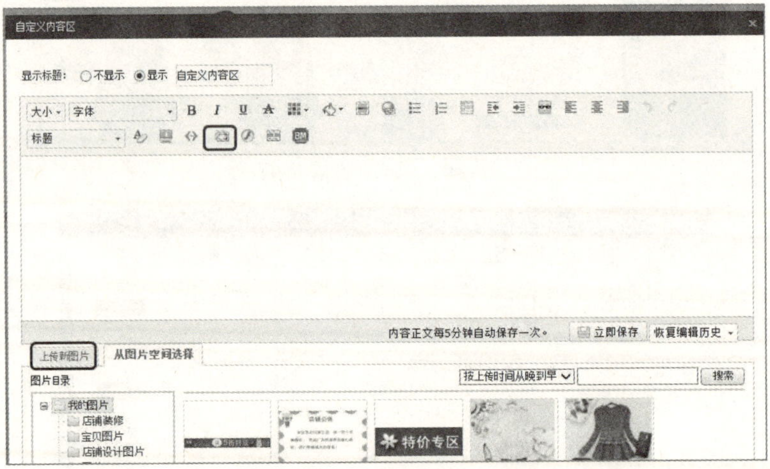

图 6-100　“自定义内容区”编辑框

❻ 单击底部的“上传新图片”按钮，在弹出的“选择要加载的文件”对话框中选择制作好的促销图像，如图 6-101 所示。

❼ 单击底部的“插入”按钮，插入图像文件。勾选“显示标题”单选框并输入标题“促销区”，如图 6-102 所示。

8 单击“确定”按钮，插入促销广告，如图 6-103 所示。

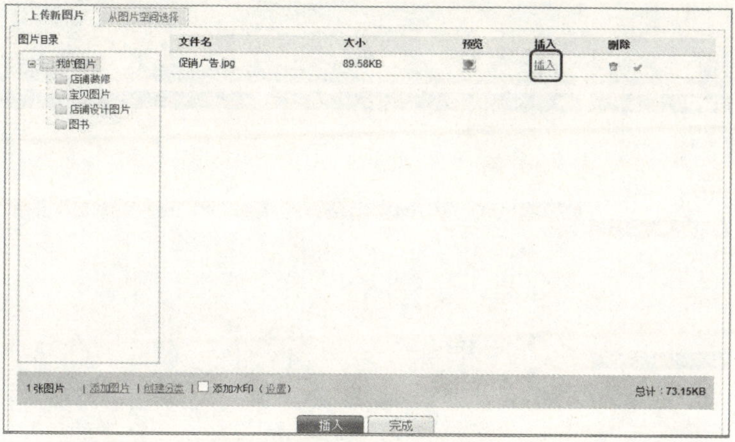

图 6-101　选择促销图片

图 6-102　插入图像文件

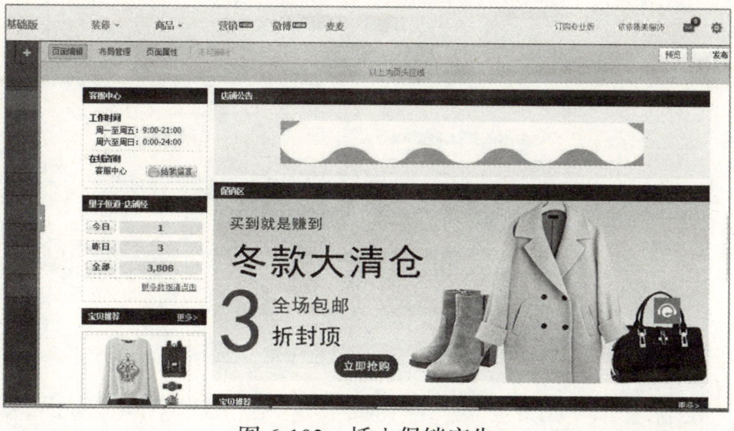

图 6-103　插入促销广告

⑨ 单击“发布”按钮，预览店铺效果，如图 6-104 所示。

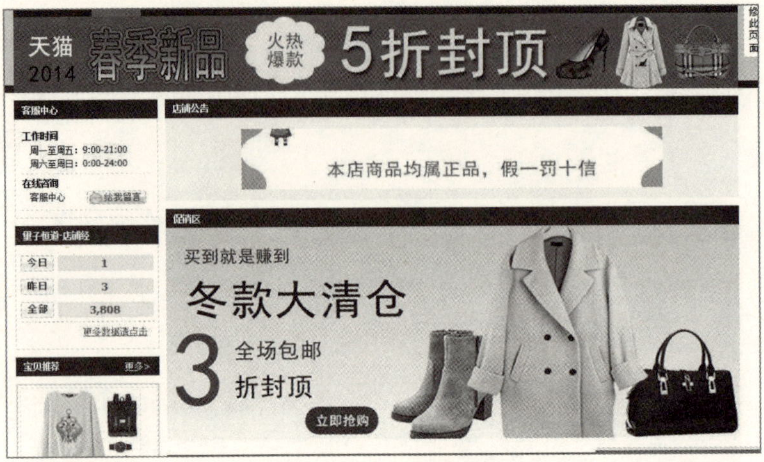

图 6-104　预览店铺效果

6.7　制作图片轮播

本节讲述制作图片轮播效果，具体操作步骤如下。

① 登录“我的淘宝”页面，进入卖家中心页面，如图 6-105 所示。

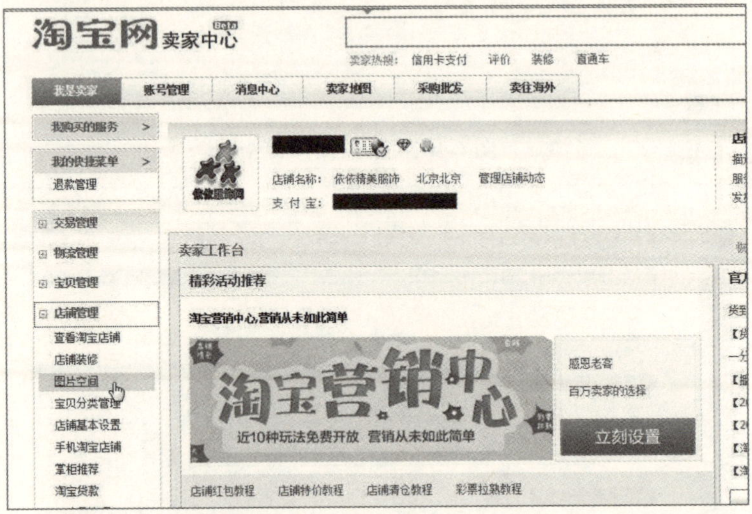

图 6-105　进入卖家中心页面

② 单击“店铺管理”|“图片空间”超链接，进入“图片空间”页面，单击“图片上传”超链接，如图 6-106 所示。

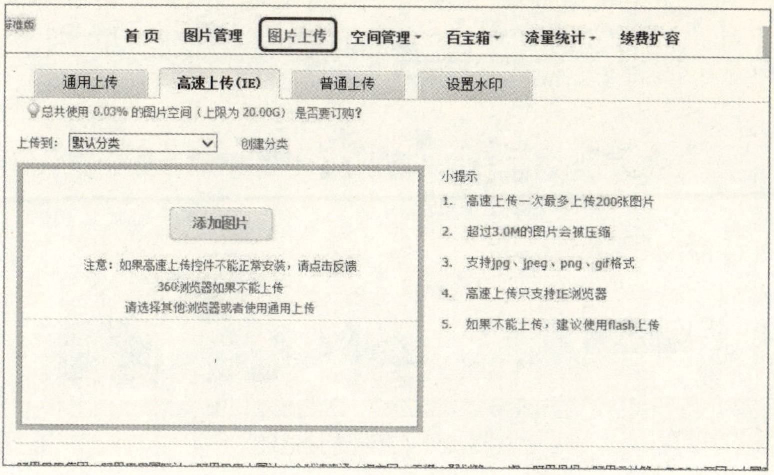

图 6-106　单击“图片上传”超链接

❸ 单击“添加图片”按钮，弹出“添加图片”对话框，选择要制作轮播的图像，如图 6-107 所示。

❹ 单击“选好了”和“立即上传”按钮，成功上传图片，如图 6-108 所示。

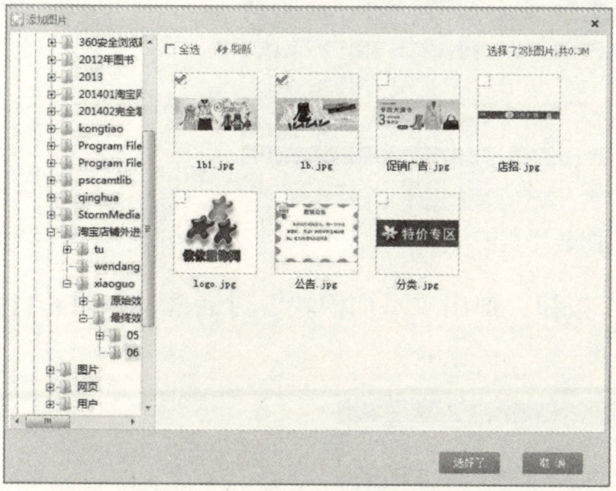

图 6-107　“添加图片”对话框

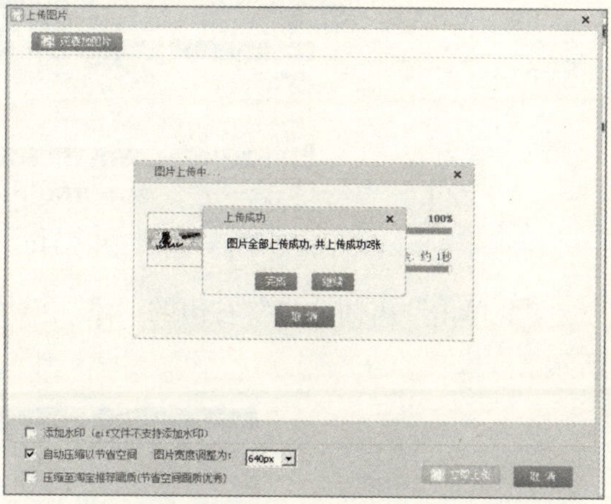

图 6-108　成功上传图片

❺ 单击“完成”按钮，成功上传图片。单击图像底部的“链接”超链接，复制链接地址，如图 6-109 所示。

❻ 返回卖家中心页面，单击“店铺管理”|“店铺装修”超链接，进入店铺装修页面，如图 6-110 所示。

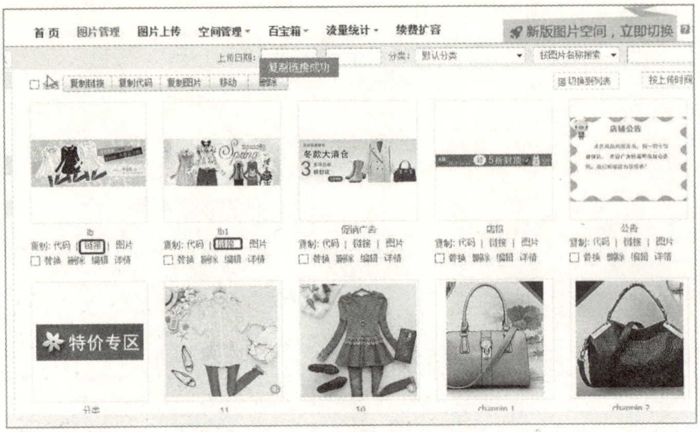

图 6-109　复制链接地址

图 6-110　店铺装修页面

❼ 单击“店铺公告”右边的“添加模块”按钮，弹出“添加模块”对话框，如图 6-111 所示。

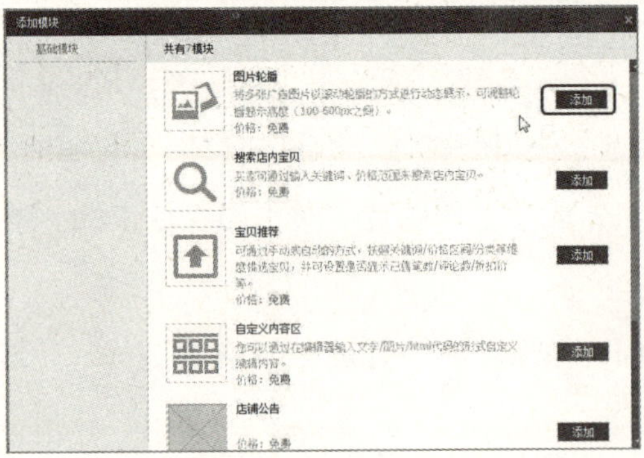

图 6-111　“添加模块”对话框

❽ 单击“图片轮播”右边的“添加”按钮，即可插入图片轮播模块，如图 6-112 所示。

图 6-112　插入图片轮播模块

❾ 单击“图片轮播”右边的“编辑”按钮，弹出“图片轮播”对话框，在该对话框中输入在步骤 5 中复制的链接地址，如图 6-113 所示。

图 6-113　“图片轮播”对话框

❿ 单击右边的“添加”按钮，添加一个文本框，输入在步骤 5 中复制的链接地址，如图 6-114 所示。

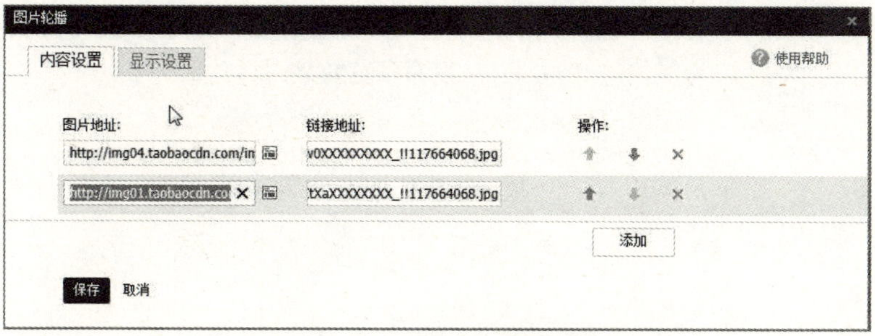

图 6-114　复制的链接地址

⑪ 单击“保存”按钮，添加轮播图片，如图 6-115 所示。

图 6-115　添加轮播图片

⑫ 单击右边的“发布”按钮，发布预览效果，如图 6-116 所示。

图 6-116　发布预览效果

第7章 在淘宝网推广店铺的方法

开店指导

在实际的商品销售中，为了吸引顾客的注意，商家都会采取各种方法促销自己的商品，在网络中也需要宣传店铺。网店推广的目的在于让尽可能多的潜在用户了解并访问网店，通过网店获得有关商品和服务等信息，为最终形成购买决策提供支持，促成更多成交。网店要生存，产品要想销售出去，不进行店铺推广基本是不可能的。淘宝卖家每成交一笔订单都异常辛苦，如何才能在推广网店时省钱、少花钱呢？

7.1 怎样发精华帖，赢取百万流量

淘宝社区中有许多精华帖，这些精华帖有效地提升了店铺浏览量。一个精华帖一般会带来上千甚至上万的流量，甚至带来十万以上的浏览量也不稀奇。

7.1.1 精华帖是如何炼成的

精华帖是论坛中的一种帖子，是被版主或管理员加为精华的帖子，一般此类帖子内容丰

富，有比较高的阅读价值，可以被回复，而且作者可以修改原帖。如图 7-1 所示，论坛中的精华帖一般都被置顶了，便于浏览者查看。

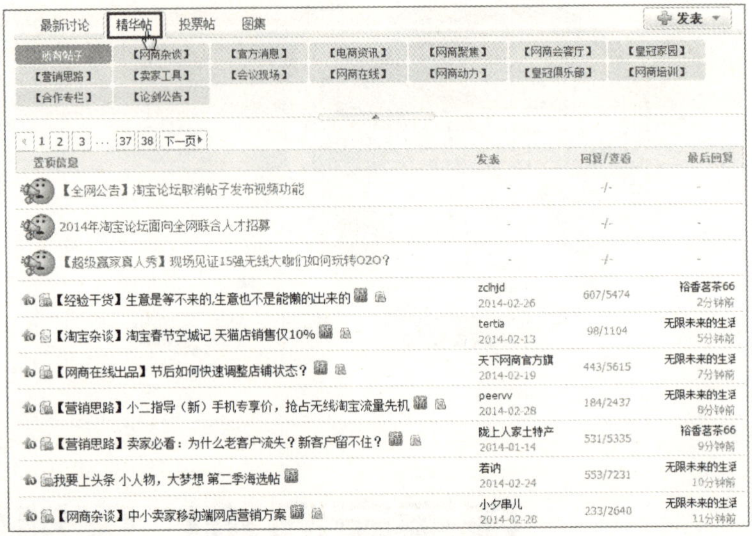

图 7-1　论坛中的精华帖

现在很多人感到迷茫，不知道如何才能写出精华帖，下面介绍写好精华帖的经验和技巧。

（1）帖子首先要符合三项基本原则，即原创、好帖、不违反发帖规则，这是一切精华帖的基础。其中“好帖”这一原则稍显主观，其他原则基本上都是客观的。但是“好帖”也有其相对客观的标准，这个标准就是大部分人的判断标准，管理员一般是不会以自己的欣赏眼光作为标尺来看帖子的，而是尽量用大众的眼光和尺度去判断和衡量帖子。因此，只要你的帖子超过了大部分人的水平，那你的帖子被加精就是必然的事情了。

（2）内容要尽可能翔实。所谓翔实，就是既详细又实用。笔者所发的精华帖大部分字数都在 2000 字以上，最高的达到 16000 字，平均每个帖子的字数为 3000 字左右。

（3）帖子要图文并茂并且要原创。一般情况下，图文并茂的帖子比纯文字说教的帖子对大家更有帮助。那些图文并茂的教程类的帖子让人很容易学会，所以这类帖子多数会被加精，如图 7-2 所示即为图文并茂的精华帖。

（4）帖子内容要尽可能符合版面的主旨。一个萝卜一个坑，论坛每个版面都有自己的定位，虽然很多人很难做到完全符合，但至少不能完全不符合。比如把一个纯文学性的帖子发到经验畅谈居中，即便你的文笔再好，帖子也不可能被加精。所以帖子内容符合版面主旨是向精华帖迈出的第一步。

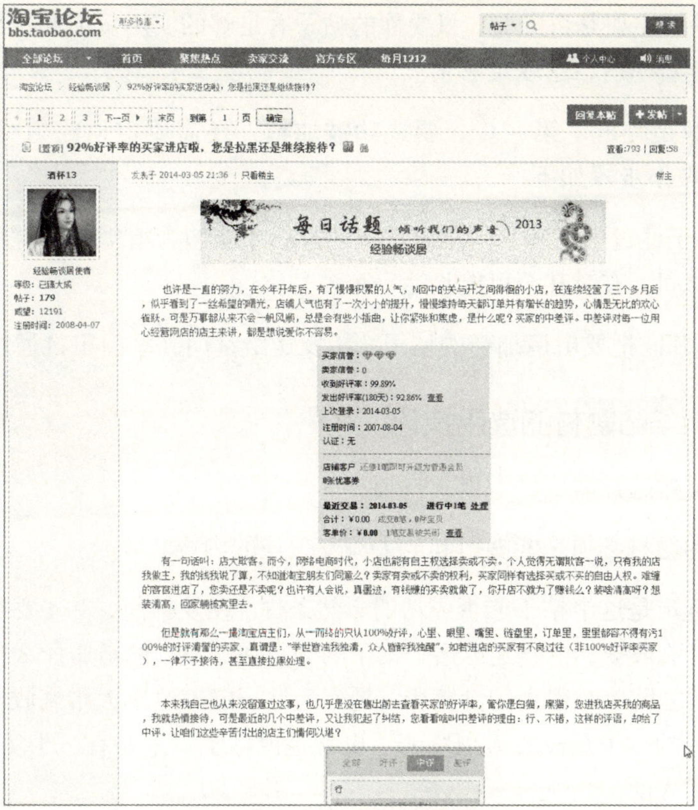

图 7-2　图文并茂的精华帖

（5）多总结各种经验、教训和心得。在经营网店的过程中，卖家总会碰到各种各样的问题，在处理这些问题时，总会有心得体会，不管是成功的经验还是失败的教训，对自己对别人来说都是一笔宝贵的财富。所以要多做总结，各种各样的总结帖也是精华帖的主要来源之一。

（6）帖子题目要起得好。帖子的题目要起得好，这对帖子被加精是很重要的。因为别人都是通过看帖子题目才阅览全文的。一个好的题目会引人入胜，让人一目了然。例如“保证抢到首页广告位的诀窍”，这个标题让人一看就明白，而且有学习的欲望，这样就能吸引人点击阅读。

（7）帖子的排版要尽可能好看。帖子要尽可能做到字体大小适中、段落长短适中、颜色分配巧妙、表情运用巧妙这四个要点。

（8）多学习别人的精华帖。在写精华帖之前，必须要经历一段漫长的学习期，要多学习别人的精华帖，多到经验畅谈居学习，特别是精华区。

（9）经验畅谈居主要是讲经验，只要你的帖子有足够的实用价值和指导意义，文字能够表达清楚，大家能看明白，这就足够了。

写出好帖子只是完成了第一步，要成功被加精，还需要申请成为精华帖子。申请加为精华帖的具体操作步骤如下。

❶ 指定的帖子经过申请和掌门集中审批通过后才能加为精华帖，需要提醒卖家的是，审批需要一定的时间，有时甚至可能长达一个多月。

❷ 直接通过旺旺把要申请加精的帖子链接发送给掌门，掌门审批通过后加为精华。

7.1.2 精华帖题材的选用技巧

写精华帖题材的选择需要注意以下技巧。

（1）精华帖的题材必须是能够引起广大淘友关注的内容。

帖子题材的选定是这个帖子能否成功的必然条件。在发帖前，首先要明确你发表的帖子能够给别人带来什么收获，也就是你这个帖子的亮点在哪里，你是靠什么让别人来关注你的帖子的。有些帖子之所以有很高的浏览量，是因为帖子能够给别人带来收获或快乐。不能给别人带来任何收获的帖子是没有人浏览的，也就是说帖子一定要有"干货"，没有"干货"的帖子是吸引不了人的。

（2）围绕社会焦点，发表自己看法。

社会焦点往往是某一时段里网民最关注的问题。作为专职卖家，应该时刻关注互联网上的焦点问题，如果你有自己独特的看法，不妨写出来。如果你的见解既合理又独特，也会吸引大批淘友跟随你，支持你，从而不断为你顶帖，你的帖子想不火都不行。

例如可以分享创业经验。每个人都有一段故事，在淘宝里，你的创业经验也许就能感动别人，你在某方面的经验或许能让大部分人少走几道弯路，如图 7-3 所示为一个分享创业经验的精华帖实例。

（3）搜集整理热点话题。

如果你没有很好的文笔，也可以转载别人的帖子。把当前买家、卖家最关注的话题资料整理并放在一个主帖里，别人在你的帖子里就可以找到自己想要的内容，这样的帖子主要是方便别人阅读，帮别人节省宝贵的时间。方便了别人，也方便了自己。

小编说事：小卖家成长记，站外推广千元失，新的一年该信谁？	zqf_1688 2014-02-26	696/15382	okfion 0分钟前
【名人访谈】一个淘宝"老人"不灭的淘宝梦想	生活一刻钟 2014-01-09	366/9765	尚美衣舍长沙 0分钟前
92%好评率的买家进店啦，您是拉黑还是继续接待？	酒杯13 2014-03-05	62/830	凌清渊怜 1分钟前
小编说事：高考备战，母担心女儿购物分心，帮其申请退款	还能孩子多久65 2014-03-02	45/871	国清环保 2分钟前
退伍军人三亚创业7年华丽转身电商达人，淘宝店年营业额过亿元	随心豆芽 2014-03-02	338/5672	shijialin2000 3分钟前
低价"秒杀"是诱饵？！您的个人信息"被钓鱼"了吗？	乐悠悠 2014-03-05	194/2510	鑫鑫体品 10分钟前
2014经验居志愿者第1次招募(审核至322页16715楼)	阿加加菲 2010-10-11	16853/894086	静静的雨90 13分钟前
2014淘宝金牌淘搭档解析，掌柜开店必备	国内卡门 2014-01-22	1082/34652	zly494159790 18分钟前
淘大直播"掌柜的2013"系列回顾之：一个女文青的爱马仕之梦	淘宝大学 2014-01-08	891/40324	qaz74591940 30分钟前
【网商读书会】O2O 移动电子商务的巨大能量	jy02397843 2014-02-25	194/6834	活力宝贝加油 2014-03-05
主题	发表	回复/查看	最后回复
面对淘宝大促怎么玩？软件官方告诉你！	横渡红尘 2013-10-25	1699/30492	小眼看浪尖 0分钟前
【店铺营销】发现一个有趣的现象！对流量很有帮助！	weiguangdiapp 2013-12-11	645/12626	weiguangdiapp 0分钟前
流量、流量，需要流量的朋友们 咱团结起来	聚味贸易 2014-02-26	235/1901	hubo416109 0分钟前
一天成交几十单，推广方法分享给大家！	u76985345 0分钟前	0/1	

图 7-3　分享创业经验的精华帖实例

（4）根据自己的成功经验和专业知识来确定帖子的题材。

帖子的题材必须是自己的经验或者是自己的亲身经历。很多新手卖家，自己没有成功的经验，写不出好的经验帖子。虽然新手卖家经验不足，他不能像一些大卖家那样写出高深的帖子，但是也可以写出自己的感受和一些成功的小经验，这样也可以帮助中小卖家。新手卖家应该总结自己在开店中摸索出来的一些成功经验，或者教训，这些根据自己亲身经历的体会写出来的帖子才是真实有效的，才是最能够打动其他卖家的。

（5）根据帖子的题材选择要发表在论坛的哪一个板块中。

要根据自己的题材选择发布在论坛里相应的板块中，即使你写出一篇很好的帖子，如果选不对论坛板块也是无济于事的。

（6）做植入式软广告。

如果你的帖子写得很好，吸引了很多人浏览，但是却没有为店铺带来实际的流量那也是徒劳的。但是，淘宝社区严令禁止发广告帖，所以就必须要对你的帖子植入一些软广告。

所谓植入式广告就是在你的帖子里以非常隐蔽的方式，暗示你的潜在客户，让他们自动光临你的店铺，但是他们却感觉不出来这是一个广告。

一般那些写自己在淘宝开店故事的帖子都属于植入式广告，他们会“无意中”在故事里透露自己店铺的经营情况。

7.1.3 让自己的帖子成为人见人看的热帖

被加为精华帖的帖子，不一定就会成为热帖，成不了精华帖的帖子，也未必就成不了热帖，但总的来说，精华帖成为热帖的概率会大很多。如何让自己的帖子成为人见人看的热帖呢?

（1）尽量让自己的帖子成为精华帖。

成为精华帖有以下几个好处。

有了精华的标志，一是让帖子比较醒目，容易让人在茫茫“帖海”中找到你的帖子，二是让大家有了学习的信心。

精华帖会同时出现在精华区和原创区里，而且很多人都会专门去精华区学习，这能让他们比较容易找到你。

没有被加精的帖子在发表半年后就会转到历史库中，而精华帖则会继续留在论坛里，还能继续带来浏览量和回复量。

（2）参加社区热门活动。

对于任何论坛，每当它推出一项活动时，总是希望网友能够热情地参与其中，如果你正好有符合活动主题的资源，不妨写好帖子申报，说不定你的帖子就会被管理员加精或置顶。

（3）努力使帖子被推荐至各个重要位置。

一旦你的帖子被推荐到了淘宝首页、淘宝大学首页、我的淘宝首页、社区首页、经验畅谈居版头，被置顶，那你的帖子浏览量将会迅速增长。

要想得到经验畅谈居的推荐，要尽量满足下面一个或者几个条件。

- 帖子写得很好，对别人有重大帮助或重要启发。
- 参加活动的帖子，获奖后会被推荐，有些没有获奖但写得好的帖子，也会被推荐。
- 帖子的内容是前人没有写过的。
- 有时候也会推荐一些新手的帖子。

（4）经验类帖子尽量发表在经验畅谈居。

经验畅谈居巨大的访客流量决定了经验畅谈居的宣传效果是巨大的。在现实中，人越多的地方东西越好卖。这里每天都有大量的有实践经验和指导意义的高水平帖子发布，这里就像一个生产好帖子的工厂，工厂里的工人每天都在积极制造高质量帖子。对于每一个卖家和买家来说，这里的很多经验都是在电子商务教材里学不到的。

经验畅谈居中虽然人流量最大，但也是竞争最激烈的，被称为“帖子沉得最快的版面”。所以，你的帖子要想脱颖而出，就得出类拔萃并运用各种技巧，使自己的帖子立于“不沉之地”。

（5）多去顶帖。

再好的帖子，也会出现无人知晓的局面，特别是在经验畅谈居这样帖子沉得特别快的版面中。这就需要我们每隔几个小时或一两天去顶帖，让更多的人看到并回帖，才能充分发扬帖子的分享精神和发挥帖子的宣传作用。

（6）给帖子起一个好的标题。

因为名字的好坏而成功或失败的商业案例并不少见，帖子也是一样。一个好的标题，首先要醒目，以便网友容易看到。可以在标题中适当加一些符号，例如■、▲等，另外标题要能引起网友的兴趣，但是第一要防止哗众取宠，第二要防止过于“媚俗”，否则效果只会适得其反，引起网友的反感。

（7）让阅读的过程变成一种享受。

如果网友看帖时感觉是一种享受，可能会认真看完并积极回帖，还会多点击几次帖子从而提高帖子浏览量。要做到让网友有了享受的感觉，就要做到以下几点。

➢ 文笔优美，文风幽默。
➢ 排版美观，适当加一些表情或图片。
➢ 观点新颖，视角独特。
➢ 思维严谨，逻辑严密。

（8）给回帖的网友一些奖励。

在帖子没有得到推荐的情况下，可以考虑给回帖的网友一些奖励，以刺激他们回帖，这样既帮助了别人又帮助了自己。但这种方法不可多用，只能偶尔用之。

（9）多回复别人的帖子。

只有你多回复别人的帖子，别人才会多回复你的帖子，这样才有可能进入良性循环。因此回帖要从自我做起，从自身做起。

（10）多发一些和店铺装修、物流快递、宣传营销相关的帖子。

如果你只是单纯地希望帖子的浏览量越高越好，建议多发一些和店铺装修、物流快递、宣传营销相关的帖子。原因有两个，其一，这 3 个方面都是卖家最关心的话题，有广泛的群众基础。其二，店铺装修的帖子大部分人一次是学不会的，必然会再看第二次、第三次……这无形中就为帖子提高了点击量。

（11）打响你的知名度和美誉度。

如果你的帖子打出了自己的“名气”，打响了自己的“品牌”，那你自然就会拥有不小的“粉丝”队伍，以后发新帖时，在帖子上加上你的 ID，自然就不愁没人看了。

7.2 借力供销平台，扩大销售渠道

淘宝供销平台是淘宝专门为商家提供代销、批发的服务平台，帮助商家快速找到分销商或成为供货商。这个平台是完全平等开放的，进入的门槛也不高，直线式的供销平台不仅可以减少商品在买卖交易中的各种运输成本和保险成本，而且可以帮助卖家更快速地获得相关商品资讯，使卖家可以更快速地掌握行业信息，占据市场份额。

7.2.1 供应商加入供销平台的好处

如果你在开店过程中遇到以下问题，那么可以加入淘宝供销平台，如图 7-4 所示为淘宝网上的优质供应商。

（1）每年为拓展渠道投入大量的人力和物力，效果却不甚令人满意。

（2）广告宣传成本高，产出却不符合预期。

（3）资金回笼不够快，总有几个方面阻碍资金流动。

（4）库存积压、物流不完善。

（5）找代理商、供销商困难。

（6）管理困难，无法将“分散经营、集中管理，整合资源、协同工作”同时铺开。

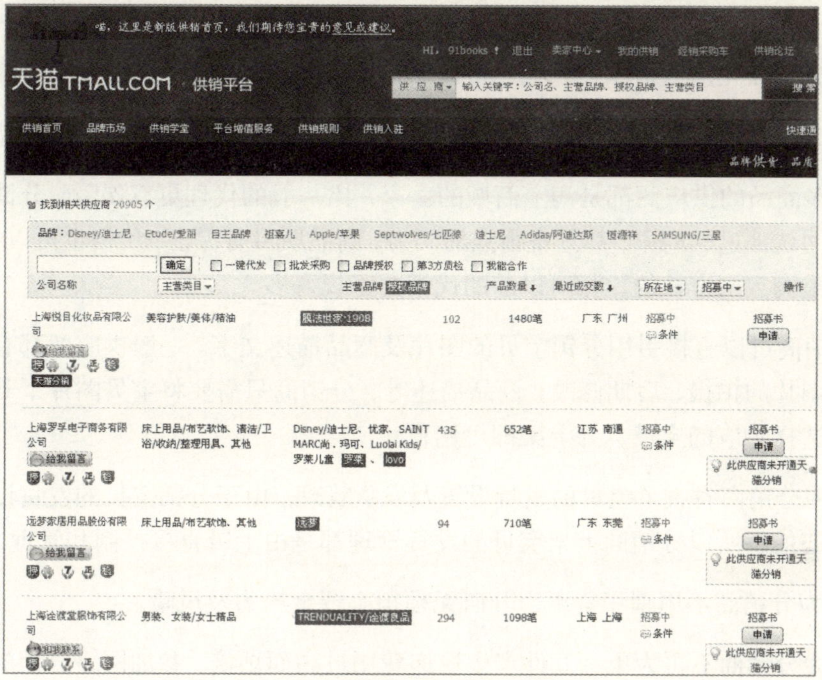

图 7-4　淘宝网上的优质供应商

供应商加入供销平台后有以下好处。

（1）打造属于自己的网络供销体系，提升企业形象，创立网络品牌。

（2）快速招商，建立自己的供销渠道，上下游资源整合，开展批发代销业务。

（3）培养、管理和扶持供销商，完善渠道。

（4）供销和直销兼顾，让你做批发零售更轻松。

（5）入驻淘宝供销平台，帮助你招募更多供销商。

（6）互通多个子站，铺货、订单数据同步，网络连锁、网络供销更容易，库存、下单、打印、发货都可以实现自动化，大大简化了流程。

7.2.2　分销商加入供销平台的好处

淘宝供销平台主要以代销为主，淘宝供销平台让许多没有货源又想在淘宝上开店的朋友能轻松找到代销货源，做代销不仅有高额的提成又可以免去收货和发货的麻烦，只需要将订单发给供应商就可以了。

（1）成为分销平台的分销商，可以从分销平台的供应商中选择自己需要的货源，供应商一件代发，分销商无须承担库存风险，可以用最小资金投入赚取利润。

（2）成为分销商不必再查库存，对商品上架、下架、缺货、补货都变得非常容易。

（3）许多商品的供应商都是淘宝商城的卖家，比一般的代理更有保障。分销平台的提供商都是淘宝网认证过的商家，都具备很强的实力，商品质量有保证，价格也可以很好地控制。由于供应商是淘宝网审核的，相对以前的代销要正规得多。

（4）分销商可以直接引用分销宝贝的图片及商品描述文字。一般供应商都有专业的团队来处理宝贝图片的拍摄、后期修改，商品描述等，分销商只需要将宝贝图片下载后在自己的仓库管理中选择对应的宝贝，并上架即可销售。

（5）成为分销商省去了宝贝的发货设置及发货管理。由于分销宝贝的发货设置是上级设置成自动状态的，所以分销商上架宝贝的发货管理都是由上级直接控制和管理的。

（6）成为分销商不用囤积货源，开店无须担心资金压力及风险。

（7）成为分销商不再为单一发件产生快递费用过高而烦恼。参加网络分销的供应商一般销售量都很大，能节省大量的快递费。

（8）分销商只需要做好服务、店铺的特色化和推广就行了。

7.2.3 怎样做好代销

代销的商品价格可以由商家和供货商协定，一般供货商给出的价格都是低于市场价格的，这样就为你创造了充分的赢利空间。当然，在代销过程中的品牌问题可以由商家与供货商协商统一。一般情况下，供货商会将商品的品牌授予代销商，这样在买家问及商品品牌信息时，代销商可以根据情况对买家的提问进行回答，如图 7-5 所示。

通过供销平台代销业务，供应商可以直接招募自己的代销商，无须使用商品数据包，代销商可以直接点击商品，一键铺货到网店，做正规的一件代发。

怎样才能做好代销呢？

（1）选择好的供应商

选择合适的供应商很重要。首先看一下宝贝的图片，很多时候，顾客往往第一眼看到宝贝后就已经决定了是否要买，所以清晰美观的图片非常重要。其次，要看一看通过图片和描述是否能勾起自己的购买欲，如果连自己都看不上眼，怎么能指望别人来买呢？

图 7-5　代销

（2）即使是自己进货发货，在商品种类数量比较繁杂的情况下，也会出现库存断货等状况。所以在销售过程中，要时刻跟供应商保持沟通，先询问是否有货，做到心里有数再销售。当然很多时候，我们是无法提前知道哪一款商品是没有货的，有可能在买家咨询的时候才知道商品没货了。这个时候，要真诚地告诉买家商品缺货了，并为买家推荐几款相似或相近的商品让买家挑选。要是买家最终决定不买，也不要气馁，还是要真诚感谢他的光临，欢迎他再次光临。

（3）在商品图片上加上自己的店标，时刻注意树立自己的店铺形象，让买家记住你。

（4）在买家询问商品发出状况时，不要立刻去询问供应商，这是你自己的工作任务，因为供应商发货后会填写支付宝信息，也会给你快递公司的查单地址，自己去查比询问供应商要快得多，不要让买家因为你的懒惰总是等待。

（5）注意填写所在城市，如果只做一个商家的代理商，索性就把自己店铺所在地修改成为供应商发货的城市。在网络销售中你在什么城市无关紧要，重要的是让顾客知道商品从哪里发出的。

（6）因为代销比较消耗时间，同时会有相当大的工作量，因此，代销者要有良好的沟通能力并通情达理，要远离批评、指责、抱怨，要客观处事，积极做人。

（7）虽然是代销商品，但是不要让买家知道你是代销商。首先要调整自己的心态，在销售的时候要自信地树立自己的品牌，把自己的供应商当成自己的仓库管理员。

7.2.4 写出优质、美观又有吸引力的招募书

一份优秀的招募书必须有店铺名称、品牌、自身优势、供销商申请条件、供销商激励政策、折扣措施、支持政策、售后服务、产品优势、联系方式，在这些条件都具备后再进行招募书的美化工作，例如选择同色系，排版规整，字体统一并有意识地突出重点，适当插入图片，让整个招募书图文并茂，如图 7-6 所示。

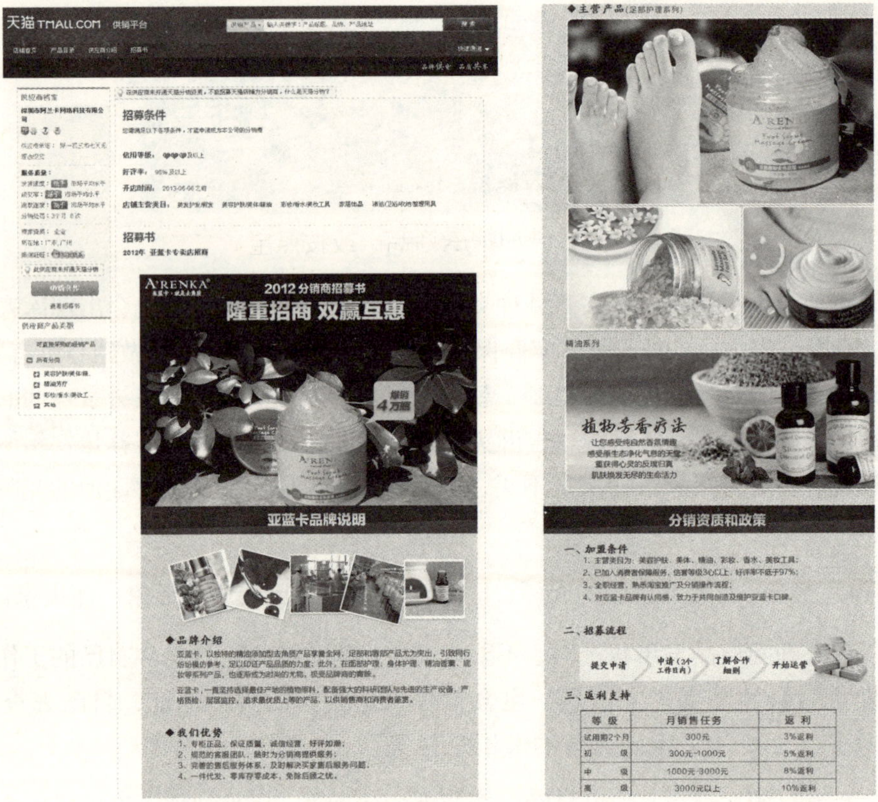

图 7-6 供应商的招募书

这个供应商的招募书很长，首先要侧重强调品牌介绍、品牌优势和主营产品；接着说明申请成为供销商的条件；最后介绍返利支持提高供销商的积极性。整张招募书风格独特，制作精美，提纲挈领，也体现了企业的实力和对供销的关注度。

7.3　淘宝直通车推广，让店铺销量大增打造爆款

淘宝直通车是网店推广的得力助手。淘宝直通车具有广告位极佳、广告针对性强和按效果付费三大优势。

7.3.1　什么是淘宝直通车

淘宝直通车推广在给宝贝带来曝光量的同时，精准的搜索匹配也给宝贝带来了精准的潜在买家。淘宝直通车推广用一个点击让买家进入你的店铺，产生一次甚至多次的店铺内跳转流量，这种以点带面的关联效应可以降低店铺整体推广的成本，提高整店的关联营销效果。

淘宝直通车推广的原理是根据宝贝设置的关键词进行排名展示，按点击扣费，具体介绍如下。

（1）如果想推广某个宝贝，首先为该宝贝设置相应的关键词及宝贝标题。

（2）当买家在淘宝中通过输入关键词搜索商品，或按照宝贝分类进行搜索时，直通车就会以图文并茂的形式展现你推广中的宝贝。

（3）如果买家通过关键词或宝贝分类搜索后，在直通车推广位置点击你的宝贝，系统就会根据你设置的关键词或类目的出价来扣费。

7.3.2　直通车广告展示位置

那么直通车商品具体展示在哪里呢？也就是我们常说的广告图片或者信息会在哪里被买家看到呢？直通车一般展现在如下位置。

（1）当买家在淘宝中输入你设置的关键词搜索产品时，就会在结果页面右侧的“掌柜热卖”一栏看到展示广告。如图 7-7 所示为搜索页面右侧的直通车展示位。

（2）不但在搜索结果页面的右侧有广告展示，在搜索结果页面的下端也会出现 5 个广告位，如图 7-8 所示为搜索结果页面下方的展示位。

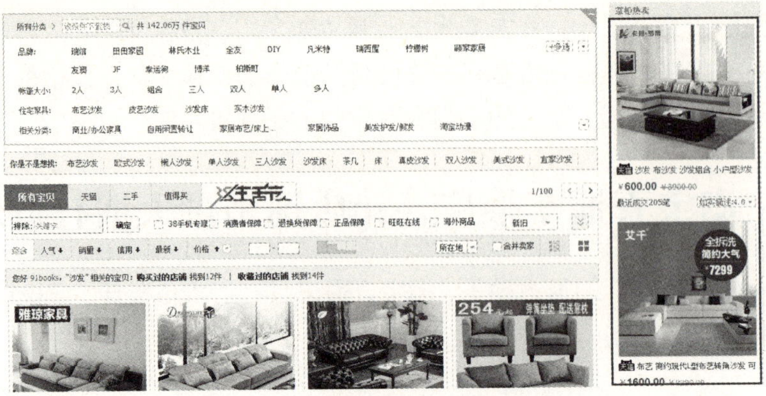

图 7-7　页面右侧的直通车展示位

图 7-8　搜索结果页面下方的展示位

（3）当买家不使用关键词搜索，而是直接进入“我要买”页面或者淘宝首页，单击宝贝类目中的子目录，例如“童鞋”，如图 7-9 所示，在搜索列表页面中，掌柜热卖的位置就是直通车的广告位，如图 7-10 所示。

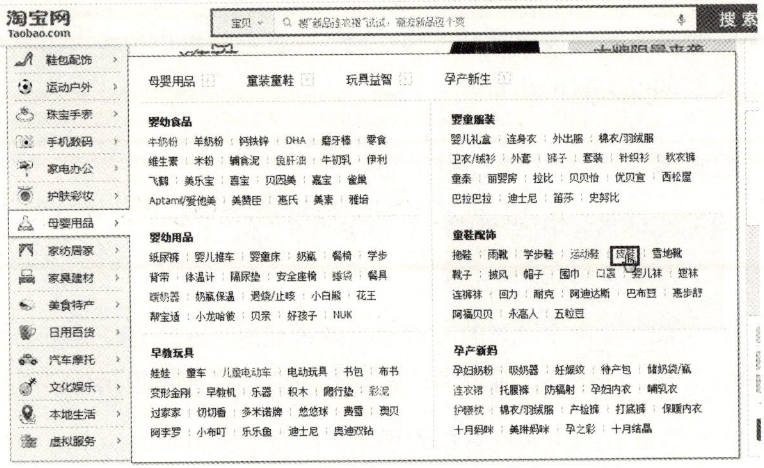

图 7-9　单击宝贝类目

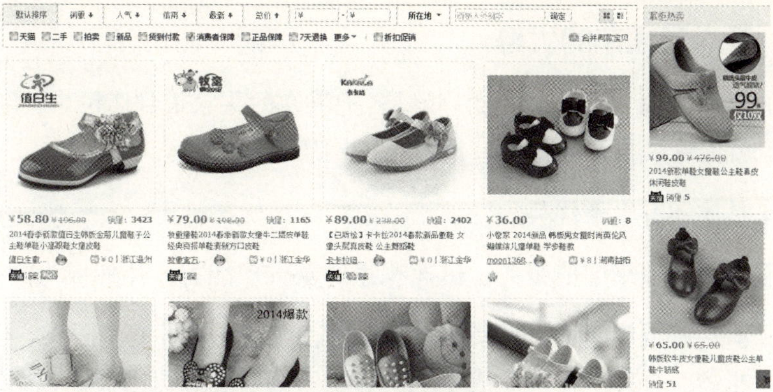

图 7-10　搜索列表的展示位

（4）天猫的直通车展示位在商城搜索结果页面最下方的“商家热卖”中，只要是天猫客户，并且已经加入淘宝直通车，就有可能在该位置展现，如图 7-11 所示。

图 7-11　商城搜索结果页面

7.3.3　直通车的计费方式

大家都知道直通车能够给店铺带来不小的流量，但是直通车是怎么计费的呢？

（1）当买家搜索你设置的关键词，你的宝贝出现在直通车的展示位时，买家单击你的宝贝才收费，不单击则不收费。

（2）你为关键词设置的价格，是你愿意为该关键词带来一个点击量付出的最高价格，当宝贝被单击时，扣费将小于或者等于你的出价。

（3）直通车没有任何服务费，第一次开户需要预存 500 元，这全部是你的广告费用，当开始做广告后，点击费用就从这里面扣除。

（4）卖家关键词的排名有高低之分，同一个关键词，出价高的在上面，依次类推，类似于百度的竞价推广，因此，新手需要学习关键词设置技巧，以及成本控制方法。

7.3.4 开通直通车的优势

用最简单的话总结淘宝直通车的优势就是：把潜在的买家带到店铺中，给店铺带来流量，有了流量，店家就能施展自己的优势，给自己的网店带来订单。

淘宝直通车具体还有以下优势。

（1）超值服务——独享增值服务，迅速积累经营推广能力，让你成为网络销售高手。

（2）超省成本——免费展示，买家点击才付费，自由设置日消费限额、投放时间、投放地域，有效控制花销，合理掌控推广成本。具有强大的防恶意点击技术，系统 24 小时不间断运行，保证点击真实有效。

（3）超准推荐——被直通车推广的宝贝，买家主动搜索时，只要想来淘宝买这种宝贝的人就能看到，在最优位置展示你的宝贝，只给想买的人看。

（4）直通车能给整个店铺带来人气，虽然你推广的是单个宝贝，但很多买家都会进入店铺里去看，一个点击带来的可能是几个商品的成交，这是直通车推广的最大优势。

（5）可以参加更多的淘宝促销活动，参加后会有不定期的直通车用户专享促销活动。

（6）免费参加直通车培训，并且有优秀直通车小二指点你优化推广方案，迅速掌握直通车推广技巧。

7.3.5 直通车优化让你轻轻松松“开车”，快快乐乐赚钱

开直通车就仿佛开跑车一样，只要把握好方向盘，那么越快越好，但是也要考虑怎样才能省油，否则会花费很多油钱。但很多卖家却在使用直通车时不得要领，花了很多费用推广，效果却并不理想。

1. 挑选合适的商品推广

参加直通车推广首先要选好一个商品，这是所有推广的第一步。因为参加直通车推广的目的就是让你的商品有更多曝光机会，获得买家认可，顺利地将宝贝卖出去，从而有更多的成交量。

选出来做推广的商品，一定要有突出、清晰有力的卖点，能让买家在最短的时间内注意到你的商品。卖点可以是性价比高（例如价格有优势、有促销活动等）、产品功能强（例如产品本身功效好、漂亮等）、品质好（例如是行货、正品等）。

买家搜寻、浏览商品的速度非常快，看广告的时间就更短了。如果你的商品图片不清晰、广告标题不简练、卖点不明确，买家在匆匆浏览之后，就不愿意关注你的商品了。

你很可能因此错过一个大买家，也可能因此招来大量无效点击从而浪费钱。所以，好广告的基本要求就是让买家即使眼睛一扫而过，也能在最短时间内明白：你在卖什么，商品的卖点是什么。

2．如何提高类目出价质量得分

提高淘宝类目出价质量得分是既能少花钱又能多办事的最好办法。淘宝类目的质量得分是淘宝直通车系统给的，按照淘宝官方说法主要按以下几点作为评分标准。

（1）商品所属类目：很多卖家对自身商品的定位很模糊，容易将商品的类目发布错误，这时，关键词的质量得分会很低，所以首先要检查自己的商品类目有没有发布错误。

（2）商品属性：商品和商品属性是否对应，也是一个质量得分的判断因素。为了提高质量得分，建议严格遵守淘宝网的商品发布规则，正确并且完整填写商品属性。

（3）商品标题：根据关键词点击情况，优化商品标题，让点击率高、展现量大、转化好的关键词出现在标题中，即优化标题的组合。

（4）商品详情页：图片好、有优惠、性价比高、详情页设计清晰的商品质量得分才会高。

（5）其他相关因素：除了关键词相关性、类目相关性、属性相关性之外还有一些影响质量得分的因素，例如图片质量、是否参加消费者保障服务、是否存在某些严重违规行为、是否被处罚等。

类目的质量得分是由类目属性与商品本身信息的相关性，以及商品在淘宝上推广时买家的点击反馈，例如成交转化率、收藏量和点击量等因素来决定的。类目的质量得分偏低可能与商品的买家点击反馈偏低有关，建议对商品推广图片和推广标题等进行优化。

3．如何正确选取关键词

关键词是淘宝买家的搜索词，当买家搜索该关键词时，被推广的商品将展现在淘宝直通车推广位置上。既然关键词这么重要，那么怎么选择关键词呢？有哪些选择方法呢？

（1）可以将淘宝直通车提供的匹配关键词作为自己的关键词，如图7-12所示。

商品匹配关键词的推荐：系统根据商品相关性信息提取的关键词推荐。

相关词查询：在搜索框中输入任意词，查询本词及相关词的流量等情况。

其他商品使用的关键词：当前账户中其他商品使用的关键词。

（2）可以使用宝贝标题中的关键词，如图 7-13 所示。

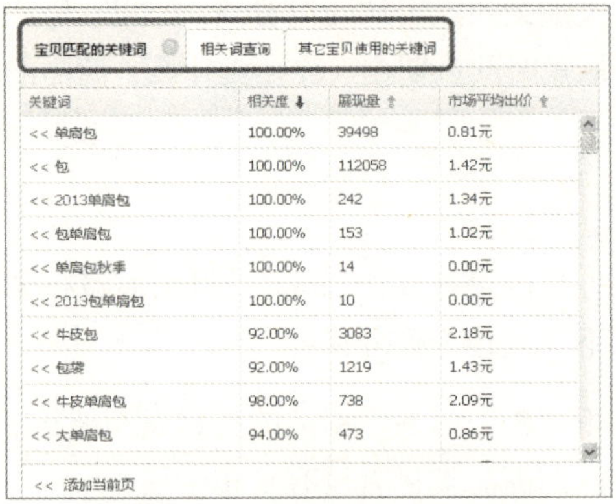

关键词	相关度	展现量	市场平均出价
<< 单肩包	100.00%	39498	0.81元
<< 包	100.00%	112058	1.42元
<< 2013单肩包	100.00%	242	1.34元
<< 包单肩包	100.00%	153	1.02元
<< 单肩包秋季	100.00%	14	0.00元
<< 2013包单肩包	100.00%	10	0.00元
<< 牛皮包	92.00%	3083	2.18元
<< 包袋	92.00%	1219	1.43元
<< 牛皮单肩包	98.00%	738	2.09元
<< 大单肩包	94.00%	473	0.86元

图 7-12　淘宝直通车提供的关键词

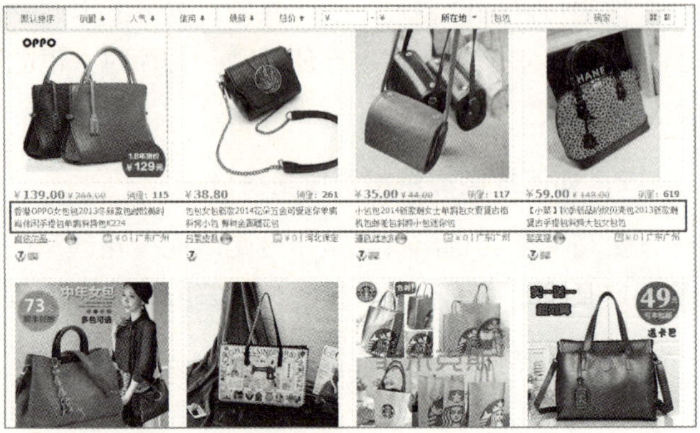

图 7-13　使用宝贝标题中的关键词

（3）使用宝贝详情里的属性词，如图 7-14 所示。

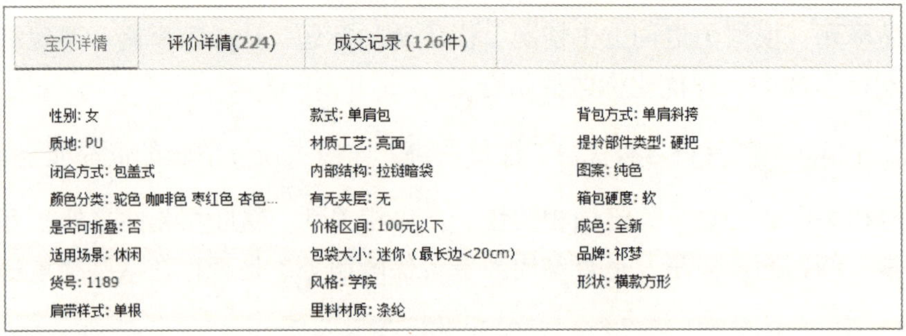

性别: 女	款式: 单肩包	背包方式: 单肩斜挎
质地: PU	材质工艺: 亮面	提拎部件类型: 硬把
闭合方式: 包盖式	内部结构: 拉链暗袋	图案: 纯色
颜色分类: 驼色 咖啡色 枣红色 杏色…	有无夹层: 无	箱包硬度: 软
是否可折叠: 否	价格区间: 100元以下	成色: 全新
适用场景: 休闲	包袋大小: 迷你（最长边<20cm）	品牌: 祁梦
货号: 1189	风格: 学院	形状: 横款方形
肩带样式: 单根	里料材质: 涤纶	

图 7-14　宝贝详情里的属性词

（4）使用淘宝首页搜索下拉框中的关键词，如图 7-15 所示。

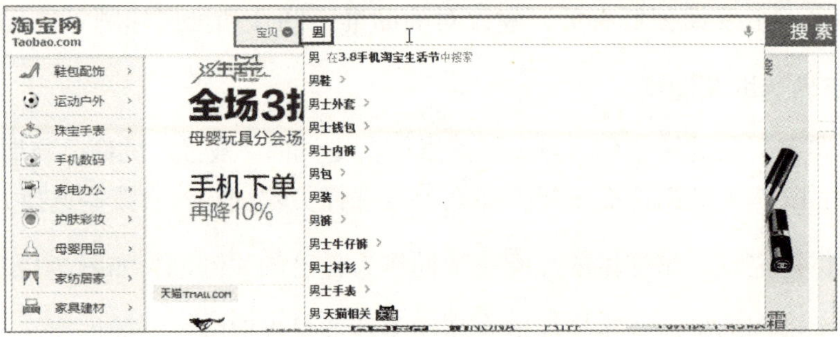

图 7-15　搜索下拉框中的关键词

（5）使用搜索结果页面中的“你是不是想找”，以及更多筛选条件中的关键词，如图 7-16 所示。

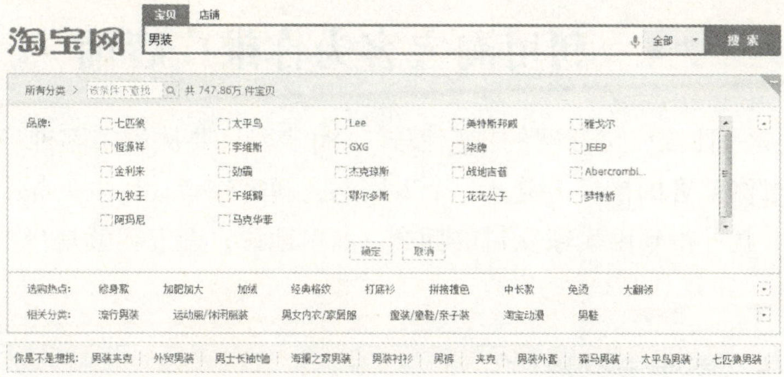

图 7-16　更多筛选条件中的关键词

（6）使用“类目词”中的关键词，如图 7-17 所示。

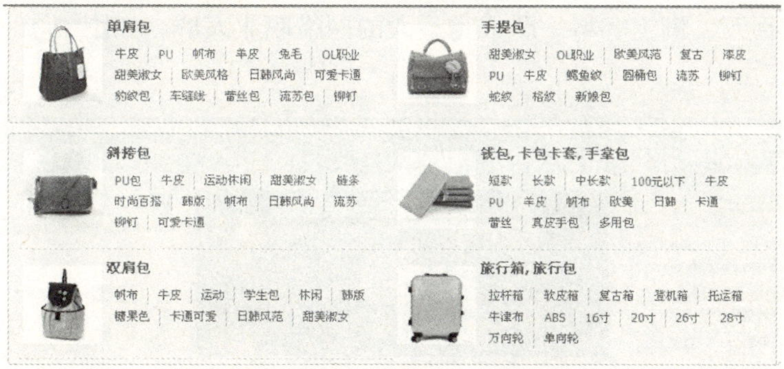

图 7-17　“类目词”中的关键词

4．如何最大化推广效果

要将推广效果最大化，需要建立一个专门的表格来跟踪各个产品、各个关键词、各个位置的表现，取得各个位置的点击率和展现的第一手数据，这样才具备“少花钱，多做事”的基础，如果我们连某个位置的详细情况都不了解，要想提高点击率，节约成本更是无从谈起。

应该对关键词与相对应的产品进行匹配，对哪个词是哪个产品的核心关键词进行初步的排位分工。有了这些基础后，按交叉占位的方式，进行出价，一定要避免同一个关键词自己的两个产品去竞争相邻两个位置，白白浪费自己的推广费。除了第一和第二的位置外，笔者个人觉得第十和第十一位是最好的位置，理由是：如果一旦客户需要翻页，当他去寻找“下一页”按钮的时候，这个区域最显眼的就是与“下一页”按钮相邻的第十和第十一位的广告。如果图片处理得很好，肯定能把顾客的眼光吸引过来。

7.4　利用淘宝客为你推广店铺

淘宝客推广是一种按成交计费的推广模式，淘宝客只要从淘宝客推广专区获取商品代码，任何买家经过淘宝客的推广（链接、个人网站，博客或者社区发的帖子）进入淘宝卖家店铺完成购买后，就可得到由卖家支付的佣金。简单地说，淘宝客就是指帮助卖家推广商品并获取佣金的人。

7.4.1　什么是淘宝客推广

自大淘宝战略实施后，原淘宝客推广平台与淘宝交易平台进一步整合。淘宝客目前已经逐渐融入人们的生活中，任何网民都可以帮助淘宝掌柜销售商品，从中赚取佣金。网上的“营销大军”已超过百万，淘宝客将一跃成为最大的网络职业人群，如图 7-18 所示为淘宝联盟下的淘宝客推广。

图 7-18　淘宝联盟下的淘宝客推广

帮助淘宝卖家推广商品并按照成交效果获得佣金的人就是淘宝客。买家通过支付宝交易并确认收货时，系统会自动将应付的佣金从卖家收入中扣除并记入淘宝客的预期收入账户。

简单地说，就是你申请自己的网店做淘宝客推广后，在淘宝客推广专区就会有你的推广商品的代码。一些流量高的网店或独立网站就会把你的推广商品的代码做成广告放在自己的网店或网站上，如果有人通过这些广告进入你的店铺并且成功购买了你的商品，那么你就要支付设定的佣金给这些给你带来订单的人。

7.4.2　淘宝客推广的优势

淘宝客由于信用好，产品丰富，客户信任度高等特点大受新手卖家们的追捧。淘宝客推广的优势在哪里呢?

（1）最小成本：展示、点击、推广全都免费，只在成交后支付佣金，并能随时调整佣金比例，灵活控制支出成本。

（2）最大资源：拥有互联网上更多流量、更多人群帮助你推广售卖商品，让你的买家无处不在。

（3）海量与精准的完美结合：数百万活跃的推广者深入互联网各个领域。

（4）无与伦比的投资回报比：淘宝客推广总体平均投资回报比约为 1:15。

（5）按成交付费：不成交不用花钱，但店铺及产品获得了更多免费被推荐的机会。

（6）走可持续发展的道路，建立基于淘宝客的网络销售队伍而不是临时的广告。

7.4.3　如何吸引更多的淘宝客来推广你的商品

淘宝客是一种可以先看到效果再付钱的形式。不过优质的淘宝客却不是那么好寻找的，因为他们需要的是能给他带来更多收入、更好分成的淘宝卖家。做淘宝客的人有成千上万，只要你的产品质量好，佣金比率设置得相对比较高，自然而然会有很多淘宝客会为你的产品宣传推广。下面是吸引淘宝客来推广你的商品的方法。

1．设置合理的佣金

淘宝客推广最低佣金比率是 1.5%，一般佣金比率设置在 10%以内的产品被淘宝客推广的不多。淘宝客还要支付阿里妈妈技术运用费，太低的话基本没人给你推广。合理的佣金比率为 10%～40%，这样才能吸引更多的淘宝客。

2．挑选优秀的商品

商品具有良好的销售记录绝对是有效推广的有力保证之一。淘宝客推广绝对不应该成为为卖家销售滞销品的手段，只有诱人的销售记录，才能带给淘宝客和买家信心。

3．设置优秀的标题、简介

要突出你希望传达给买家的商品卖点。例如这件商品正在搞促销，或者有赠品，最好能在标题和简介里面明确体现出来，这样能在第一时间吸引淘宝客的目光。

4．额外奖励刺激

如果希望有更多的优秀淘宝客帮助你推广商品，还可以在支付佣金之外，对淘宝客设置推广激励计划。

5．店铺的转化率很关键

店铺的转化率也很关键，当你的佣金设置得很有吸引力，店铺的转化率也还可以，淘宝客才会卖力推广。他们的收入越多，店铺的销售情况就越好，这是一个良性循环。

6．搞一些活动，吸引淘宝客的眼球

可以举行一些活动，比如本月推广成绩在前三名的淘宝客，奖励××元，以此来吸引淘宝客。当然发奖金的时候不要忘了炒作一下，写一个帖子宣传一下自己的店铺。

7．设计美观的图片

为了避免淘宝客拿你的图片给他人的店铺做推广，要在图片中明显的位置写上店铺的地址、电话联络方式等。

8．注重商品描述

在互联网中，人与人不能面对面地交流，商品描述和图片都是用来解释你这个商品的，所以要十分注重。淘宝客推广中销售最火爆的商品，都可以用顾客的好评、交易记录等来阐明该产品的好。有的店家信誉高、货源也充足，但是没有详细的商品描述、照片也很模糊，淘宝客一般不喜欢这样的商品，即使佣金再高也不会推广。

9．硬广告加软广告的宣传

在硬广告中写上招募淘宝客的信息，然后放在显眼的广告位上。也可以写软文推广，写文章时要花一点心思，这样既经济又实惠。

10．店主本人投身到淘宝客的队伍中

也可以自己做淘宝客推广自己的店铺，原因很简单，你的产品只要时不时地有人推广，才会有更多的人愿意来推广你的产品。

11．店铺信誉问题

淘宝客很看重卖家的信誉度。信誉度高的卖家有实力，有充足的货源，这让淘宝客有安全感。

7.5　聚划算引发团购狂潮

聚划算是阿里巴巴集团旗下的团购网站，淘宝聚划算是淘宝网的二级域名。该二级域名正式启用时间是在 2010 年 9 月。聚划算依托淘宝网巨大的消费群体，2013 年全年支付宝交易额突破 354 亿元。在这一年里，有 5000 多万人在聚划算抢购服装、电器、生鲜食品等，单日成交峰值突破 55.58 亿元。

7.5.1　聚划算的定义

在聚划算中，每天有数千万消费者发起品质团购，涵盖在线商品到地域性生活服务，聚划算已经成为互联网消费者首选团购平台，是国内比较大的团购网站。

依托广大的商家和买家，聚划算一经推出就受到了很多人的关注，淘宝卖家把它当作推广网店、打造人气商品的好平台；而买家在这里花很少的钱就能淘到自己中意的商品，聚划算实现了卖家和买家的双赢。如图 7-19 所示为聚划算平台。

图 7-19　聚划算平台

聚划算带来的流量有一个相当明显的特征——IP 和流量保持平行性比较明显，这说明一个非常重要的问题：买家的购买注意力高度集中。因此，在聚划算宝贝描述里，做关联销售是十分重要的。如图 7-20 所示是聚划算的关联营销。

图 7-20　聚划算的关联营销

7.5.2　卖家参加聚划算有什么好处

淘宝网发展至今已经拥有大量的客户流量，越来越多访问淘宝网的人开始被聚划算吸引。团购网站成功的根本就是让更多的商家愿意让利并且把信息放到团购网站上面来，另外还要有足够多的用户能到这个团购网站上订购。这样一来，用户才能在网站上有更多实惠的选择，而厂商也能薄利多销。

1．提升流量和销量，短时间内打造爆款

一旦你的商品出现在聚划算页面上，巨大的浏览量就已经出现了。在开团的那一刻销售速度是非常快的，因为聚划算的老手买家都会提前浏览商品，然后咨询卖家来确定是否购买。也就是说，开团后的 1 个小时是最疯狂的时刻，也许不到 10 分钟 5000 件团购商品就会被一抢而光。

因此参加聚划算能迅速提高店铺流量，使店铺快速曝光，单品销售量比没有参加聚划算

时要高出几倍至上千倍。如图 7-21 所示，参加聚划算的商品单件销售达 11584 件。参加聚划算一般都能让商家的商品加入爆款的行列。

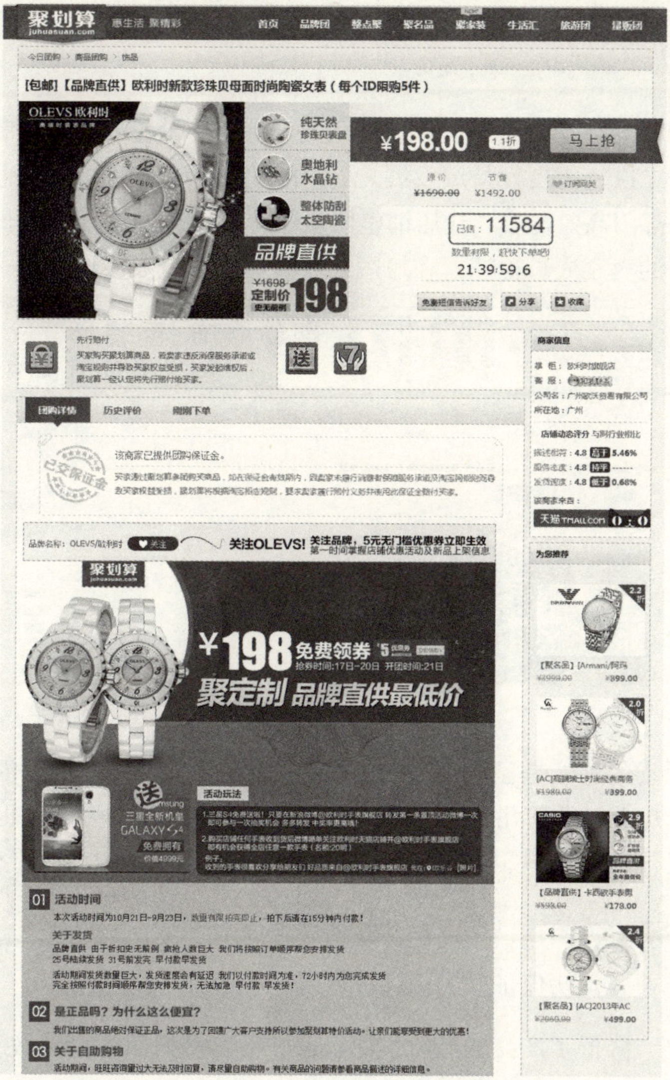

图 7-21　参加聚划算的商品单件销售达 11584 件

2．巨大的品牌曝光

团购对于买家来说带来了很大的好处：一是团购价格低于产品市场最低零售价，二是产品的质量和服务有保障。因此聚划算吸引了几十万名买家，同时店铺品牌和产品品牌被超大曝光。很多卖家参与聚划算的主要目的是为了在短时间内迅速增加店铺的流量和曝光度，而不是依靠团购单品赚钱。因此参加聚划算的单品定价非常低，甚至亏本销售。买家在参加聚划算团购的注意力会更为高度集中，不只会看商品的品质，更多的是看该商家的品牌是否值得信赖。

3．快速成长

聚划算一天的活动将带给卖家上万流量和上千件单品销量，为店铺带来超强人气，关联销售和后续口碑及二次销售良性持续发展。火爆的咨询量和成交量对店铺运营能力是一个巨大的考验，需要各部门高效配合，让店铺整体运作得到很大的提升和成长，如图 7-22 所示，参加了多次聚划算的卖家成长迅速，在短短几年间达到双金冠级别。

图 7-22 快速成长

参加聚划算活动的好处是显而易见的，单品可以在几分钟或几小时内创造几千件的销售量，一天可以创造几十万元到几百万元的支付宝成交额。但是很多店铺也通过聚划算活动暴露了一些弱点，具体介绍如下。

（1）服务跟不上，买家咨询量大，旺旺无回应。

（2）发货跟不上，无法保证 7 天内完成发货。

（3）只顾赢利，降低了产品的品质，把自己好不容易积累的口碑做差了。

（4）售后服务未能跟上，造成退款率及投诉率上升。

4．组合营销

通过聚划算每天进店的客流量有时能达到几十万，如何利用和放大这些资源，是每个卖家需要考虑的。通过聚划算这个平台，可以激活店内的各项活动。通过聚划算带来的巨大流量会带动店内其他商品的销售。店铺可以结合店内促销、抽奖或其他事件共同营销，带动消费者的二次消费。比较常见的组合营销有满 100 元免运费或送小礼品，同时购买两件免运费或送小礼品等，如图 7-23 所示为店铺的组合营销。

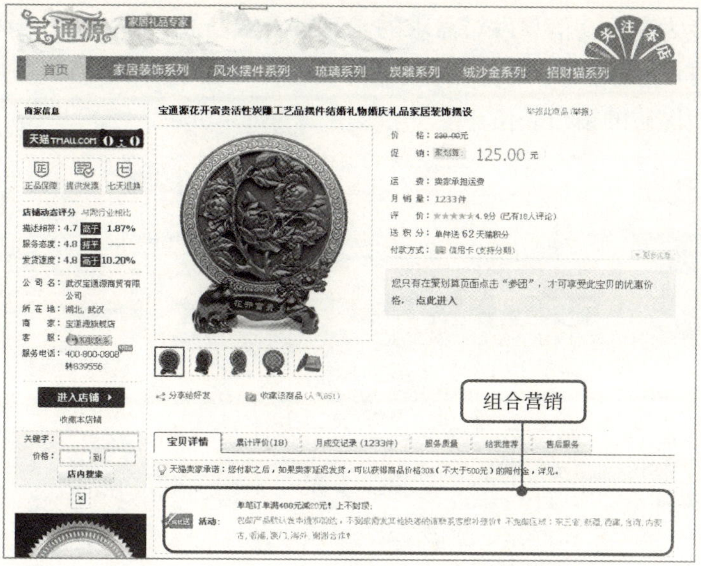

图 7-23　店铺的组合营销

5. 招揽回头顾客

聚划算是一种很好的推广方式，通过超高的商品性价比让买家体会到购买你的产品真的很划算。另外要从产品介绍到产品质量、客服态度、发货速度等一系列步骤给予买家以优秀的购物体验，让买家真正了解你的产品，成为回头客。

聚划算从某种意义上说更像是一种广告媒介，卖家通过聚划算集聚人气，在短时间内增加流量。一次成功的聚划算活动远远不止带来一次流量，卖家更看重的是买家后续的关注及二次消费。

7.6　钻石展位优质展位，展示流量滚滚来

钻石展位对于店铺的成长帮助非常大，可以通过这个工具让更多买家看到我们的店铺，让更多买家进入我们的店铺，让更多的人知道我们这个品牌。

7.6.1　什么是钻石展位

钻石展位提供了丰富全面的统计数据，让卖家对每一分钱投入都清清楚楚。同时，钻石

展位还提供广告优化服务，无论是广告投放设置还是后续行为，钻石展位都会对此进行监测和分析，让卖家了解如何优化广告投放，最大限度地提升广告投放效果。

钻石展位是专为有更高信息发布需求的卖家量身定制的产品，精选了淘宝最优质的展示位置，通过竞价排序，按照展现计费，其性价比高，更适于店铺、品牌的推广。如图 7-24 所示为淘宝首页最优质的钻石展位。

图 7-24　钻石展位

钻石展位具有如下优势。

（1）范围广：覆盖全国 80%的网上购物人群，每天有超过 15 亿次的展现机会。

（2）超绚丽的展现：展现形式更绚丽。钻石展位不仅支持图片格式，更支持 Gif、Flash 等动态格式。可以把自己的展示图片做得非常漂亮，同时钻石展位的尺寸都比较大，冲击力强，可以在最大程度上吸引买家进入我们的店铺，如图 7-25 所示。

图 7-25　绚丽的钻石展位

（3）超优产出：按照展示次数收费，不展现不收费，自由组合信息发布的时间、位置、费用等。统计报告和效果优化服务让你的每一分钱投入都明明白白。

（4）定向准：目标定向性强，可定向 13 类主流购物人群，直接生成订单。

（5）实时竞价，投放计划随时调整，并实时生效参与竞价。

7.6.2　钻石展位推广什么

很多卖家认为钻石展位是大卖家的天下。其实不然，只要使用好，钻石展位对于任何级别的卖家都有效果，并且非常明显。

钻石展位不仅适合发布商品信息，更适合发布店铺促销活动、店铺品牌的推广，可以为店铺带来充裕的流量，同时增加买家对店铺的好感，增强买家黏度。

（1）推广商品

如果主推的是商品，一定要把商品做到最好，因为钻石展位是按照流量付费的，广告是否成功，很大程度上用点击率来衡量。商品有绝对的优势和吸引力，才能吸引买家点击，商品没有优势，点击率少或没有点击，这个广告就是失败的。如图 7-26 所示是商品推广的一个经典案例，此图片是动态的，吸引了很多人点击。

图 7-26　推广商品

（2）推广店铺

成功的钻石展位推广往往能引爆店铺的销量，但前提是先把店铺装修好，各种促销活动要吸引人，才能把引进的流量转化成成交量。如图 7-27 所示是店铺推广的一个典型案例。

图 7-27　店铺推广

（3）推广促销活动

促销活动很容易抓住买家的眼球，尤其是一些优惠力度很大的活动，在钻石展位推广促销活动也可以带来很大的流量，如图 7-28 所示。

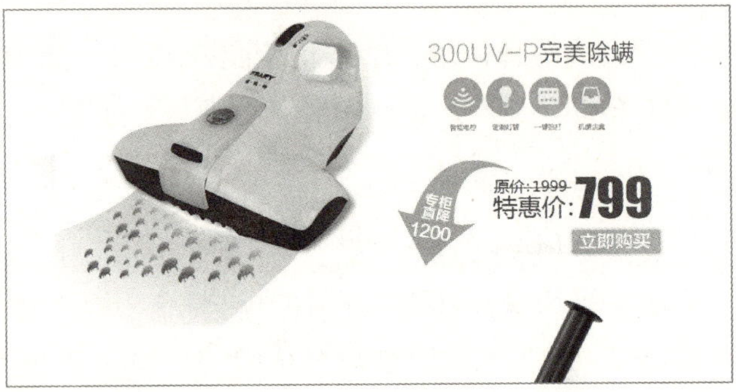

图 7-28　推广促销活动

7.6.3　准备好素材是关键

钻石展位一般是大中型卖家在淘宝首页或各个特卖频道购买的相应广告位，费用相对比较高，因此卖家一般很重视钻石展位的图片质量。对于普通卖家来说经验很重要，做钻石展位碰到最难的问题就是准备素材，也就是准备广告图片。

钻石展位的图片很重要，图片一定要吸引眼球，如果你的图片不能吸引买家点击，你的展示机会再多也没有用，这样只会浪费更多的钱财。另外做活动的素材一定要突出卖点，牢牢抓住客户心理，做到相得益彰。

以全店铺促销活动为主题，配合店铺几款热销的商品，这类图片通常是根据图片的长度来决定添加几个商品图片，如图 7-29 所示。

图 7-29　钻石展位素材

其实不管做什么样的宣传图片，无论大到海报还是小到广告图，它们包含的元素大部分是一样的，一般包括店铺名称、商品图片、促销主题、辅助信息，有的还有人物图片，只是侧重的元素略有不同。

那么怎样才能准备好图片素材呢？

（1）店铺品牌或名称需要展示

一般卖家在店铺壮大到一定程度时，会更注重店铺名称或店铺品牌，所以店铺品牌或名称这个元素是一定要放上去的。

（2）人物宜用表情夸张的漂亮人物图

爱美之心，人皆有之，人物素材图宜选用漂亮的人物图片。最好的人物素材图，就是表情夸张的漂亮人像图，这类图做广告图是最好不过的了，容易吸引人的目光。但是一定要注意不要用名模或明星的图片作为素材，这样会侵权。

（3）重点主题突出

钻石展位的最核心问题就是颜色的使用，因为钻石展位图尺寸比较小，如果颜色不够突出，其他方面做得再好也是白搭。黄橙色比较适合做文字背景，但文字颜色一定要选择黑色或其他深色。

钻石展位图上的文字需要足够吸引人，越新颖越好。一定要用粗体，可以使用特殊文字效果。

（4）商品图片要清晰

在一张小小钻石展位图里，商品图片是不可能展示细节的，建议挑选能让大家看得清是什么商品的图片，模模糊糊的图片是不行的。

（5）辅助信息

辅助信息是可有可无的元素，是为了让整幅图看起来更加和谐而用到的。文字或者小图片都可以作为辅助信息。

7.6.4　竞价技巧

淘宝的钻石展位是以浏览量计费的，如果设置不好，就会花钱如流水。出价是有讲究的，出价高肯定会被推广，但不是最划算的。要找到一个最划算的价格。首先要明白，你的出价购买的是千次展现量，不管是花10元排在第一，还是花2元排在最后，只要能展现出来，效果基本是相同的。下面是竞价的一些技巧。

（1）竞价一定要冷静

建议在开始竞价前先研究自己选中的广告位的特征，以及最近的出价数据，看准了，计算好了再出手，切忌不顾一切地去抢广告位。有时候一冲动，有可能不小心抢到了不合适自己商品的展位。

（2）科学出价

合适的出价，才可以在相同的预算下拿到最多的流量，获得最高的点击量。当然，有些卖家是挑时间段的，比如一定要在下午 19:00—21:00 投放广告，一个比较短的时间段内的流量是有限的，那么取得优先权就很必要。

（3）快速竞价

每天在 15:00 之前的几分钟是竞价最激烈的时候，很多卖家往往在前几秒出价或加价，所以，创建了投放计划后，可以利用创建快速竞价迅速抢位。

（4）什么时间最好

投放广告的时间的选择也很重要，在非高峰时间段和你竞争的人就少，价格也相对低一些。当然，这个时间你最好在线，如果客户来了，没人接待，就可能丧失卖出商品的机会。选择在白天还是晚上展示？不同时段流量也不一样，购物高峰期流量相当大，那些排在前面的展示预算可能很快就用完了，就会轮到后面出价比较低的卖家展示，因此这里有一个小技巧：我们做预算的时候可以选择流量比较大的时间段，在这段时间内出价可以相对比较低，但是预算要足，这样我们才能既出价比较低，又能买到大流量。有些卖家只求出价低，但是买不到流量，或者展示了没几分钟下来了，这样就失去了钻石展位的意义了。

第8章 在淘宝站外推广的技巧

开店指导

淘宝站内流量有限，竞争激烈，一块蛋糕被越来越多的人分，每个人实际分到的又能有多少呢?各种淘宝活动和付费流量对于新手卖家来说都是奢求。那么新手卖家是不是就无法在淘宝生存了呢?与其我们在淘宝站内拼命竞争流量，不如换一种思路，既然站内流量不是很充足，那么是否可以从站外引流量呢?要做网店推广，除了可以在淘宝进行免费和付费推广外，还可以在淘宝站外进行推广。本章就来介绍在淘宝站外进行推广的各种方法。

8.1 利用搜索引擎宣传

随着行业的不断发展，搜索引擎成为互联网中不可缺少的一部分。在中国，百度成为搜索引擎中的“王牌”，人们利用它来寻求新鲜的事物，解决难题。据统计，每天有几亿次的精准检索请求，可见搜索引擎已经成为用户搜索目标最为便捷的工具，而搜索引擎的价值我们更是再熟悉不过了。

8.1.1 将网店提交到各大搜索引擎

在网上开店，如何使自己的店铺让别人知道，成为开店成功与否的关键。登录搜索引擎的目的就是为了更有效地进行网店推广。到百度、谷歌、雅虎等一些大的搜索引擎网站去登录一下，会给你带来意想不到的效果。如图 8-1 所示为百度搜索引擎登录页面。

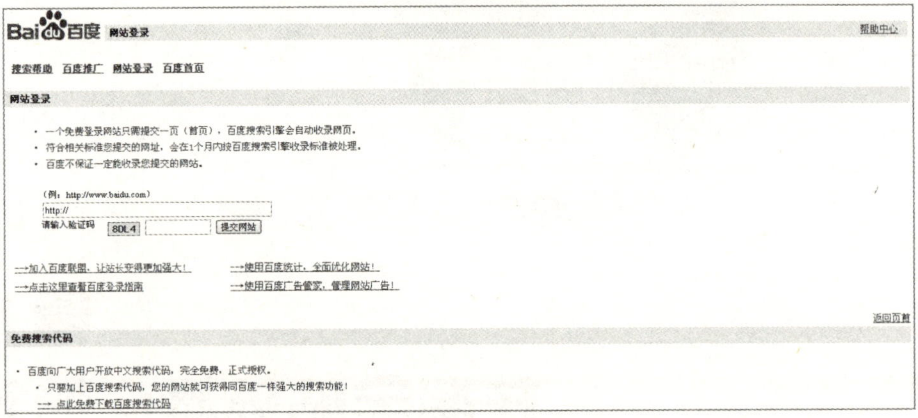
Bai百度 网站登录
帮助中心
搜索帮助 百度推广 网站登录 百度首页
网站登录
一个免费登录网站只需提交一页（首页），百度搜索引擎会自动收录网页。
符合相关标准您提交的网址，会在1个月内按百度搜索引擎收录标准被处理。
百度不保证一定能收录您提交的网站。
（例：http://www.baidu.com）
http://
请输入验证码
8DL4
提交网站
→加入百度联盟，让站长变得更加强大！
→使用百度统计，全面优化网站！
→点击这里查看百度登录指南
→使用百度广告管家，管理网站广告！
返回页首
免费搜索代码
百度向广大用户开放中文搜索代码，完全免费，正式授权。
只要加上百度搜索代码，您的网站就可获得同百度一样强大的搜索功能！
→ 点此免费下载百度搜索代码

图 8-1　百度搜索引擎登录页面

可以把自己的网店提交给各个搜索引擎，这样在各个搜索引擎就能找到你的店铺，虽然不是每个搜索引擎都能通过，但是总是会有几个通过的。

提交的方法很简单：首先在浏览器打开每个网站的登录口，然后把你的网址输入进去就行了。

百度搜索网站登录口：http://www.baidu.com/search/url_submit.html

Google 网站登录口：http://www.google.cn/intl/zh-CN_cn/add_url.html

网易有道搜索引擎登录口：http://tellbot.youdao.com/report

英文雅虎登录口：http://search.yahoo.com/info/submit.html

8.1.2 如何让搜索引擎快速收录自己的网店

做过网上销售的人都知道，从搜索引擎来的流量是很有价值的流量，因为主动搜索的用户的目的很明确，需求也较强烈，因此成交率很高。作为一个普通的网店经营者，通过一些简单有效的手段让搜索引擎快速把我们的网店和商品收录进去，对网店经营还是大有好处的。

怎样让网店被搜索引擎快速收录呢？首先搜索引擎必须知道有你这么一个网店，然后它才会访问你的页面，并把你的页面抓到数据库里，然后才有可能被访问者搜索到。那么怎么让搜索引擎知道网店的存在呢？可以采用主动向搜索引擎提交的办法。还有一种有效的做法是：在已经被搜索引擎收录的其他网站上发布你的网店链接，让搜索引擎通过链接来找到你的网店。你发布链接的页面重要性越高，搜索引擎对它的访问越频繁，你的网店就被收录得越快。那么，有哪些地方可以让你发布链接呢？推荐以下几个地方。

1．可以免费发布网店信息的网站，尤其是和你的网店有相关性的网站

搜索引擎认为首页是一个网站最重要的页面，也是它访问最频繁的页面。尤其是大网站的首页，一个链接顶得上内页的几十个链接。所以在网站首页是做链接的首选。其他类似的还有自助友情链接、交换友情链接、免费广告信息发布等。

2．论坛发帖

选择一些大论坛，例如支付宝社区、百度贴吧、淘宝社区、阿里妈妈社区等，在合适的板块发一些有价值的信息，同时注明你的店铺链接，这样对于搜索引擎的收录，同样有很大的价值。要注意不要发垃圾广告，因为容易招人反感并被删除，那工作就白费了。

3．网摘

网摘也是一个不错的推广办法。这里推荐和讯网，因为它们的 RSS 被很多网站引用，在这里发布一次可能就会把你的页面传播到很多地方。由于网摘的发布者非常多，因此你发布的内容也沉得非常快，需要隔一段时间就发一次。

4．博客

相信有不少读者都有自己的博客。在自己的博客上为网店做一个链接，甚至把自己的商品发布到博客上是不错的做法。选择一些知名度高的博客，理由很简单，因为他们的域名在搜索引擎中等级非常高，搜索引擎对它们的更新也更勤快。

8.1.3　搜索引擎优化与竞价排名

我们知道，在搜索引擎中检索信息都是通过输入关键词来实现的。因此关键词非常关键，它是整个网站登录过程中最基本也是最重要的一步，是进行网页优化的基础。如果关键字选择不当，可能你选择的关键字很少有人搜索，流量也不会大。关键字选错会影响整个网店的流量。选择关键字需要注意下面几点。

1．揣摩顾客心理

要仔细揣摩潜在顾客的心理，设想他们在查询信息时最可能使用的关键词，并一一将这

些关键词记录下来。不必担心列出的关键词会太多，相反你找到的关键词越多，覆盖面越大，也就越有可能从中选出最佳的关键词。

2. 选择有效的关键字

关键字是描述你的商品及服务的词语，选择适当的关键字是建立一个高访问量店铺的第一步。选择关键字的一个重要技巧是选择在搜索时那些常为人们所用到的关键字。

3. 选择相关的关键词

卖对商家来说，挑选的关键字必须与自己的商品或服务有关。不要听信那些靠毫不相干的热门关键词吸引更多访问量的宣传，那样做会浪费很多资金，而且毫无意义。

4. 关键词竞争程度要适中

想在短时间内见效，最好不要把竞争程度非常激烈的词语作为主关键词，这些关键词要想在搜索引擎中获得好的排名，是非常不容易的，并且你要有足够的时间和耐性。应该选择一些竞争程度适中的关键词，这些关键词不仅容易排名靠前，而且花费也不会很多。

5. 符合用户搜索习惯

关键字要符合用户的搜索习惯，不要把一些大家都不知道的词作为主关键字。也不要把你自以为用户都比较关注的词作为关键词，实际上，在没有分析和调查之前，最好不要这么做，也许用户根本就不会关注这些关键词。

8.2 利用即时聊天工具推广

推广不一定要轰轰烈烈大张旗鼓才会有效果，只要平时做到日积月累也会有不同凡响的效果。可以利用我们经常用的QQ、阿里旺旺、MSN这些聊天工具来推广网店。

8.2.1 通过QQ签名

在QQ个人设置中有一项个性签名设置，在这里可以根据自己的爱好、心情来设置自己与众不同的个性签名。当然也可以利用QQ签名添加自己的广告，例如添加自己的店铺名称。下面讲述用QQ签名推广店铺的方法，具体操作步骤如下。

① 登录QQ后，单击QQ头像或者右侧的下三角按钮，在弹出的菜单中选择“我的资料”选项，如图8-2所示。

② 在“资料”对话框中单击“编辑资料”按钮，如图8-3所示。

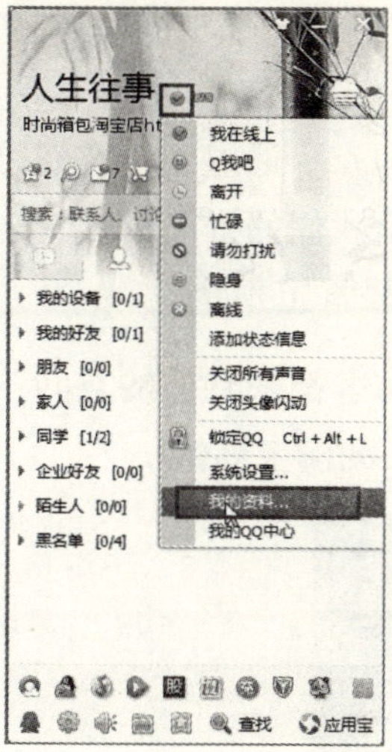

图 8-2　选择“我的资料”

图 8-3　设置个性签名

QQ 签名有一个非常强大的功能，推广店铺时最好保持在 80 字以内，把重点说清楚。第一要说明店铺的经营项目，第二要附上自己店铺的网址。

❸ 在个人签名里可以设置个人的资料信息，可以添加店铺的广告信息，如图 8-4 所示。

❹ 当好友与你聊天时，聊天窗口中 QQ 头像右边就是设置的 QQ 签名，如图 8-5 所示。这样就可以利用 QQ 签名推广自己的店铺了。

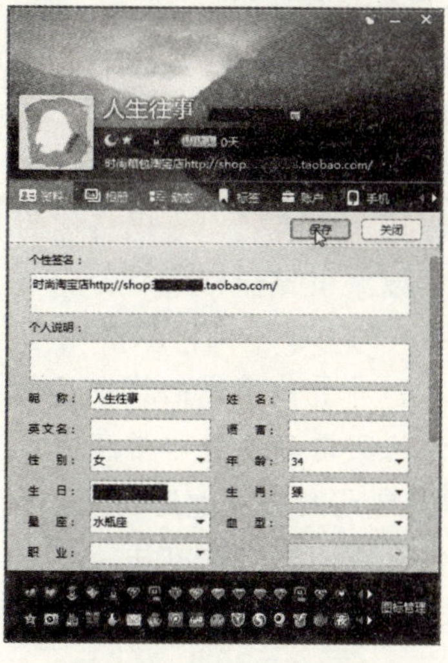

图 8-4　设置个性签名

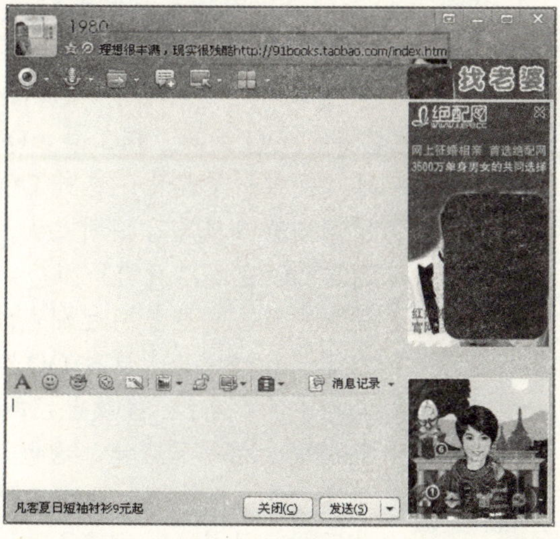

图 8-5　QQ 签名

8.2.2 QQ 空间推广

利用 QQ 空间进行营销推广效果还是很好的，特别是品牌的推广，通过 QQ 空间可以带来一些品牌效应。QQ 空间里面的日志是具备转载功能的，这就给我们的推广营销带来了机会。一篇带有推广信息的日志被一传十，十传百地传播，推广效果肯定不错。

利用 QQ 空间提高流量，就是去别人的空间不断留言，使访客都来到你的空间，并在 QQ 空间添加店铺的广告信息。如图 8-6 所示是利用 QQ 空间推广的淘宝店铺。

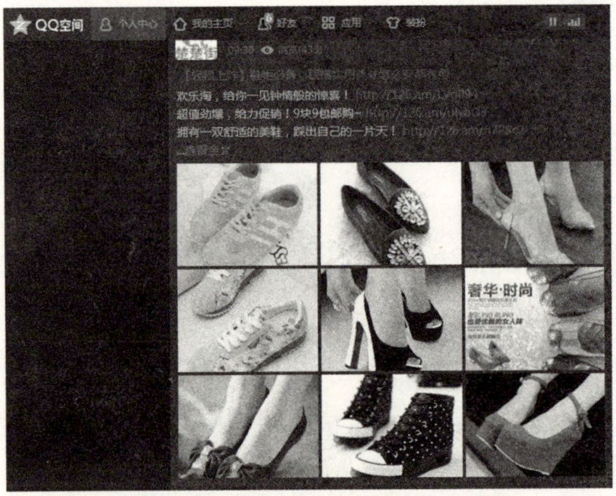
QQ空间
好友
应用
欢乐淘，给你一见钟情般的惊喜！
超值劲爆，给力促销！9块9包邮购~
拥有一双舒适的美鞋，踩出自己的一片天！
奢华·时尚

图 8-6 利用 QQ 空间推广店铺

QQ 空间推广的方式有很多种，下面介绍一些常用的方法。

- QQ 空间互踩：QQ 空间互踩是一种常见的 QQ 空间推广方式，在 QQ 群中搜索一下“互踩”，可以搜到大量的互踩群。另外还有如 QQ 空间互踩群、QQ 空间互踩工具、QQ 空间互踩网等方式。
- 通过搜索引擎优化：这种 QQ 空间推广方法非常有效，可以将你的 QQ 空间内容（日志、相册之类）列出，以便搜索引擎能够索引。
- 通过 QQ 空间本身进行推广：多去访问别人的 QQ 空间，尽量在自己的留言中留下一些能引起别人注意的内容，引导其他用户回访自己的 QQ 空间。经过试验，这种 QQ 空间推广方法的回访率还是非常高的。
- 论坛中的签名栏：修改自己的签名栏，加上自己的店铺地址和经营项目，简短地介绍一下店铺，这也是一种推广 QQ 空间很好的方法。
- 丰富 QQ 空间内容：不断丰富自己的 QQ 空间内容，特别是 QQ 空间中的照片，尽量让访问者下次再来。

8.3　邮件推广，也能让你流量上万

推广网店的方法很多，主要看怎么用，善于发现也是很重要的。电子邮件是我们平时比较常用的工具，但是要运用到推广上，可能有人就不会想到这里了。下面看一看怎样用邮件来推广店铺。

8.3.1　电子邮件推广

电子邮件推广以电子邮件为主要推广手段，常用方法包括电子刊物、会员通信、专业服务商的电子邮件广告等。基于用户许可的电子邮件营销与滥发邮件不同，如图 8-7 所示即为利用电子邮件推广的商品。

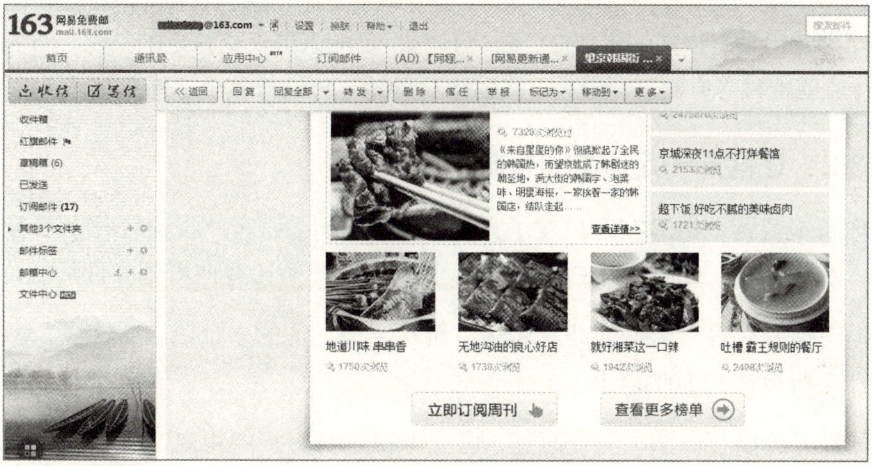

图 8-7　电子邮件推广店铺商品

参加电子邮件营销推广的优势有以下几点。

1. 即时性强

相比其他网络营销手法，电子邮件营销速度非常快。搜索引擎优化需要几个月甚至几年的努力，才能充分发挥效果。博客营销更是需要时间，以及大量的文章，而电子邮件营销只要有邮件数据库在手，在发送邮件后几小时之内就会看到效果，产生订单。

网络使商家可以立即与成千上万潜在的和现有的顾客取得联系。研究表明，绝大多数互联网用户在 24 小时内会对收到的电子邮件做出回复，而在直接邮寄邮件活动中，平均回复率不到 2%。

2. 响应率高

由于发送电子邮件的成本极低且具有即时性，因此相对于电话或邮寄，顾客更愿意响应电子邮件营销活动。相关调查报告显示，电子邮件的点击率比网络横幅广告和旗帜广告的点击率平均高约 5%～15%，电子邮件的转换率比网络横幅广告和旗帜广告的转换率平均高约 10%～30%。

3. 成本低

电子邮件营销之所以效果出众，甚至造成垃圾邮件横行，最重要的原因之一是成本十分低廉。由于营销活动无须印刷或邮寄费用，因此电子邮件营销的单位信息成本要远远低于直接邮寄。

4. 针对性强

电子邮件营销具有很强的定向性，可以针对特定的人群发送特定的邮件。首先，根据需要将客户按行业或地域等方面进行分类，然后针对目标客户进行电子邮件群发，使宣传一步到位。

8.3.2 让客户一定回复你的邮件技巧

如果你辛辛苦苦地给潜在客户发了大量的电子邮件，而客户收到后看也不看就直接放到垃圾箱里，这样你的工作是不是白做了呢？下面介绍几条让客户看到邮件后回复的技巧。

（1）邮件标题是客户求购的商品名称，而不要加其他的多余语言，这样，客户打开你邮件的可能性一般可达到 80%以上。

（2）邮件开头语言简洁，一带而过，可立即拉近与客户的距离，而对客户来说过多的废话实在是多余。

（3）简洁开头后，必须立即进入正文，即报价，因为客户最关心的无非就是商品规格与价格。

（4）所报的价必须是实价，必须与现有的市场行情相吻合。报价太低，客户知道你不是做这行的，不会理你；报价太高也会吓跑客户，客户也不会回复你。所以切勿乱报价，应了解清楚、多比较后再报价。

8.3.3 邮件推广营销的营销诀窍

如今有不少电子邮件营销服务商提供了预先设计好的模板，客户可以根据自己的需要进行选择。虽然使用了模板，但是最好还是进行一些特殊设计。比如使用什么颜色与字体，字体的大小，如何安排正文内容等。通过以下技巧，你所创建出的营销邮件不仅能具有良好的视觉效果，而且还可获取比较高的成功率。

诀窍 1：将店铺 logo 固定在同一位置

在每次发送营销邮件时，也要借机树立店铺的品牌形象。将店铺 logo 置入每封电子邮件中是一种有效的方法。最好是将 logo 固定在同一位置，可以是电子邮件顶部的显眼处。

诀窍 2：善用电子邮件预览框架

近期一份调查显示，70%的客户会被邮件预览吸引，进而打开邮件进行仔细阅读。这意味着你的客户或潜在客户在决定完整打开邮件之前，或许只会注意到电子邮件中的一部分。因此，确保你的店铺 logo 及其他重要的信息都能够显示在预览窗口内。

诀窍 3：使用统一字体

在一封营销邮件中，一般建议最多使用两种字体。比如一种字体用来撰写正文，另一种字体用来显示大小标题。因为如果使用了非常规的字体，有些客户的电脑不一定能正常识别。

诀窍 4：运用不同颜色来强调重点

在决定使用哪种颜色时，应优先考虑使用店铺的基准色。持续使用一种基准色是突出店铺品牌形象的关键。运用不同颜色来高亮显示邮件正文中重要的内容，能帮助浏览者更轻松地抓住重点。

诀窍 5：简洁明了、突出重点

许多客户在浏览营销邮件时都是一目十行，因此，你的电子邮件只有几秒钟时间来决定能否吸引他们的注意力。保持电子邮件的简洁明了、重点明确是一个有效的方法。专家也发现，许多邮件都可以在初稿的基础上再减少将近一半的内容，同时也不会影响表达的完整性。

诀窍 6：使用图片作为补充

在营销邮件中加入图片能让电子邮件更加生动并引人注目，帮助你更好地传递信息。但如果图片质量太差，反而会影响浏览者对你的店铺印象。因此在选择图片时，要挑选那些简单、易于理解，并且与正文内容有直接关联的图片。

诀窍 7：行文排版、巧用空行

空行可以让浏览者的眼睛得到休息，否则，面对一大堆没有划分段落的文章，他们不知从何阅读。确保你的邮件在标题、正文与其他主要内容之间保留足够的空行。

诀窍 8：切勿在图片中嵌入正文

有些人会在接收电子邮件时默认关闭图片显示功能。因此，不要在图片中嵌入正文。正文内容应当单独显示。

诀窍 9：简约而不简单

在设计上有这么一句名言：简约而不简单。那些看上去整齐划一，能够明确表达信息的邮件更能获得反响。邮件营销的目标是让浏览者看后采取一些行动，比如访问你的店铺，获取一些产品信息等。

8.4 淘宝开店博客营销必不可少

在网络中拥有自己的博客，平时在其中写一下自己的心情是目前大多数网民都会做的事情，其实利用博客也可以推广自己的网店。

8.4.1 写出优秀的博文，打造博客营销

博客在发布自己的生活经历、工作经历和某些热门话题的评论等信息的同时，还可以附带宣传商家，例如商品品牌等。特别当作者是在某个领域有一定影响力的人物，所发布的文章更容易引起关注，吸引大量潜在顾客的浏览，通过个人博客文章内容可以为读者提供了解商家的机会。用博客来推广店铺的首要条件是拥有良好的写作能力。

现在做博客的网站很多，虽然不可能把各家的博客都利用起来，但也需要多注册几个博客进行推广。如果没时间可以少选几个，但是新浪和百度的博客是坚决不能少的。新浪博客的浏览量最大，许多明星都在上面开通了博客，人气很高。百度是全球最大的中文搜索引擎，大部分上网者都习惯用百度搜索。

博客内容不要只写关于自己的事情，多写点时事、娱乐、热点评论，这样会很受欢迎。利用博客推广自己的店铺要巧妙，尽量别生硬地做广告，最好是软文广告。在博客内容中可以提到你目前在做淘宝店铺，然后加上店铺链接地址。许多浏览者看到后可能会点击进入，这样也就达到推广店铺的目的了。

最后博客内容要写得精彩，大家看了一次以后也许下次还会来。写好博客以后，有空多去别人的博客转转，只要你打开别人的博客，你的头像就会在他的博客里显示，出于对陌生拜访者的好奇，大部分博主都会来你的博客看一看。如图 8-8 所示是通过博客推广的店铺。

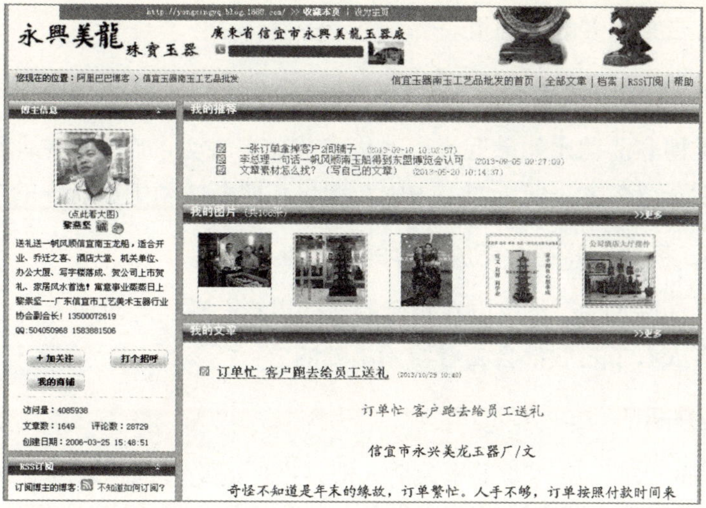

图 8-8　通过博客推广店铺

8.4.2　增加博客点击量妙计

快速提升博客排名，提高博客访问量是很多博主关心的问题。如何才能增加、提高博客流量让博客的流量一路飙升？

毫无疑问，经常更新你的博客，同时经常去别人的博客通过留言、评论等与他人建立沟通往来是最基本的博客推广、交流方式。但是现在很多人写博客，都是一时心血来潮. 很少有人能坚持下来，能经常有空去看博友的文章并评论的人更是少之又少。

很多成功的博客并不是像黄牛一样只会默默耕耘，他们的成功其实都用了一些技巧，采用了一些事半功倍的博客推广方法，下面分享这些博客使用的经验技巧，让默默无闻而充满才华的博主得到更多展示，结识更多朋友，让博客迅速为人所知。

1. 合理布置博客

很多人都以为博客要布置得非常有个性：黑背景、到处是闪闪发光的 GIF 动画、文字上面还漂浮着 Flash 动画，其实这样的布置看起来确实非常美，但非常不利于阅读，打开速度也慢。访客来你的博客是看文章的，博客的布置要以简洁，符合大家习惯为好，标新立异只能使你孤立。

2. 将博客提交到各大搜索引擎

博客搜索是搜索引擎针对博客内容所提供的搜索服务。随着博客的兴起，各大搜索引擎纷纷推出了博客搜索功能。如果你的博客能被抓取到各大搜索引擎的博客搜索的索引库中，那将会给你的博客带来更多的访问量。

3. 积极参加各类博客活动

积极参加各类博客活动比如最近流行的父亲节征文活动，加入这些活动，不仅博客访问量大了，还有可能获得奖金，何乐而不为呢？记得在博客活动中加入你的博客地址。

4. 制作视频、图片，并在上面放上你的博客地址

这种效果是显而易见的，你可以在自己制作的电影、漫画上面加上自己的博客地址，然后传播出去，很多人看了之后都会去看原始出处的。

5. 加入一个好圈子

随着个人博客的兴起，博客圈子作为个人博客推广的平台也越来越受到人们的重视和关注。很多博客托管平台都提供了“圈子”功能，供每个博主建立自己的圈子，并招揽更多的博友加入其中。

6. 善待每个评论和留言

很多博主都有一个通病，要么非常在意博客上的留言和评论，要么根本不去看留言和评论。这就造成了两个极端，前者是见到评论中有不利于自己的话语或与自己意见相左的内容就删除，后者则是随你怎么说，他只管写博文。

其实作为一名博主，通过评论和留言与读者进行交流是一个最好的互动环节。对于那些跑到博客上来发广告的，特别是商业广告的，当然是杀无赦。而那些对你的博文观点有表扬或批评意见的，则说明最起码这些人是你的忠实读者，他们阅读完了你的文章，而且觉得有必要和你说几句话。不管是说好说坏，起码别人愿意和你聊一聊，证明你的文章有价值。

对于表扬，你大可忽略，当然你可以回复一下或到对方的博客上踩一踩，加深对方对你的好感。而对于那些批评的留言，也不要随意删除，除非对方用的是辱骂方式。

7. 让你的博客链接出现在你所到之处

博客链接就是你在网络上的身份证，在别人的博客上评论或者留言的时候，记得留下博客的链接；在论坛发帖、回帖的时候，记得在个性签名里面留下你的博客链接；在百度贴吧、百度知道里面帮助别人回答问题的时候，记得留下你的博客链接；发邮件的时候，也不妨在邮件的签名里面留下你的博客链接。

这样做的好处有，第一，表明自己的身份，让别人知道你是谁，是干什么的；第二，同时对于那些不了解你的人来说，也是一个了解你的机会；第三，增加留言或者评论的可信性。

8．和其他博客交换链接

链接在一定程度上代表着站点的重要性。链接越多，你的站点就越重要，越有利于提高博客在引擎搜索中的排名。广泛地和其他网站或博客交换链接，交换链接越多，你的博客就越容易被访问到。

8.5　玩转百度，轻松增加店铺浏览量

百度是比较大的中文搜索引擎，对互联网有点了解的人都知道百度的魅力。如果你的店铺能在百度搜索中排上名，那店铺的浏览量会有很大的提高。下面介绍如何在百度上做推广。关于百度搜索引擎的推广，前面已经讲述过，这里就不再介绍了。

1．百度贴吧

百度贴吧是目前百度品牌里用户活跃量最大的一个地方。这里的流量是很大的，卖家也要好好利用这里的资源。如图 8-9 所示即为百度贴吧。

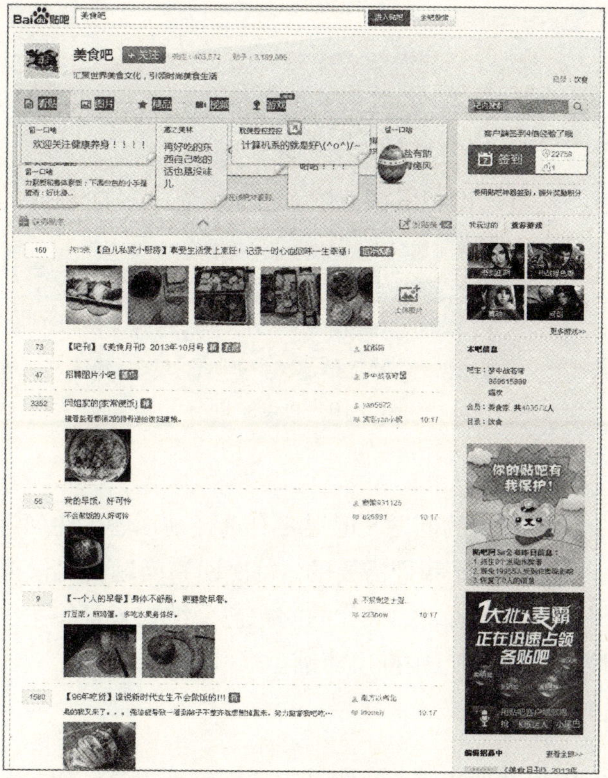

图 8-9　百度贴吧

2．百度空间

如果在百度空间发一篇文章，在第二天搜索的时候，则一般会在搜索引擎中出现，在搜索的时候会有优先权。可以利用这一点在百度空间里发一些软广告。根据自己店里所销售的商品发一些相关的内容，在发布的时候，标题多写几个关键字，记得在每篇文章结尾处加上自己店铺的链接，这样当别人搜索的时候，很容易就可以看到你的文章，看你文章的同时又看到了你的店铺，也就看到了你的商品。如图 8-10 所示即为在百度空间推广店铺。

青青子衿
只愿君心似我心，定不负相思意
Shuminy 把上海的怒放樱花照片贴了出来，那叫一个美丽动人。我看了只有羡慕羡慕羡慕，因为这里啥都没有，一切都是敢怒不敢言。看天气不错，照说应该多少出来一点什么意思意思，可连艾草都只冒了不到一寸的小芽。掘呀掘，想着掘出一小碗，炒个鸡蛋什么的。结果洗了一下午，除了泥还是泥。算了，我决定前功尽弃，重新做人。
想起从前吃过的美味早餐，油豆腐细粉。既然早点时间已过，就稍微翻新一下，所谓华丽转身是也。据说转换成功了才能叫华丽转身，失败了就只能说是一败涂地，一蹶不振，一泄千里，一...

图 8-10　百度空间

3．百度知道

可以在百度知道上回答别人的问题。记得要有选择地回答，在回答问题的时候，下面有一个参考资料的位置，这个位置是我们需要的，每次回答问题的时候都可以把自己店铺的链接写到这个地方，记得要认真回答，如果你的问题被采纳为最佳答案，则浏览量会成倍地增长。如图 8-11 所示即为在百度知道中推广店铺。

4．百度百科推广

百度百科推广相对来说就要难很多，但是它的精确度很高，基本上每个词语在百度百科中都有，而且百度百科的权重非常高。不信你可以搜索试试看，任何一个有百科词条的词语，都在百度搜索的首页出现，如果你能在上面贴上网店的地址，也是很好的推广方式。

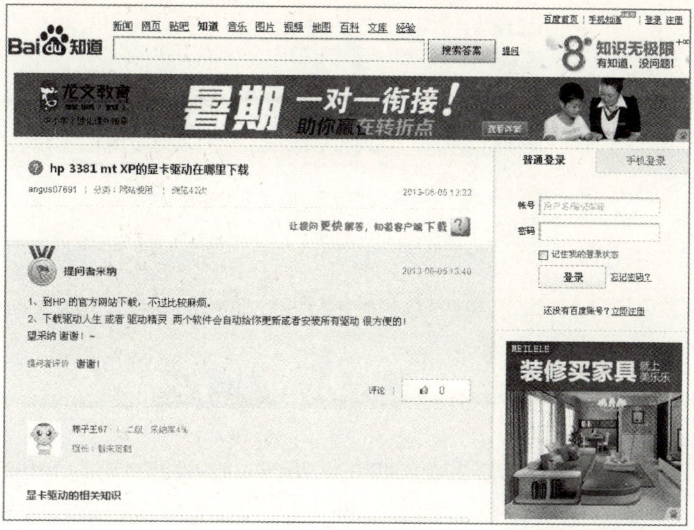

图 8-11　百度知道

5．百度经验推广

百度经验也是一块肥肉，而且它很容易成功，是最好贴店铺地址做广告的地方。方法很简单，就是按百度经验的要求分享经验。至于经验，你完全可以去一些网站上下载大量的经验分享文章，再加上自己的评论语言，上传上去就能成功了。

8.6　在分类信息网站推广

分类信息网站发展的核心是给用户提供及时、方便、切实有用的关乎日常生活的信息。说得简单一点就是便民，要让分类信息网成为便民信息网，信息不仅要大而全，更要新而快，还要实用易用。除了本地用户最关心的本地天气预报、实用电话、本地公共交通查询、旅游出行路线地图等信息要完善方便外，分类信息网最核心的板块是房产、人才招聘、二手交易信息、征婚交友。所有信息都与老百姓密切相关，为大家提供了一个足不出户即可知天下事、得天下物的平台。在分类信息网站上也可以推广自己的网店。

作为国内重要的分类信息平台，站台网为用户提供免费发布各类与生活有关的信息，这些信息包括房屋租赁、二手房买卖、求职招聘、买卖交易、教育培训等。如图 8-12 所示即为在站台网推广商品。

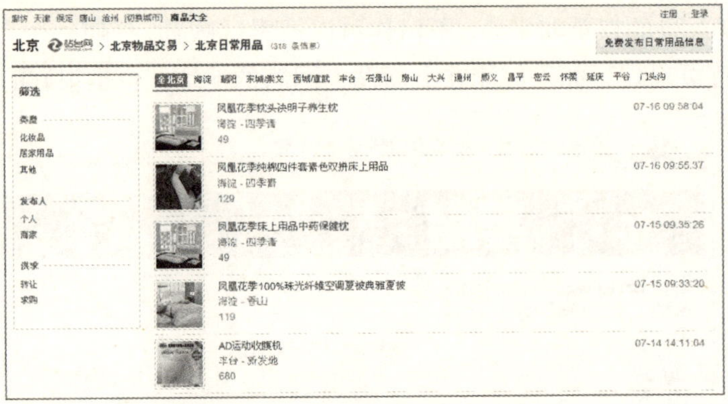

图 8-12　在站台网推广商品

8.7　登录导航网站

现在国内有大量的网址导航类站点，如 http://www.hao123.com/，http://www.265.com/等。在这些网址导航类站点上做链接也能带来大量流量，不过现在想要将店铺登录上像 hao123 这种流量特别大的站点并不是一件容易的事情。如图 8-13 所示即为将店铺登录在网址之家 hao123 上。

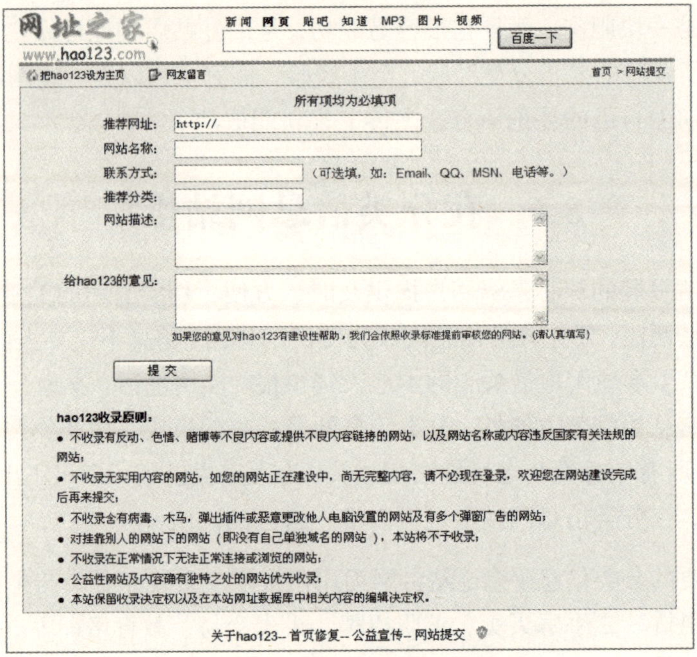
网址之家
www.hao123.com
新闻 网页 贴吧 知道 MP3 图片 视频
百度一下
把hao123设为主页
网友留言
首页 > 网站提交
所有项均为必填项
推荐网址: http://
网站名称:
联系方式:
（可选填，如：Email、QQ、MSN、电话等。）
推荐分类:
网站描述:
给hao123的意见:
如果您的意见对hao123有建设性帮助，我们会依照收录标准提前审核您的网站。(请认真填写)
提 交
hao123收录原则：
• 不收录有反动、色情、赌博等不良内容或提供不良内容链接的网站，以及网站名称或内容违反国家有关法规的网站；
• 不收录无实用内容的网站，如您的网站正在建设中，尚无完整内容，请不必现在登录，欢迎您在网站建设完成后再来提交；
• 不收录含有病毒、木马，弹出插件或恶意更改他人电脑设置的网站及有多个弹窗广告的网站；
• 对挂靠别人的网站下的网站（即没有自己单独域名的网站），本站将不予收录；
• 不收录在正常情况下无法正常连接或浏览的网站；
• 公益性网站及内容确有独特之处的网站优先收录；
• 本站保留收录决定权以及在本站网址数据库中相关内容的编辑决定权。
关于hao123-- 首页修复-- 公益宣传-- 网站提交

图 8-13　登录在网址之家的网站

8.8　投放网络广告，带来客观的流量

网络广告是指运用专业的广告横幅、文本链接、多媒体的方法，在互联网刊登或发布广告，通过网络传递到互联网用户的一种高科技广告运作方式。在网络经济时代，网络广告已经被更多企业或商家所重视。与一些发达国家相比，虽然国内网络广告业起步比较晚，但网络广告业的发展速度、发展规模仍然是很快的。如今只要登录到各大网站，就会看到各式各样的网络广告。如图 8-14 所示即为店铺在网上做的广告。

图 8-14　网络广告

网络广告采用集文字介绍、声音、影像、图像、颜色、音乐等于一体的丰富表现手段，可以使顾客全方位亲身“体验”产品、服务与品牌，还可以在网上进行商品的销售。

8.9　采用传统方式推广

可以利用传统媒介推广自己的店铺，下面就讲述几种常见的方法。

1. 印刷并散发广告传单

社会上流行派发的传单一般成本极低。现在许多企业采用的加胶印制比较精美的彩色传单也才 0.2 元左右一张。派发传单的工钱也不过一人一天 30 元左右。

一份传单送到消费者手上的时候，要想用突出醒目的标题吸引他，让他不至于将传单扔掉而是饶有兴趣地阅读详细的内容文字，那么广告上的内容文字就必须要做到让看到的消费者产生到店里消费的欲望。要详细地说明你的产品或者服务，并且用煽情的语言让消费者有

强烈的到你店里或公司来探索的欲望。

对于那些没有多少钱做广告的小商家来讲，传单广告是上上之选。许多成功人士在创业之初就靠传单掘得第一桶金，传单不仅成本低而且覆盖面比较广，例如在大的超市门口派发基本可以到达超市覆盖的区域；如果传单随报纸夹送，覆盖面更广。传单的针对性相对电视报纸广告来说更强一些，女性用品的传单可让发单人员只发给女性消费者。

传单广告的一个最大优点是派发简单易行。发单人员只要拎一袋传单就可以随时随地派发。

2. 向杂志等媒体投稿

向杂志等媒体投稿时你的文采不一定需要很好，只要通顺地说清楚一件事情就好。例如你可以写自己刚开网店时不太懂网络知识，经过学习和实践，终于在网上成功开店的整个过程。在文章结尾顺便提一下自己网店的地址，或者干脆把自己的店铺作为案例写在文章里，这样你不但可以得到稿费，还能让更多的人知道你的网店。

3. 多参与活动，派发名片

现在有各种沙龙、俱乐部，如果你是卖化妆品的，则可以选择参加一些白领的活动或女性沙龙等，这样你参加活动发出去的名片就更有针对性。

也许你会说，既然店铺大多是在网上宣传的，大家谁也见不到谁，做名片岂不是浪费成本吗？店虽然开在网上，但你给买家邮寄商品是在现实中进行的。设计一张独具个性的名片，印上自己的联系方式和小店地址，在邮寄商品时不妨放几张进去。因为外观设计精美，买家自然舍不得丢弃你的名片，如果有机会，则对方一定会将它展示给别人，这样等于是在帮你做宣传了。

8.10 利用微博，打开淘宝营销的新局面

微博推广以微博作为推广平台，每一个听众（“粉丝”）都是潜在营销对象。店铺可以通过更新自己的微博向网友传播店铺、产品的信息，树立良好的店铺形象和产品形象。每天的更新内容可以是大家感兴趣的话题，这样就可以达到营销的目的，这种方式就是微博营销。

新浪微博上关注你的用户叫“粉丝”，腾讯微博上关注你的人叫“听众”，即收听你的人。没有“粉丝”的微博无异于一潭死水，从营销角度看，没有“粉丝”，这个微博也就形同虚

设，没有意义。“粉丝”是信息的接收者，是信息的传播者，同时也是潜在消费者，很显然，“粉丝”越多，传播效力就越大。为何那些名人、大型知名企业、政府机构开通的微博有成千上万的“粉丝”，是因为他们本身就是一个被人关注的对象，知名度高，有影响力，用户对他们感兴趣，所以他们被关注。如图 8-15 所示是利用腾讯微博推广店铺。

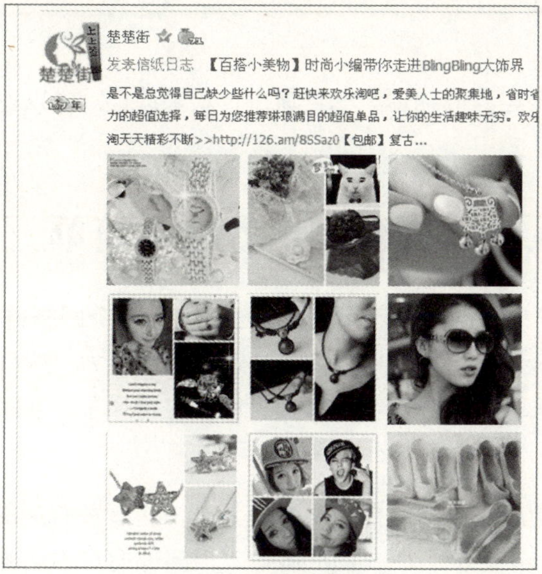
楚楚街
发表信纸日志 【百搭小美物】时尚小编带你走进BlingBling大饰界
是不是总觉得自己缺少些什么吗？赶快来欢乐淘吧，爱美人士的聚集地，省时省
力的超值选择，每日为您推荐琳琅满目的超值单品，让你的生活趣味无穷。欢乐
淘天天精彩不断>>http://126.am/8SSaz0【包邮】复古...

图 8-15 微博推广店铺

1. 标签的设置

标签设好了可以帮你找来你想找的人，同样别人可以根据标签找到你。不同时间需要用不同的标签，让搜索结果一直处在第一页，这样才有机会被你想要的用户关注。

2. 主动关注别人

关注了别人，别人也会关注你。可以选择去注相关行业的人，这样你的听众中潜在客户率就会高。

3. 广播内容优质

发布一些真实、新鲜、好奇、高质量、大家感兴趣的内容去吸引听众。

4. 广播频率要适当

广播的频率不能太少，例如一天才一两条，也不能太多，例如一分钟发几十条，每天控制在 5 ~ 20 条，这样可以有效避免一些“粉丝”因反感你而取消收听。

5. 参与热门话题

微博中的每小时热门话题排行、每日热门话题排行都是很有用的，多参与能够增加你的出镜率，可以增加被用户搜索到的几率，从而带来更多的关注；当然你也可以发起一些活动或话题。

6. 申请认证

申请微博认证需要跟运营商沟通，一旦通过，效果甚佳。可以以企业名义进行申请，通过率会高一些。

8.11 微信推广就这么简单

截至目前，微信用户人数已经突破了6亿，这么大的一个网络群体，让很多人觉得眼馋。而且微信用户大都是年轻群体，喜欢网购，有一定的消费能力。这就给淘宝卖家营造了一个天然的推广平台，如何抓取微信流量就得靠卖家们各显神通了。下面介绍几种实用的微信推广方法。

第一种，从朋友开始着手，每天在朋友圈中分享一些新颖有趣的产品，商品的图片一定要吸引人，而且要附上链接。吸引朋友们的眼球，提高他们对你店铺的兴趣，然后通过口碑传播，渐渐建立起你的店铺在朋友圈的知名度，一定要记得坚持，每天都发，如图8-16所示。

图8-16 在朋友圈分享一些产品

第二种，疯狂地添加好友，特别是附近的人，不管走到哪里，都要记得搜索附近的人，加为好友，然后建立起庞大的朋友圈。然后每次上新品时都要记得推送给这些人，但是最好在晚上发送，这样效果可能更好一些。这样做有点像大海捞针的感觉，要坚信只要有流量就有转化，只要你的产品迎合了部分人的口味，可能就有销量了。所以也是要长期坚持才能看到效果的。

第三种，就是加入或者建立一个微信公众平台，在平台上推广产品。加入一些淘宝购物或者求购公众平台，因为这些公众平台是有需求的，所以只要你在这些地方推送产品能引起买家们的兴趣就可以了，如图 8-17 所示。同样，可以自己创建一个微信公众平台，每天都在自己的平台上分享一些软文，自己积累资源，为自己推广。

图 8-17　微信公众平台

微信推广已经成为网络营销的一种趋势，所以必须要适应时代，走碎片化营销模式，你的网店才有生存。只要你敢坚持，就会有效果。当然也要在坚持中不断地总结和创新，才能得以生存和发展。

第 9 章 淘宝网店常见促销策略

开店指导

在网上开店由于买家预算有限，并且网上有如此众多的卖家，因此，店铺想要吸引买家消费，越来越困难。为了摆脱这种状况，卖家纷纷使出各种营销策略，所以卖家一定要把握买家的购买心理，并制定相应的营销策略。

9.1 网上开店营销策略分析

有时会有新手卖家在抱怨，怎么店铺推广几个月了还没有什么效果。遇到这样的问题，新手卖家就应该考虑清楚以下几个问题：你的目标人群是哪个群体？你的目标人群在哪里？推广不是说使用的方法越多效果就越好。要明白哪些是你的目标人群，以及用什么样的方法能取得最佳的效果。

（1）分析网店的目标人群。很多新手卖家都是在没有分析自己网店的目标人群的情况下就开始盲目地进行推广。这样不但会花费很多的时间和精力，而且效果也不好。通过网店主营的商品来有针对性地进行目标人群分析，能更好地了解到目标人群聚集的地方。找对了地方，推广效果自然就更好。

（2）根据目标人群制定推广方案。明确目标人群后，接下来就要制定一套具有强烈针对性的推广方案。在制定方案的过程中，应有效地整合一些有利于获得更好效果的推广方法。

（3）针对推广方案要有极强的执行能力。针对推广方案要积极地推广，要学会在实际工作中总结经验。方法是死的，人是活的，在实际工作中要学会灵活运用，才能不断地取得更好的推广效果。

（4）开一个网店其实和你开一个实体店所操心的一样多，淘宝是一个藏龙卧虎的地方，有许多高手能把商品促销的花样不断翻新，有一句话很流行："不断被模仿，但永远不可能被超越"。但在淘宝中，任何店铺的营销策略或者是经营策略是极易被模仿的，因为淘宝的经营过程是一个高度透明的过程，所以这是一种完全透明的经营模式，造成了目前淘宝中同质化竞争非常严重，包括所经营的商品、价格，所以低价策略成了很多人不得不选择的战略。

9.2　有礼"赢"遍市场，玩转赠品促销

赠品促销是最常用的价值促销方式，这种方式是把商品作为礼物赠送给顾客，以一种实物的方式给顾客非价格上的优惠。这种方式虽然没有价格促销这样直接，但它可以以一种看得见而又实实在在的方式冲击顾客，增强品牌观念，让顾客购买商品并长时间使用。

9.2.1　网上赠品促销

赠品促销就是顾客在购物时，以赠送赠品的形式向顾客提供优惠，吸引其参与该品牌或该商品的购买。如图9-1所示的店铺，采用买饮茶机送配套滤网和喜庆包便携茯茶的方式来达到促销商品的目的。

创造性地运用好赠品促销，可以创造出具有该商品或服务独具特色、竞争对手不能轻易模仿的良好效果。可以说，赠品促销是一种既能短时间增加销量、又能起到长时间树立品牌的极佳促销方式。

图 9-1　买饮茶机送配套滤网和喜庆包便携茯茶

> **提示**
>
> 赠品促销有如下的优点。
>
> （1）可以提升品牌和网店的知名度；
>
> （2）鼓励人们经常访问网店以获得更多的优惠信息；
>
> （3）能根据消费者索取赠品的热情程度，总结分析营销效果和产品本身的反应情况等。

9.2.2　赠品促销效果不佳的原因

赠品是争取顾客购买商品，提升业绩成长的法宝。此策略若运用得当，很有可能吸引顾客踊跃购买。有些促销活动都有这样的现象：赠品发送时成交量非常好，但赠后的营销效果却不佳，其原因有以下几个方面。

（1）不要选择次品、劣质品作为赠品，这样做只会起到适得其反的作用。赠品也重质量，体现商家的诚信。不要以为“赠”就是“白送”，便可随意“忽悠”买家。保证赠品质量不仅是国家法律条文所规定的，而且代表了店铺的信誉。

（2）要送到顾客的心坎儿里去，这样的赠品才会得到顾客的认可。当无法确定顾客要什么的时候，把选择权交给顾客，不要以自己为中心去理解营销。赠品的核心是让目标顾客认为“占了便宜”，否则送他们毫无用处的东西，这就失去了赠品的意义。

（3）赠品要给顾客超值的感受。赠品的成本是多少才是合理的？店铺能承担起此笔开销吗？合理地处理成本与价值之间的平衡，让顾客永远感觉超值。赠品要在能接受的预算内，不可过度赠送赠品而造成营销困难。赠品如果选择得当，就会吸引买家的眼球，促销的效果也会事半功倍。

（4）要注意赠品的时间性，例如在冬季不能赠送只在夏季才能用的商品。

千万不要认为赠品就是额外送给顾客的，小小的赠品里面学问也很大。

9.2.3　赠品促销的规则

赠品实际上是对顾客的一种额外馈赠和优惠。赠品促销在操作时应注意如下一些要点。

（1）赠品要让人容易获得。容易获得才可以激发顾客参与的热情，促销的“势”才容易造出来，否则让客户感觉自己与赠品无缘，即使参加了也很难获得赠品，就无法激起顾客的参与热情了。最好让参与的每一个人都能感到可以获得赠品，“可遇而不可求”是赠品应该回避的。

（2）先声夺人，广告信息要准确发布。在进行赠品促销之前，广告宣传的工作便是头等大事了。广告宣传必须符合本次赠品促销的目标消费群体。有的放矢地把促销的方式方法、赠品推荐等发布出去。

（3）给赠品取一个响亮的名字，也就更容易让顾客记住你的品牌。一个好的赠品名字会激发消费者美好的联想，这种联想不但可以对促销起到好效果，而且可以促进之后长远的销售，因为美好的印象是有延续性的。给赠品起一个吸引人的名字，可以加快商品的流通，同时也增加了品牌的附加价值。

（4）把店铺的信息告诉顾客。在赠品上印上店铺标志、设计得很可爱的电话号码等，让顾客每次用你的赠品时，都会想到你的店铺。

9.2.4　如何选择合适的赠品

赠品促销目前在网上的应用比较多，可是大多数的商家对赠品的应用没有统一的规划，所以很多时候是赔了夫人又折兵，毕竟赠品是需要成本的。赠品可以是各种不同的东西，可以是销售的商品样品，也可以是一种标准或特殊商品；可以是一件具有纪念意义的礼物，也可以是一种极具实用价值的生活用品；可以是自己的品牌，也可以是其他品牌。也就是说，只要适合促销目标的东西，都是赠品的选择范围。

那么该如何选择赠品呢？

1．选择顾客需要的东西

要选择顾客需要的赠品，这是最重要的，如果赠品是顾客用不着的，那对他就没有任何的吸引力，也就谈不到促销的价值了。所以，应该认真思考目标顾客需要什么，然后根据他们的需要来选择赠品，只有是顾客需要的东西对他们才有吸引力。

2．赠品与商品有相关性

有时候，选择赠品的时候的确让人头疼，因为我们不知道该选择什么才能让顾客喜欢。他们的喜好难以捉摸，尤其我们需要面对的是不同类型的顾客，正所谓众口难调，选择一个能让大家都喜欢接受的赠品并不容易。但如果你能把选择赠品的角度与销售的产品联系起来，那就容易多了。选择的赠品和商品有关联，这样很容易给顾客带来对商品最直接的价值感。如果赠品与商品相互依存并配合得当，其效果最佳。如图 9-2 所示是买数码单反照相机送相机包。

图 9-2　数码单反照相机送相机包

3．准备多份赠品

为什么要准备多份赠品？原因是：如果你的赠品不能打动某些顾客的心，那就对这些顾客形成不了吸引力，如果吸引不了顾客，他们很有可能就会流失。从多个角度来设计赠品，就能满足不同的顾客，可以让顾客在几个赠品中任意选择，如图 9-3 所示。

4．要保证质量

赠品也应该有好的品质，像你的主产品一样。如果你选择一个垃圾赠品，它是无法吸引顾客的，无法吸引顾客，就失去了赠送的意义。有些卖家都不把赠品当回事儿，经常去采购一些毫无用途的小东西作为赠品。这是不尊重顾客的表现。如果真的不舍得在赠品上投入，就干脆什么都不要送。如果已经决定使用赠品策略，那就一定要重视赠品品质。

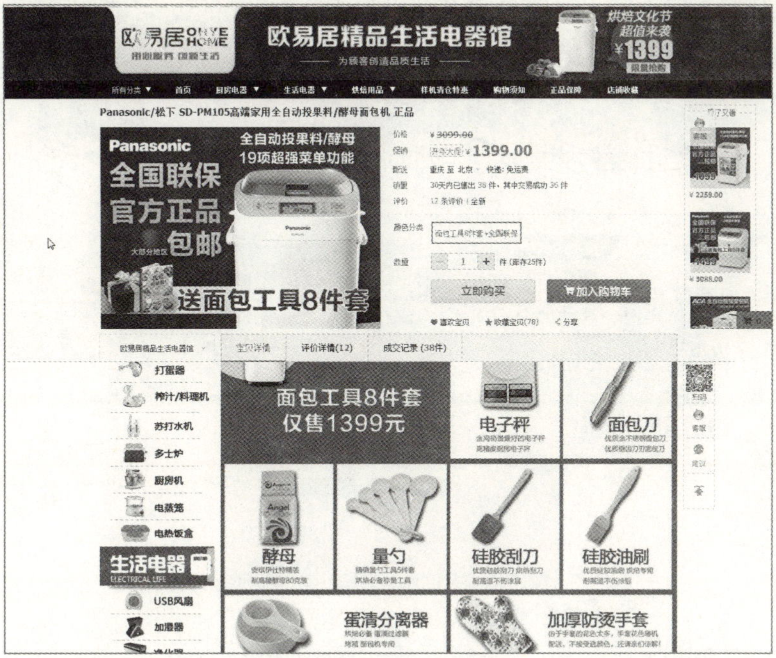

图 9-3　准备多份赠品

5．比你的对手要好

在选择赠品之前，需要关注你的竞争对手，要看一看他们的营销策略是怎样的。也许你会说，我的对手有成千上万，我该怎么看呢？其实，销量最好的才是你的对手，那些销量一般的或者没有销量的，不用去管他们。只要把目光盯住那些销量最好的，对你构成威胁的那些店铺，看一看他们有没有赠品，如果有，是哪些赠品。你的赠品必须比他们的价值高，必须比他们的要好，这样才能打败他们。顾客购买商品时，通常会货比三家，比较的对象一般来说就是销量好的那些卖家。

6．足够的价值

提供的赠品需要有足够的价值。何为足够的价值？即价值不高不低，合适就好。这需要你自己去把握，价值过低或者过高都不能取得好的效果。价值太低，就无法吸引顾客。比如买价值 8000 元的单反照相机，送一个普通的贴膜。这样的赠品价值就特别低，所以也就无法吸引顾客，顾客会认为你缺乏诚意。

但你赠品的价值也不能太高，因为这将花费你更多的成本。虽然顾客们都渴望得到更高价值的赠品，但实际上，如果你提供价值高得离谱的赠品时，就会引起顾客的猜疑，有些顾客会觉得你的利润空间太高，降低了主产品在他们心中的价值，可能会干脆放弃购买。如图9-4 所示是买游泳圈送有用的赠品的店铺的案例。

图 9-4 买游泳圈送有用的赠品

> 赠品不能“喧宾夺主”，商品是“红花”，赠品就是“绿叶”。赠品永远是为衬托、宣传商品而设计的，因而它是处在宾席之位，过分地哗众取宠就有夺主之嫌。

9.3 购物积分促销

积分促销是商家为回馈老客户而采取的一种方法，其先设定一定的积分，达到一定额度的消费即取得一定的积分，就可赠送产品、礼物或参加其他的优惠活动。积分换取最大的作用在于鼓励消费者重复购买，建立产品的稳定顾客群。

9.3.1　什么是积分促销

积分作为一种有效巩固和激励老顾客多次购买的促销手段，在商家促销中得到广泛应用。积分促销在网络上的应用比起传统营销方式要简单和容易操作。网上积分活动很容易通过编程和数据库等来实现，并且结果可信度很高，操作起来相对比较简便。积分促销一般会设置价值比较高的奖品，顾客通过多次购买或多次参加某项活动来增加积分以获得奖品。积分促销可以增加顾客访问网站和参加某项活动的次数；可以增加顾客对网站的忠诚度；可以提高活动的知名度等。

在许多网站里面，都支持虚拟的积分，还有不支持的，可以采用积分卡，客户每消费一次，给会员累积积分，这些积分可以兑换小赠品或在以后消费中可以当成现金使用。

如图 9-5 所示的是网店上的商品积分促销。凡在此网店中购买过商品的顾客，都成为网店的会员。会员不仅可享受购物优惠，同时还可以累计积分，用积分免费兑换商品。

图 9-5　积分促销

9.3.2　集分宝超值送，帮店铺爆单的积分促销工具

为了给淘宝卖家提供可以自己设置积分促销的平台，在 2011 年 8 月底，支付宝推出了“集分宝超值送”工具，并在 9 月 8 日升级为淘宝网官方推荐营销工具。“集分宝超值送”是积分促销工具，可以让新店铺迅速成长起来。

“集分宝超值送”工具是为所有淘宝商家提供的一款可免费订购，并且自由设置商品返集分宝比例，实现卖家无须预付款，系统自动统计和发放集分宝，提升卖家实际成交量后返优惠给买家的营销工具，同时也缓解了卖家运营成本。全场购物返积分与店铺优惠一起组合，让顾客感受到店铺消费赠送的积分价值，刺激了顾客下单，持续提升顾客的回头率。购物确认付款后，系统自动返积分，旺旺也会提醒卖家，如图 9-6 所示为积分换购。

图 9-6　积分换购

9.4　打折促销增加销量有学问

由于打折促销直接让利于顾客，让顾客非常直接地感受到了实惠，因此是目前最常用的一种阶段性促销方式。可以在重要的节日，例如春节、情人节、母亲节、圣诞节等，进行打折优惠，因为在节日期间人们往往更具有购买潜力和购买冲动。如图 9-7 所示是商品采用打折促销的方式。

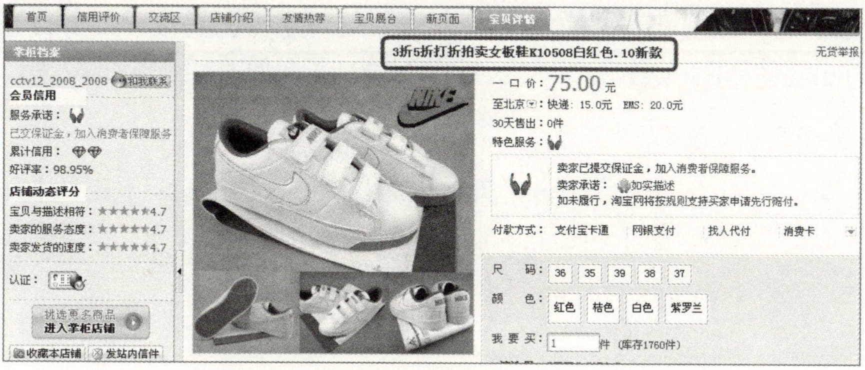

图 9-7　商品采用打 6 折促销的方式

打折促销要注意以下几点。

1．不要侵害老顾客的利益

如果设置折扣经常低于给 VIP 客户的折扣，就极有可能伤害老客户的购买热情，让他们没有觉得自己享受到了老客户应有的尊重。事实上，老客户的营销成本是最低的，因此如果真的不好控制折扣，可以给老客户举行一些特殊的专场活动来进行补偿。

2．不要做无理由的打折

如果只是普通的打折而不做任何的宣传和活动提示，不但达不到吸引流量提高成交的目的，可能还会让买家怀疑你的折扣是否真的。

3．不要做全店简单的统一折扣

所有的商品设置统一的折扣不是很好的方式。首先，你的商品利润可能有高有低。其次，如果没有主次之分，买家在挑选商品的时候完全没有因为折扣的差异而导致冲动消费。如果没有主推商品，让你的销售额过于分散就会导致你所有的商品成交量都会比较平均，但是如果有几件爆款产品则可以让流量和整店的成交量有一个质的飞跃。

4．不要无限制常年保持折扣不变

折扣需要随着季节、各种节日、库存、销售等情况进行相应的调整。折扣不宜频繁地调整，可以设定一个合理的周期，比如设置 2 ~ 3 个月的日常折扣，以及配合事件营销的特殊折扣。

5．高折扣商品和普通折扣商品要配合推广

店铺里的普通折扣商品一定要和高折扣商品进行有效互联，可以在宝贝详情里，或者是在宝贝首页上进行互相推荐，但是这并不意味着越多越好。可以用几款新商品来刺激用户购买，然后看哪一款可以达到一定的成交量，以便日后研究，将其打造成下一个爆款。或者你可以将几件已经畅销，但是利润比较高的商品配合低折扣的商品进行关联营销。

6．不要随意手动改价

很多小店铺为了留住客户很愿意给买家修改价格。殊不知，这对老用户来说是很大的伤害。一旦你修改了价格，也许当时可以促成成交。下一次，这个买家就会觉得你的价格里有水分，如果你不给他更高的折扣就有可能会流失。而且，这样的客户一般比较贪婪，对价格敏感度很高。因此，如果他们看到有更便宜的店铺就不会再回头光顾你的店铺了。

9.5　免邮费促销

网络购物中间环节的邮费问题一直是买家关注的焦点之一。当前的快递方式主要分为平邮、物流快递、特快专递等，平邮的价格比较低，但周期比较长；物流快递价格适中，送货周期在 3～5 天；特快专递的价格昂贵。因此物流快递公司是最容易被买家接受的。店主可以根据顾客所购买商品的数量来相应地减免邮费，让顾客从心理上觉得就像在家门口买东西，不用附加任何其他的费用。如图 9-8 所示为包邮的商品促销。

图 9-8　免邮费的商品促销

9.6　开通设置“满就送”，销量翻番不是梦

在淘宝众多的营销工具中，卖家最喜欢的就是“满就送”，为了让卖家们更好地使用这个促销工具，淘宝对它进行了升级。新版“满就送”功能更多，更强大，可以根据卖家的促销活动的主题设置不同主题的“满就送”活动。

9.6.1　什么是“满就送”

满就送（减）这种促销方式是生活中各大商场和店铺最常用的促销方式。当将其应用到淘宝网店中，只需轻点几下鼠标，就可以制作出最吸引人的促销广告。其中满就送（减）演化出了“满××元送礼物”、“满××元减现金”和“满××元包邮”。卖家根据自身的特点可选择一种也可以多选，例如“满 128 元包邮并赠送小礼物”。

满就送（减）分为“满就减现金”、“满就送积分”、“满就免邮费”等方式。顾名思义，卖家通过订购该服务，并进行相应的设置，可以在每个宝贝描述页面中展示店铺的促销信息，如图 9-9 所示。

图 9-9　满就送（减）

不要以为订购“满就送（减）”以后生意订单会像雪花一样源源不断飘过来，不要忘记了，商品和服务本身才是订单的基础。“满就送”工具更适合原本就有人流量有订单的掌柜，

这个工具可以促使顾客在店铺中消费更多的产品以保证所购买的商品的性价比，通俗地说就是可以省一点钱。

“满就送（减）”和淘宝直通车是两种不同的营销工具，淘宝直通车可以增进店铺的人流量。“满就送”的效果仅在于顾客进入了你的店铺，看到了广告并对你的促销感兴趣，才会产生效果。“满就送（减）”的真正意义不是提高人流量而是促进消费者的购买欲望，人流量不过是它的副产品。

9.6.2 开通“满就送”功能

开通“满就送（减）”功能可以实现以下功能。

1．增加销量

促销活动的设置对增加店铺销量的作用是毋庸置疑的，一些买家为了获得赠品/减现金或包邮，往往比较容易多购买一些商品，或者找朋友一起购买。

2．提高销售转化率

相对于其他没有活动的同类店铺来说，做活动的店铺的流量和成交量的转化率更高一些。

3．增加参加活动的机会

淘宝网有时候会举行一些针对“满就送”的活动，只有订购了这个功能的卖家才可以参加。

4．节省人力

当卖家设置好“满就送（减）”功能后，买家购买商品时，达到了设置的优惠标准后系统会自动操作，比如“单笔订单满 299 元，送隔离乳样品”，“满 299 元包邮，再免费送妆前隔离乳样品 8g”，“4 折换购正品 7 色胭脂腮红”，“半价换购奢华黑霜样品，网络专供，限量换购！每 ID 限拍 1 件！”等。

在店铺类型筛选中就有促销选项，当买家选择了“促销优惠”类别进行搜索，在搜索结果中，只有店铺订购了“满就送”功能并设置了相应活动的才会被显示。

5．突出位置显示

“满就送（减）”最大的好处是可以将活动信息在各个宝贝页面的突出位置显示，这样如果有卖家加入淘宝直通车，那么顾客通过淘宝直通车广告点进你的宝贝页面时，第一眼就能看到店铺中设置的优惠信息，从而加大了宝贝成交的机会，减少了淘宝直通车成本投入的风险。如图 9-10 所示是在店铺首页突出位置显示的“满就减”活动信息。

图 9-10　在店铺首页突出位置显示“满就减”活动信息

6. 显示到网店的每一个地方

可以通过复制“满就送（减）”代码，将“满就送（减）”促销活动信息显示到网店的每一个地方，让顾客轻易就可以看到店铺促销优惠信息，而不是只有到首页的促销区才能看到促销内容。

9.6.3　送什么才能吸引买家

要想达到好的销售效果，赠品的选择非常重要，赠品的选择可以从下面几个方面考虑。

1. 赠品与主营产品的关联性

所送到赠品最好是和买家所购买的宝贝有关联的，适合主营产品的顾客群。送一些买家用不上的东西，和不送没什么区别。比如买计算机送鼠标，买鼠标送鼠标垫等。如果赠品不适合买家，那么很难达到促进销售的目的。

2. 赠品不会造成买家的不快或者有不好的影响

每个地方都有其风俗或禁忌，所以所选的赠品不应该给人不好的联想或不吉利的感觉。赠品虽然说免费的，但前提是你的赠品不要给买家不好的感觉才能达到预期目的，否则就会适得其反。

3. 美观或适用

赠品是免费的，但还是应该具有“美观”或“实用”这两个功能中的一项，不然买家拿到了没有什么用处，送也白送。

4. 进价便宜

因为是赠品，成本价格要控制好，这就需要从正价宝贝的利润方面来考虑了。赠品的进价要比正价宝贝的纯利润低才不会亏本。当然，赠品的价格越高越有吸引力，这要因店而异，要量力而行。

5. 利于保存，方便邮寄

赠品应该选择轻便不占空间的物品，如果赠品很重，甚至超过 1 斤，那么卖家除了担负赠品的成本外，还需要支付赠品的运费，那就增加了成本甚至有可能会亏本。

赠品需要体积小。假如赠品体积很大，包装也麻烦，也增加了卖家的人力及包装成本。另外赠品还要方便保存。

赠品最好选择没有保质期和使用期限的物品。如果所选的赠品有保质期，要注意确保赠品在送到买家手中时还在保质期或使用期限内。

9.6.4 用好“满就送”工具的技巧

在淘宝众多的营销工具中，卖家都比较喜欢“满就送”，目前有上百万个卖家在使用“满就送”工具，很多卖家们都是停留在订购、设置这个阶段。在这里一定要纠正卖家的一些错误想法。比如，某商场做活动时，首先会策划一个促销活动，接着会在店门口贴出促销活动的海报，其次会通过广播、报纸等媒介进行宣传。做网店也是同样的道理：你的促销活动做得再好，但是不宣传不推广，谁会知道你在做活动呢？

1. 促销活动主题

节假日、店庆、换季节、新品上架等，都可以是你促销活动的主题，要善于利用身边的资源并且贴近买家。如图 9-11 所示是节日促销活动。

图 9-11　节日促销活动

2．将创建的促销活动展示在店铺首页

好的活动，一定要让进入你店里的会员第一眼看到。如果只是将活动信息复制在商品信息的最下方，那么等于少了一次宣传推广自己商品的机会。好的卖家，会善于利用一切资源，把自己的促销活动最大限度地推广放大。

一定要让每个进入店铺的买家看见促销活动。买家进入店铺，看到的无非是首页、宝贝详情页、侧栏、底部这些地方，也许买家本来打算购买一个宝贝，当在这些地方看见促销信息后很可能就会为了凑订单再购买一些宝贝，这样就达到提高客单价的目的了。如图 9-12 所示，此促销活动展示在店铺首页中。

图 9-12　促销活动展示在店铺首页中

3．多渠道推广宣传促销活动

好的促销活动一定要大力推广，通过社区、旺旺消息、站内信等多种方式，将店铺内的

促销活动尽可能地推广出去，也可以利用会员关系管理、店铺优惠券，卖家可根据自己店内的促销活动发放店铺优惠券。

4．选择促销金额很重要

假如你设置了满 128 元包邮，则这个 128 元最好是两件以上宝贝的价格，如果一件宝贝的价格就超过了 128 元，就失去了促销的意义。

5．要量力而行

卖家如果一味追求促销效果，不顾成本，减现金、送礼品、包邮等方式一股脑儿地全用上，结果发现不赚反赔就得不偿失了。因此，在设置促销之前一定要想好自己的底线是什么，只赚人气不赚钱不是所有卖家所希望的。

6．“满就送”活动代码

要将设置好的“满就送”活动代码粘贴到商品详情中。如图 9-13 所示，此店铺将“满就送”活动粘贴到商品详情中。

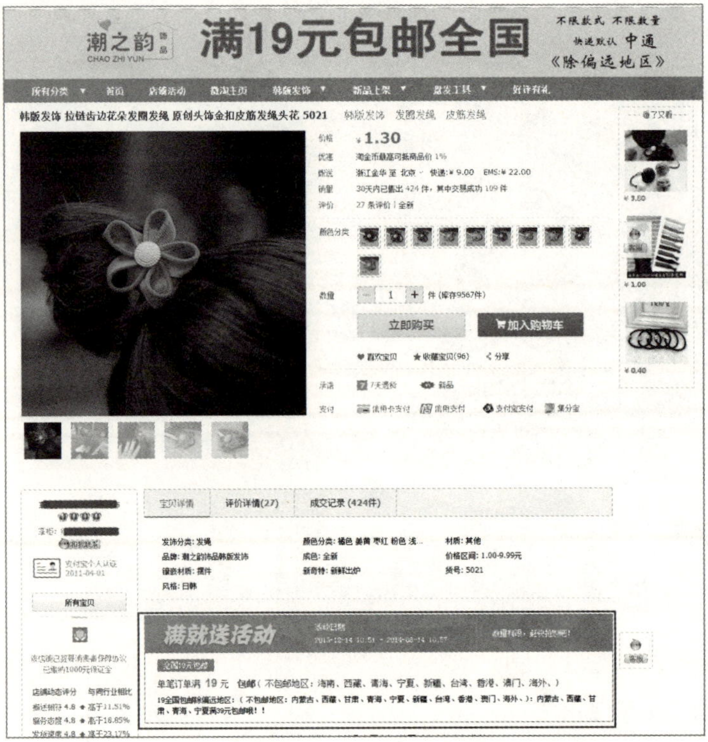

图 9-13 “满就送”活动粘贴到商品详情中

9.7　免费试用让店铺的流量涨不停

淘宝试用中心是全国比较大的免费试用中心，也是比较专业的试客分享平台。试用中心聚集了上百万个试用机会，以及亿万名消费者对各类商品最全面、真实、客观的试用体验报告，为消费者提供购买决策。试用中心作为集用户营销、活动营销、口碑营销、商品营销为一体的营销导购平台，为数百万商家提升了品牌价值与影响力。

9.7.1　淘宝试用中心

试用中心作为淘宝网的一个板块，秉承“试奇特，享新品”的理念，汇集了上百万分试用品，囊括了数码、美容、家居、美食等十余种类目，力争为试客提供超值的试用体验与公正客观的体验分享平台。

免费试用是试用中心推出的用户可以完全免费获取试用品，通过试用报告分享试用感受，给商家的商品做出公正专业的描述，从而帮助其他消费者做出购物决策，找到真正适合自己的商品的平台。申请获得的试用品无须返还，如图 9-14 所示。

图 9-14　免费试用

9.7.2　参加试用的好处

淘宝试用中心就是一个能给试用者免费申请试用品的平台，而且试用者必须要反馈使用报告，从而能快速吸引目标客户并且推广宣传你的产品。只要淘宝试用中心审核并通过了你的试用产品，试用申请人数会在短时间内增加得很快，甚至会达到几万人的申请数量。即使活动结束后，试用的报告始终留在试用中心，由此带来的流量也是非常可观的。

1. 打造爆款

在店铺中先打造一些爆款，然后再利用爆款带动整个店铺的流量和销量，等整个店铺健康运营时再考虑如何把店铺做大、做强，向品牌化发展。

首先打造爆款是为了提升销量。其次，打造爆款是为了提升人气，还有的是为了获得利润，以及带动整店商品销售。如图 9-15 所示的是苏泊尔蒸格型铝质压力锅的免费试用页面，可以看到申请人数达到 11973 人，实际购买人数也达到 490 人。

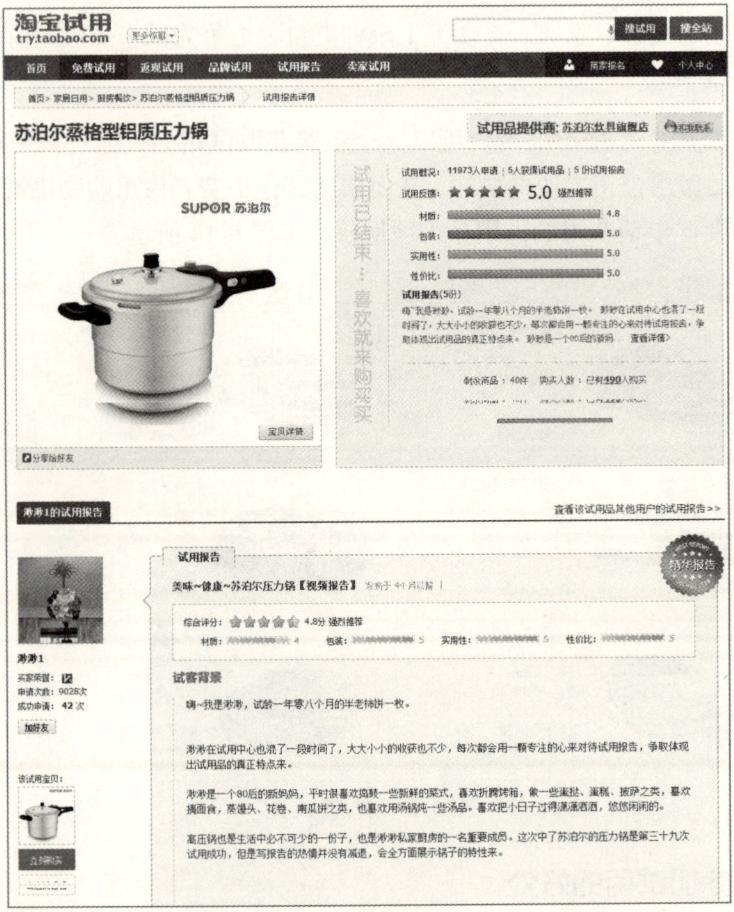
淘宝试用
try.taobao.com
搜试用
搜全站
首页
免费试用
返现试用
品牌试用
试用报告
卖家试用
商家报名
个人中心
苏泊尔蒸格型铝质压力锅
试用品提供商：苏泊尔炊具旗舰店
SUPOR 苏泊尔
试用已结束：喜欢就来购买
试用概况：11973人申请 | 5人获得试用品 | 5份试用报告
试用反馈：5.0 强烈推荐
材质：4.8
包装：5.0
实用性：5.0
性价比：5.0
试用报告(5份)
剩余商品：40件 购买人数：已有490人购买
宝贝详情
分享给好友
涉涉1的试用报告
查看该试用品其他用户的试用报告>>
试用报告
美味~健康~苏泊尔压力锅【视频报告】
精华报告
综合评分：4.8分 强烈推荐
试客背景
嗨~我是涉涉，试龄一年零八个月的半老徐饼一枚。
涉涉在试用中心也混了一段时间了，大大小小的收获也不少，每次都会用一颗专注的心来对待试用报告，争取体现出试用品的真正特点来。
涉涉是一个80后的新妈妈，平时很喜欢捣鼓一些新鲜的菜式，喜欢折腾烤箱，做一些蛋挞、蛋糕、披萨之类，喜欢捣面食，蒸馒头、花卷、南瓜饼之类，也喜欢用汤锅炖一些汤品。喜欢把小日子过得潇潇洒洒，悠悠闲闲的。
高压锅也是生活中必不可少的一份子，也是涉涉私家厨房的一名重要成员。这次中了苏泊尔的压力锅是第三十九次试用成功，但是写报告的热情并没有减退，会全方面展示锅子的特性来。
涉涉1
加好友
该试用宝贝：
立即购买

图 9-15　打造爆款

下面是利用试用中心打造爆款产品的一些经验。

（1）找对产品的目标人群，学会定位消费群体，除了定位群体外还要有适合的时机——可以是店庆，也可以是节日。然而并不是所有的爆款都是可以在短时间内打造的，绝对做不到一蹴而就。如果没有各方面的资源，打造爆款的过程是相当漫长的。

（2）有一个明确的目的会在打造爆款的同时又规划了店铺的发展，仔细琢磨在打造爆款之后的店铺发展方向事关长期经营。

（3）打造爆款的最终目的是为了销售、提高营业额等商业目的，营业额的提高靠的就是销路和顾客，因而顾客是成就爆款的衣食父母，在打造爆款的过程中失去了顾客参与这个链条就等于是无源之水，无本之木。

（4）保证正品。在试用活动的爆款打造过程中，对商品品质的要求绝不马虎，诚信是根本，要注重品牌建设，对口碑更应重视。

（5）店内的促销活动要同步进行，赠品环节也要细心对待，赠品包装精致，保证品质，顾客是可以感受到你的细心的。

2. 关联销售

关联销售是试用活动效果的主要考核标准之一，这方面做好了，才能减少参加试用活动带来的亏损。关联销售这一部分是非常重要的，要精挑细选出店内近一个月内热销宝贝、收藏量大的宝贝，以及新品作为活动关联促销产品，在店铺页面中用多种促销活动连带促销。如图 9-16 所示的是某店铺里举行的参加免费试用的多种促销活动。

在做好关联销售时要注意如下一些事项。

（1）页面做好相关产品的搭配套餐、限时打折，能包邮的尽量全场包邮。

（2）参加活动的款式要备货充足，能完全满足活动需求，要重视商品质量，坚决不让不合格的商品流入市场。

（3）活动宝贝及重点主推宝贝描述页面要力求完善、图片力求完美，图文要详细、全面介绍活动宝贝的详情、特点，让买家全方位了解欲购买的宝贝，提高自主购买率。

（4）在活动详情页面，针对客户可能提出的问题，先在商品描述里面说清楚，以减少客服的工作压力。

（5）做好客服工作，解决顾客疑问，在客服的旺旺上都设置好快捷回复短语，介绍本次活动及店里其他活动，争取做到尽量让每个进入店铺的买家都满意。

图 9-16 关联促销

（6）仓库预先做好全部包装准备，并严格审单。提前联系好物流公司。确保在规定的时间内完成发货，让买到宝贝的买家少一些等待。

3. 口碑效应

淘宝卖家利用试用中心进行口碑营销，买家则利用试用中心免费使用商品，真可谓是一举两得。试用推广让卖家得到的不仅是一大批潜在买家，更是一大批能够帮店铺宣传和推广的买家，并可以将其引导成为店铺长期的宣传推广员和忠实的买家。

在向买家派发试用产品时可以获得大量买家在使用过程中的真实感受和评价，从而分析出买家在产品使用过程的使用方式、使用态度、使用评价。买家对试用产品感受和评价，以及对品牌的认知广泛地传播着，影响着其他买家。如图 9-17 所示是试用报告中的口碑效应。

口碑很重要，应该把质量过硬的商品给买家试用，并且有良好的售后服务，把他当成朋友，这样才能让买家感觉到你的店铺不但商品质量好，服务态度也不错，才能把你当成他的朋友帮你宣传商品，或者再次购买你的东西。一个好的买家不只会带来一个好评，好的口碑能给店铺带来源源不断的客户。

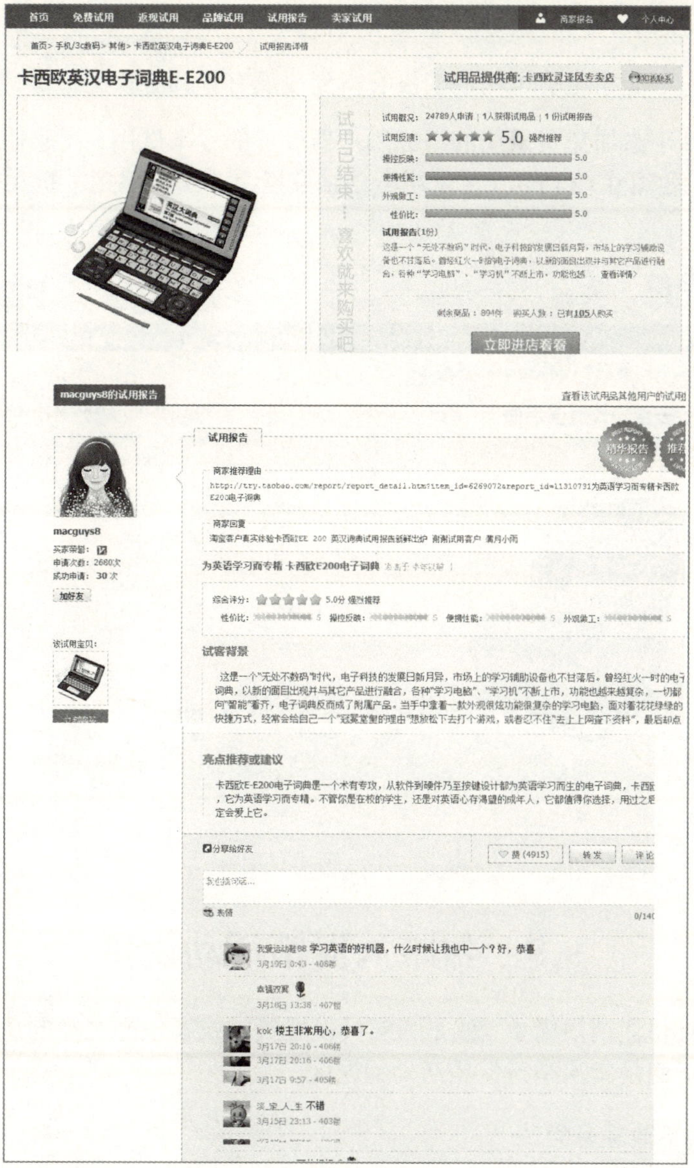
首页
免费试用
返现试用
品牌试用
试用报告
卖家试用
商家报名
个人中心
卡西欧英汉电子词典E-E200
试用已结束…喜欢就来购买吧
5.0
立即进店看看
macguys8的试用报告
试用报告
macguys8
加好友
为英语学习而专精 卡西欧E200电子词典
试客背景
这是一个"无处不数码"时代，电子科技的发展日新月异，市场上的学习辅助设备也不甘落后。
亮点推荐或建议
卡西欧E-E200电子词典是一个术有专攻，从软件到硬件乃至按键设计都为英语学习而生的电子词典，
，它为英语学习而专精。不管你是在校的学生，还是对英语心存渴望的成年人，它都值得你选择，用过之后
定会爱上它。
分享给好友
赞 (4915)
转发
学习英语的好机器，什么时候让我也中一个？好，恭喜
楼主非常用心，恭喜了。
不错

图 9-17　口碑效应

9.7.3　二次营销

淘宝新品试用中心每款申请免费试用的产品最低数量为 10 件，产品上架之后来申请的买家从几千人到几万人不等，甚至有几十万人。按单品申请人数为 1 万计算，得到产品的买家是 10 个人，还有 9990 人无法获得，所以店铺同时需要设置相应的折扣价以满足大量有需

求的目标用户进行购买，同时做好店铺关联销售。

可是有一些人可能在免费试用期间没有得到或没有买到心仪的产品，怎么办？

亏本试用是基于参加免费试用的目标用户群设置的亏本试用，商家让利，对目标用户群进行的二次营销。如图 9-18 所示，在试用活动结束后由于卖家采用了折扣促销，仍旧有 1138 人购买。

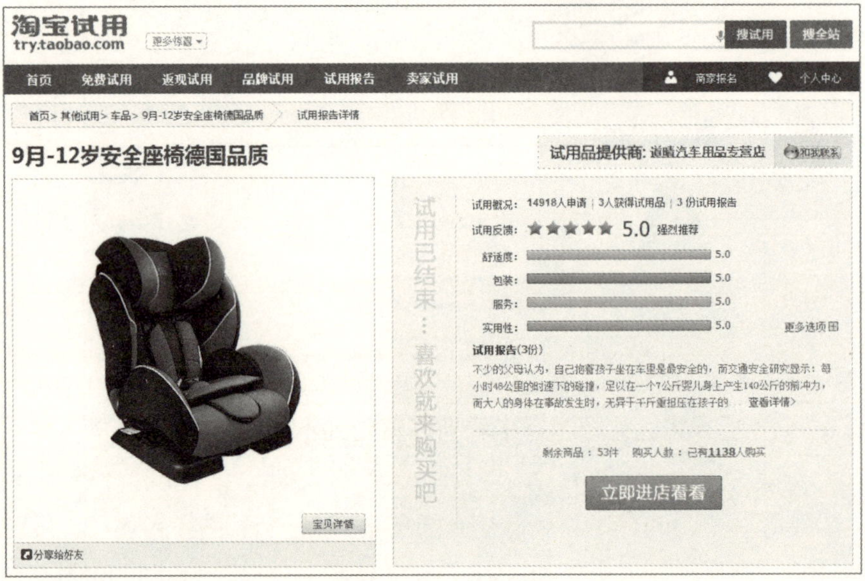

图 9-18　亏本试用

9.8　勿踏入促销活动误区

或许大家都觉得促销很简单，就是为宝贝设置折扣或者包邮之类的功能即可。但是真的是这么简单吗？下面是卖家举行促销活动的误区。

1. 折扣太大不敢轻易尝试

我们知道，如果商品本来价格就很便宜了，则再打折就会亏本了，所以有不少卖家都存在这样的困惑："怎么打折啊？商品成本是 50 元，标价为 60 元，包邮都不赚钱，我最多只能打 9 折。"实际上这类问题在中小卖家中存在的比较多，大多数人直接就以最低价销售，导致无法做稍大的折扣调整。

现在淘宝网的大部分店铺平时的折扣在 8 折，参加一些大型促销活动时则设置成低于 5 折。如果要打到这样的折扣，首先得确定自己打折之后还有多少利润。

如果商品的成本是50元，希望打折完后仍然赚20元，因此价格底线就是70元，如果要包邮，一般来说快递的成本平均为7元，这样商品的折后价格应该在77元以上。如果准备打5折，那么就要定价为155元。

除了让打折后不亏本外，还应该看一下同行的定价，比如同行的商品都定价在180元，那么你的定价不应该太低或者太高，可以在150～199元。

2．促销活动太频繁

当促销太频繁时，回头客及老顾客的流失率会变大，所以促销不应该天天做，同时折扣的力度也要适当有所变化。给促销活动一个截止期，截止期到了后就应该将折扣率适当降低或者是停止促销，让顾客产生再不购买就会错过促销的心理。

3．促销方式太单调

有的店铺从开店至今，只有一种促销方式，就是打折，有些店铺甚至是一直用同一种折扣。这样的方式让顾客非常厌烦，就如同实体店说自己要拆迁甩卖全场商品打5折，只剩下最后3天，然后过几天来看还是这样的宣传，这时候顾客对店铺促销就不再相信了。实际上你可以不断更换打折方式，让顾客每次看到都感受到不同。

4．顾客看不到促销活动

有的店铺做了促销，但是没有做促销海报，顾客只能通过商品价格旁边的小标签或者系统提示，才知道店铺有促销活动。还有的店铺虽然做了海报，但促销内容没有说清楚或是海报排版混乱，让顾客摸不到头脑。还有一种是促销内容说清楚了，但是视觉上没有突出重点，无法让人看到促销文案，也不知道店铺在做促销活动。

第 10 章
打造淘宝金牌客服团队

开店指导

客服是整个交易过程的重点之一。客服和商品的质量同等重要。好的客服会带给买家非常好的购物体验，可能使这些买家成为店铺的忠实用户，以后会经常购买店铺内的商品。网店客服是一种通过网店给客户提供解答和售后等的服务。

10.1 客服的重要作用和意义

如今，随着网络购物的兴起，网店经营的日益火爆，从而产生了一个全新的职业——网店客服。网店的客服，在网店的推广、产品的销售，以及售后的客户维护方面均起着极其重要的作用，不可被忽视。下面首先来了解一下网店客服的重要作用和意义。

1．塑造店铺形象

对于一个网上店铺而言，客户看到的商品都是一张张的图片，既看不到商家本人，也看不到产品本身，无法了解各种实际情况，因此往往会产生距离感和怀疑。这时，客服就显得尤为重要了。客户通过在网上与客服交流，可以逐步了解商家的服务和产品信息，客服的一个笑脸（旺旺表情符号）或者一个亲切的问候，都能让客户真实地感觉到他不是在跟冷冰冰的电脑和网络打交道，而是跟一个善解人意的人在沟通，这样会帮助客户放弃最开始产生的戒备，从而让店铺在客户心目中逐步树立起良好形象。

2．提高成交率

现在很多客户都会在购买产品之前针对不太清楚的内容或者优惠信息询问商家，因此客服能够随时在线回复客户的疑问，可以让客户及时了解需要的内容，从而立即达成交易。

有的时候，客户不一定对产品本身有什么疑问，仅仅是想确认一下商品是否与事实相符，这时客服就可以打消客户的顾虑，促成交易。

同时，对于一个犹豫不决的客户，一个有着专业知识和良好销售技巧的客服，可以帮助买家选择合适的商品，促成客户下决心购买，从而提高成交率。

有时候客户拍下商品，但是并未付款，这时在线客服可以及时跟进，通过向客户询问汇款方式等督促客户及时付款。

3．提高客户回头率

当客户在客服的良好服务下，完成了一次良好的交易后，他不仅了解了卖家的服务态度，也对卖家的商品、物流等有了切身的体会。当他需要再次购买同样的商品时，就会倾向于选择他所熟悉和了解的商家。

4．更好地服务客户

如果把网店客服仅仅定位于和客户在网上交流，笔者则认为这仅仅是服务客户的第一步。一个有着专业知识和良好沟通技巧的客服，可以给客户提供更多的购物建议，更完美地解答客户的疑问，更快速地对客户售后问题给予反馈，从而更好地服务于客户。只有更好地服务于客户，才能获得更多的机会。

10.2　客服必备的知识和能力

对于网店而言，顾客看到的商品都是一张张图片，往往会产生距离感和怀疑。这时通过和店铺客服人员在网上的交流，顾客可以切实感受到商家的服务和态度。网店客服都需要具备哪些知识呢？

10.2.1 商品专业的知识

1．商品知识

客服应当对商品的种类、材质、尺寸、用途、注意事项等都有所了解，最好还应当了解与行业的有关知识、商品的使用方法、修理方法等。

- 要了解商品所用的材质和制造、加工技术，这样才能体现出商品的特色和精工细做；
- 了解商品的功能、用途；
- 了解商品的耐久性、商品使用期限；
- 了解商品使用方法、保养方法等；
- 了解商品设计、色彩、感性，以及商品的设计风格与特色；
- 了解商品包装、商标、形象，以及由商品本身开始向外包装延伸的内容；
- 了解各类活动、赠品，现在购买有没有什么优惠活动；
- 了解售后服务，消除顾客的后顾之忧。

通常在与顾客交流时，会遇到一些意想不到或者比较难以回答的问题，此时客服要体现出专业的职业素质，给出专业的意见，使顾客感到信任可靠。

2．商品周边知识

商品可能会适合部分人群，但不一定适合所有的人。例如化妆品，会涉及皮肤性质的问题，不同的皮肤性质所适用的化妆品有很大的差别；例如衣服，不同的年龄、生活习惯，以及有不同需要的买家，适合不同的衣服款式；例如玩具，有些玩具不适合太小的婴儿，这些情况都需要客服人员有基本的了解。

10.2.2 网站交易规则

1．淘宝交易规则

客服应该站在顾客的角度来了解交易规则，以便更好地把握自己的交易尺度。有的顾客可能第一次在淘宝上交易，不知道该如何进行，这时客服除了要指点顾客去查看淘宝的交易规则，在有些细节上还需要一点点指导顾客如何操作。

此外，客服人员还要学会查看交易详情，了解如何付款、修改价格、关闭交易、申请退款等操作。

2．支付宝的流程和规则

客服了解支付宝交易的原则和时间规则，可以指导顾客通过支付宝完成交易、查看支付宝交易的状况、更改现在的交易状况等。

10.2.3　付款知识

现在网上交易一般通过支付宝和银行付款方式完成交易。银行付款一般建议使用同银行转账，可以通过网上银行付款、柜台汇款，工行同城转账还可以通过 ATM 机完成。

客服应该建议顾客尽量通过支付宝完成交易，如果顾客因为各种原因拒绝使用支付宝进行交易，需要判断顾客确实是不方便还是有其他的原因，如果顾客有其他的考虑，应该尽可能打消顾客的顾虑，促使其使用支付宝完成交易；如果顾客确实不方便，应该了解顾客所熟悉的银行，然后提供相应准确的银行账号，并提醒顾客付款后及时通知。

10.2.4　物流知识

客服要了解的物流知识有以下几个方面。

了解不同物流方式的价格，例如如何计价、价格的还价余地等。

了解不同物流方式送货的速度。

了解不同物流方式的联系方式，在手边准备一份各个物流公司的电话，同时了解如何查询各个物流方式的网点情况。

了解不同物流方式应如何办理查询服务。

了解不同物流方式的包裹撤回、地址更改、状态查询、保价、问题件退回、代收货款、索赔的处理等。

10.2.5　谦和的服务态度

“态度决定一切”这句话说明了端正人生态度的重要性。同样对于网店来说，客服的态度可以直接影响店铺的成交率，也就是说态度可以决定店铺的利润。

在网店中，买家与卖家之间的沟通是便捷的，只要坐在电脑前面打开阿里旺旺聊天工具就可以进行沟通，不受时间和地域的影响，这一点比实体店铺更有优势。因为在实体店铺顾客要和卖家进行沟通必须到店铺中，所以网络店铺是比实体店铺更适合开展情感营销的。

“态度决定素质”，这句话也是很有道理的。良好的服务态度可以体现出卖家的内在修养。“顾客就是上帝”，这句话已经流行了很久，但是最近很多人对此提出质疑，觉得顾客与卖家之间的关系应该是平等的，不能让顾客拥有太多的优越感，不然在交易的时候就会不公平。如果我们都把“上帝”变成朋友，那么距离就拉得更近了，这也是对情感营销在实施阶段的一种升华。

下面具体了解一下如何才能更好地利用谦和的服务态度，把售前、售中、售后三个阶段的服务提升到一个新的高度。

1．售前服务的态度

在这个阶段卖家应该更多地站在顾客的立场上考虑问题，并在店铺中放入顾客想得到的信息。

2．售中服务的态度

售中服务阶段是在顾客确定购买之后，在顾客收到商品之前的这个阶段。在这个阶段我们需要做的就是尽量清晰、准确回答顾客提出的所有问题，协助顾客的整个下单过程，帮助指导新手顾客顺利完成下单过程，处理订单需要快速果断。使用旺旺聊天工具和顾客沟通的时候需要做到响应及时、用语礼貌，并善用旺旺表情来活跃聊天气氛，如果在阿里旺旺上沟通不畅，则可以直接使用电话进行沟通。这个环节服务态度的好坏会直接影响到顾客在交易结束后给予店铺的评价。

3．售后服务的态度

真诚是解决售后问题的最佳选择。售后问题主要都是因为顾客对商品质量或者服务产生了不满。如果我们的态度不好会让他们的情绪更差，从而导致问题升级；如果态度谦和友好，可以促使顾客平和情绪，理智地与卖家协商解决问题。

10.2.6 良好的沟通能力

卖家与顾客在心与心之间搭起的桥梁，沟通的效果才会明显，如果沟通能从心开始，那么顾客也会对卖家产生万分的信任。沟通从心开始也是情感营销的基础。

卖家在与买家交谈中，说话要有技巧，沟通要讲艺术，良好的沟通可以帮助卖家带来更多的生意，良性的沟通也可以增加顾客的忠诚度。卖家在与顾客交流时，要注意自己的形象，管好自己的嘴，要知道什么话应该说，什么话不应该说。不知道所忌，就会导致失败，不知道所宜，就会导致停滞。良好的沟通能力会使我们的生意就会越来越好，回头客也会越来越多。

10.3　客服沟通的基本原则

沟通是卖家与顾客之间信息传递的一个过程，沟通的成功与否在于沟通的内容，更在于沟通的方式。卖家与顾客之间良好的沟通可以增加相互之间的信任。销售的过程实际上就是卖家与买家之间不断沟通的过程，谁掌握了沟通的技巧谁就可以在竞争中立于不败之地。

10.3.1　与顾客沟通的基本原则

在网店经营中，卖家与顾客虽然不能直接面对面，但是与顾客打交道的时候，必须更加注意技巧，否则顾客就会流失，顾客会马上关掉页面，离开你的网店。

1．将心比心，换位思考

在与顾客沟通的过程中，卖家不要把自己摆在“我是卖家”的位置上，要把自己当作一个顾客。只有站在顾客的角度来考虑问题，才知道怎样吸引顾客，你的观点和讲解才能引起顾客的认同。

议价是常见的情况，想想自己平时在买东西时，也是经常还价的，所以对于还价的顾客也应该给予理解，有的顾客议价得非常离谱，例如 90 元的一件衣服，顾客要 50 元买还包邮费，虽然 50 元连成本都不够，但此时也别不能生气或嘲讽，而应该委婉地解释。

此外售后出现异议时沟通也很重要，顾客买到的商品不如期望值那么高或者不合适，此时也换位替顾客想一想，买到一件不太适合自己或不太喜欢的商品谁的心里都高兴不起来。此时不应一口气就回绝或使用理直气壮的语气，否则有可能导致顾客的情绪激动，以至退款或给不好的评价甚至投诉。如果此时引导顾客，说出症结并给顾客合理的建议，则相信顾客也能心平气和接受现实的。

2．礼貌待客，多说谢谢

要礼貌对客，让顾客真正感受到“上帝”般的尊重。顾客进门先来一句“欢迎光临，请多多关照”或者“欢迎光临，请问有什么可以帮忙吗”，诚心致意，会让顾客有一种亲切感，并且可以和顾客培养一下感情，这样顾客的抵触心理就会减弱或消失。

有时顾客只是随便到店里看一看，卖家也要诚心地感谢顾客并说一声“感谢光临本店”。对于彬彬有礼、礼貌非凡的卖家，谁都不会把他拒之门外的。诚心致谢是一种心理投资，不需要很大代价，但可以收到非常好的效果。在适当的时候也可以真诚地称赞顾客几句，有谁会不喜欢别人夸自己呢，此时顾客心里估计也美滋滋的，想不买我们的商品都难。

3. 善于聆听，领会意图

要成为一个沟通高手，首先要学会成为善于聆听的卖家。当顾客未问完时，不要打断顾客的发问，要及时准确地回答，这样对方才会认为卖家是在认真听他说话，也才会对店铺的商品感兴趣，同时倾听可以使对方更加愿意接纳卖家的意见。

在交流中，要找出顾客话中的关键词，领会对方的想法。只要在自己提出来的问题或感想中，加入顾客所说过的关键内容，顾客就可以感觉到你对他所说的话很感兴趣或者很关心。

除了领会顾客意图，抓住顾客的心理，还可以在交谈过程中去看一看顾客的信用评价或者发的帖子。一般从顾客的评价及购买的商品中，再通过交流，大致能了解对方是怎样的人，然后再针对不同的顾客做出不同的反应与服务。

4. 预先考虑顾客的需求

每位顾客的需求特点虽然不一样，但都有一个共同的购物心理，有共同的规律可循。抓住了这一点，就可以预先考虑顾客需要什么了。

要从商品照片的拍摄、商品说明，以及信息回馈等各个方面为顾客考虑周详，必须保证快速回复顾客提出的问题。如果有事不能上网，那么就要留下自己的联系方法和相关说明，以免让顾客感到受到冷落。最好将阿里旺旺或者 QQ 与自己的手机绑定。

5. 坚持诚信原则

网络购物虽然方便快捷，但唯一的缺陷就是看不到，摸不着。顾客面对网上商品难免会有疑虑和戒心，所以我们对顾客必须要像对待朋友一样对待他们，包括诚实地解答顾客的疑问、诚实地告诉顾客商品的优点及缺点、诚实地向顾客推荐适合他的商品。

在买卖的过程中，首要的是诚信，在销售商品时不要隐瞒任何问题，否则这些缺乏诚信的行为将使店铺失去更多的顾客。坚守诚信还表现在一旦答应顾客的要求，就应该切实地履行自己的承诺。哪怕自己吃一点亏，也不能出尔反尔。

6. 尊重顾客

得到别人的尊重在人的需求中具有比较高层次，顾客的购买过程实际上是一个在消费过程中寻求尊重的过程。顾客对于网上购物活动的参与程度和积极性，很大程度上在于卖家对顾客的尊重程度。

少用“你”字，多使用“您”或者“咱们”这样的字眼，让顾客感觉我们在全心全意地为他考虑问题。当顾客表达不同的意见时，要力求体谅和理解顾客，尽量用“我理解您现在的心情，目前……”或者“我也是这么想的，不过……”来表达。这样顾客能觉得你尊重他的想法，能够站在他的角度思考问题，同样，他也会试图站在你的角度来考虑问题。

7．尊重顾客的观点

在买卖中，卖家常常会有与顾客不同的看法，如果无法接受顾客的观点，那可能会错过很多机会，而且无法和顾客建立融洽的关系。即使顾客的看法与感受都和卖家不同，顾客可能还会坚持自己的看法、结论和感受的。

尊重顾客的观点，让顾客了解我们一直在听，而且也听懂了他所说的话，虽然不一定同意他的观点，但还是很尊重他的想法。若是卖家一直无法接受对方的观点，那期间的交易也一定是别扭并且不融洽甚至失败的。除此之外，这也能够帮助顾客建立自信，使他更能够接受不同的意见。

8．理性沟通，避免情绪

网上开店会遇到各种各样的顾客：有的过于挑剔，会连续问几天问题；有的对卖家不太尊重，连问话都采用质问式的；有的拍下商品就消失了等，这些顾客都有可能在沟通过程中让卖家很生气。如果顾客的行为真的让人很生气，此时需要的是理性与冷静。不理性只会产生争执，不会有结果，更不可能有好结果。

在有情绪时也不要做出决定：带情绪的沟通常常无好话，既理不清，也讲不明，还很容易做出情绪性、冲动性的决定，这很容易让事情不可挽回。常见的是卖家投诉顾客，当冲动地决定去投诉顾客时，不一定有好结果，相反，与顾客沟通协调后，反而可能解除误会或者挽回错误，说不准他还会成为店铺忠实的顾客了。

9．对顾客的差评要接受

每当完成一笔交易后顾客都会为卖家打分。如果顾客感觉卖家的服务不好，或者沟通不顺畅，就会给卖家差评，卖家店铺的总积分就会被扣去一分。每位卖家都很注重自己的积分，因为积分高了才能让店铺的等级上升，这样就可以招来更多的顾客。如果一旦得了差评，首先要客观对待顾客的批评。如果确实是自己做得不够好，一定要虚心接受，然后改正自己服务中的缺陷。只有这样，网店的服务才会更好，顾客也会觉得你是一个不错的卖家。

10．提升职业化素质

不是所有的顾客对你的产品都是了解和熟悉的。当有的顾客对你的产品不了解的时候，在咨询过程中，我们就要了解自己产品的专业知识，这样才可以更好地为顾客解答，帮助顾客找到适合他们的产品。不能一问三不知，这样会让顾客感觉没有信任感，谁也不会在这样的店里买东西的。

10.3.2 永远都站在顾客的角度去考虑问题

多为顾客着想，不仅售前、售中的服务要好，售后的服务也要好。让顾客买得开心，他才会把你当朋友，下次自然还会再来买东西，而且他会给店铺好评，向他的朋友推荐你的店铺。

要设身处地地为顾客着想，始终以顾客为中心，经常进行换位思考是非常重要的。设身处地地为顾客着想就意味着你能站在顾客的角度去思考问题并理解顾客的观点，只有这样才能吸引忠实的客户。

1. 卖家换位成顾客，更容易与顾客沟通

卖家对自己的商品很了解，但如何把这种了解传递给顾客，就要讲究方法了。首先把自己当作顾客，真实、客观地介绍商品的性能、品质，有助于顾客对商品产生更为客观真实的印象，为以后的交易达成打下基础。

2. 卖家换位成顾客，更容易达成交易

客观真实地回答顾客的问题，知之为知之，不知为不知，能让顾客觉得你是一个诚实守信的卖家，进而觉得店铺里的商品也是一分钱一分货，有了这种心灵上的沟通，交易也就更容易达成。

3. 卖家换位成顾客，能有效减少交易纠纷

由于卖家以顾客的身份来看待自己的商品，所以在与顾客沟通时必然会实事求是地讲解自己的商品，并为顾客提出该类商品的优点和缺点。当然在说到缺点时，一定要强调商品的价格与价值是一致的，这样才不至于让顾客始终想到商品的缺点。经过这样的沟通而达成的交易，产生纠纷的可能性是极小的。

4. 把顾客的问题当成自己的问题

在销售过程中，只有把顾客的问题当作自己的问题来解决，才能赢得顾客的信赖。因为适当地为顾客着想，会使卖家与顾客之间的关系更加稳定，也会使得合作更加长久。

5. 为顾客提供省钱的建议

要时时刻刻为顾客着想，站在顾客的立场上来看待问题，先不考虑从中得到的利润，而是帮顾客想一下，怎样才能够让他省钱。其实这也是帮自己赚钱，以最少的投入获得最大的回报。

其实先为顾客省钱，然后自己再从中赚钱，这并不矛盾。因为当顾客充分信任我们之后，才会继续多次合作。

10.3.3　实事求是，介绍商品的必要方法

在向顾客介绍商品的时候，必须针对商品本身的特点及商品的缺点，有技巧地向顾客解释并做推荐。商品的缺点本来是应该尽量避免触及的，但是如果因此造成成交后的顾客抱怨，则反而会让店铺失去信用。所以，要让顾客了解商品的缺点，并努力让他知道商品的其他优点。

怎样得知商品的优点与缺点呢？以下是一些信息来源，要随时记得掌握。

- 向本店的资深人员询问。
- 向厂商、批发商的营业人员询问。
- 阅读报纸、专业杂志。
- 参观展示会、工厂。
- 利用电视、杂志等媒体收集资料信息。
- 亲自试穿、试吃、试用。
- 要陈述商品对消费者有价值的部分，而不是滔滔不绝地只讲述商品的特征。

在向顾客介绍商品时应该实事求是，给顾客一个真实全面的信息，不要为了使自己的商品能卖出就满口说好。在网络上经营，最重要的就是诚信。如果骗人，则自己的路会越走越窄，最终会无路可走。

10.3.4　真诚对待顾客，迎来完美交易

大多数卖家的成功，不仅得益于产品质量，更重要的是如何对待顾客。人们都说你怎么对待别人，别人就怎么对待你。对顾客要真诚，这样才能赢得顾客的信任，赢得完美交易。

要让别人接受我们的一些请求和条件，就需要引导对方产生答应的动机。想要顾客购买你的商品，就要让顾客产生购买的欲望，这样才能使对方主动地接受你的要求，购买你的商品。否则，无论怎么说都是没用的，甚至还会适得其反，引起对方的不满，更加讨厌你，对你没有好印象。

很多网店客服人员在遭到顾客的拒绝以后，就觉得自己毫无希望，没有做任何争取，也没有询问顾客不需要的理由，而只好再去向其他人销售。这样的销售恐怕很难取得好的业绩。

顾客之所以拒绝，可能并不是不需要你的商品，而是你没有成功引起他产生购买的动机。

顾客的拒绝都是有一定理由的，也许嫌商品贵，也许对商品不够信任，也许抱怨商品没有售后服务等。只要能够消除买家的这些疑虑，就可以引起买家的内在满足感，使其产生购买的欲望。

顾客之所以对商品要精挑细选，在购买时小心翼翼，其目的只是想要买到货真价实的东西，避免上当受骗，所以会很仔细地审视一切。如果网店客服人员能够帮助顾客解决自身的各种疑问，顾客就会产生强烈的购买欲望，并安心地购买。所以面对顾客的审视，不必感到窘迫，真诚地面对顾客，接受他的检验即可。

10.4 网店客服沟通的技巧

在淘宝开店除了要有质量良好的产品和美观的店铺装修外，优质的客服服务也是很重要的，有技巧的沟通技巧可以促进商品的成交，提高顾客的回头率，建立店铺的口碑和品牌。

10.4.1 不同顾客的沟通交流方法

作为卖家，对待顾客要耐心。也许很多卖家都有这样的经历，顾客询问了两三个小时甚至于一个下午，但是最后说“谢谢了，我再考虑一下”。遇到这种情况也不要着急，可以对顾客说“希望下次有机会合作”，而不是当场骂过去。顾客这次不买了，也许有其他原因。但是他一定会记得我们的诚心，也许会介绍朋友、邻居下次光临我们的店铺。卖家态度好了，会有很多回头客的。

下面介绍针对几种不同顾客的沟通交流方法。

1. 针对直接问价的顾客

这样的顾客一般都是已经看中了商品，只是为了确定货源、价格及运费。针对他们的问题，一定要以最快的速度回答，并且要清楚，不能含糊不清，不可拖拉时间，否则性急的顾客可能就会因此而流失了。当然也有一些问得特别细致的顾客，想在成交之前把商品的相关性能了解清楚一点，这时候就需要耐心而详细地回答他的问题。不能因为顾客询问的问题太多而爱答不理，这样的卖家会让顾客产生一种不敢信任的感觉。

2. 针对以后需要，先询价的顾客

不要看轻了这一类顾客，他们一般都是潜在的客户。而且这类顾客当中很可能有大客户，他们有可能是需要得多，现在需要细致了解。因为不着急买，所以他们一般把商品的每一个细节都问得很清楚详细，这时就不能只求效率了，一定要慎重地回答他们的问题，如果遇

到一时答复不了的问题，可以请顾客稍等，或跟他选一个明确的时间再一一进行详细的解答。

3．针对砍价的顾客

这类砍价的顾客还可分为两小类。

第一类是习惯性砍价，这一类顾客在生活中买东西时已经养成了砍价的习惯，所以不管你店里是否注明了“已为最低价，恕不还价”，他都会砍价。针对他们的砍价，卖家一定要耐心解释，可以在没有亏损的情况下尽量稍微降低一些价格，让他们心理上能得到一种平衡，不然他会觉得你是一个很死板的卖家，不愿意再同你交易。

第二类就是在网上搜到了比你价位更低的同款商品，他之所以选择到你的店里购买，一方面可能是你的图片更好看，第二方面也可能是对你的信任，第三方面也可能是对方的运费设置得不合理。对于这种砍价，需要更明智地对待了，如果他说的价位正好是恶意压价的卖家出的价，并且比你的成本价还低，那你就只能向顾客耐心地解释并说明这款商品的市场价位是多少，把本店铺商品和竞争对手的商品的各种优劣势进行详细比较，用数据、证书等直观的方式，从店铺的状况和商品的定位、包装、质量等方面向顾客说明。例如在质量方面，必要时可向顾客出具商品获得的 ISO9000 等质量保证体系的证明文件，告诉顾客自己店铺的高价商品背后，有着优于竞争对手的完善的服务体系。

4．针对首次网购的顾客

第一次在网上购物的顾客最怕的就是受骗，而且因为没有经验，所以很多顾客对购物的流程都不是很了解。他们在拍下东西之后，往往在付款时会有很多不懂的地方，一般都会向卖家询问怎么办，这时你一定要耐心地解答，如果你也不清楚应帮他一起想办法解决，告诉他不用着急。这样会让他感觉你这个人很可靠，很愿意和他做朋友，不是一心只想着赚钱的卖家。

在付款之后，一定要及时发货，告诉顾客几天之内会收到货，在跟这种第一次购物的顾客交易时最好能适当地送一些小礼物作为留念，这样顾客会觉得很贴心，也很放心，以后再有需要的话也会直接找你的。

5．针对找你闲聊的顾客

这类的顾客要么是来学习经验的，要么是觉得你的人不错，想和你聊一聊。如果你认为这是在耽误时间那可就错了，这一类的顾客很可能成为你以后的客户，他现在和你做了朋友，有需要店里同类产品的时候，自然第一个想到的就是你。所以如果不是特别忙，一定要非常真诚地同他聊一聊，也许从他那里你也可以得到一些不错的经验。如果比较忙，你应向他说明，一般都会得到对方谅解的。

6．针对回帖及店铺留言的顾客

一般回帖及留言的顾客，都是对你的帖子和店铺比较认同的，回帖、留言都代表了对你的支持和认可，在时间允许的情况下最好一一地发送旺旺消息表示感谢。在这个过程中一般都会得到他们的再次回复，而你也可以自然而然地和他交上了朋友，以后有什么活动或是好消息，及时地告诉他们时，一般都不会遭到他们的拒绝，甚至有些还会成了你的客户。

10.4.2 学会真诚赞美你的客户，让你的销量翻番

每个人都喜欢听好话，可以说没有人喜欢听别人指责自己的话。即使是好朋友，当你指出他的错误时也需要善意地提醒。如果当众说出来，会让他觉得没有面子，严重的时候，可能会连朋友都做不成了。而对于赞美之词，一般情况下，人们都会很高兴听到。即使赞美得有些过头，对方往往也会“来者不拒”。

在网络交流中运用一些赞美的小技巧，让顾客在购物的过程中不仅可以买到自己中意的宝贝，也能让心情更好，更重要的是让顾客更加喜欢你的店铺，增加了对你店铺的印象，如果顾客对你的商品很满意，他最终会成为你最忠实的顾客。

在赞美对方的过程中不能过量，必须要恰到好处，如果过量了，那么就成了“拍马屁”，不仅得不到你想要的结果，还会使人产生反感的情绪。所以，在赞美顾客前，一定要掌握一些赞美的技巧。赞美顾客一定要注意以下几个方面。

（1）如果是新顾客，不要轻易赞美，只要有礼貌即可。因为大家还不是很熟悉，贸然地去赞美顾客，只会让其产生疑心乃至反感，弄不好就成了谄媚。

（2）如果要赞美别人，一定要从具体的事情、问题、细节等层面赞美，例如可以赞美其问题提得专业，或者看问题比较深入等，这样会让顾客感觉你的赞美很真实、真诚。

（3）赞美要有针对性。实践证明，有针对性的赞美比一般化的赞美能收到更好的效果。例如年纪大的顾客总希望别人不忘记他“想当年”的业绩与雄风，同其交谈时，应称赞他引为自豪的过去；和年轻的顾客交流，应称赞他的创造才能和开拓精神；对于经商的顾客，应称赞他经营有方，生财有道；对于知识型顾客，应称赞他知识渊博，宁静淡泊。

（4）赞美要基于事实。虽然人人都喜欢听赞美的话，但并非任何赞美之词都能使对方高兴。基于事实、发自内心的赞美，更能赢得顾客的认同。相反，若无根据、虚情假意地赞美顾客，他不仅会感到莫名其妙，而且会觉得你油嘴滑舌、蓄意讨好，为此心生厌恶。

赞美顾客的方法多种多样，在我们看不到对方也不知道对方外貌的情况下，可以从以下几个方面进行赞美。

1．ID 赞美

当买家第一次来咨询的时候，我们什么都不知道，只能看到此买家的 ID，这时可以从 ID 入手，例如：

"亲，你的 ID 很有个性"——买家看了会很高兴的。

"亲，从你的 ID 就可以看出来你很爱你的男（女）朋友吧，你买这个商品是送他的吧，你男（女）朋友可真让人羡慕"——有的买家的 ID 是××0205 或者是××爱××。

2．头像赞美

"亲，你的头像是你本人吗？长得很漂亮很有气质"——顾客听了心里会美滋滋的。

"亲，你的头像是你本人吗？那么有气质，你应该是老师？"——即使猜错了也没关系，因为你是在赞美她，她如果想跟你聊天，就会告诉你她是做什么的，这样就可以进一步地拉近感情。

3．买家所在地的赞美

"亲，你是××市的啊，你们那边的××很出名"——这要求你必须对那个城市的风景名胜或其他方面比较了解。

"亲，你是××市的啊，我老家也是那边的"——这个必须是真实的。

"亲，你是××市的啊，我认识很多那边的朋友，那里的人给人的感觉就是很豪爽，很朴实，我非常喜欢跟那边的人交朋友"——拉近感情。

> 利用地名赞美必须真实，或者是在聊天中感情进一步时才能用。一开始就用，有的人不喜欢别人知道他是什么地方的，会产生反感的情绪，对对方所在城市不了解就千万不要用，不然会适得其反。

4．针对对方咨询或购买商品的赞美

一般来讲，顾客买完产品后，总是怀疑自己买亏了或者买得不合适，所以他们会去询问身边的朋友、亲戚、家人来判断自己这次所买的商品是否合适。比如你是卖衣服的，可以说："您的眼光真的很独特，这件衣服很多买家都非常喜欢呢。"

5．交易完毕后的赞美

"谢谢您对我们的支持，没想到您是一个那么豪爽的人"——主要针对对方咨询得少，随便问一问就拍下付款的顾客，这种人的性格一般是很豪爽的，也是一个潜在的老客户。

"谢谢亲对我们的支持，更谢谢您对我们的信任，请您放心，我们产品的品质一定会让您满意的。"

6．评价后的赞美

对方给你好评之后，适当地给些赞美之词，例如"感谢您的信任与支持"、"非常爽快的买家"、"非常守信用的买家"等。有的顾客也会很关注别人给他的评价，如果他看到你给他的好评赞美的话时，他也会很高兴的。

把赞美的方法运用好，老客户会越来越多，再加上一些礼品促销，只要商品质量过硬，服务态度够好，买家会成为你最忠实的客户。以后他需要类似商品时就不会再找别人，客户就是这样一点一滴积累起来的，当然顾客多了，销量翻番也是水到渠成的事。

更要记住的是，赞美一定要真诚，用真心赞美别人，别人也会感受得到的，如果不是发自真心的，那么只会带来负面的结果。

10.4.3 客服人员促成交易的技巧

新手开网店往往因为留不住客户而错失订单。我们在淘宝上开网店最终还是要赚钱，当然要想尽方法促成交易。但是，很多卖家往往在买家犹豫买还是不买的时候错失了良机，眼睁睁看着买家消失得无影无踪。那么怎样沟通才能促成交易，把握住这些准客户呢?

1．假定顾客已经同意购买

当顾客一再出现购买信号，却又犹豫不决拿不定主意时，可采用"二选其一"的技巧。例如可对顾客说："请问您要那双黑色的还是红色的呢?"。这种"二选其一"的问话技巧，是让顾客选中一个，其实就是你帮他拿主意，下决心购买了。

2．帮助顾客挑选

许多买家即使有意购买，也不喜欢迅速签下订单，他总要东挑西拣，在产品颜色、规格、式样上犹豫不决。这时，聪明的客服人员就要改变策略，暂时不谈订单的问题，转而热情地帮对方挑选颜色、规格、式样等，一旦上述问题解决，你的订单也就落实了。

3．利用“怕买不到”的心理

人们对越是得不到、买不到的东西，就越想得到它、买到它。客服人员可以利用这种“怕买不到”的心理促成订单。例如可以对买家说：“这种产品只剩最后一个了，短期内不再进货，你不买就没有了。”或者说：“今天是优惠价的截止日，请把握良机，明天你就买不到这种折扣价了。”

4．保证成交法

有的顾客担心购买后商品质量有问题，有的担心送货不及时，无人上门安装修理等。如果不消除顾客的这些心理障碍，顾客往往会拖延购买或以借口拒绝购买。针对顾客的这种心理，可积极采用保证成交法达成交易。保证成交法是针对顾客的忧虑，通过提供各种保证以增强顾客的决心，有利于顾客迅速做出购买决定，有针对性地化解顾客异议，有效地促成交易。例如常用的保证成交法用语“您好，这种家电的质量您尽管放心，一周内一旦发现任何问题，店铺保证无条件退换。”

5．反问式的回答

所谓反问式的回答，就是顾客问到某种产品，不巧正好没有时，就得运用反问来促成订单。例如，准顾客问：“你们有白色的吗?”这时，客服人员不可回答没有，而应该反问道：“抱歉!我们暂时没货，不过我们有黑色、棕色、粉红色的，在这几种颜色里，您比较喜欢哪一种呢?”

6．利用顾客希望快点拿到商品的心理

大多数顾客希望在付款后卖家越快寄出商品越好。所以在顾客已有购买意向，但还在最后犹豫的时候，可以说：“如果真的喜欢的话就赶紧拍下吧，快递公司的人再过 10 分钟就要来了，如果现在支付成功，马上就能为您寄出了。”这对于有意向成交的顾客尤为有效。

7．积极的推荐，促成交易

当顾客拿不定主意，需要你推荐的时候，你可以尽可能多地推荐符合他要求的款式，在每个链接后附上推荐的理由，而不要找到一个推荐一个，例如“这款是刚到的新款，目前市

面上还很少见"，"这款是我们最受欢迎的款式之一"，"这款是我们最畅销的，经常脱销"等，以此来尽量促成交易。

8．快刀斩乱麻

在尝试上述几种技巧后，都不能打动对方时，你就得使出杀手锏，快刀斩乱麻，直接要求顾客快速下单。

10.4.4 客服人员的话术技巧

淘宝客服在接受顾客咨询的时候，如果对话技巧应用不对，则可能导致顾客流失；如果对话得当，说对每句话，就能轻松留住买家的心，把原本犹豫的顾客留住。

1．顾客旺旺咨询

针对买前喜欢先咨询的顾客，卖家一定不要吝啬自己的文字，旺旺的自动回复功能一定要利用。无论你在不在电脑前，都要设置自动回复，这样顾客就可以在第一时间收到卖家的回复。针对以砍价开场的顾客，卖家不要生硬地回复"不议价"，那样的话没几个愿意留下来的，要绕开价格话题，先帮顾客查询一下是否有库存，然后引导顾客深入了解产品，了解多了，顾客就觉得值了。

2．引导顾客坚定购买信心

确定好顾客选中的颜色尺码，在有货的情况下再进行下一步，以免浪费半天时间结果没货，顾客会心生厌倦。确定好商品后顾客自然会针对商品提出问题，虽然宝贝描述已经十分详细，卖家也不能让顾客自己去看描述。有时候顾客明明看到产品的成分、面料、尺码的描述，可还是习惯去问卖家，特别是女性顾客，这个时候卖家一定不能搪塞，要针对顾客的提问做出中肯的答复，让顾客感到你对商品很有信心，并且很负责，有耐心，良好的开端是奠定下一步继续沟通的基础。

3．已拍下商品也不能掉以轻心

顾客成功拍下商品后，发现有几毛钱的零头，要求抹零，面对这样的砍价，何不让顾客满意到底呢？几毛钱换个爽快大方的印象也不错。

4．付款完成承诺发货与售后

每一位拍下商品的顾客都是很急切地希望看到商品的，能了解这个心情自然能站在顾客角度去回复每句话。但是有时候库存会有突然变更的情况，但这个时候跟顾客讲那么多没有用，只需要告诉顾客在有货的情况下一定能当天发走，等到真遇见缺货或突然断码的情况，也能跟顾客解释有货的时候当天能发货，不排除意外，这样也好做后续解释工作。这个时候只要让顾客感觉到放心安心就可以了。很多卖家包括很多皇冠卖家都在顾客付款完成时就消失了，别忘记还有评价呢，这是最重要的。为了让顾客能给 5 分好评，最好提前暗示顾客有问题先联系，让顾客再次满意。

5．温柔贴心的问候为交易画上完美句号

确认收货地址让顾客感到我们的认真负责，最后别忘记贴心问候，仿佛老朋友一样，相信没有哪个顾客可以拒绝这样温柔的客服。始终保持愉快轻松的心态来面对每一个顾客，不要因为忙碌而忽视了顾客的心理需要，有时候，顾客买的不仅仅是一件商品，还有交流的乐趣，被重视的感动。

10.4.5 客服人员的语言文字沟通技巧

俗话说“良言一句三冬暖，恶语伤人六月寒”，好的语言只有短短几个字，却能让顾客听起来非常舒服，产生意想不到的效果。下面是客服人员的语言文字沟通技巧。

（1）少用“我”字，多使用“您”或者“咱们”这样的字眼，让顾客感觉我们在全心全意地为他（她）考虑问题。

（2）常用规范用语。

“请”是一个非常重要的礼貌用语。

“欢迎光临”、“认识您很高兴”、“希望在这里能找到您满意的商品”。

“您好”、“请问”、“麻烦”、“请稍等”、“不好意思”、“非常抱歉”、“多谢支持”……

平时要注意提高修炼自己的内功，同样一件事不同的表达方式就会表达出不同的意思。很多交易中的误会和纠纷就是因为语言表述不当而引起的。

（3）在客户服务的语言表达中，应尽量避免使用负面语言。

这一点非常关键。客户服务语言中不应有负面语言。什么是负面语言？例如我不能、我不会、我不愿意、我不可以等，这些都叫负面语言。

在客户服务的语言中，没有“我不能”：当你说“我不能”的时候，客户的注意力就不会集中在你所能给予的事情上，他会集中在“为什么不能”，“凭什么不能”上。

正确方法：“看看我们能够帮你做什么”，这样就避开了跟客户说不行，不可以。

在客户服务的语言中，没有“我不会做”：你说“我不会做”，客户会产生负面感觉，认

为你在抵抗；而我们希望客户的注意力集中在你讲的话上，而不是注意力的转移。

正确方法："我们能为你做的是……"

在客户服务的语言中，没有"这不是我应该做的"：客户会认为他不配提出某种要求，从而不再听你解释。

正确方法："我很愿意为你做"。

在客户服务的语言中，没有"我做不了"：当你说"不"时，与客户的沟通会马上处于一种消极气氛中，为什么要客户把注意力集中在你不能做什么，或者不想做什么呢？

正确方法：告诉客户你能做什么，并且非常愿意帮助他们。

在客户服务的语言中，有一个"因为"：要让客户接受你的建议，应该告诉他理由，不能满足客户的要求时，要告诉他原因。

10.4.6 客服人员以个性化服务留住更多买家

首先，当新客户来询问的时候，使用快捷回复："您好，欢迎光临！我是客服 XX，很高兴为您服务！"在客户询问的当口，首先要快速查看一下对方的信用度和购买记录，这样对对方的消费能力和购买习惯有一个大致的了解，就比较容易推荐适合的产品。

1. 推荐适合的产品

在对买家大致分析的基础上，客服人员可以向其推荐店里性价比最高或者单价比较便宜的东西。换位思考是比较重要的一点，如果自己是这位客户，那么最适合的是什么产品。我们的目标是让客户最满意，而不是让自己赚到最多的钱，建立彼此信任的关系对吸引客户来说是非常重要的。

2. 提供跟价格等同的服务

产品定价高没关系，只要提供跟价格匹配的质量和服务，就会有回头客。客户已经花了许多工夫在淘宝上搜索、比较，才选中我们的，而且点击购买、输入支付密码这些操作虽然简单，也是要耗时间精力的。

3. 个性化服务

总有一些并非我们目标客户的人找上门来，或者消费能力很好但是很难站在同样的层面沟通的客户。客服人员可以向其推荐一些市面上容易买到的，适合他们的东西，再搭配一些必须在自己店铺买的东西，这样有朝一日等他有需求的时候，还是会回来的。

10.4.7　不同类型客户的不同沟通技巧

1．顾客对商品了解程度不同，沟通方式也有所不同

对商品缺乏认识，不了解：这类顾客对商品知识缺乏，疑虑且依赖性强。对于这样的顾客要像朋友一样细心解答；从他的角度考虑给他推荐商品，并且告诉他你推荐这些商品的原因。对于这样的顾客，你的解释越细致他就会越依赖你。

对商品有些了解，但是一知半解：这类顾客对商品了解一些，比较主观，易冲动，不太容易依赖，面对这样的顾客，这时就要控制情绪，有理有节耐心地回答，向他展示你丰富的专业知识，让他认识到自己的不足，从而增加对你的依赖。

对商品非常了解：这类顾客知识面广，很自信，问题往往都能问到点子上，面对这样的顾客，要表示出你对他专业知识的欣赏，表达出“好不容易遇到懂行的了”。用朋友的口气和他探讨专业知识，给他来自内行的推荐，告诉他“这个才是最好的，你一看就知道了”，让他感觉到自己被当成了你的朋友，而且你尊重他的知识，你给他推荐的商品肯定是最放心、最好的。

2．对价格要求不同的顾客

有的顾客很大方，说一不二，看见你说不砍价就不跟你讨价还价。对待这样的顾客需要表达感谢，并且主动告诉店铺的优惠活动，会赠送什么样的小礼物，这样，让顾客感觉物超所值。

有的顾客会试探性地问问能不能还价，对待这样的顾客既要坚定地告诉他不能还价，同时也要态度和缓地告诉他，我们的价格是物有所值的，并且谢谢他的理解和合作。

有的顾客就是要讨价还价，不还价就不高兴。对于这样的顾客，除了要坚定重申我们的原则外，要有理有节地拒绝他的要求，不要被他各种威胁和祈求所动摇。适当的时候建议他再看看其他便宜的商品。

3．对商品要求不同的顾客

有的顾客因为买过类似的产品，所以对购买的商品质量有清楚的认识，对于这样的顾客是很好打交道的。

有的顾客将信将疑，会问：“图片和商品是一样的吗？”对于这样的顾客要耐心给他们解释，在肯定我们是实物拍摄的同时，要提醒他难免会存在色差等问题，让他有一定的思想准备，不要把商品想象得太过完美。

还有的顾客非常挑剔，在沟通的时候就可以感觉到，他会反复问：“有没有瑕疵？有没有色差？有问题怎么办？怎么找你们”等，此时就要意识到这是一个完美主义的顾客，除了实事求是地介绍商品，还要实事求是把一些可能存在的问题都介绍给他，告诉他没有东西是十全十美的，如果顾客还坚持要完美的商品，就应该委婉地建议他选择实体店购买需要的商品。

10.4.8 说服客户的技巧

客服在与买家沟通的过程中，难免会遇到难缠的客户，这时除了要产品质量好、服务态度好之外，很重要的一个方面就是说服买家的技巧了。

1. 调节气氛，以退为进

在说服买家前，首先应该想方设法调节谈话的气氛。如果你和颜悦色地用提问的方式代替命令，并给人以维护自尊和荣誉的机会，气氛就是友好而和谐的，说服也就容易成功；反之，在说服买家时不尊重他人，拿出一副盛气凌人的架势，那么说服工作多半是要失败的。毕竟人都是有自尊心的，谁都不希望自己被他人不费力地说服而受其支配。

2. 争取同情，以弱克强

渴望同情是人的天性，如果你想说服比较强大的对手时，不妨采用这种争取同情的技巧，从而以弱克强，达到目的。

3. 消除防范，以情感化

一般来说，在你和要说服的对象较量时，彼此都会产生一种防范心理。这时候，要想成功说服对方，你就要注意消除对方的防范心理。如何消除防范心理呢？从潜意识来讲，防范心理的产生是一种自卫，也就是当人们把对方当作假想敌时产生的一种自卫心理，那么消除防范心理的最有效方法就是反复暗示对方，表示自己是朋友而不是敌人。这种暗示可采用下面方法来进行：嘘寒问暖，给予关心，表示愿意帮助等。

4. 投其所好，以心换心

要站在他人的立场上分析问题，给他人一种为他着想的感觉，这种投其所好的技巧常常具有极强的说服力。要做到这一点，“知己知彼”十分重要，惟先知彼，而后方能从对方立场上考虑问题。

5. 寻求一致，以短补长

习惯于拒绝他人说服的人，经常都处于“不”的心理组织状态之中，所以自然而然地会呈现僵硬的表情和姿势。对付这种人，如果一开始就提出问题，绝不能打破他“不”的心理。所以，需要努力寻找与对方一致的地方，先让对方赞同你远离主题的意见，从而使之对你的话感兴趣，而后再想办法引入话题，而最终求得对方的同意。

10.5　卖家与顾客沟通的禁忌

卖家在与顾客沟通时，主要目的是销售商品，不是来参加辩论会的，要知道与顾客争辩解决不了任何问题，只会招致买家的反感。

卖家首先要理解顾客对商品有不同的认识和见解，允许顾客有不同的意见。如果刻意地去和顾客发生激烈的争论，即使你占了上风，赢得了胜利，把顾客驳得哑口无言、无地自容，你高兴了，但你得到的是什么呢？结果是失去了顾客、丢掉了生意。

1．忌质问

卖家与顾客沟通时，要理解并尊重顾客的所需与观点，切不可采取质问的方式与顾客谈话。如下所言是坚决不允许的：

（1）你为什么不买这双鞋呢？

（2）你为什么不喜欢这个颜色？

（3）你凭什么讲我的信用是炒作的？

（4）你有什么理由说我的商品质量不好？

用质问或者审讯的口气与顾客谈话，是不懂礼貌的表现，不尊重人的反映，是最伤害顾客感情和自尊心的。

2．忌命令

卖家在与顾客交谈时，态度要和蔼一点，说话要轻声一点，语气要柔和一点，要采取征询、协商或者请教的口气与顾客交流，切不可采取命令和批示的口吻与顾客交谈。

你不是顾客的领导和上级，无权对顾客指手画脚、下命令或下指示；你只是一个卖家，是顾客的一个购物向导。

3．忌炫耀

与顾客沟通时，要实事求是地介绍自己的商品和店铺，万万不可忘乎所以，得意忘形地自吹自擂，炫耀自己的商品。要知道还有比你的商品更好的。况且每个人的品位及审美观都不一样，你认为好的商品顾客未必认为也好。

4．忌批评

买家有成千上万、千差万别，他们的知识和见解都不尽相同。在与其沟通时，如果发现他在认识上有不妥的地方，也不要批评和教育他，更不要指责他，说他这也不对那也不对，要知道批评与指责解决不了任何问题，只会招致对方的怨恨与反感。与顾客交谈要多用感谢词、赞美语；要多言赞美，少说批评，要掌握赞美的尺度和批评的分寸，要巧妙批评，旁敲侧击。

5．忌专业

在推销自己的商品时，一定不要用专业术语，例如顾客问你这件衣服是不是全棉的，你不要告诉他商品是几支纱的，直接告诉他含棉量是100%还是90%即可。用专业术语不但让顾客弄不明白你的意思，而且还会让顾客以为你在他面前炫耀。

6．忌冷淡

与顾客交流，态度一定要热情，语言一定要真诚，言谈举止都要流露出真情实感，要热情奔放、情真意切。在谈话中，冷淡必然带来冷场，冷场必定让生意泡汤，因此要忌讳冷淡。

卖家在与顾客的交流中，说话要有技巧，沟通要有艺术；良性的沟通可以使顾客成交一次又一次。要知道什么话应该说，什么话不应该讲。

10.6　网店店主培训客服新手的方法

网店客服是有自身特点的人群，如何帮助这些新入场的客服迅速进入角色，让他们为网店创造更大的价值至关重要。了解淘宝皇冠店主培训客服新员工的方法和技巧，对于成长中的网店店主培训员工，打造人才队伍，不无益处。

1．制定标准化制度、工作样板

样板即根据各项标准要求所做出来的模板，是员工日常工作的参照物。店主可以按各种工作标准做出样子来，制定每一步的流程，工作中所遵循的规则等，以最直观的方式让客服新手明白什么是正确的，如何去操作。

在标准化制度下，只要店主依规定执行，不偏袒放任，客服们便会自觉地在你为他们划定的圈子内“自由发挥”、施展所长。

2．协助带领员工一起做，发现问题即时解决

协同即带领、陪同员工完成各项工作。店主按工作标准做出样板后，要亲自和客服按样板要求共同完成各项工作，例如如何与客户沟通、如何收款、如何发货等。这样一方面使客服人员更理解制度标准中的内容，另一方面可以帮助新手解决初次工作遇到的困难和心理障碍。

3．工作流程中跟踪指点

通过对客服工作的全过程进行观察，以了解客服在工作中的优缺点。经过前两个步骤，被培训者已具备一定的操作技能，这时应该让客服独立完成每一项流程。这时，店长此时也应当站在客服旁边，进行观察记录，对做得不足的地方及时指出来。

纠正表扬是培训新手中重要的一个环节，纠正即根据客服工作的结果，指出做得好的和做得不足的地方，然后对做得不足的地方进行纠正。纠正不足前要对客服人员做得好的地方进行肯定和表扬，最好是当众表扬；纠正不足时最好单独对其进行讲解，同时多做演示动作，以加强记忆。

4．强化记忆，打造凝聚力

强化即按照样板标准坚持做下去，最终形成习惯。强化是一个长期的过程，必须逼迫客服不断坚持去做，而且要根据样板标准做出考核指标，没达到标准的要进行处罚。久而久之，客服们必定会养成谨慎细致的态度，网店的管理也像企业一样，管理灵魂不在管理者的嘴里，而在员工的心中。这几个步骤有效完成后，店主也就可以天天悠闲地品茶看报，按时收账了。

第 11 章 处理交易纠纷的绝招

开店指导

交易纠纷是指交易完成后，由于交易双方对于商品价格、商品质量、服务费用、售后服务等方面出现的意见不统一而导致的争执。这种纠纷，无论是对于买家、卖家，还是淘宝网站，都是不易解决的问题。随着淘宝交易的日益火爆，在淘宝购物已经成为现代年轻人的生活方式。但是随之而来的交易纠纷也让卖家头痛不已，那么如何处理好交易纠纷，赢取更多的回头客呢?

11.1 为什么会产生交易纠纷

当交易出现纠纷，采取积极主动地方法来处理问题往往可以息事宁人，并且还可能获得买家的赞誉。而加入消费者保障计划的卖家需要更加重视这一点，如果没有很好地处理交易纠纷，淘宝网可能会使用冻结的保证金来对买家进行先行赔付。

1. 卖家问题

（1）卖家没有做到对于商品全面、客观地描述，造成买家的误解。比如对于商品颜色、尺码、型号的描述含糊不清，或者由于对商品使用了非专业的描述，都有可能造成买家误会。造成买家误会的原因，主要是卖家对于商品属性不是十分了解。

另外，有的卖家是行家，就用专业词汇进行描述商品。而非专业的买家对于专业词汇一知半解，按照自己的理解去感知这件商品，事后很容易产生纠纷。

（2）卖家没有全面考虑到一些商品以外的问题。比如商品保质期，商品物流费用，发货时间，商品运输过程中的问题等容易导致交易纠纷。

（3）发错货、少发货。尤其是在买家签收货物之后提出“卖家少发了货物”，买家以“确实没有收到货物”要求卖家退款，卖家以“为何在签收时不拒绝收货”为由拒绝赔款，这种纠纷往往很难辨别。

（4）卖家没有采用防止商品损坏的送货方式，货物到达买家手中已经损坏，而在签收时没有向承运公司提出赔偿，这时很容易产生纠纷。

（5）客服的态度差，遇到问题不积极处理而是采取回避态度。

2. 买家问题

（1）买家购买前没有仔细阅读商品描述。这是最容易造成纠纷的。有的买家急匆匆地购买了好几件化妆品，买回来后发现没有内包装。但仔细看看商品描述，已经十分清楚地写出了“无内包装”的提示。

（2）买家对商品知识缺乏，按照自己的标准对商品描述和商品实物进行理解和评判。

（3）买家对商品期望值过高，导致收到商品时不满意。买家对商品期望值太高，拿到货物比较失落，决定给卖家中评或差评。俗话说一分钱一分货，有些商品，尤其是外贸名牌返销的商品，都是多少存在质量问题的。

（4）买家由于自身管理不善导致商品受损。买家购买易碎商品，拿到手后却重拿重放，这时候发现商品受损，能说是卖家的责任吗?

（5）购买匆忙，结果没有买到最低廉的商品。

一模一样的东西，有人卖 200 元，有人卖 150 元。而买家恰恰买了 200 元的那个，回头又看见有卖 150 元的。你能说这是卖家欺诈吗?但这也会造成纠纷。

（6）竞争对手的恶意报复行为，这种纠纷也是最难解决的，一定要搜集到证据证明是恶意报复。

11.2 怎样避免交易纠纷

卖家做生意时间久了，和不同的人打交道，在与买家打交道的过程中，或多或少都会遇到一些纠纷，很多纠纷是由于双方沟通出现了问题，其实只要注意一些小细节就可以避免很多误会和纠纷。那么作为卖家应该如何防患于未然，尽可能避免交易纠纷呢？

1. 严把商品质量关

在网上开店竞争是非常激烈的，但任何时候商品质量都不能打折，否则就很难在网上立足。这就要求卖家在进货的时候一定要把好关，比如卖运动鞋的卖家，在进货时宁愿进货价格高点，也要选质量好的。在发货的时候再把鞋子检查一下，哪怕有线头，都要剪掉，保证发给顾客的是一件非常完美的高质量产品。

2. 关于色差问题

现在有很多卖家喜欢利用杂志、网站或者厂家提供的模特图片，而不去拍实物图，造成图片失真，以致买家收到货后，给出“照片是天使，实物是垃圾”之类的差评。顾客在网上买东西是看不到实物的，图片就是顾客判断商品优劣的重要依据，所以商品一定要使用实物图。

3. 对待顾客要热情

要善于利用旺旺的表情营造一个轻松愉快的对话氛围。卖家有时会遇到一个人接待几个顾客甚至十几个顾客同时咨询的情况，感觉忙不过来，这时要向顾客说明情况，不要不回复或者很晚才回复顾客，让顾客等很久，这都是不礼貌的，是对顾客的不尊重。

4. 商品描述与实际不符

商品描述与实际不符很容易产生纠纷。卖家在描述商品时应尽量用客观的语言描述，不要误导买家，这样就尽可能地减少这种问题的出现。

5. 成交后再次确认有关信息

尽管在前期的沟通中已经涉及顾客所购买商品的部分信息，但一旦顾客付款后，就要再次完整确认一次商品的有关信息（名称、款式、大小、件数、颜色等），一方面留下最后确认的交易凭证（防止日后少数买家以发错货为由而进行投诉），另一方面也再次提醒自己核对彼此达成的交易信息，避免出现发错货的情况。

6．发货前再次核对买家联系信息

发货前要再次确认买家地址、姓名，以及联系电话等情况，因为系统默认的收货地址可能是买家家中的地址，但在工作日家中无人，需要寄到买家单位才有人签收；或者买家是给朋友购买的等。这类问题其实只要卖家多问一句话就可以避免。

7．发货前仔细检查

卖家发货前一定要检查商品的完整性，这样做可以减少买卖双方在商品质量方面的纠纷。假如自己检查一遍商品，不但可以避免出现这样的问题，而且一旦有些居心叵测的不良买家找茬，则自己心里也有底气。

如果买家购买商品数量比较多，发货时一定要检查商品的数量、颜色及号码。因为同一款商品有不同的颜色、码号，而如果因一个小小的疏忽招致退货、换货甚至得到差评，都是很不值得的，所以卖家应该在和买家交易的时候准备好记录簿，把这些记录下来，千万不可遗漏。

8．发货后告知买家

发货后使用阿里旺旺告知买家快递单号，以及大概的到达时间，方便买家收货。提醒买家在收货时要当着快递的面先检查商品再签收，有问题马上和卖家联系解决。

9．发货后有问题及时处理

卖家发货以后，商品在运输途中及到了买家手上可能出现这样那样的问题。一旦出现问题，卖家一定要注意自己的态度，要让买家把事情讲完，要很认真地倾听；等买家说完以后，卖家一定要说些安抚及道歉的话，并且用很委婉的语言来阐述自己对这件事情的想法及解决方案，及时提出补救建议，并且采取有效的补救措施。对于这点千万不可大意，不要嫌麻烦，要坦然面对。

10．熟悉淘宝规则

尽管在淘宝上的大部分买家都是很友好的，但是难免会有一小部分买家或者卖家利用种种手段对其他淘友进行欺骗。买卖双方的劳动付出同样都需要得到尊重，作为卖家应该积极学习淘宝的各项规则，学会使用法律武器来维护自己的合法权利。

11.3 如何应对投诉

卖家一定要注意，当被投诉时要采取积极处理的方式，不要回避。否则当买家取得证据时，淘宝网不仅会判买家胜诉，强行使用卖家冻结的保证金赔款给买家，而且会对加入消费者保障服务的卖家进行相关处理。如果卖家以认真积极的态度去处理问题，一般情况下，买家是不会故意刁难的。

11.3.1 应对买家投诉的基本原则

如果顾客对店铺产生投诉，除了表明顾客对卖家寄予厚望与信任之外，更说明店铺在业务能力方面仍存在需要改进的地方。顾客抱怨与投诉越多，则说明店铺存在的缺点越多，而顾客投诉的地方正是店铺做得不够的地方。因此，顾客的投诉是宝贵的信息，它可以指导店主更好地为顾客提供优质服务。

任何一家店铺在对顾客服务的过程中，难免会发生顾客因服务质量、商品质量及售后服务处理等问题出现投诉的现象，因此正确处理顾客投诉，已成为经营上的重要一环。下面是处理顾客投诉的原则。

（1）要有顾客始终正确的观念，有了这种观念，就会用平和的心态来处理顾客的投诉。

（2）保持心态平和，就事论事，保持主动、关心、友善与乐于助人的态度。

（3）应该认识到，有投诉和不满的顾客是对卖家有期望的顾客。

（4）认真听取顾客的投诉，确认事情发生的真正原因。

（5）对于顾客的投诉行为应该给予肯定、鼓励和感谢。

（6）做细节的记录，感谢顾客所反映的问题。

（7）掌握问题重心，提出解决方案，并执行解决方案。

（8）总结顾客的投诉，妥善处理得失。

11.3.2 应对投诉的策略技巧

在销售的过程中，卖家可能会遇到顾客各种各样的投诉，但是如果不能正确处理顾客的投诉，那么将会给店铺带来极大的负面影响。一定要积极回应顾客的投诉，适当地对顾客做出解释，消除顾客的不满，让他们传播店铺的好名声，而不是负面消息。处理顾客投诉的策略主要有以下几方面。

1．重视顾客的投诉

顾客投诉不仅可以增进卖家与顾客之间的沟通，而且还可以诊断卖家的内部经营与管理所存在的问题，利用顾客的投诉与抱怨来发现店铺需要改进的领域。

2．及时道歉

当出现顾客投诉事件时，卖家必须主动向顾客道歉，让顾客知道，因为给顾客带来不便而感到抱歉，即便并不是卖家的过错，也不管是谁的错， 卖家所要做的第一件事就是向顾客道歉。

3．耐心多一点，没错也承认有错

在处理投诉时，要耐心倾听顾客的抱怨，不要轻易打断顾客的投诉与抱怨，不要批评顾客的不足，而是鼓励顾客倾诉下去，让他们尽情宣泄心中的不满，一边耐心听完顾客的倾诉与投诉，一边说不好意思或对不起，当他们得到了发泄的满足之后，就能够比较自然地听一听客服人员的解释和道歉了。

4．态度好一点，语言得体一点

态度谦和友好，会促使顾客平解心绪，理智地协商解决问题。顾客对商品不满，在发泄不满的言语陈述中有可能会言语过激，如果客服人员与之针锋相对，势必会恶化彼此关系，在解释问题的过程中，措辞也应该十分注意，要合情合理，得体大方，尽量用婉转的语言与顾客沟通，即使是顾客存在不合理的地方，也不要过于冲动，否则只会使顾客失望。

5．倾听顾客的诉说

卖家应以关心的态度倾听顾客的诉说，然后用自己的话把顾客的投诉重复一遍，确信已经理解了顾客投诉的问题所在，而且对此已与顾客达成一致。如果可能，告诉顾客愿意想尽一切办法来解决他们提出的问题。面对顾客的投诉，应掌握好聆听的技巧，从顾客的投诉中找出顾客抱怨的真正原因，以及对于投诉期望的结果。

6．正确及时地解决问题

对于顾客的投诉应该及时正确地进行处理，拖延时间只会使顾客的投诉变得越来越强烈。例如，顾客投诉产品质量不好，卖家通过调查研究，发现主要原因在于顾客使用不当，这时应及时通知顾客维修产品，告诉顾客正确的使用方法，而不能简单地认为与自己无关，不予理睬。如果经过调查，发现产品确实存在问题，应该给予赔偿，尽快告诉顾客处理的结果。

7. 记录顾客投诉与解决的情况

对于比较复杂的事件，需要详细询问顾客问题发生的缘由与过程，详细记录事件的时间、人物、事情经过等细节内容，理解顾客的心情，并给予顾客确实的回复时间。在处理顾客投诉中发现问题，如果是商品质量问题，应该及时通知厂家。对于服务态度与技巧问题，应该加强教育与培训。

8. 追踪调查顾客对于投诉处理的反映

处理完顾客的投诉之后，应与顾客积极沟通，了解顾客对于卖家处理的态度和看法，增加顾客对卖家的忠诚度。

11.4 理性应对中差评

相信大家在收到中差评的一刹那，头脑里第一反应是气愤。但是气愤过后，要自己冷静下来，仔细查看这笔交易的销售过程。到底在哪里做得不够好，找到问题的症结后，才好对症下药。

11.4.1 如何有效预防中差评

在网上购物的人越来越多，但是在交易量和人数急剧增加的同时，也有越来越多的交易纠纷出现。一些不良买家钻空子对卖家恶意评价和恶意投诉。下面介绍预防淘宝恶意差评的方法。

（1）在发布商品前先仔细核对商品价格，最好在商品的描述里再提一下具体价格，做到双保险，万一发布的价格不对，在描述里也有据可寻。

（2）务必在店铺公告、介绍或者在出售宝贝里注明注意事项，比如让买家在本店购买商品前需先和卖家沟通确认有无商品，可以写上“擅自拍下造成的一切后果由买家承担”这类店规事项的话。就算买家恶意拍下，以后在投诉过程中出示给淘宝工作人员看这对卖家是很有帮助的。

（3）在做好以上两点后万一还有不良买家要挟你，说要给差评和投诉你，不要别怕，先客气地和买家协商。看到买家提无理要求时应该拒绝时就拒绝，退缩反而增长了对方的嚣张气焰，但注意千万不要辱骂买家，这样对方也就可以借题发挥了。

（4）看买家信誉，如果没有信誉或者信誉很差，那么这单生意不做也罢。

（5）看送货地址、电话、联系人等是否属实。在发货前，最好通过旺旺或站内信确认一下，如果对方不在线，最好能打电话过去核实一下。

（6）一定要把旺旺记录保存好，务必要学会截图，有了截图，到买家恶意投诉你的时候，你就可以把旺旺截图提供给淘宝客服人员。

（7）如果已经遭遇恶意差评，可以拨打淘宝客服电话进行投诉，截图留下所有交易、聊天的证据，注意一定要确保证据的一致性，确认此人唯一身份，并讲明事情的严重性，淘宝客服一定会受理的。

11.4.2　正确对待客户的差评

卖家都很关注店铺的信用度，因此对买家的评价也越来越敏感，总希望对自己店铺的评价永远是 100%好评。一般而言，只要交易比较顺利，买家还是比较愿意给好评的。但是在网店经营中，难免会碰到一些挑剔的顾客给差评。作为卖家，莫名其妙地得到一个差评，会觉得冤屈。那么，如何面对中评和差评，就是卖家必须要考虑的问题。

1．反思

碰到非好评，卖家首先应该自我反思，检查自己在交易过程中是否犯错、服务是否周到，而不要首先寻找借口为自己开脱。如果反思过后，发现自己确实有工作不到位的地方，那就要吸取教训，并在以后的工作中逐渐改善。如果发现是顾客的误解，最好发信息给顾客，向他说明事实真相，但千万注意用词，不要因为占理而口无禁忌。

2．千万不要生气

面对非好评，如果错误在卖家自己，有理由生气吗？而如果卖家诚实经营，发生问题后和顾客认真地沟通，那么就应该坦然面对非好评。正所谓："人正不怕影子歪"。你的工作已经全部到位了，可顾客还是说三道四，千万不要为此生气，更不要说些难听的话去报复顾客。不如把时间和精力集中到其他顾客身上，努力用更多的好评去掩盖住少数的非好评，买家照样会信任你。如果碰到恶意评价，可以选择向网上交易平台投诉，以维护自己的合理权益。

3．及时回复

在买家给出评价以后，卖家的及时回复尤为重要。及时回复不仅能让买家觉得卖家再忙也没有忽视他们，而且能及时看到买家给出的是什么评价，是否有不良评价。

4．客观解释

先要针对出现的问题给出合理解释，因为每一个评价都会展示在其他买家面前，如果你对这些评价不理不睬也不给出解释，其他买家怎么相信你的商品不会再出现类似的问题呢？解释完了，别急着单击“提交”按钮，借着“中差评”这个展台，可以趁机打广告。在给出解释时可以附上同款产品的其他买家好评，要挑最有说服力的评价粘贴在里面，或者写上最近店里开展的一些优惠活动，这样一来，这个不良评价不一定会对你有很大害处，或许它可以给你带来更多的客源。

11.4.3 引导买家把中差评改为好评

得到中差评是在网上开店过程中不可避免的情况，很多中差评都是由误会引起的，在跟买家沟通后都能得到修改。卖家收到中评和差评时，不应盲目地抱怨甚至投诉买家，这样会激怒对方，使问题没有解决的余地。如果卖家确实存在过错，应该诚恳地向买家道歉，承认工作上的过失，卖家在耐心听取买家的不满和要求后，应表达自己的观点，并提出补救措施，达成一致意见后，卖家可以提出自己的要求，例如：“我有个小小的请求，您能否为我修改一下评价？真的很感谢您为我们提了很好的建议和意见，希望以后多多合作”。通常买家也不会因为一点小事伤了和气，一般都会同意修改评价。

不过，如果买家不愿意对评价进行修改，也要保持理性的态度，有少数几个中评和差评也是可以理解的，即使这样也要记得向买家表示感谢。

对于无法解决的中差评：

（1）绝对不要公布买家相关的信息作为报复手段，此举可能导致你的网店被淘宝处罚，严重的会被封号。

（2）以良好的心态对待已经产生的中差评，店铺保持 100%好评率可能会招致更多的职业差评师。

（3）对于恶意中差评的解释，可以写得很彪悍，以达到警告或震慑其他差评师的目的。

（4）调整好心态：几个中差评不可能毁了你的网店，坚持下去，一切都会过去的。

11.4.4 怎样用客服减少中差评

虽说有的中差评是差评师恶意给的，但是如果客服有经验，在沟通过程中语言到位，可以避免很多事情，起码遇到差评可以找证据申诉，不给差评师留机会。

1．售前服务

（1）响应速度：买家咨询时，回复时间要快，响应时间的长短，直接反映你的态度的好坏。如果实在忙不过来时，也要设置自动回复或快捷回复，以免让买家觉得受冷落而产生不好的影响。同时，保证流量大的时候千牛在线。

（2）提前组织好常用回复语：客服可以积累一些平时买家问得比较多的问题，自己先组织好最佳的回复语言，当下次买家提问时，在短时间内可以给出最佳的解答。

（3）学习产品专业知识：这样遇到买家提问时才能正确且专业地回答，避免在解答中因对产品不熟悉而误答产品的信息，导致买家收货后，发现商品与客服描述不符。

（4）在商品改价、改邮费时，要提升操作速度，以免怠慢买家。

（5）当买家购物前，就有疑虑担心商品不合适，建议买家购买运费险，以免因退换货邮费纠纷，导致中差评。

（6）尊重买家，保持耐心：无论是在咨询还是议价时，即使买家很慢，也要尊重买家，买家议价可以委婉地拒绝，但一定要注意礼貌。

2．售后服务

买家收到货后有什么问题，客服都要耐心细致地解答。当买家联系售后时，应先安抚买家，搞清楚问题出在哪里。当问题在于自身时，就要勇于承担责任。很多买家在乎的不是那几块钱的退款或邮费，而是在于店铺的服务态度，是否让他满意及有没有解决问题的诚意。所以，态度很重要，懂得为买家着想，用服务减少中差评，提升买家的信任感，增加回头客。

3．注意发货细节

（1）及时发货：买家在网上购物，都有想要快速拿到商品的心理。

（2）包装要结实精美：包装的好坏直接体现卖家的服务是否用心，并影响商品的档次。

（3）发货短信提醒/到货提醒：现在很多大卖家为了能更周到地提醒卖家，在发货的时候都会发货短信提醒买家，比如，在商品到达买家所在的城市时就发短信提醒买家注意收货。通过这些细节提升了店铺的形象，对买家无微不至地关怀也提升买家好评价。

（4）选择口碑比较好，网点多的快递公司：在发货的时候，有些收货地址为偏远的乡镇，先查一下你合作的快递公司到不到。如果不到，及时联系买家，看是否有其他快递会到，以免造成快递不到，买家要走很远去取或者重新发货，导致中差评。

11.5 怎样处理顾客退货

容易退货是对顾客购买动机影响力最大的因素，甚至超过了对服务和商品的选择。因此卖家应该清楚明白地告诉消费者，在什么样的条件下可以退货，往返运输费用由谁来承担，否则顾客会因为不清楚退换货的条件而犹豫是否购买。

顾客要求退货，通常有3种情况：第一是商品有缺陷，存在质量问题；第二是商品本身质量完好，但是商品过时，技术落伍，顾客反悔了，特别是衣服类的商品，常常是顾客收到之后，以“我不喜欢，款式不是图片上的”等理由来要求退货；第三是在质量保证期或维修期内被退回，要求更换或者维修。

退货已经是每个卖家必须面对的一个重要问题。那么卖家应该如何预防退货，使退货损失最小化呢?

1．制定合理的退货政策

对于退货条件、退货手续、退货价格、退货比率、退货费用分摊、退货货款回收等方面，以及违约责任应制定一系列标准，利用一系列约束条件平衡由此产生的成本和收益。

2．加强验货

在进货等各个环节要加强验货，以确保尽可能在商品未发给买家前发现商品上的缺陷。

3．引入信息化管理系统

现在管理基本是依靠手工和大脑，无法准确、实时地把握商品管理的每个细节。在淘宝网，专业化的或者皇冠以上的卖家都引进了客户管理系统，只要买家报上他的名字或者会员名，就可以查看他具体的消费情况，现在很多皇冠级卖家都有自己的自动化退换货系统。

4．采取“少进勤添”的进货方式，提高进货质量并把握好进货种类

加强每日销量的预测，不要一次进太多产品，合理高效地安排供应货，少进勤添，以减少盲目进货，千万不要以为进货量大就可以得到便宜的价格，如果销售不出去，资金就周转不了，那就更加困难了。

11.6 应对顾客退款时的注意事项

做生意谁都想一帆风顺，马到成功，可是也难免会有不利的事发生。买家购物后因为某些原因要求退款在现实生活中会有，在网上购物中退款也是常见的事情。为了保障自己小店的利益不受到太大的损失，在退款时一定要注意以下几点。

1．买家声称“没收到货”

如果买家确实“没收到货”，那么淘宝将支持“全额退款”，但是有很多买家是在收到货的情况下仍说“没收到货”，还要求申请全额退款。此时卖家一定要小心，查看一下此买家的快递单号，看买家是否签收。

2．看清买家申请退款的“金额”

做生意难免会有失败的交易，一旦失败了，买家对货物不满意要求全额退款，或者只付卖家一半的运费，所以卖家一定要在退货时协商好退款的金额。

3．处理退款协议时看清是同意退款还是不同意退款

做生意的人往往都是很忙的，所以处理事情都很讲究时效。但是在关键时刻不能马虎，在与买家协商好了退款金额后，一定要记住对买家申请的退款是“同意”还是“不同意”，如果在不同意的情况下单击了“同意退款”按钮，那前期做的一番工作又将付之东流了。

4．尊重买家的建议，但不“盲从”

有的买家会故意刁难甚至威胁新手卖家，声称如果不退款则要给差评或投诉，但大多数的买家还是值得信赖的，不能因为买家对你的商品不满意就手足无措，没有谁的商品是十全十美的。

第 12 章 网上开店货源大揭秘

开店指导

俗话说“巧妇难为无米之炊”，网店经营者即使有赚钱的头脑，掌握了网上开店的技术。但是如果没有好的货源，在顾客登门时却拿不出要卖的东西来，就只能干着急。网上开店卖什么，这是卖家首先要考虑的问题。理论上，只要法律允许且有货源，在网上开店卖什么都行。在确定卖什么之后，还要寻找物美价廉的货源，尽管买家不一定当过老板，但是作为天生的消费者，一定希望买到既符合自己需要又价格低廉的商品。有了好的商品，你的营销技巧才能发挥，否则再好的销售技巧也不行。

12.1 网上热卖商品的特点

网店经营者即使有赚钱的头脑，掌握了网上开店的技术，但是如果没有好的货源，在顾客登门时却拿不出要卖的东西来，就只能干着急。网上开店卖什么，这是首先要考虑的问题。

确定要在网上开店后，“卖什么”就成为最主要的问题了。在决定卖什么之前，要综合自身财力、商品属性，以及物流运输的便捷性，对所卖商品加以定位。目前网上交易量比较大的商品包括服装服饰、化妆品、珠宝饰品、数码产品、家居饰品等。在这方面，网上开店与传统的店铺并无太大区别，寻找好的市场和有竞争力的产品，是成功的重要因素。

商品自身的属性也对销售有制约作用。一般而言，商品的价值高，收入也高，但投入相对也比较大。这对于既无销售经验，又缺原始资金的创业族来讲，确实是不小的负担。网上交易地域范围广，有些体积比较大、比较重而又价格偏低的商品是不适合网上销售的，因为在邮寄时商品的物流费用太高，如果将这笔费用分摊到买家头上，势必会降低买家的购买欲。

网上开店卖什么最热门，哪些商品是人们在网上最喜欢购买的呢？从理论上讲，只要是商品都可以在网上销售。据分析，适合在网上卖的商品大致具有以下几个显著的特点。

（1）附加值比较高：现在商业已经很发达了，一般的日用品的批发和零售之间的差价已经很小，显然不适合在网上直接销售。应当尽量选择利润率比较高，能够给顾客提供比较大折扣的商品。

（2）新鲜、奇特：在网下不容易买到或买不到的商品，如海外代购产品、新产品等适合在网上销售。新产品由于刚推出，缺乏大规模推广，不易在传统店铺里销售，而网上低廉的销售模式就更容易产生效果。如图 12-1 所示的是海外代购商品。

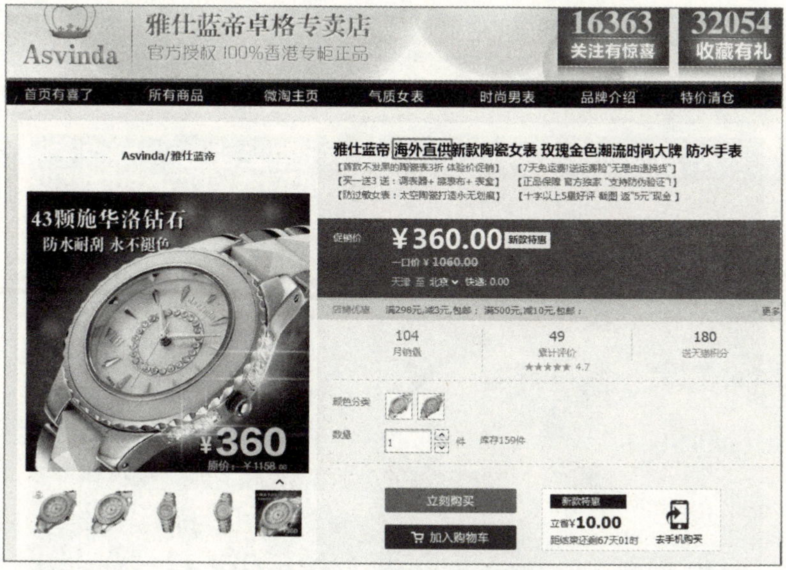

图 12-1　新奇的海外代购商品

（3）体积比较小：便于邮寄，降低购买成本的商品适合在网上销售。

（4）价格便宜：网上销售的商品要比网下的价格便宜，能以比较低的价格在网下很容易买到的话，就不会有人在网上购买。

（5）质量容易控制：如书籍、音像产品、电子产品及标准化的商品，就更适合在网上销售。如图 12-2 所示是在网上销售质量容易控制的书籍。

图 12-2　在网上销售质量容易控制的书籍

（6）具有独特性、时尚性：与众不同，紧跟时尚潮流，具有个性的商品在网上很容易成为抢手货。如图 12-3 所示的是在网上销售的独特、时尚的服装。

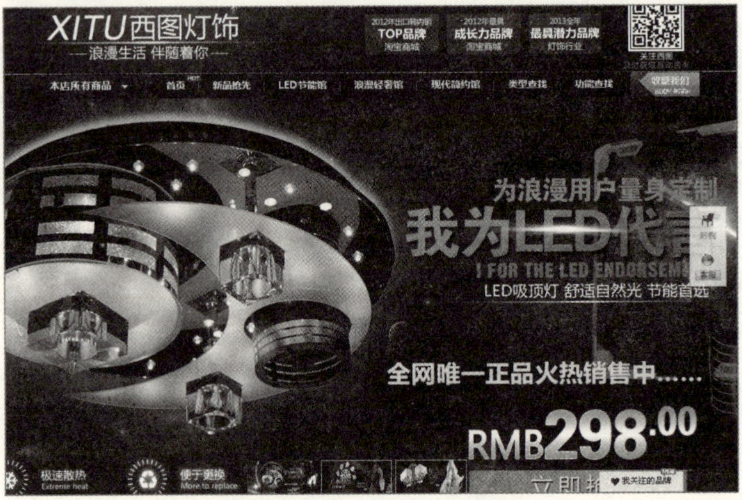

图 12-3　独特、时尚的服装

（7）用户对象尽可能广泛：大多数人都会选择的产品适合在网上销售。

（8）能被普遍接受的产品：产品具有比较高的可靠性，其质量、性能易于鉴别，一旦发生质量纠纷容易解决。

12.2　寻找物美价廉的货源

确定卖什么之后，就要开始找货源了。网上开店之所以有利润空间，成本比较低是重要因素。拥有了物美价廉的货源，便取得了制胜的法宝。不管是通过何种渠道寻找货源，低廉的价格是关键因素。找到了物美价廉的货源，网上商店就有了成功的基础。

12.2.1　在批发市场批发

虽然从厂家进货可以掌握一手货源，利润比较大，但是一般的厂家都有一定的大客户，他们通常不会和小卖家合作。批发市场的商品价格一般比较便宜，这也是经营者选择最多的货源地，从批发市场进货一般有以下特点。

（1）批发市场的商品数量多、品种全、挑选余地大且容易“货比三家”。

（2）批发市场很适合兼职卖家，在这里进货时间和进货量都比较自由。

（3）批发市场的价格相对比较低，对于网店来说容易实现薄利多销。

相比其他几种渠道而言，批发市场对于新手卖家的确是不错的选择。如果你刚好生活在大城市，周围有大的批发市场，不妨就去那里看一看吧，保证不会让你失望。在北京的网店经营者，可以多去动物园、木樨园、秀水街、红桥；在上海可以去襄阳路、城隍庙等。多与批发商交往不但可以熟悉行情，还可以拿到很便宜的批发价格。如图 12-4 所示为某地方的批发市场。

图 12-4　批发市场

通过和一些批发商建立良好的供求关系，能够拿到第一手的流行货品，而且能够保证以低价位销售。这不仅有利于商品的销售，而且有利于卖家积累信用。

找到货源后，可先进少量的货，在网上试卖一下，如果销量好再考虑增大进货量。在网上，有些卖家和批发商关系很好，往往是商品卖出后才去进货，这样既不会占用资金又不会造成商品的积压。总之，不管是通过哪种渠道寻找货源，低廉的价格是关键因素。找到了物美价廉的货源，网上开店就有了成功的基础。

12.2.2 从厂家直接进货

如果可以直接从厂家进货，有稳定的进货量，无疑可以拿到理想的价格。而且正规的厂家货源充足，信誉度高，如果长期合作，则一般都能调换产品和退货还款。但是，一般能从厂家拿到的货源商品并不多，因为多数厂家不屑与小规模的卖家打交道，但有些在网下不算热销的商品是可以从源头进货的。一般来说，厂家要求的起批量非常大。以外贸服装为例，厂家要求的批发量至少要在近百件或上千件，达不到要求是很难争取到合作的，如图 12-5 所示。

图 12-5　从厂家进货

通过下面几种办法，可以辨别厂家的实力，在下单之前就摸清对方底细。

（1）电话验证。通过 114 或电话黄页进行查询，核对对方的电话是否属实。一般正规厂家都很重视业务电话，都希望客户一查就能得知自己的电话号码，所以，往往都会把电话号码予以登记。除了查核电话号码登记外，还可以通过在不同时段给他们打电话来验证厂家是否正规。

（2）证件查询。可以要求对方提供《工商营业执照》和《税务登记证》等复印件。如果对方以担心被非法利用为由而拒绝你的这个要求，那么，你就干脆打电话到相关部门去查询。

因为正规的工厂都必须正式登记在册，而从税务登记证上就可以看出对方是一般纳税人还是小规模纳税人或者甚至根本未进行税务登记。

（3）价格辨别。可以通过分析对方的定价模式来辨别其是否正规。正规公司都有稳定的价格体系，而且通常是不会允许新顾客随意讨价还价的。由于公司内部的规章制度比较健全，所以，除了决策层外，任何员工都无权私下更改定价模式。你可以多次地让他们对同一产品进行报价，也可以不断地让他们对各种产品进行报价，以此来分析他们的定价模式，看他们的价格体系是否稳定与完善。

（4）规模辨别。辨别企业实力的要点就在于区别其生产经营规模的大小，评定世界财富 500 强时，其年销售额就是重要的指标之一。生产规模大、经营时间长、综合实力强的正规企业，往往生产的产品品种多、款式全，生产经验也足。

12.2.3　外贸尾单货

外贸尾单货就是正式外贸订单的多余货品。一般外商在国内工厂下订单时，工厂会按 5%～10%的比例多生产一些，这样做是为了防止在实际生产过程中有次品，就可以拿多生产的数量来替补，这些多出来的货品就是我们常说的外贸尾单货。

1．外贸尾单货的特点

外贸尾单货的优点就是性价比高，通常商家所销售的几十元钱的产品出口后都能卖到几十美元或是更高的价格；但缺点是颜色和尺码不全，不能像内销厂家的货品那样齐码齐色。所以，它的价格一般比商场或其他地方更便宜。

外贸尾单货价格通常十分低廉，一般为市场价格的 2～3 折，品质做工绝对有保证，是一个不错的进货渠道。但一般要求进货者全部吃进，所以进货者要有一定的经济实力。

2．如何辨别真假外贸尾单货

面对鱼龙混杂的外贸市场，应该如何判断其真假呢？下面介绍几点经验供读者参考。

（1）看价格：大多数外贸企业不擅长做内贸，一旦产生了尾单货，一般都会选择低价脱手。

（2）看质量：真正的外贸尾单货的质量和正品一样，这就需要有相当的经验才能辨别，或者手上有正品可以进行比较。

（3）看包装：真正的外贸尾单货的外包装都是比较简单的，那些包装精美、所有配件都全的商品就值得怀疑了。

（4）看商标：一般尾单货的商标都是最后才贴上去的，有的甚至没有，这并不代表商品不好，或者是质量有问题，而恰恰说明了真货的严谨性。越是替知名品牌加工产品的厂家，它的尾单货就越是不可能有商标，因为越是知名的品牌对商品的控制越是严格，包括包装袋也是一样。

（5）看尺码：一般来说，尾单货特别是服装类的尾单货，有断码现象是非常正常的，尺码几乎不可能齐全。

（6）看瑕疵：有些外贸尾单货是有瑕疵的，不过瑕疵并不明显，不容易看出来。

12.2.4 国外打折商品

卖家不仅可以在国内寻找货源，还可以利于网络来销售国外的品牌。国外的世界一线品牌在换季节或节日前夕，价格非常便宜，可以直接和国外的厂家联系。

12.2.5 积压库存商品

品牌商品在网上是备受关注的分类之一，很多买家都通过搜索的方式直接寻找自己心仪的品牌商品。有些品牌商品的库存积压很多，一些商家干脆把库存商品全部卖给专职网络销售卖家。不少品牌虽然在某一地域属于积压品，但由于网络具有覆盖面广的特性，完全可以使其在其他地域成为畅销品。如果你能经常淘到积压的品牌服饰等货物，拿到网上来销售，一定能获得丰厚的利润，这是因为品牌积压库存有其自身优势。

1. 品牌积压库存商品的优点

（1）商品价格低。由于工厂处理库存货几乎都是被动处理，价格方面自然比较好谈，但这也取决于个人的谈判能力，谈判能力强的自然可以为自己省下不少钱。另外，人缘比较好的人，能调动场面气氛，说话很容易让人接受，在砍价方面自然高人一等。

（2）商品品种多。无论企业属于哪一行业，如果要生存下去，就必须以市场为导向，生产出市场需要的商品。而市场的需求正朝着多元化发展，因此，企业就要不断研发新的商品，以适应市场的需求。这样日积月累，企业库存的商品品种必然越积越多。

2. 寻找积压库存的品牌商品

在寻找积压库存品牌商品的过程中，要注意以下问题，否则收购他人的库存后商品不好销售，会立即变为自己的库存，让库存压力从厂家那里转移到自己的身上，有可能导致自己从此一蹶不振。

（1）消费者的品位：先从各个渠道详细了解当前大众消费者的品位，看他们是重实用还是重感观，重内涵还是重外形，重本土品牌还是重国外品牌。

（2）销售及市场动态：广泛关注市场动态，并进行分析。

（3）预测市场需求能力：预测市场需求能力及市场需求量。

（4）重视消费需求的不确定性：消费者的消费需求变化很大，不确定性增强了。

大部分网店从事的主要业务是零售，而不是批发，所以商品的数量要尽量少，以减少压货的风险；商品的品种要尽量多，让消费者多一些选择。

12.2.6　寻找换季、拆迁与转让清仓的商品

在很多情况下，商家因换季等原因需要清仓处理，因为这时他们已经收回成本了或是赚够了，剩下的能卖多少就卖多少，根本无关紧要。由于商家急于处理这类商品，其价格通常很低，如果你以一个极低的价格买进，再转到网上销售，利用地域或时间差价则可以获得丰厚的利润。所以，要经常去市场上转一转，密切关注市场变化。但在进货时也要小心，像日用品、高科技产品及有效期短的商品，最好不要大量进货。

1. 换季清仓品

每到换季时，你会发现大大小小的商场都会各显身手，名目繁多的优惠活动层出不穷，花花绿绿的横幅到处悬挂，直接冲击着过往行人的眼球，这时是有心要开网店的人进货的好时机，但一定要注意以下事项。

有一些特殊的商品要注意有效期或保质期。

要注意查看商品是否为瑕疵品。

要注意查看商品是否合时宜。

注意换季商品的价格。一些商家在牌子上标示的原价格和现折扣价格只是商家的“数字游戏”，目的是让你以为他确实是亏本大甩卖。其实，原价并非真正的价格，折扣价格也并非是商家的价格底线，还是有周旋余地的。

2. 节后清仓品

在春节、情人节、国际劳动节、端午节、儿童节、中秋节、教师节、国庆节、圣诞节等节日，大家都会尽情地购物，于是形成一股节假日的消费热潮。

商家当然不会放过这些节假日蕴藏的巨大商机。于是，他们在节前购进大量应季的商品，以期在节假日赚个盆满钵盈。节后清盘时手头上还有部分未及时售出的商品，于是就出现了节后清货的活动。

传统店铺的节后清货是网店的重要货源之一，可是，如何把握其中的分寸，才能不至于因“乱花渐欲迷人眼”而导致进错货品呢？这就需要我们进货时注意商品的生命力。凡是节日商品，必然是有其生命周期的，有的商品在节日过后就很少有人购买了，比如情人节的玫瑰、中秋节的月饼、圣诞节的松树等。

3．拆迁清仓品

拆迁清仓品也是网店很好的货源之一，但卖家进货时一定要小心里面是否有陷阱，一般来说，应注意以下几个方面。

先弄清楚商家所谓的拆迁消息是否可靠，如果只是商家的一个促销手段，那肯定有问题，最好不要进货；否则，如果你进来的货物价格过高，在网上就没有竞争优势了。

谨慎挑货：由于商家急需清货，时间紧迫，价格必然很低，这样才能吸引消费者在短时间内决定购买，这时进货就一定要细心挑选了。

4．转让清仓品

实体店铺转让时所抛售的都是之前正常经营剩余的商品，所以品质比较可靠，价格又便宜很多，完全可以放到网上店铺的货架出售。但一般实体店商品数量和品种都比较多，如果将整个店铺的商品都包揽下来，需要较大的投资，对于小本经营的网店来说，风险实在太大。可以选择某些合适的品种与商家洽谈买断事宜，商家一向非常注重大批量的购买行为，所以价格可以压得很低。

有些商家利用假转让在商品的品质上大做文章。因为商家既然假转让，商品在价格方面一定要有很大的吸引力才行，在低价的基础上，想保持利润，只有牺牲商品品质了。于是，假冒伪劣商品自然充斥其间。其最直接表现就是：“转让清仓”的标语长年累月地挂在店里；或者“转让清仓最后三天”的标语一挂就是几个月。要想淘到好的货源，最好不要到这种店铺去。

12.2.7 网络代销商品

在网上交易中，代销指的是在网上展示给商家的图片、产品介绍等资料，然后向买家收取定金，再给商家一定的资金，让他发货，代销者赚取其中的差额。选择代销一般有两个原因：一是卖家自身缺乏做生意的启动资金；二是卖家尝试做生意，并不准备长期投资。

要注意的是网络代销虽然有一定的优越性，但是因为代销商具有“联系商家和买家，但是看不见商品”这个特点，所以使代销有时候成为一朵带刺的玫瑰。而且网络代销因为牵扯第三方交易，所以它的利润相对偏低，准备代销的卖家要做好一定的心理准备。

12.2.8　民族特色商品

民族工艺品价值很高，由于具有民族特色使其在琳琅满目的商品中鹤立鸡群。网络店主之所以愿意让这类产品来充实自己的店铺，不仅是因为它们稀有、能吸引人的眼球，而且还有其他产品无法取代的特点。

- 具有很强的个性。
- 具有丰富的文化底蕴。
- 富含淳朴气息。
- 具有奇特的特点。
- 富有民族特色和地域特色。

12.2.9　二手市场进货

虽然二手物品具有不合时宜、无法保证品质、价格低廉、不可退换等缺点，但它还是具有许多适合在网上销售的特点。

- 二手闲置商品不用担心压货。
- 有利于改掉浪费的习惯。
- 物尽所能，为他人行方便。
- 货源广，成本低。

闲置物品不会一直增加，卖掉一件就少一件。那么，卖光这些闲置二手货后怎样保持现有的经营特色并继续经营下去呢？其实在跳蚤市场就能收集到便宜的二手货。

“跳蚤市场”是欧美国家对旧货地摊市场的别称，它由一个个地摊摊位组成的，市场规模大小不等，所售商品多是旧货，如人们家中多余的物品及未曾用过但已过时的衣物等。小到衣服上的小件饰物，大到完整的旧汽车、录像机、电视机、洗衣机，一应俱全，应有尽有，价格低廉，仅为新货价格的 10%～30%。

12.2.10 电子商务批发网站

全国最大的批发市场主要集中在几个大城市里，而且有很多卖家也没有条件千里迢迢地去这几个批发市场。所以，阿里巴巴、生意宝等作为网络贸易批发平台，充分显示了其优越性，为很多小地方的卖家提供了很大的选择空间。它们不仅查找信息方便，也专门为小卖家提供相应的服务，并且起批量很小。

1．网络进货优势明显

网上批发是近几年开始兴起的新事物，发展还不成熟，但网络进货相比传统渠道进货的优势已经很明显。

（1）成本优势：可以省去来回批发市场的时间成本、交通成本、住宿费、物流费用等。

（2）选购的紧迫性减少：亲自去批发市场选购由于时间所限，不可能长时间慢慢挑选，有些商品也许并未相中但迫于进货压力不得不赶快选购，而在网上进货则可以慢慢挑选。

（3）批发数量限制优势：一般的网上批发基本都是 10 件起批，有的甚至是 1 件起批，这在一定程上增大了选择余地。

（4）其他优势：网络进货还能减少库存压力，具有批发价格透明、款式更新快等优点。

2．网络批发注意事项

网络进货不比批发市场进货，因为网络毕竟存在一定的虚拟性，所以选择商家的时候一定要谨慎小心，选择比较可靠的商家进行交易。在网络批发进货时注意如下事项。

（1）判断网站是否属于注册公司：如果连公司都没有注册，这样的网站商品质量很难得到保障。

（2）商品更新速度是否快速：商品更新速度影响到网络销售的业绩，同时也影响到实体店铺的营销业绩。如果一个网站的商品更新速度比较快，至少说明他们的产品在市场上的受欢迎程度还是不错的。

（3）是否是真人实物拍摄：目前网络上有很多服装都是一些时尚杂志上的款式图仿单，导致出现了很多问题，如实物与相片不符合、实物质量太差等，造成很多不必要的损失；而真人实物拍摄则强调了衣服的质感、真实性，以及品质，是网络销售的绝佳选择。

（4）网站是否支持上门看货：如果不能支持上门看货，那就要先考虑一下这个商家是不是骗子公司了。当然有些公司由于代理数量比较多，可能会对上门看货提出一定的要求，如有的公司会要求必须一次性批发 50 件并预交定金之后才支持上门看货，一是为了最大限度地优化客服工作程序，二是最大程度地保证对每一位经销商的正常服务，这样的要求也是可以理解的。所以在是否支持上门看货这一点上，还需要大家更加仔细地辨别、分析，不能一概而论。

（5）要看网站的发货速度：有些网站的发货速度非常慢，可能下了订单之后两三天甚至五六天才发货，严重影响顾客对卖家的信任，造成了客户资源的流失。所以在选择批发网站的时候，一定要看网站对发货速度的承诺。发货以后还要看网站是否支持退换货。有些网站以次充好或者在产品产生质量问题的时候以各种理由搪塞并拒绝退换货，这一点也需要加以注意。

（6）观察网站制作是否精致：很多骗子网站制作都非常粗糙，甚至只是几个很简单的页面，网站的图标也非常粗糙，让人看上去非常不舒服；而正规注册公司的网站都会非常在意网站的形象，同时对网站的技术要求也都比较高，网站的图片、形象等都规范、清晰，视觉效果感觉非常好。

（7）观察网站留下的联系方式、公司地址是否详细：一般的骗子网站是不会留下详细联系方式的，或者只留下一个手机号码，至于具体的公司地址更是不详；而正规的注册公司网站联系信息一般都会非常详尽。

（8）观察网站的营业资格：一般的骗子网站都没有营业执照，可以要求他们出示营业执照等证明。不过需要注意的是，一些比较高明的骗子网站也会用图片处理软件伪造一份营业执照，在观察营业执照的时候需要仔细辨认，查看是否有涂改痕迹；而正规的注册公司网站则会主动出示他们的营业执照。

（9）了解网站的合作状况：在决定要代理商家的产品之前，一定要多注意了解他们的网站，注意观察他们是否有与其他网站进行合作、推广等活动，骗子网站是不可能和其他网站进行合作的；而正规的公司网站都会主动寻求合作。

12.3　进货成功需要掌握的要领

开店做生意，进货是很重要的一环。进货也是一门学问，如进货的数量、质量、品种如何确定，什么时候补货及如何确定补货的数量，作为网店的经营者都应该了解。

尤其在网上批发进货，商品的成本供货商一般是不会告诉你的。因为商品的成本是秘密，这就是为什么那么多供货商没有报价单，只能选好商品，确定数量后才给报价。

如果进错货，可能会把多日来的经营信誉毁掉。另一方面，店里的商品有很多种，有的畅销，有的滞销，有的压了几个月还没有卖出去。所以作为卖家，一定要有敏锐的眼光，察觉到什么时候需要补货了，否则，买家可能就跑到别的竞争对手那里去了。在进货时需要掌握如下的要领。

1. 对店铺的经营了如指掌

店主要想将进货工作切实抓好，就要对店铺的经营洞悉分明。只有这样才能采购到顾客喜欢的商品。这就需要店主尽量在短时间内积累大量的店铺经营经验，从而增加对所购商品的判断能力。所以在进货前需要深入了解客户人群的需求，对自己的选货眼光有绝对的信心，在进货过程中给予批发商足够的诚意和信心，用数量来为自己争取拿到好的批发价格。

2. 货比三家

为了使进货价格最合理，可以向多家供货商咨询，并从中挑选出各方面都适合自己的店铺销售的商品来。

3. 勤进快销

勤进快销是加快资金周转、避免商品积压的先决条件，也是促进网店经营发展的必要措施。店铺经营需要投入比较少的资金，经营品种繁多、种类齐全的商品，从而加速商品周转，将生意做活。当然，也不是进货越勤越好，需要考虑网店的条件及商品的特点、货源状态、进货方式等多种因素。

4. 积累丰富的商品知识

一些店主在进货时通常会一味砍价，而对其他交易条件从不考虑。这样一来，就会十分容易跌入别人的圈套。倘若供货商知道进货者有这种习惯，一定会有所准备地提高价格，来等待进货人员砍价。因此店主在进货时应该洞悉市场动向，商品知识丰富，这样才不至于被欺骗。

5. 按不同商品的供求规律进货

对于供求平衡，货源正常的商品，少销少进，多销多进。对于货源时断时续，供不应求的商品，根据市场需求来开辟货源，随时了解供货情况，随时进货。对于采取了促销措施，仍然销量不大的商品，应当少进，甚至不进。

6．注意季节性

新手往往并不知道服装进货时间一般会比市场销售时间提前两到三个月，在炎炎夏季时，批发市场的生产厂家们已经在忙着准备秋装了。如果不明白这个道理，还在大张旗鼓进夏季尾货，还在为买到了厂家因换季而处理的便宜货得意时，乐的可是批发商，而你进的货也可能会因为转季打折而卖不了好价钱，或需求少销售不理想；所以看准季节时机慎重进货也是一个方面。

7．进货的数量

进货数量包括多个方面，例如进货总额、商品种类数量等。确定进货金额有一个比较简单的方法，即把整个店铺的单月经营成本加起来，然后除以利润率，得出的数据就是每月要进货的金额。

进货商品种类第一次应该尽可能地多，因为需要给顾客多种选择的机会。当对顾客有了一定了解时，就可以锁定一定种类的产品，因为资金总是有限的，只有把资金集中投入到有限的种类中，才可能让单个产品的进货量大，要求批发商给予更低的批发价格。

8．获得供货商的支持

能影响到供货商支持你有两个因素：第一是首次进货金额，如果首次进货金额太少，供货商就会认为你没有实力，或对他的产品信心不足；第二是补货的频率，如果经常到供货商那里去补货，即使数量不多，但供货商还是认为货物周转快，能够为他带来长期的效益。供货商对你的支持表现在一旦有新货会尽快通知，而且可能下次进货的时候他会自动把价格调整下来。还有就是供货商如果认为是重要客户，一般都会透露近期哪类商品热销，了解这些行情会让你对市场和客户判断更准确。

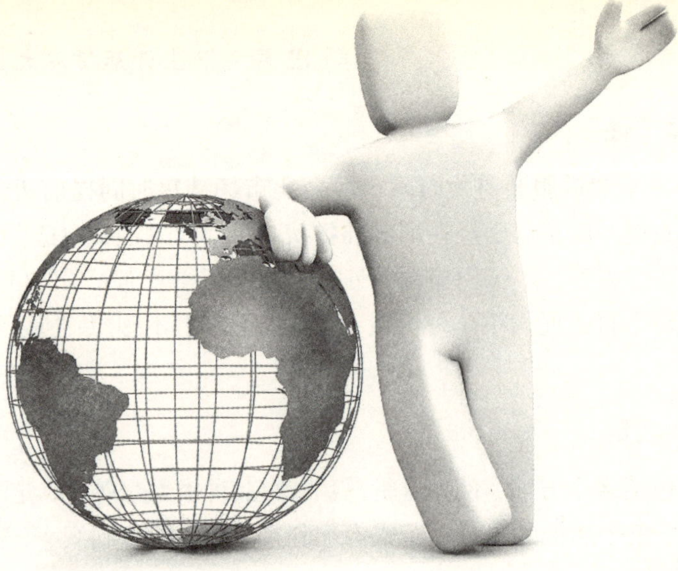

第 13 章 轻松解决网店销售中的物流配送难题

开店指导

在网上开店做生意，物流配送是一个非常关键的因素。开网店，每个月有很大一笔邮寄方面的开销，虽说羊毛出在羊身上，但如果质量相同，价格一样，相信买家会选择邮费更低的店铺，可见降低运费将使产品更具竞争力。网上开店的成败有相当一部分是由物流决定的，作为网店的经营者不能不对此引起重视和关注。开网店做生意时，网店经营者必须要对快递公司及邮政局做好充分的调查及了解，特别是价格。

13.1 网上开店主要发货方式

网店经营作为一种新型的商务模式，代表着商务发展的新方向，网上交易发送的货物需要通过物流来完成，网店的物流方式大致有如下几种。

13.1.1　邮局

1．平邮

平邮是比较常见的一种邮寄方式。邮局的包装材料比较好，但是价格比较贵，如果网店所经营的商品利润很多，当然可以无所谓。可以自备剪刀胶带制作包装材料，如果是易碎品，至少要包装两层，还要有夹层（有气泡膜塑料最好）。打折的邮票能用则用，能省则省。自己发的货，重量多少要心中有数，把邮费估计准。包裹能够不超过 500 克，尽量不让它超过。

平邮的邮资包括以下几项。

（1）挂号费：3 元，全国统一，一定收取。

（2）保价费：可以选择不保价，不保价的包裹不收取保价费。

（3）回执费：可以不要回执服务，不用回执的包裹不收取回执费。

（4）资费：视距离远近每千克资费不同。邮局的纸箱、布袋等是要收费的，也可以自己找纸箱，缝制布袋进行包装，但是必须符合规定。

（5）送货时间：视距离远近一般为 5 天~30 天不等，速度比较慢。

（6）安全保障：每个包裹都有单号，可根据单号查询投递状况。如果邮寄时进行了保价，在包裹丢失后可以按保价金额进行赔偿。如果邮寄时没有进行保价，在包裹丢失后赔偿费用最高不超过邮费的两倍。

2．快递包裹

快递包裹是中国邮政为适应社会经济发展，满足用户需求，于 2001 年 8 月 1 日在全国范围内开办的一项新业务，它以快于普通包裹的速度、低于特快专递包裹的资费，为物品运输提供了一种全新的选择。最好别发快递包裹，速度并不比平邮快，价格很可能比快递贵。

3．EMS

EMS 就是邮政特快专递服务，是中国邮政的一个服务产品，主要是采取空运方式，加快递送速度。一般来说，根据地区远近，包裹可于 1 ~ 4 天到达。此方法安全可靠，送货上门，寄达时间比前两种方式都要快，运费也是这三种里最高的，比较适合顾客对于收到商品有比较高的时间要求或是国际商务的派送。

EMS 业务在海关、航空等部门均享有优先处理权，它以高速度、高质量为用户传递国际、国内紧急信函、文件资料、金融票据、商品货样等各类文件资料和物品。

EMS 适用范围为中国大陆地区，按中国邮政 EMS 快递标准执行，即包裹重量在 500g

内收 20 元，超过部分每递增 500g 按所在地区不同收费标准也不同。

优点：时间快，可以上网查询，送货上门，物品安全有保障。

缺点：收费贵，部分地区邮局工作人员派送物件前不先通过电话联系收件人，有可能导致收件人不在指定地点，而耽误物件的接收时间。

4. E 邮宝

E 邮宝是中国邮政集团公司与支付宝最新打造的一款国内经济型速递业务，专为中国的个人电子商务而设计，采用全程陆运模式，其价格比普通 EMS 有大幅度下降，大致为 EMS 价格的一半，但其享有的中转环境和服务与 EMS 几乎完全相同，而且一些空运中的禁运品将可能被 E 邮宝所接受。

优点：便宜，到达国内任何范围，运输时间快，只比 EMS 慢 1 天左右，可以邮寄航空禁寄品，派送上门。在网上下订单，有邮局工作人员上门取件。

缺点：部分地区还没有开通此项目。如果邮寄到别的快递公司不派送的地区，强烈推荐使用 E 邮宝。

13.1.2 快递公司

快递公司是指目前国内市场上除了邮政之外的其他快递公司，他们也是运用自己的网络进行快递服务。市场上主要的快递公司有顺丰快递、圆通快递、天天快递、汇通快递、宅急送快递、港中能达快递、申通快递等。

快递公司有如下基本特点。

- 资费由快递公司自行制定，并且可以讨价还价。综合比较，价钱适中。
- 邮寄速度很快，并且能直接送到收件人手中，很方便。
- 对邮寄物品属性有严格的规定，但是在实际操作中检查不一定严格。
- 安全保障性能参差不齐，服务态度等也有很大差别。

13.1.3 物流托运

采用物流托运时，在托运前必须将货物的包装和标记严格按照合同中有关条款办理，大件物品使用铁路托运。

1. 汽车托运

采用汽车托运运费可以到付，也可以现付。货物到了之后可能会再向收货方收取 1～2 元的卸货费。一般的汽车托运不需要保价，当然，有条件的话最好保价，一般收 4%的保价费。收货人的电话最好能写两个，一个手机号码和一个固定电话号码，确保能接到电话通知。

2．铁路托运

一般铁路托运价格低，速度也快，但是只能到达火车到达的地方。火车站都有具体的价格表。使用铁路托运时要包装好，他们一般不打开检查，现在一般还会贴上“小心轻放”标示。铁路托运价格比较高，一般需要拿传真件和身份证提货，运费得现付。

3．物流公司

物流公司有佳吉、华宇等，他们的发货方式是和其他托运站不太一样的，托运站一般是点对点的，但物流公司不同，他们可以给你转到一个城市中的几个点，只要你方便。物流托运速度很慢，中转次数很多，要求货都要包装好，货物要上车下车很多次，容易造成破损。

13.2　商品的包装

商品的包装是商品的重要组成部分，它不仅在运输过程中起保护作用，而且直接关系到商品的综合品质。

13.2.1　常见商品的包装方法

当顾客拿到商品时最先看到的是包装，所以要给顾客留一个非常好的印象，减少他们挑毛病的机会，那就首先包装好商品。美观大方、细致入微的包装不但能够保护商品安全到达，而且能够赢得顾客的信任，赢得顾客的心。下面介绍一下常见商品的商品包装方法。

1．礼品饰品类

礼品饰品类商品一定要用包装盒、包装袋或纸箱来包装。可以去当地的包装盒、包装袋批发市场看看，也可以在网上批发。使用纸箱包装时一定要有填充物，这样才能把礼品固定在纸箱里。还可以附上一些祝福形式的小卡片，有时还可以写一些关于此饰品的说明和传说，让一个小小的饰品显得更有故事和内涵。如图 13-1 所示是使用包装盒包装的商品。

图 13-1　用包装盒包装

2．衣服、床上用品等纺织类

（1）自制布袋：可以废物利用，把家里面不用的床单、被套、窗帘、衣服等根据邮寄物品的大小自己缝制布袋，可以缝两层，这样比较结实，经得起快递过程中的颠簸。也可以到专门卖布的市场买白布，自己剪裁缝制或者请裁缝帮忙缝制，费用都不是很贵，经济实惠。不过在衣服的外面一定要多套几层塑料袋，因为布袋不防水，以防掉在有水的地面上，或者遇上下雨的天气。

（2）纸箱：纸箱的优点是比较结实，衣服放在里面比较安全，损坏的可能性不是很大。不过，衣服外面最好用塑料袋包好，再放入纸箱中，纸箱选择 3 层的就可以了。纸箱可以上网买，也可以在邮局购买，在邮局购买的纸箱厚，价格贵，最省钱的方法就是收集免费的纸箱，将纸箱反过来，自己裁剪，然后用黄胶带粘好。

（3）快递专用加厚塑料袋：这个可以在网上买，价格不贵，一个普通大小的袋子售价为 0.3 元 ~ 0.7 元。其特点是防水，防辐射，用来邮寄纺织品是不错的选择，经济实惠，方便安全。如图 13-2 所示是网上卖的加厚塑料袋。

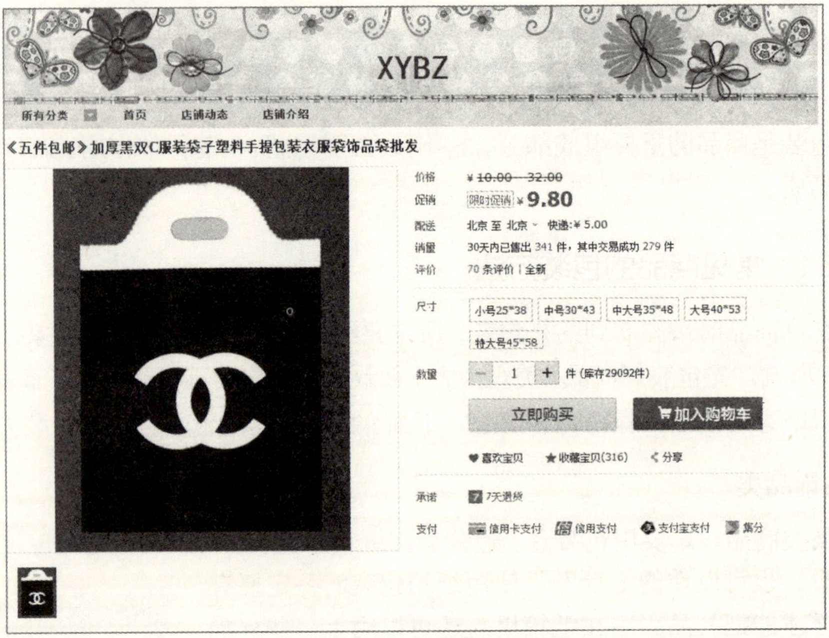

图 13-2　加厚塑料袋

3．电子产品类

电子产品在各行各业中算得上是很精密的产品，这类产品包装很讲究，一般使用纸箱、托盘。在货物比较轻的情况下可以用纸箱，但纸箱的质量一定要好。包装时一定要用泡沫塑料包裹结实，再在外面多套几层纸箱或包装盒，多放填充物。而买家收到商品后，一般会当面检查确定完好再签收。因为数码产品的价格一般比较高，如果出现差错也是比较麻烦的事。如图 13-3 所示的是电子类产品采用的纸箱包装。

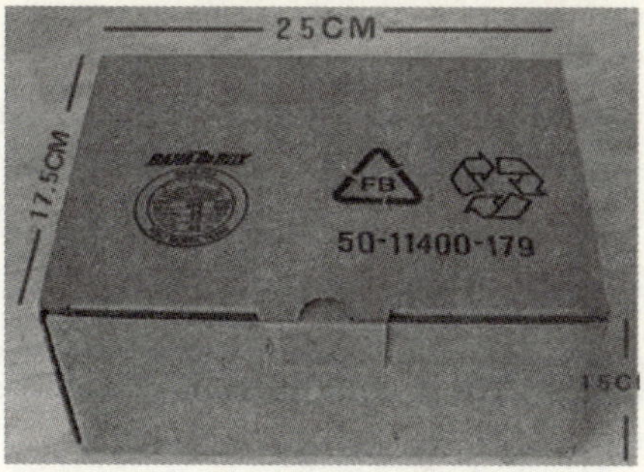

图 13-3　电子类产品采用纸箱包装

另外，由于这类商品的价值比较高，所以在邮寄的时候，最好保价，以免在运送途中出现破损却得不到应有的赔偿。

4．易碎品的包装

易碎品包装一直是一个难点，特别是易碎品的运输包装。为保证这些产品在流通过程中不被损坏，通常按照一定的技术方法，对这些产品进行缓冲包装。外部包装是保护易碎品免受损坏的有效方法。通常要求易碎品的外部包装应具有一定的抗压强度和抗戳穿强度，可以保护易碎品在正常的运输条件下完好无损。

最典型和最常用的易碎品外包装是瓦楞纸箱。部分大而重的易碎品采用蜂窝纸板包装箱，部分较轻或本身抗压强度比较高的产品如玻璃空罐等，采用缠绕薄膜包装代替瓦楞纸箱。

易碎品包装时注意如下事项。

- 要把易碎物品四周包上泡沫塑料。
- 把易碎物品放到盒子或者箱子里要使物品不会在里面晃动。
- 找一个箱子比原来的物品箱四周大一些，用泡沫塑料把底部四周全部塞满。
- 如果有易碎物品标签就贴上，在箱子四周写上易碎物品勿压、勿摔，提醒在装卸货过程中避免损坏。如图 13-4 所示为易碎物品标签。

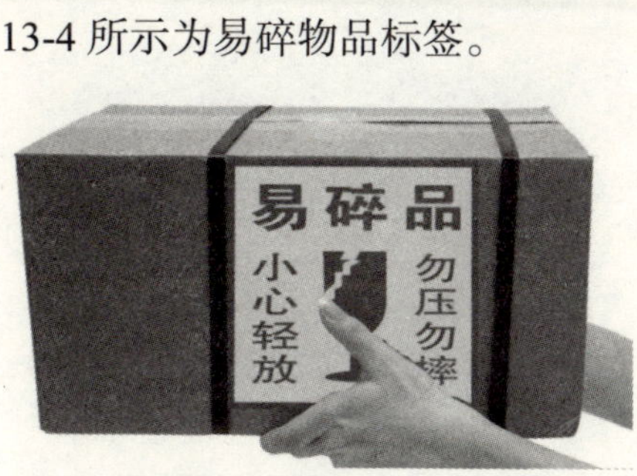

图 13-4　易碎物品标签

5．书杂志等印刷品

（1）纸盒：在书外面最好是包上一层塑料袋，避免进水，同时可以防潮。

（2）牛皮纸：最好在书外面先套上一层塑料袋，再用牛皮纸包好，如图 13-5 所示为牛皮纸包装。

（3）这里要强调的是，书杂志比较重，使用快递的话，则运费比较贵，如果不是很急，则可以使用平邮，需要挂号的话，则按挂号印刷品来邮寄。

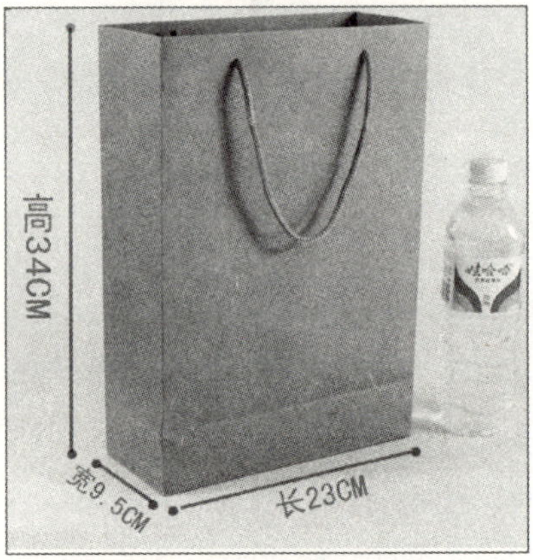

图 13-5　牛皮纸包装

6．笔记本电脑、手机、照相机、MP3 等数码产品

（1）纸箱：最好选用 5 层的纸箱，先缠上气泡膜，再放入纸箱，塞满填充物，使其不摇晃，四周没有空间，外面一定用订书钉和胶带封好。最好粘贴上带有警示语的“易碎物品，小心轻放，防水防潮”等字样。别小看气泡膜，它发挥了很大的作用，避免了硬物之间的挤压和磨损，很大程度减少了对物品的损坏。如图 13-6 所示是气泡膜和纸箱包装。

图 13-6　气泡膜和纸箱包装

（2）木箱：优点是成本大，费用高，但是比较结实，安全。缺点是，包装起来比较费劲，拆开也比较费劲。所以，在一般情况下，用加厚的纸箱包装这类产品就可以了。

7．食品

易碎食品、罐装食物宜用纸盒或纸箱包装，让买家看着放心，吃着也放心。在邮寄食品之前一定要确认买家的具体位置、联系方式，了解运送到达所需的时间。因为食品有保质期，而且还与温度和包装等因素有关，为防止食品运送时间过长导致变质，所以一般来说，发送食品最好使用快递。

8. 香水等液体类产品

化妆品大部分是霜状、乳状、水质，多为玻璃瓶包装，因为玻璃的稳定性比塑料好，化妆品不易变质。但这一类货物也一直是邮局查得最严的。因为它在物流运输途中经常会泄漏，所以除了包装结实，确保不易破碎外，防止液体渗漏也是很重要的。邮局对液体物品有专门的邮寄办法，按照规定应该是用棉花裹好，再用胶带缠好。一定要封好封口处，让邮局人员觉得液体一定不会外漏，然后再用棉花整个包住，最后再包一层塑料袋，让他们认为即使漏出来也会被棉花都吸住并有塑料袋作为最后的保障，不会流到纸盒外面污染到别人的包裹。至于香水包装可以到五金行或是专门的材料用品商店，买几大卷透明的气泡纸，在香水盒上多裹几圈，然后用透明胶带紧紧封住，这时已经是超级防漏防震了，但是为了更确保安全，最后再把裹好的香水放在小纸箱里，可以象征性塞一些泡沫塑料。

9．钢琴、陶瓷、工艺品

钢琴、陶瓷、工艺品等偏重或贵重的物品应采用木箱包装。在美国、加拿大、澳大利亚、新西兰等国，对未经过加工的原木包装有严格的规定，必须在原出口国进行熏蒸，并出示承认的熏蒸证，进口国方可接受货物进口。否则，会被罚款或将货物退回原出口国。

10．DVD、VCD 等光碟

DVD、VCD 等光碟可以使用以下包装材料。

（1）泡泡袋：邮局、网上都有卖的，价格稍微有点贵。

（2）牛皮纸：如果是套装的光碟，一般都有硬盒原包装，只需要在外面包上一层牛皮纸即可。

（3）纸盒：多张的光碟可以用纸盒包装，单张的光碟可以将纸盒对折直接包装，要整齐，并且多缠一层胶带，结实防漏。

13.2.2 包装时的注意事项

了解了常用的包装的方法和材料后，就可以开始进行物品的包装了。但是要想在激烈的竞争中区别于对手，就需要花一点心思来完善或者提升自己的商品形象，这就是商品的延伸价值。

1．制作店铺名片

为你的店铺印制一张名片，在给买家邮寄商品时不妨塞进几张。一张设计得具有个性的名片会让买家体会到你的用心，多寄两张名片给你的顾客，很可能下一位顾客就是他的朋友。名片上需要印制的基本内容包括店铺名称、店铺网址、卖家姓名、联系方式（电话、QQ、电子邮箱）、经营宗旨、经营范围等。

2．赠送小礼品

在给买家邮寄商品时，用心的卖家为了吸引回头客，一般都会在邮寄商品时给买家寄上一份小礼物。也许有读者会问，有时一件物品还挣不到两元钱，还要花几毛钱购买礼品太不值得了。其实不然，花去的只是几分钱、几毛钱，可是换回来的也许就是买家的信赖。

3．问候小卡片

现代社会通信发达，人们的沟通方式已经从过去的信件、电话扩展到短信、电子邮件、视频等。很多人已经好多年没有收到过信件了。所以，在邮寄商品的同时，附送一张温馨的小卡片，必定会唤起很多人熟悉的感觉，增加顾客对卖家的好感。

4．产品使用小提示

许多人会觉得奇怪，还要放产品使用小提示吗？这个几乎不增加成本的小东西非常能够体现卖家的细腻，是让你拥有许多老顾客的好帮手。例如衣服的扣子是机器钉扣的，容易掉，提醒买家在拿到衣服时最好再把扣子重钉一下。再如顾客可能对一些专业器材不熟悉，所以最好配送一份使用说明。这样不但赢得了顾客的好感，也可以减少很多接待咨询的工作量。

5．热卖产品介绍

不是每个买家都会十分耐心地看卖家店里的所有商品，所以在快递商品时，可以送上一份店铺的产品介绍，可以是店铺里最热销的商品或新上架的商品，整理成一个的推荐表。

13.3　使用运费模板

在网上开店面向的是全国各地的买家，各地的快递价格有所不同，这就为卖家带来了麻烦。淘宝的运费模板可以解决这个问题，使用运费模板可以设置好不同地区的快递价格，然后应用在商品上，当买家浏览商品页面时，就可以看到商品邮寄到自己所在地的快递费用。另外使用运费模板，还可以快速批量更改快递价格，避免一个个地修改商品运费，大量节省了时间和人力。下面就讲解运费模板的使用，具体操作步骤如下。

❶ 登录淘宝网，进入到“卖家中心”页面，单击“物流管理”下面的“物流工具”超链接，如图 13-7 所示。

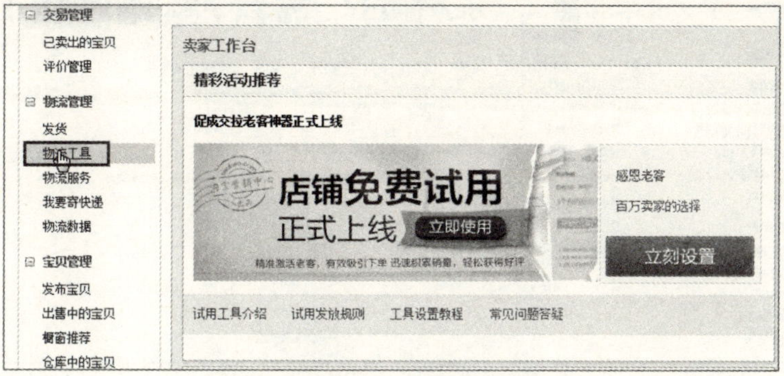

图 13-7　卖家中心

❷ 打开“物流管理”页面，单击页面中的“运费模板设置”超链接，如图 13-8 所示。

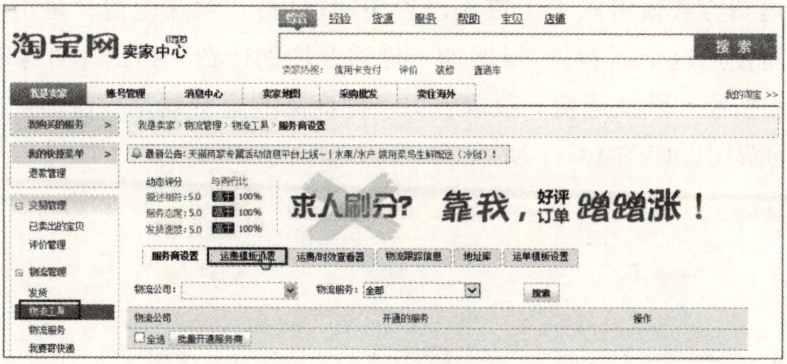

图 13-8　运费模板

❸ 在打开的页面中单击“新增运费模板”按钮，如图 13-9 所示。

❹ 打开“运费模板设置”页面，输入模板名称，在下拉列表中选择“宝贝地址”，如图 13-10 所示。

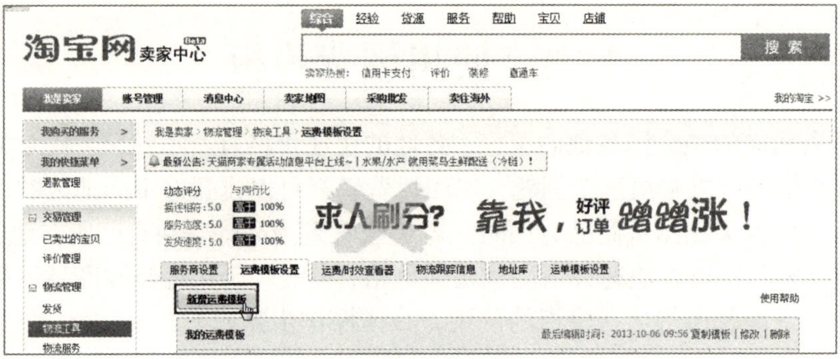

图 13-9　单击“新增运费模板”按钮

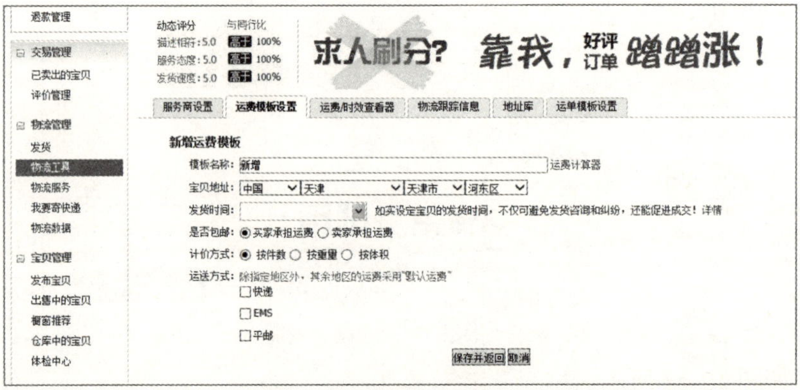

图 13-10　“新增运费模板”页面

❺ 选择商品支持的运费方式，目前淘宝提供了 3 种运费方式：平邮、快递公司、EMS。只要选择支持的运费方式就可以了。首先设置快递费用：“默认运费”是指除了特别指定地区的运费之外都将使用这个运费；“每增加一件需要增加运费”指的是如果买家购买了两件商品，第一件商品按照“默认运费”收取，另一件商品的运费则是“每增加 1 件，增加运费 3 元”选项设置的费用，如图 13-11 所示。

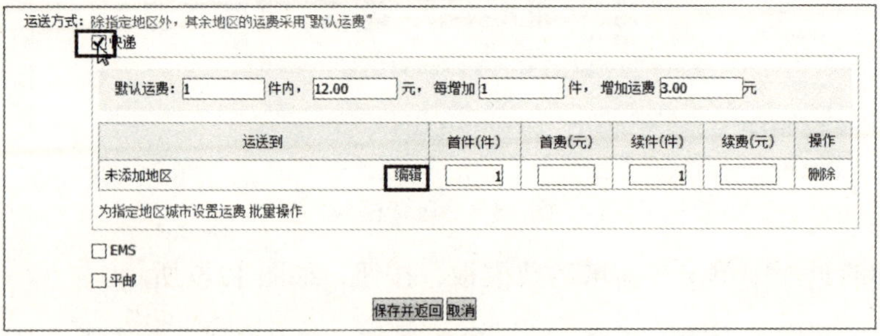

图 13-11　设置运费方式

❻ 下面设置指定地区的运费。当单击“为指定地区设置运费”按钮后，系统自动会弹出一个包含地区信息的提示框，如图 13-12 所示。

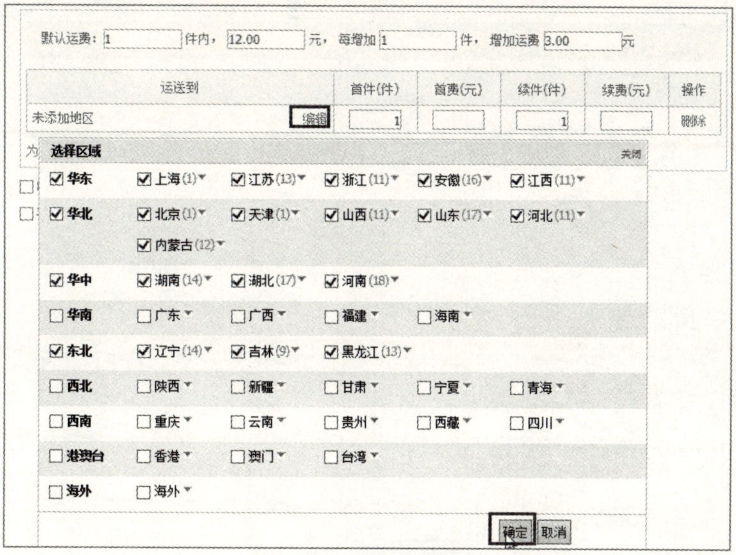

图 13-12　设置运费

❼ 只需要勾选指定的地区，然后单击左下角的“确定”按钮，这样运费就可以应用到指定地区了，如图 13-13 所示。

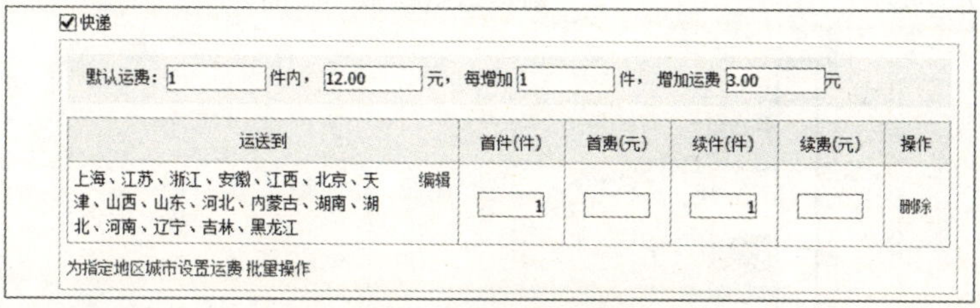

图 13-13　设置指定地区运费

❽ 使用同样的方法，设置不同地区的平邮和 EMS 费用，如图 13-14 所示。

开店高手支招

> 虚线上面的地区为大范围区域，例如勾选“东北”选项，虚线下的省份辽宁、吉林、黑龙江都会被选择上。

❾ 运费模板设置好后，还需要把这个运费模板应用到选择的宝贝上。在卖家中心单击“出售中的宝贝”按钮，如图 13-15 所示。

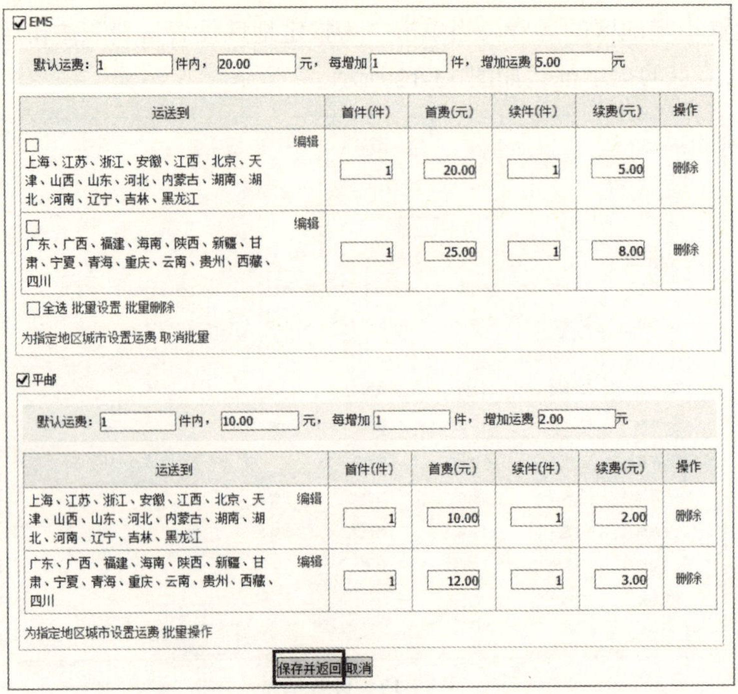

图 13-14　设置不同地区的平邮和 EMS 费用

⑩ 在打开的“出售中的宝贝”页面中，选择商品前面的复选框，然后单击“设置运费”按钮，如图 13-16 所示。

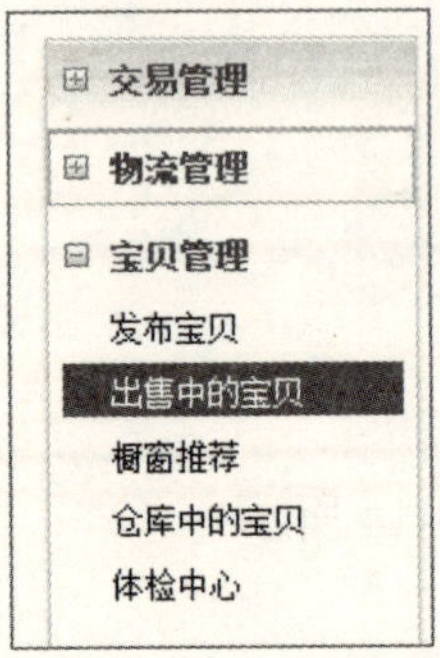

图 13-15　阿里旺旺操作界面

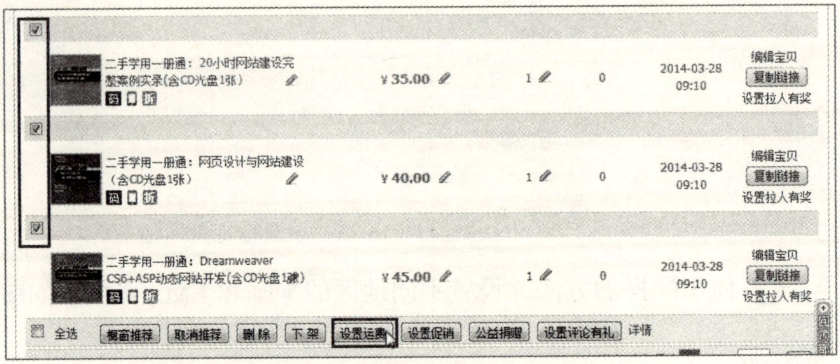

图 13-16　“出售中的宝贝”页面

⑪ 打开“我的运费”页面，显示现有的运费模板，单击“应用该模板”按钮，如图 13-17 所示。

⑫ 此时会弹出“运用模板设置”成功的页面，如图 13-18 所示。

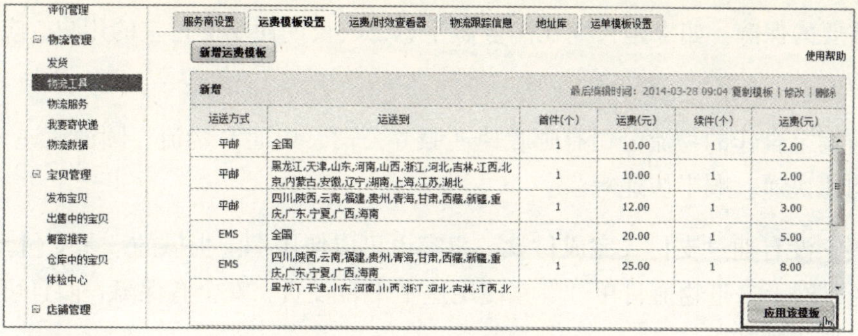

图 13-17　“我的运费”页面

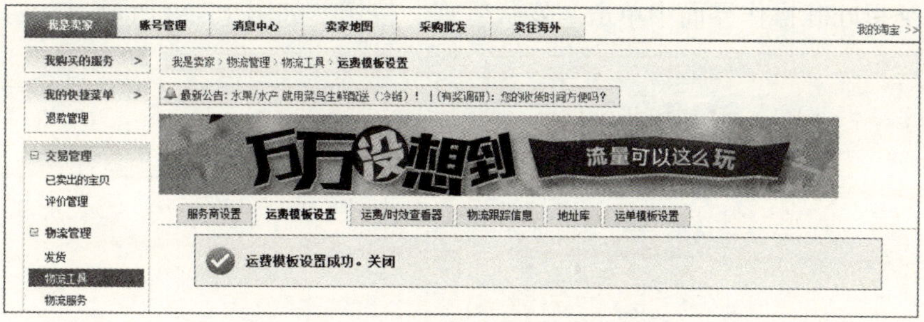

图 13-18　“运用模板设置”成功页面

⑬ 成功运用运费后，买家在商品页面中就会看到商品运到自己所在地的运费，如图 13-19 所示。

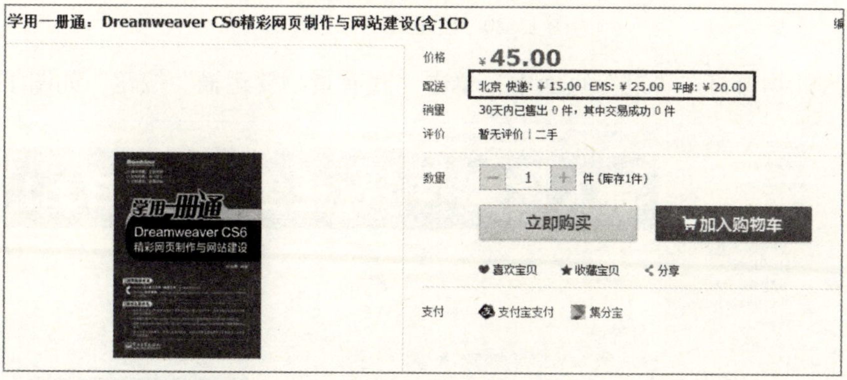

图 13-19　商品页面

13.4　非支付宝交易使用推荐物流发货

只有通过淘宝网，并且在网上发送订单，才称为推荐物流。支付宝推荐物流是双方交易一个非常重要的保障。如果是长期在淘宝做生意，或长期使用支付宝的用户，应该尽可能去使用推荐物流。

目前与淘宝合作的物流公司有邮政速递服务公司、申通 E 物流、圆通速递、中通速递、宅急送、韵达快递、顺丰快递等。

如果买家没有通过支付宝完成付款，卖家也可以使用淘宝提供的“非支付宝交易发货”的功能，通过网上来下物流订单。卖家使用这个平台发货，安全有保障，而且可以享受低价格，具体操作步骤如下。

❶ 在阿里旺旺操作界面中单击“发货管理”按钮，如图 13-20 所示。

图 13-20　阿里旺旺操作界面

❷ 进入“物流订单管理”页面中，单击“我有货物要运输”按钮，如图 13-21 所示。

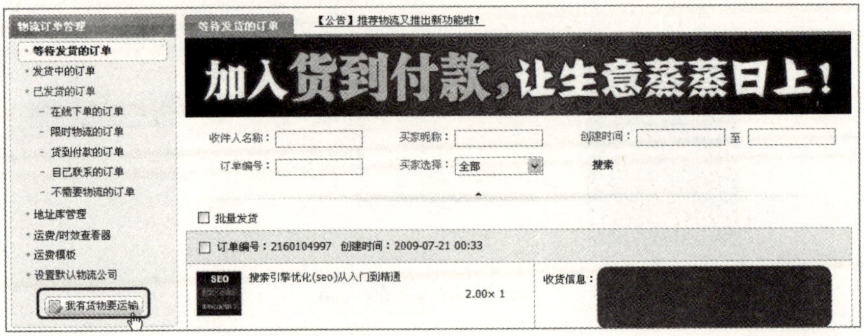

图 13-21　“物流订单管理”页面

❸ 打开“非支付宝交易发货”页面，在这个页面中填写买家和卖家的地址、商品信息、预约物流等内容。

❹ 首先填写买家和卖家地址。卖家地址一般都是自动显示出来，不用填写，如有改动，可进行修改，在页面右侧填写买家的收货信息，从下拉菜单中选择地区，在文本框中填写详细信息，收件人电话、姓名、邮编等内容，如图 13-22 所示。

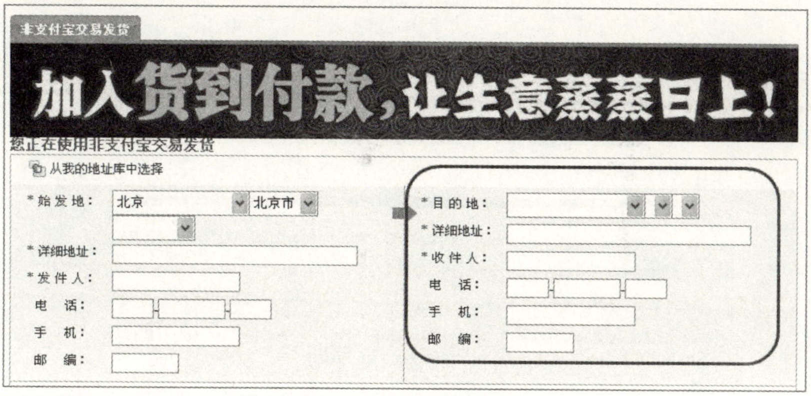

图 13-22　填写买家地址

❺ 接下来填写物品信息，其中包括填写商品名称、商品的类型、商品的价值和备注信息，如图 13-23 所示。

图 13-23　填写物品信息

❻ 在预约物流中选择日期，并选择起始时间和终止时间，然后单击“搜索可用的物流公司”按钮，如图 13-24 所示。

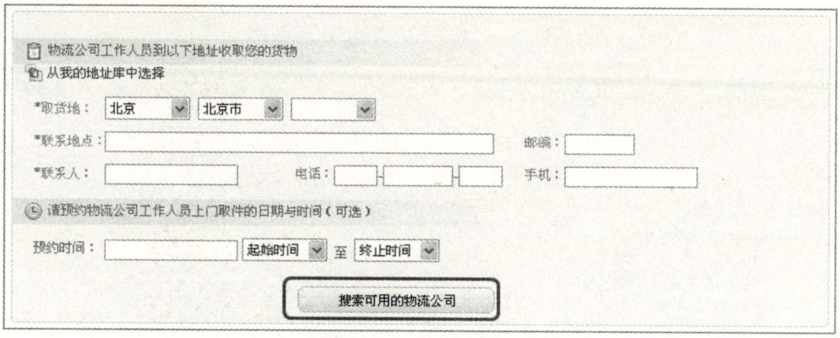

图 13-24　预约物流

❼ 打开“填写发货通知”页面，确认收货地址和物流取货地址，如图 13-25 所示。

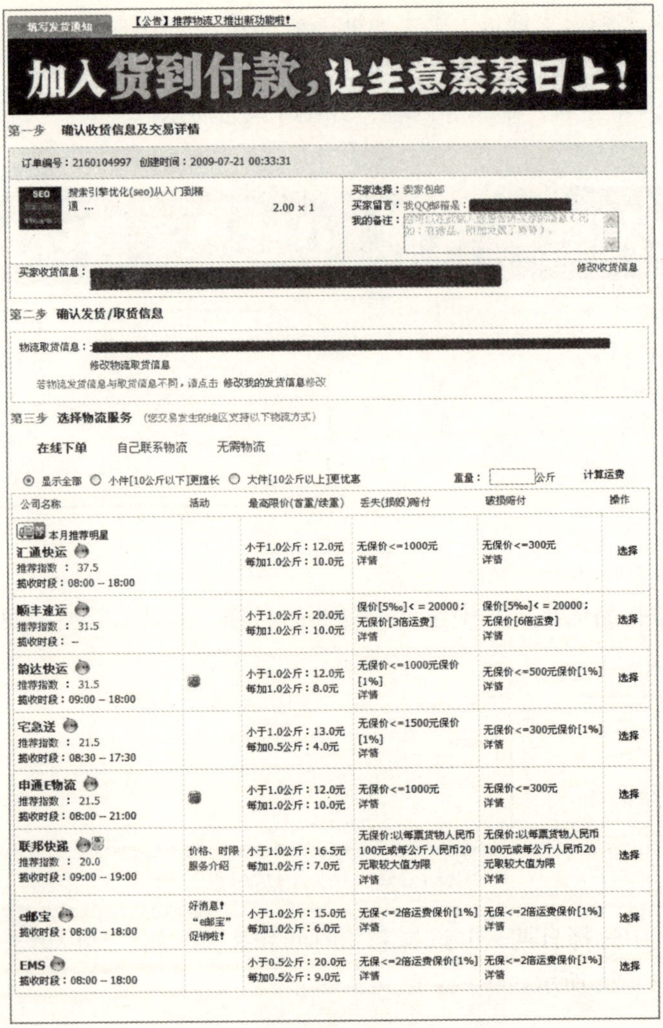

图 13-25 “填写发货通知”页面

❽ 确认后选择物流公司，例如选择“韵达快运”，单击其后面的“选择”按钮，如图 13-26 所示。

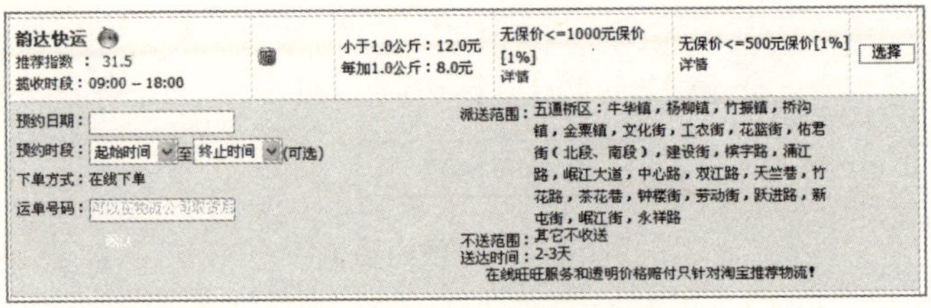

图 13-26 确认发推荐物流

❾ 确认发推荐物流后，打开的“订单详情”页面下方，就会显示“恭喜您，操作成功，当前状态已经修改为‘等待物流公司确认’!”，如图 13-27 所示。

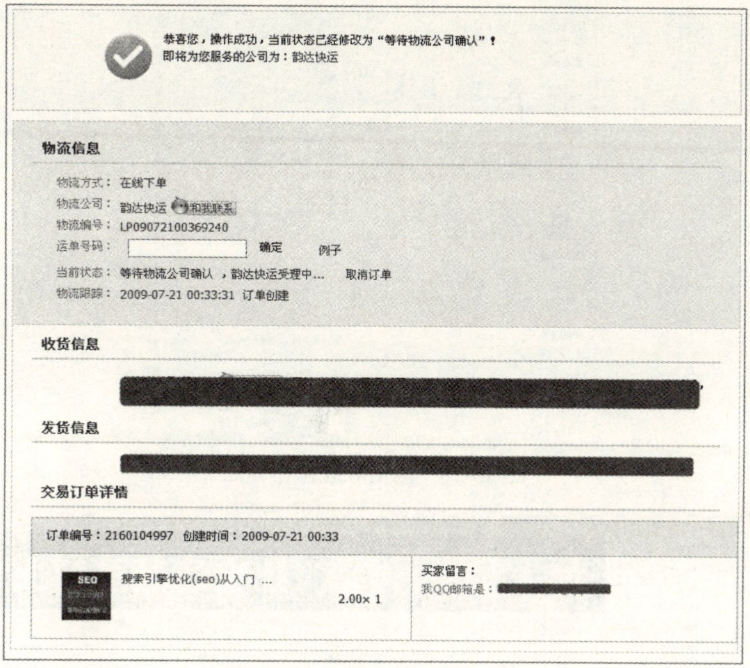

图 13-27 “确认发货”页面

13.5　自己计算运费，方便又实惠

卖家在发布商品时要填写运费价格，但是一些新卖家对物流公司不是很了解，也不知道具体的运费价格。如果运费填写低了，自己就亏了。因为物流价格基本是透明的，如果运费填写高了，有些买家会认为卖家故意多收几元的快递费用，从而对卖家产生不好的印象，认为有欺骗人的嫌疑，从而可能会失去一些潜在买家。下面讲述如何查询快递价格、平邮价格，以及邮政特快专递价格。以便提前知道运费价格，方便设置合适的运费。

13.5.1　计算淘宝推荐物流价格

使用“运费/时效查看器”功能可以快速查询各快递公司的运费，具体操作步骤如下。

❶ 在阿里旺旺操作界面中单击“发货管理”按钮，如图 13-28 所示。

❷ 在打开的“物流管理”页面中，单击“运费/时效查看器”超链接，如图 13-29 所示。

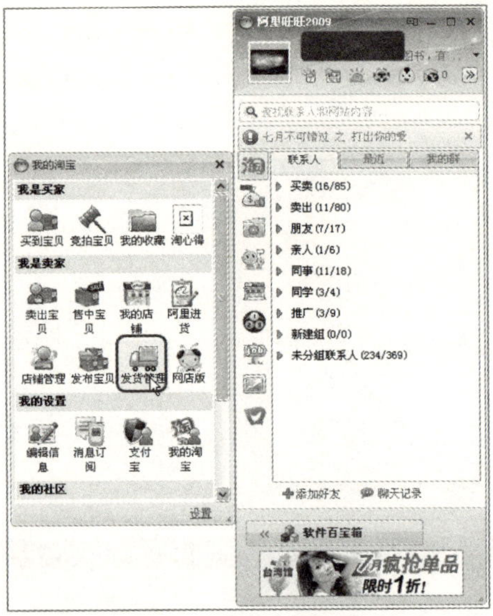

图 13-28　阿里旺旺操作界面

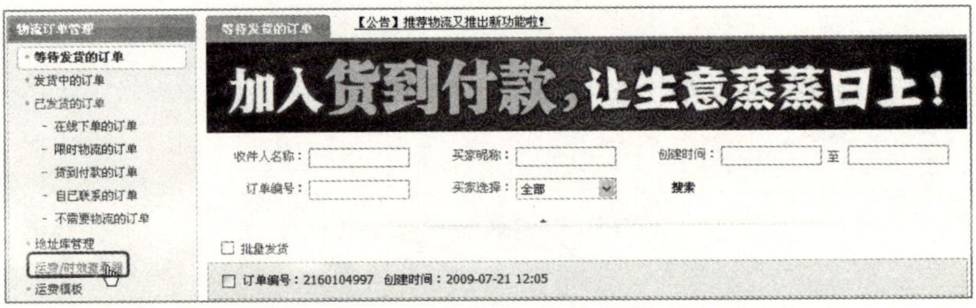

图 13-29　单击“运费/时效查看器”超链接

③ 进入“运费/时效查看器”页面，在“起始地”和“目的地”的下拉菜单中选择地址，“宝贝重量”和“宝贝体积”这两个选项只填写一个就可以，如果不确定可以两个都填写。如果查出来的价格高于卖家与推荐物流公司的协议价格，在网上下单时仍然可以按照协议的物流价格来付费，如图 13-30 所示。

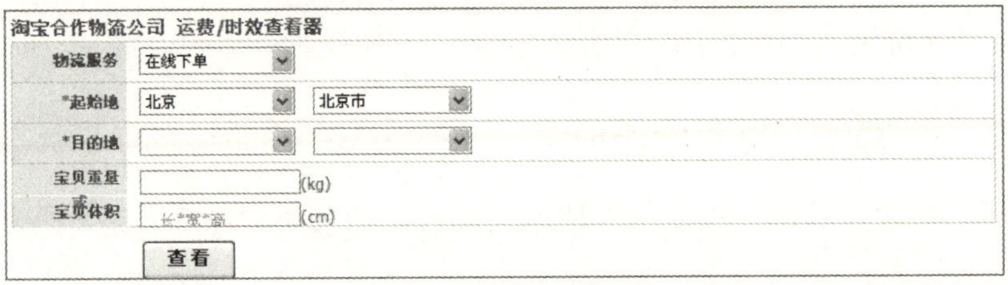

图 13-30　“运费/时效查看器”页面

④ 单击“查看”按钮，打开“计算结果”页面，在此页面中可以显示查询到的推荐物

流价格，如图 13-31 所示。卖家可以进行比较，选择最优惠的物流公司，以节约运输成本。

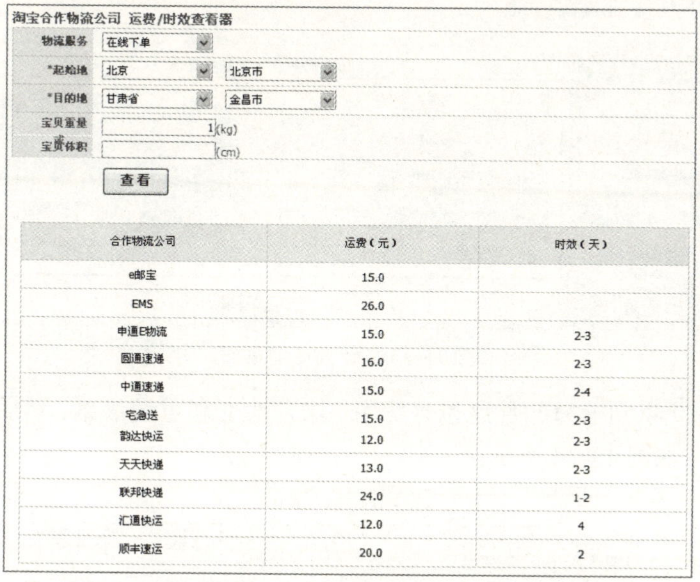

合作物流公司	运费（元）	时效（天）
e邮宝	15.0	
EMS	26.0	
申通E物流	15.0	2-3
圆通速递	16.0	2-3
中通速递	15.0	2-4
宅急送	15.0	2-3
韵达快运	12.0	2-3
天天快递	13.0	2-3
联邦快递	24.0	1-2
汇通快运	12.0	4
顺丰速运	20.0	2

图 13-31　“计算结果”页面

13.5.2　计算邮局平邮价格

在淘宝网上不能查询邮局平邮时的价格，在国家邮政局的网站上可以查询到各地平邮包裹的价格，具体操作步骤如下。

① 在浏览器地址中输入“http://www.chinapost.gov.cn/”，进入国家邮政局网站的主页，单击“邮政普通包裹资费查询”超链接，如图 13-32 所示。

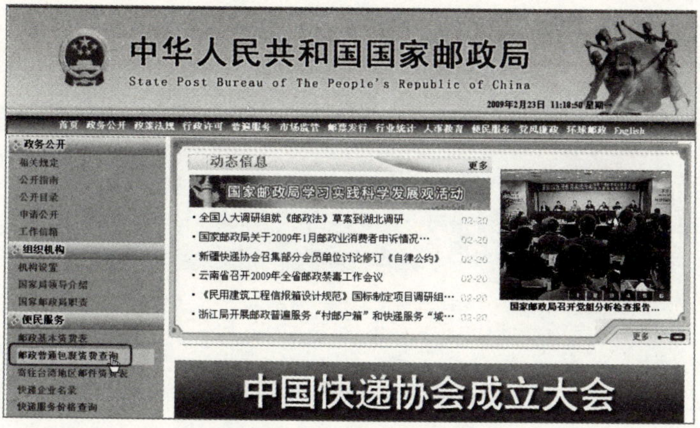

图 13-32　国家邮政局主页

❷ 进入“邮政局普通包裹资费查询”页面，如图 13-33 所示。可以选择地名查询，输入地名查询，也可以按邮编查询。

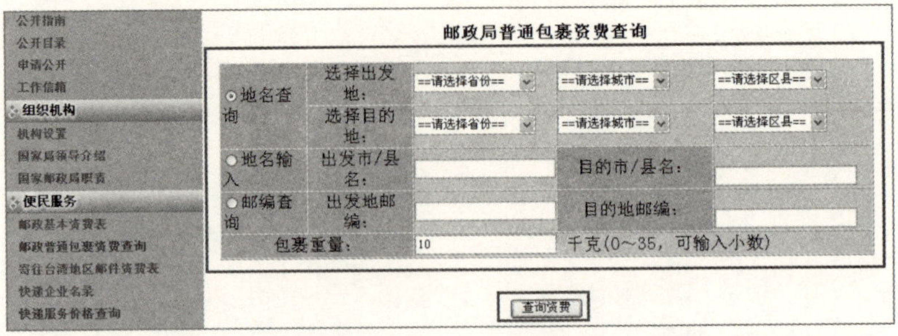

图 13-33　资费查询页面

❸ 如果查询北京到上海的普通包裹费用，输入地址和重量信息，然后单击“查询资费”按钮，即可查询，如图 13-34 所示。

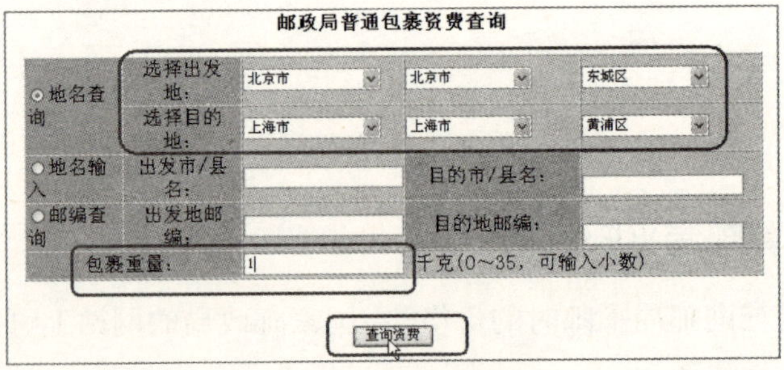

图 13-34　填写运输信息

❹ 随后打开“邮政局普通包裹资费查询结果”页面，在这里显示查询的结果，如图 13-35 所示。

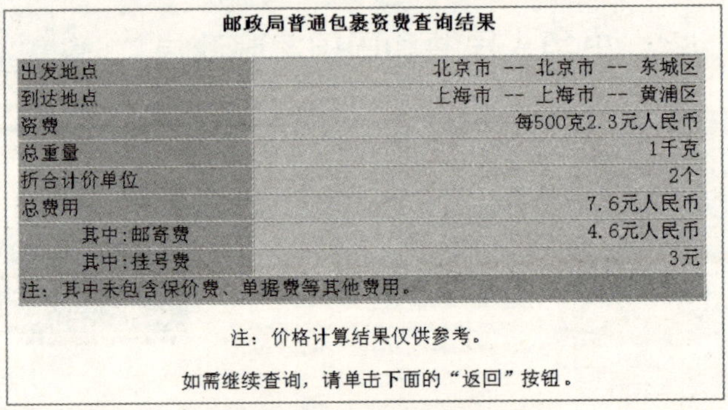

图 13-35　显示查询的结果

❺ 在这里可以随时随地，方便地查询各地的平邮价格。

13.6　各种不同的发货省钱方法

现在的网店日趋成熟，市场竞争却也越来越激烈，如何让自己的小店脱颖而出，除了靠自身的努力经营外，价格战在所难免。要想立足不败之地，货物的运费至关重要。

13.6.1　选一家省钱还能快到的快递公司

如今方便快捷的快递公司已经成为众多店主们发货的首选物流，不过在享受他们便捷服务的同时，快递费用也成为店铺经营中一笔不小的成本。在相同的产品质量、价格的情况下，买家肯定会选择邮费相对比较低的一家。因此在与这些快递公司打交道时，该如何在节省运费，又能让产品尽快到达的问题，备受广大卖家关注。下面介绍一些降低快递费用的妙招，希望对新卖家有所帮助。

（1）与快递公司人员搞好关系

没有好的心理素质，不会换位思考，不会替他人着想，只是一味地让别人遵循自己的方法来做事情的话，是很难与人和睦相处的。与快递业务员打交道时更应该这样，因为快递公司是我们得以顺利完成交易，做成买卖的一个桥梁，没有快递公司的运输，我们的商品无法投送给客户，最终我们的生意也无法做成。如果我们与快递公司的关系处理得不得当，则与快递员之间的沟通也将会变得很艰难，更不用谈及减少快递费用的问题，这只是可望而不可即的事情了。

（2）利用网络下订单

尽量使用比较低的价格和物流公司进行结算，在网上下订单还有保障，出了问题可以投诉，快递公司会积极协商解决纠纷。

（3）多找几家快递公司，价比三家

不要只在一家快递公司发件。如果发货量比较大，可以试着让他们在取件的时候“撞车”，这样他们就会有竞争压力，一场疯狂的价格战和服务战自然就打起来了。

（4）压低价格

快递的价格不是定死的，一般还有商量的余地，可以通过下面几个方法把价格压低。

- 要直接找快递业务员砍价，不要找接电话的客服人员砍价。
- 可以跟快递业务员说你每个月都有很多快递要发。这样那个业务员以为有大客户了，就会把价格降低。

➢ 跟业务员说有很多快递公司价格比他们低，最好是举出是哪些公司来，就算是真的没有，也要说得跟真的有一样，让他也降低到你所说的那个价格。

➢ 假设快递公司的价格原来是 16 元，想砍到 12 元，不要直接就说 12 元，要心狠一点，说到 10 元左右，那么他想抬价也不好意思抬那么高，可能最终的结果是大家互相退一步，达到 12 元左右的价格。

（5）与朋友合作，互相介绍，互相帮助

旺旺群是我们应该好好利用的一个有效的平台，平时应该多在群里聊天，多认识一些同城朋友。如果想取得更多的快递费用优惠，最好的办法就是加大销售量，让订单多起来。对于这一点，只是依靠新卖家某一个人的单薄的力量是无法实现的。除非现在店铺的销售量已经很大了，每天都有很多客户，要寄的商品也很多。否则，我们就应该与朋友互相合作，互相帮助。比如你有 4 个住在一个小区同在淘宝开店的朋友，那么就可以互相留下电话，当其中某一个与哪家快递公司合作比较愉快时，可以顺便将其他 3 位也介绍给那家公司，这样，4 个人的订单加在一起，快递公司自然就可以给一些优惠了。对于快递公司的工作人员来说，他也可以接到更多的订单，这又何乐而不为呢？最后你也达到了互利共赢的商业目的。

（6）不要只图便宜

有些小公司的快递费用确实便宜，但这样的公司肯定是联盟性质的小公司，速度慢且不说，倒来倒去都不知道把物品倒到哪家公司了，经常出现包裹丢失的情况，还根本查不到包裹的下落。

13.6.2 发平邮节省邮费的技巧

邮局的平邮是现在常见的一种运输方式，由于网络覆盖面广，邮局是网上卖家常见的物流主体。下面教卖家如何省邮费，希望对卖家有所帮助，特别是对刚刚起步的新手卖家们。

1．普通包裹

普通包裹用的是绿色邮单，寄达时间大约需要 7～15 天。普通包裹的邮费并不算贵，主要还是贵在包装箱，普通包裹的主要费用主要包括以下几项。

（1）包裹单：邮局包裹单 0.5 元/张，网上可以 0.25 元左右的价格购买到，不妨买一些存在家里面。

（2）邮费：以 500 克为计算单位，最好最省的方法是买打折邮票，打折邮票大概 7 折左右，省 3 成费用。

（3）打包费：某些邮局对自带包裹箱的顾客收取 1～2 元不等的打包费。如果要省下来，最简单的方法是自带封箱胶，自己封。封箱胶的成本很低，每次一两分钱，几乎可以忽略。

（4）包裹箱：不要买邮局的包装箱子，这些箱子最低都要 2 元。有条件的卖家可以联络卖鞋或卖电脑的朋友，因为鞋盒和电脑配件的盒子绝对是很好的包装箱材料。实在不行在网上购买也可，在网上，12 号纸箱以 0.25 元即可买到。

开店高手支招

> 省钱小招：邮局用的都是电子称，有时候哪怕包裹超重 1 克，就要多收一份费用，建议自备小称，有时候超重一点的话就从中拿出来一些填充物来。

2. 快递包裹（与特快专递 EMS 不同）

快递包裹与普通包裹的送达时间大致相同。邮局快递的费用一般是邮局平邮的 2～2.5 倍，首重 500 克，费用在 7～15 元不等。邮局快递在许多地区能够做到送货上门，邮局快递的送货时间一般是 4～7 天。

不到万不得已，建议不要用邮局快递包裹，否则有可能花了快递的钱，却得到了和平邮一样的送货速度。邮局的 EMS 邮件是单独处理的，而快递包裹却是和普通包裹一起处理的。

3. 邮政特快专递 EMS

邮政特快专递简称 EMS，是邮政系统最快的发货方式，使用航空邮递，一般省内 24 小时之内到达，外省一级城市之间 48 小时到达，全国范围内基本上在 72 小时到达，需要查询时可直接拨打当地 11185 电话号码查询。EMS 很安全，丢失的几率非常低，但价格相对来说就比较昂贵了。

现在的很多快递公司、物流公司，都有 EMS 代理业务，这些快递公司和中国邮政谈下了合作价，他们一般是 5 折拿到，给卖家的代发价一般是 7～8 折，而且不收单据费，建议卖家使用这种方式。而且和他们合作最主要的是省时省心，不用自己去邮局。

4. 邮寄必备物品和步骤

（1）准备好纸箱：一般在邮局或网上购买。邮局的纸箱价格确实有点贵，网上的就便宜很多，能节省很多费用。也可以选择到超市收购纸箱，超市中的纸箱也很结实。

（2）准备好箱内填充物：可能我们寄的东西没有充满纸箱，而且要防止由于快递员野蛮操作造成对商品的伤害，我们要对商品进行保护处理，否则到了邮局，邮局会让买包装材料。

（3）准备好打折邮票：打折邮票已经是大家都知道的省钱途径之一了。平邮和快递都可以用打折邮票，首先要确定所在地区是否允许使用打折邮票。其次就是购买什么面额的，这就要看邮寄物品的重量了。

（4）封箱胶带：胶带最好是透明的，因为可以将顾客的信息预先写好在纸箱上，到了邮局检查后再封箱。

（5）包裹单：网上卖的包裹单的价格大概是邮局的一半，在网上买包裹单也是省钱办法之一。

第 14 章 掌握网店经营管理艺术

开店指导

开网店现在已成为很多人的第二职业或是创业的选择。那么怎么经营并管理好自己的网店呢？下面完全从实战的角度出发，讲述对网商最实用的经营管理经验和技巧，希望能给读者带来帮助。

14.1 维护好客户关系

商家应当重视买家的感受与眼光，店主应对售出的商品质量多加关心。例如会想到“买家使用后是否满意？”或“商品有没有发生故障？”如果每天都能抱着这种重视买家感受的心理做买卖，就能跟买家建立起超越买卖关系的相互信赖感。一旦到了这种程度，必然会受到买家的欢迎，从而使生意日益兴隆。

14.1.1 如何培养客户信赖感

在任何时代，从事商业活动必须注重服务，尤其是新产品陆续出现，企业更应该重视服务，主动地询问买家的想法和需要是赢得信赖、取得意见的好方法。

一般来说，生意兴隆的商店，店主在销售上用尽心思，在服务上也给予了更多的关心，而在商品不足或发生问题时，店主所做的服务更是重要。如果只是抱着不负责任的态度，那就很难有服务的热情。网店经营者不仅本身需要有这种强烈的意识，而且需要随时向客服强调其重要性。只要店铺中的所有人都重视买家的感受，关心买家的需要，就不怕买家不光临。

在销售关系中最重要的工作就是建立与客户之间的信任，因此要将思考方向集中在买家身上，谈他们关心的问题，谈他们的需要，谈如何解决他们的问题。其次要深入看透顾客潜意识的需求，只有他们的需求被满足，他们的自信心跟自我价值才会提升，同时，也间接地提升了对你的喜爱与信任。

那么建立信赖感最有效的方法是什么呢？简单地说就是重视买家的感受，多问多听，尽量聆听，因为聆听可以产生信任，聆听可以减少排斥。你专心聆听时，买家就觉得你重视他。

14.1.2 如何加强客户忠诚度

在淘宝我们可以看到，每年都有不少的“后起之秀”，他们的店铺业绩稳步攀升，越做越红火。那么，他们的秘诀究竟是什么呢？在网络购物快速发展的今天，对网商而言，盲目引流已经不是做好网店的基本条件了。关键在于，流量引进来，你能留住多少？你有没有充分利用好这些流量，让其产出最大化？但是，很多淘宝网店却往往做不到充分利用流量，这往往是由于忽视老客户而导致的。

权威机构研究表明：网店吸引新客户的成本至少是保持老客户的成本的 8 倍，而这些老客户几乎创造了店铺 80%的收入和 90%的利润。因此，店铺应该把有限的资源放到重点顾客的维护上，细分他们的需求，更加精确地促销，才有可能形成爆炸式的利润增长。

既然你已经知道了老客户的重要性，那么怎样才能更方便地维护你与客户的长期交易关系，提高客户的忠诚度呢？

为了解决这个问题，淘宝给卖家提供了一个很好的会员关系管理工具。会员关系管理工具是帮助卖家管理自己会员的工具。通过会员关系管理工具，卖家可以充分了解自己会员的信息，该工具还能针对不同的会员推荐更合理的营销方式，同时卖家还可以通过该工具加强自己店铺和会员之间的联系，提高会员忠诚度。卖家可以根据顾客购买的金额和件数设置会员等级要求，同时设置不同等级会员对应的折扣。会员根据卖家设定的要求成为卖家会员后就获取了卖家店铺的会员卡。

会员关系管理工具是收费的服务，需要开通订购功能才能够使用。

❶ 登录淘宝后台管理页面，单击“软件服务”下的“我要订购”超链接，如图 14-1 所示，进入到订购页面，单击此页面中的“会员关系管理”选项，如图 14-2 所示。

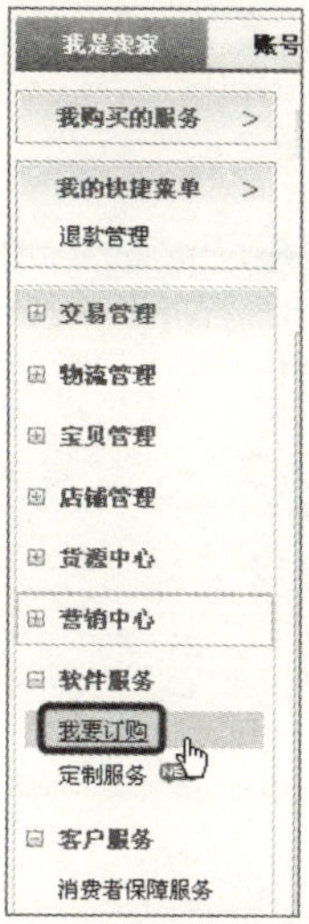

图 14-1　单击“软件服务”超链接

图 14-2　单击“会员关系管理”选项

❷ 进入会员关系管理介绍页面，如图 14-3 所示。

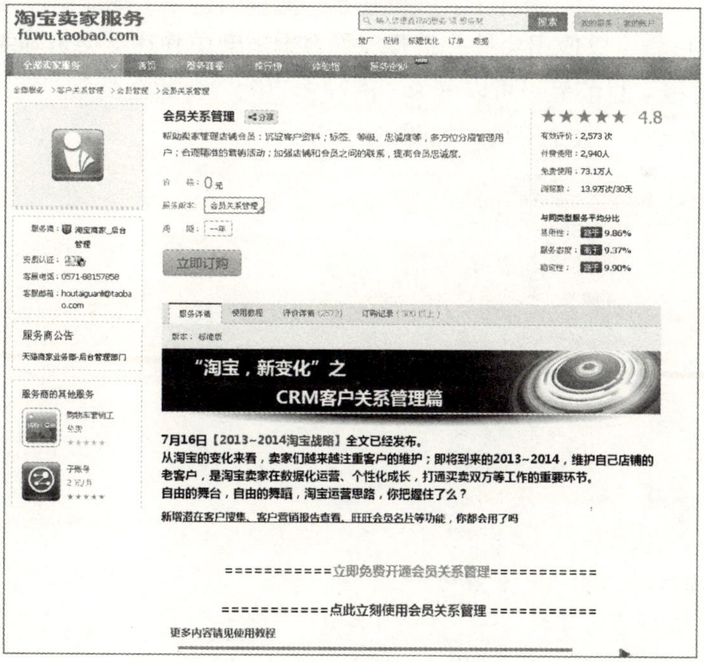

图 14-3　会员关系管理介绍页面

❸ 单击“立即购买”按钮进入订购信息页面，在这里有订购服务的名称、期限、支付金额等信息，选择需要订购的期限，单击底部的“同意协议并付款”按钮，如图 14-4 所示。

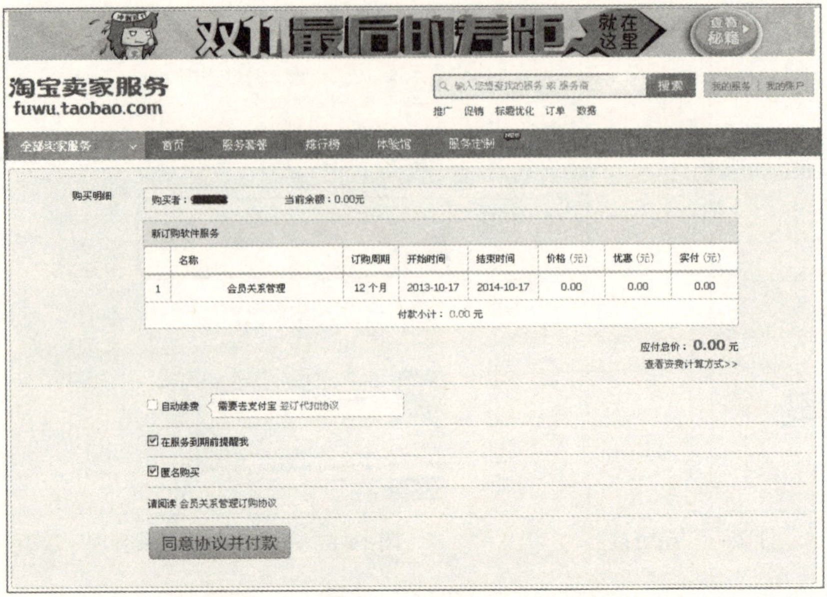

图 14-4　订购信息页面

❹ 订购完成后就可以使用会员关系管理了，单击会员管理下会员等级管理，按照自己的情况设置会员等级。目前等级可以分为“店铺客户”、“普通会员”、“高级会员”、“VIP 会员”和“至尊 VIP 会员”五个等级，如图 14-5 所示。

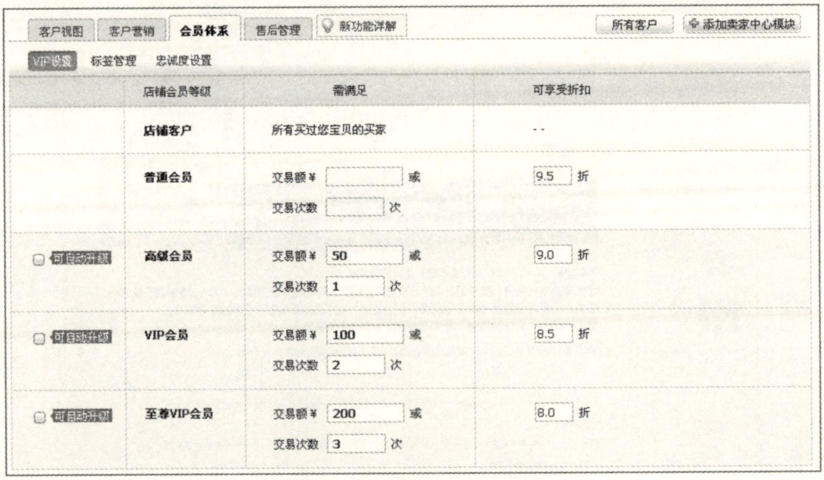

图 14-5　设置会员等级

❺ 可以在会员详情中手动修改会员等级等会员资料，如图 14-6 所示。

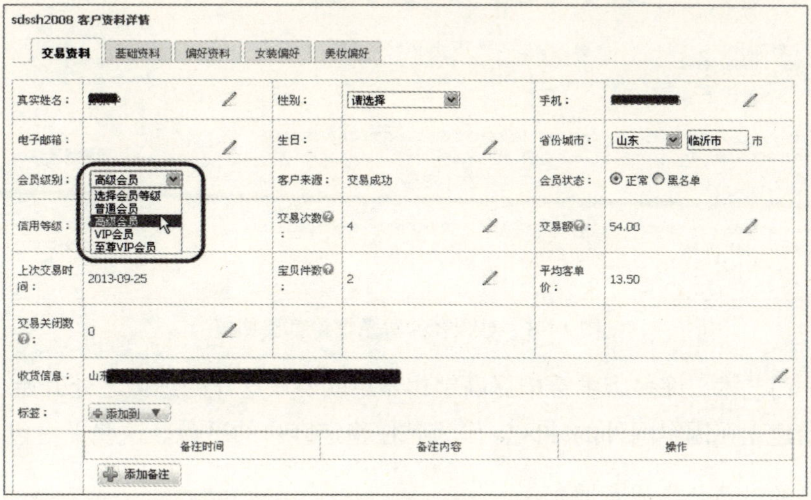

图 14-6 手动修改会员等级

❻ 会员关系管理还有一项非常强大的功能：会员营销，卖家可以通过这个功能对指定的会员设置促销活动，提升会员黏性，促进成交。这样可以真正实现精准营销，如图 14-7 所示。

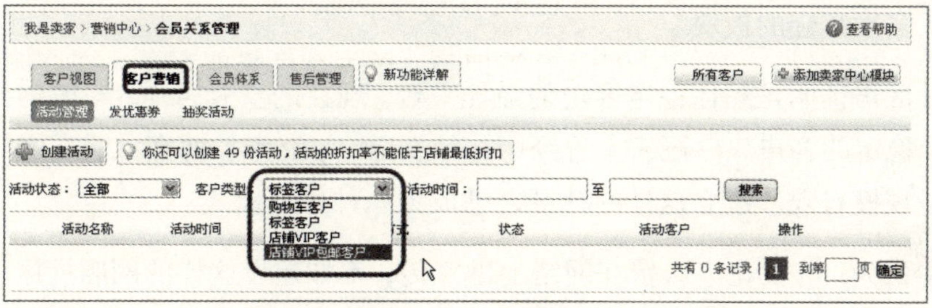

图 14-7 会员营销

14.1.3 黏住客户从小处着手

在淘宝店铺中有一个信用评价栏目，允许店主和买家互相留言交流，其实这个栏目是一个互动的通道，如图 14-8 所示。店主想巧妙利用这个通道和客户沟通，需要做好以下几点。

（1）对买家的每条评论都要回复，买家没有评论也要回复。

（2）买家对商品和服务不满意的，尽量在回复中恢复买家对自己的信任。

（3）买家对商品和服务有表扬的，店主应表示感谢，并且可以将一些商品的最新信息夹在其中。

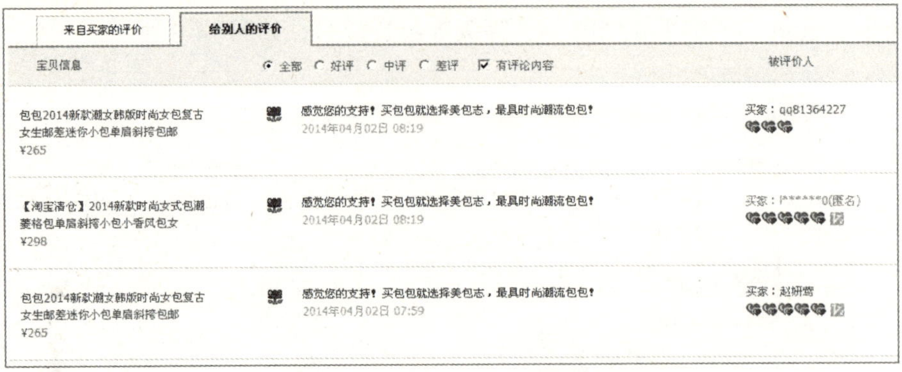

图 14-8　对顾客的每条评论都要回复

回复是一门艺术，许多店主希望提高销售量，就要从这样的细微之处开始。已经有一批皇冠店铺开始建立在淘宝网外的社区，作为黏住稳定客户的平台。这些平台包括以下板块：

（1）店主的最新公告或者博客。

（2）促销商品的预告板块。

（3）买家对新商品的体验报告板块。

（4）供买家发牢骚的板块。

这样的社区被证明是黏住稳定客户的最佳平台。现在的皇冠店铺，一般均拥有上万个客户，及上千个稳定的客户。皇冠店主曾经用礼品发送、VIP 卡、博客、朋友圈等多种方法黏住客户，但是规模有限。建立这样的社区，已成为一种最新模式。

皇冠店主认为，与其花广告费在网络上做宣传，不如建设这样的网店社区，在自己的社区里做广告。

14.1.4　怎样留住你的客户

一直以来，不论开什么店，网店、实体店、杂店、专卖店、大店或者小店，源源不断的客源都是店主能长期经营、长期赢利的一个重要保证。对于很多新手卖家来说最烦恼的事情就是“我的淘宝网店怎么没有人来？”或者“来了以后怎么不购买呢？”

把握老客户，除了实实在在的质量和态度外，还有更多的细节需要你来努力和深入地了解、开发和实行。

1．紧随

新买家第一次收到商品后所做出的评价，即使是有所抱怨，店主也要从评论中提取出有用的信息。这样可以加强你对自己商品缺陷，以及该买家的购物习惯的了解，以便以后可以更有力地推荐顾客偏好的商品，同时也会让买家对你产生信任感。

2．紧追

最好看一看顾客的购物记录，从中找到买家的购买方向和喜好，如果确定顾客喜欢的就是你店里商品的风格，就将其列入你的客户表中，定期做有针对性的回访，例如新货通知、活动公告等。如果发现该顾客并没有再次购买的意图，那么你可以调整一下回访的间隔时间，不要太频繁。

3．紧抓

仅仅记住顾客的爱好还不行。接下来要做的就是抓住顾客的心，当顾客购买了你的商品后，你不仅包装要仔细，而且可以抽出一点利润来为顾客准备一份温馨的小礼物。当顾客收到时，不仅仅是惊喜，更多的还有感动。对于老顾客来说，惊喜肯定不多，感动还是有的，所以你可以更直观一些，在店铺分类栏里专起一栏，里面摆满你为他们准备的小礼物，让他们各取所需，需要的才是真正好的。

当然，对于新顾客可以在公告里注明赠送神秘小礼物。还可以在广告里加上“这些都是新的小礼物”提示，中国历来是礼仪之邦，这也是可以抓住顾客心的方法。

4．精算

一位顾客如果能成为老客户，那肯定是商品很实惠。要站在顾客的立场，精打细算，为顾客尽量节省每一分钱，利用起每一次购物的机会。店主可以推出积分制度，比如买一件商品可以积一分，积累到一定的程度可以换购某件商品，或者可以作为现金来购买本店的某件商品。这样可以让顾客在你店里购物时，多了一个目标或者多了一份动力。当然，也可以推出折扣制度，比如买几件以上包邮费，买几件以上打8折等，让顾客消费得更高兴，也让他们更信任你。

5．精明

卖东西时，不管你的手段如何高明，质量还是最重要的，质量不过关，售后服务也不够好，自然不会有源源不断的客源，更别说有回头客了。所以作为店主，一定要从自己了解的商品开始做起，宁可做熟不做生，或者做自己比较感兴趣的。如果是自己进货的店铺，根据顾客所提的意见，在第二次进货时就要多看多查，发现有损坏的就得马上收起，而不是寄给顾客，蒙混过关。

6. 细心

细心的店主总是让人难以忘怀，如果有时间，要多与老顾客沟通，多去了解他们的爱好、性格、购物理念，以及他们个人的一些资料。把每个顾客当成自己的朋友，买家不一定要每次都买你的东西，不一定承诺只买你的东西，只需要你偶尔关怀他们，就可能得到一份默默的答允。

7. 更新

有能力的话，店里的商品最好一周更新一次，让顾客时时保有新鲜感，有值得顾客回头的理由，如果买家真的喜欢你店里的商品，通常有空就会进你店里来看一看。假如店铺总是不更新，那再有兴趣的买家也会溜走的。

14.1.5 怎样才能更好地维护老客户

大家都明白这样一个道理，老客户的维护成本是远低于新客户的开发成本的，那么如何对老客户进行最合理的维护呢？

（1）提供更多的优惠措施，例如折扣、赠品等。而且经常和买家沟通交流，保持良好融洽的关系和和睦的气氛。

（2）特殊买家特殊对待。根据二八原则，公司80%的利润是由20%的客户创造的，并不是所有的客户对店铺都具有同样的价值，有的客户带来了较高的利润率，有的客户对于店铺具有更长期的战略意义。美国哈佛的一个商业杂志发表的一篇研究报告指出：多次光顾的顾客比初次登门的人可以为企业多带来20%～85%的利润。所以善于经营的店铺要根据客户本身的价值和利润率来细分客户，并密切关注高价值的客户，保证他们可以获得应得的特殊服务和待遇，使他们成为店铺的忠诚客户。

（3）提供系统化解决方案。维护老客户不仅仅停留在向客户销售产品层面上，要主动为他们量身定做一套适合的解决方案，在更广范围内关心和支持顾客发展，增强顾客的购买力，扩大其购买规模，或者和顾客共同探讨新的消费途径和消费方式，创造和推动新的需求。

（4）建立客户数据库，和客户建立良好关系。在信息时代，客户通过网络等各种便捷的渠道都可以获得更多更详细的产品和服务信息，使得客户比以前更加聪明、强大、更加不能容忍被动的推销。这样，与客户的感情交流是店铺用来维系客户关系的重要方式，日常的拜访、节日的真诚问候、过生日时的一句真诚祝福、一件小赠品，都会使客户深为感动。交易的结束并不意味着客户关系的结束，在售后阶段还需要与客户保持联系，以确保他们的需求持续下去。要快速地和每一个客户建立良好的互动关系，为客户提供个性化的服务，使客户在购买过程中获得产品以外的良好心理体验。

（5）深入与客户进行沟通，防止出现误解。客户的需求不能得到切实有效的满足往往是导致店铺客户流失的关键因素。

一方面，店铺应及时将经营战略与策略的变化信息传递给客户，便于客户工作的顺利开展。同时把客户对店铺产品、服务及其他方面的意见、建议收集上来，将其融入店铺各项工作的改进之中。这样，既可以使老客户知晓店铺的经营意图，又可以有效调整店铺的营销策略以适应顾客需求的变化。

另一方面，要善于倾听客户的意见和建议，建立相应的投诉和售后服务沟通渠道，鼓励对服务不满的顾客提出意见，及时处理顾客不满，并且从尊重和理解客户的角度出发，站在顾客的立场去思考问题，要采用积极、热情和及时的态度。同时也要跟进了解客户，采取积极有效的补救措施。

14.2　员工的管理

人才是经营制胜的法宝，重视人才是店铺长远发展的关键。一个智慧的店主必定是识人、用人的高手，他们独特的用人之道，不仅为店铺增强了生机与活力，还使自己获得了丰厚的财富。

14.2.1　怎样找到合适的员工

随着网店数量越来越大，网店的管理营销已不是店主一个人所能应付得了的，许多网店开始寻找专门的网店管理人员，从而催生了一项新的职业——网店客服。

据了解，网店客服的分工已经达到相当细致的程度。有通过即时通信、电话来解答买家问题的客服；有专门帮助买家挑选商品的导购客服；有专门接待投诉的客服；还有专门帮店主打包快递的客服等。

一般来说，网店客服的工作很杂，也比较枯燥，因此一般来说招一个出色的客服不是很容易的。招聘客服人员时需要注意下面几点。

（1）首先是打字速度要快，这个在招聘的时候需要把关。

（2）要有耐心和亲和力。亲和力在网上和网下的表现方式是不一样的，有些人在网下可能让人感觉很冷漠，但在网上却表现出了另一面。

（3）不能用功利心太强的人，急功近利的人会不择手段地去成交一切可能成交的单子，但对店铺造成的不良影响却是不可低估的。

（4）一般找为人内敛并且做事仔细的。

（5）最后，客服最好要熟悉网上交易流程。

14.2.2 对待员工要恩威并重

恩不仅表现为对员工在物质上的奖赏和帮助，还表现为在精神上对他们的理解、宽慰、尊重、信任和鼓励等。

作为老板，要做到令出必行、指挥若定，必须具备一定的威严。这个道理非常简单，在管理方面，没有令员工感到畏惧的威慑力是很难使他们尽职尽责的。单是靠一张和蔼慈祥的脸和美丽动听的言辞起到的推动作用是远远不够的。

恩威并重是指老板在处理员工关系时，特别是在自己行使权力的行为中，善于将恩的因素和威的因素有机融合在一起，能让员工既服从又感激。

老板要使员工心悦诚服，一定要做到恩威并重，这就需要从以下两点做起。

（1）善于“以母亲的手握利剑”。“以母亲的手握利剑”是一个形象的比喻，也就是说，老板既要有母亲般的慈爱、无私与温和，时刻给员工真诚的爱；同时又要“手握利剑”，对员工的各种不良行为也不能迁就姑息，使恩与威做到高度统一。做到这一点，就会使员工对你既感激又尊重，并且不会擅自违令行事。

（2）命令与商量融为一体。当向员工提要求时，不妨这样说：“我是这么想的，你们的意见呢？”当员工将自己的想法说出来之后，如果有道理，不妨这样说：“我明白了，你说得十分有道理，就这么办吧。”这样既能避免自己的命令与指示不周到，也可以使员工受到信任和尊重而心情愉快，从而热情地去完成工作任务。

14.2.3 采取积极措施，挽留优秀员工

在经营过程中，人才的重要性已经成为共识。由于人才流动十分频繁，所以留住人才、防止人才流失已经成为老板工作的重要环节。一个老板要想挽留住优秀的员工，必须做好以下工作。

1. 明确员工流动的原因

（1）劳动强度大：员工工作都很辛苦，工作时间没有固定规律，许多员工由于承受不了工作强度大，所以辞职。

（2）业内竞争激烈：同行业内的竞争者多如牛毛，有些员工为了追求高薪或谋求更好的待遇而辞职。

（3）工作状况不利于个人发展：大多数员工的工作单调，甚至是机械的，加上劳动强度过大，会使员工丧失工作兴趣。年轻的员工会因为这种工作状态感到个人发展受限，从而想到更换工作环境。

（4）管理机制不完善：用人制度不规范，不能做到任人唯贤。规章制度多半是处罚，缺乏人情味和有效激励，不能形成一种良好的工作氛围，这样便会使得人心涣散。

（5）管理思想不妥：老板对员工的合理要求要重视，不能影响员工工作的积极性，破坏创业的凝聚力，以避免员工流失。

（6）就业选择多样化：由于经济的飞速发展，企业越来越多，可供员工选择的就业渠道、就业方式也在不断增多，那些劳动强度适中、劳动报酬理想的公司才是员工梦寐以求的好去处。

2. 采取积极的补救措施

（1）以诚信留住人才：同员工保持互相信任，诚实对待员工更有利于团队的稳定性。

（2）注重感情投资，形成宽松的工作氛围：要注意和员工的沟通，要关心、爱护、照顾、体贴员工。员工中出现了矛盾要及时解决。同时，还可以通过开展各种活动来融合员工内部关系。

（3）建立激励机制：要建立激励机制，例如采取加薪或发奖金的方式。加薪、奖金的数额要紧跟生活水平的变化而变化，不能永久定量。

（4）建立防护屏障：对于一些优秀员工，要采取特别的措施对待。现在的猎头公司无孔不入，特别要保护单位中下层管理者和技术人员，他们是单位中不可或缺的中坚力量。

（5）征求辞职员工的意见：诚恳地聆听辞职员工的意见，对于另谋他职的员工，对于其工作环境、待遇等方面的优势要了解，以此找出经营存在的不足，并要及时改正。

一名优秀员工的辞职，会给店铺带来不可估量的损失，智慧的老板最会用“妙招”挽留住员工，使他们很好地为店铺创造效益。

14.3　店铺的管理技巧

网店和实体店一样，只要有货品存在，就需要仓储管理；有资金出入就需要财务管理；有客户存在就需要客户管理。由于网店的特殊性，网店的管理甚至比实体店更复杂，包括图片管理、发货管理等，都是实体店不曾涉及的。所以从这个角度来讲，要做好一个网店，甚至需要比实体店投入更多的精力，花费更多的心血，讲究更多的技巧。

那么如何做到有序管理呢？下面是皇冠级卖家在开店实践中总结的一些成功经验。

1．合理安排时间

在淘宝开店的掌柜们大都有时间不够用的感受，一方面为了保持店面的新鲜感，必须进货、上货、拍照、处理图片，同时还得接受客户咨询、包装、发货等。特别是在生意好的时候，往往忙得团团转。俗话说得好，忙中出错，如果没有有序的管理，恐怕不是发错货就是怠慢了客户，得到差评就在所难免了。所以，合理进行时间管理，对每一个卖家来说都显得尤为重要。

那么，怎样才可以让时间相对够用一点呢？那就是必须对时间进行合理的划分，按淘宝的时间规律，以及事情的轻重缓急来进行有序的安排。每周有每周的时间计划，每天有每天的时间安排，这样才能有条不紊，忙而不乱。

2．用表格管理，实现管理科学化

可以使用数据库，也可以使用 Excel 或 Word 表格来管理。

（1）可以利用进销、库存表格进行仓储管理，随时了解货物的进出情况。哪种货物销得好？哪种货物销得差？每种货物还有多少库存？都能够从这些表格里反映出来。

（2）可以建立现金日记账，记录每天的现金收入与现金支出，随时掌握现金流量情况，计算现金周转率，据此制定销售策略，提高现金利用效率。

（3）建立客户资料表格，尽可能详尽地记录每一位买家的资料，包括姓名、性别、地址、电话、年龄、生日、爱好等，以备所需。

当然，这些表格可以根据自身需求进行个性化设置。目前市场上也有一些现成的网店管理软件出售，建议规模大一些的卖家不妨用一下，可以大大提高管理效率。

3．买家关系管理，提升客户忠诚度及店铺美誉度

良好的买家关系是促进成交，以及再次成交的有力武器。

（1）诚信经营是良好客户关系建立和得以持续巩固的前提。诚信包括在硬件和软件两方面。硬件方面要提供质量有保障的产品；软件方面要重承诺、讲信用。

（2）售前要热情接受咨询；售中要仔细包装，快速发货；售后要全程跟踪，耐心指导。细心的人肯定看出来了，其实这就是服务的全过程。热情、耐心、细致的服务，是打造顾客关系的必要条件。

4．利用千牛软件管理，让客户管理更加有序，宣传更加便捷

在淘宝上开店，卖家用得最多的就是千牛软件了。千牛带来的不仅是沟通上的便利，有效利用千牛的一些功能，还能让卖家事半功倍。

有效利用千牛分组，有针对性地进行信息发布。利用千牛分组可以把买家与卖家分开进行管理，咨询者与已购买者分开进行管理，咨询类别不同的人区别进行管理。根据客户分类将买家关注的信息进行有针对性的传递，这样既不会让买家觉得反感，还会让他们感觉到受重视。

14.4　网上开店最新防骗术大全

俗话说：骗人之心不可有，防人之心不可无。随着网络开店交易的迅猛发展，网络诈骗也随之普及，下面总结了网上常见的具有代表性的诈骗形式，提醒卖家谨防上当受骗。

1．金蝉脱壳——发货在先陷阱多

（1）拿货开溜：卖家在交易时，切不可着急发货。有的买家谎称自己不会使用支付宝，收到货后用银行汇款，只要货一发出，买家就人间蒸发。一定要使用支付宝，或款到发货。

（2）骗取半价：有的买家称信不过卖家，先付一半的货款作为定金，货到后再付余款。卖家一定不要相信对方，因为只要你的货发出，那一半的货款可能会收不回来了。

（3）谎称付款：卖家切记在发货前要查看交易状态，买家是否付款。有些买家在旺旺上留言谎称已付款，有些粗心的卖家不看交易状态就轻易相信，造成损失。

（4）真传假汇：有的买家把银行的汇款单传真过来，卖家要在查清汇款是否到账后再发货，因为有些传真来的汇款单是假的。

2．瞒天过海——同城交易有猫腻

有的买家与卖家同城交易后，却申请支付宝退款，理由是“没有收到货”，卖家自然无法提交发货凭证，只好吃哑巴亏。

提醒卖家：为了杜绝任何受骗的可能，同城交易时最好让对方写下收据，并防止假钞。

3．移花接木——退货之后藏隐患

如果买家要求退货，一定要在收到货后再退款。如先退款，可能再也见不到你的货了。一定要严格按流程走，收到退货后再退款或换货，为了防止买家在货物上做手脚，一定要当着快递员的面拆开，确认货物没问题后再签字。

4．借刀杀人——木马钓鱼网站搞破坏

常见的用钓鱼网站的骗术有以下几种。

（1）骗子拍下卖家的商品，借口说没有支付宝，不放心和卖家交易，需要卖家在另外一个担保网站下一个担保，否则就不予交易。这是骗子盗取账号和密码的伎俩。不要轻易在其他网站提交你在淘宝的任何信息，保护好自己的账号和密码。

（2）邮件欺诈。骗子买下宝贝，声明已经付款，让卖家查收邮件看是否已经付款。一旦店主单击了邮件中的链接，输入账号和密码，账号立刻泄露。一定在淘宝网上查看交易状态，不要轻信此类谎言。

（3）骗子声称已用网上银行转账付款成功，并且信誓旦旦让卖家查询是否到款。注意提防骗子伪造银行页面进行盗号。一定要熟悉各类银行网址，谨防被骗。

（4）骗子伪装成买家，给买家发送带有木马病毒的文件。如果单击了，很可能账号和密码就会被盗取。警惕接收一切可疑文件，避免电脑被木马病毒侵袭。

所以，数字证书、杀毒软件一个也不能少。

5．使用 Photoshop 制作付款截图

此骗术是对方拍下你的商品，马上发来一个“买家已付款等待卖家发货”的用 Photoshop

制作的付款截图，然后不断地催促你发货，如果你看到这个截图，而没去查看收款信息就发货给买家，那么很有可能就上当了。所以无论对方如何催促，一定要在自己的“卖出商品”中看到“买家已付款等待卖家发货”的提示才能发货。

6. 明修栈道——可恨之极

交易谈好以后，骗子说自己没有支付宝，要求用银行直接汇款。只要卖家将自己的银行账号告诉他，他马上就会用该账号登录网上银行，然后乱输密码，直到当天错误密码达到最高次数时告诉店主，他的款已经汇过去了，让店主查一下。多数卖家都是直接通过网上银行查账的，这时卖家再登录时发现密码错误无法查账，骗子买家会一直不停地催店主发货，说已经汇款了，要求店主马上发货。

这种情况下新卖家，急于成交、经常做虚拟商品销售的（因为发货就是发卡号或者密码之类的）卖家容易被骗。

遇到此类情况应该告诉他现在网上银行无法登录，只要他转了账，明天查明到账以后再发货不迟，至于他再说其他的，可以选择性无视他。还可以使用手机银行查账，现在多家银行都开通了手机银行或者电话银行。

7. 中奖信息诈骗

骗子通过 QQ、淘宝旺旺等网络聊天工具，以及网络在线游戏、电子邮件等途径，向网友群发虚假中奖信息，提示人们登录活动网站主页或拨打咨询热线及时领取奖金。而当你拨打领奖热线后，对方会告知必须先交个人所得税或邮寄费用等款项，致使一些不明真相的网友受骗。

14.5　怎样打造优秀的网络销售团队

当网店销售规模达到一定程度，仅凭店主一个人很吃力，而又无法继续扩张的时候，再想扩大经营时会有点力不从心，这时就需要组建一个网络销售团队。网店管理是一个具有持久性、连贯性和整体性的系统工程，所以对于人手有限的网店来说，掌握一定的管理方法来提高工作效率至关重要。根据管理范围和内容的不同，在专门的网络销售团队中，有客服人员、库房管理人员、财务出纳人员、采购人员等。

1. 寻找合适的客服人员

客服主要负责与顾客联系、建立客户档案并进行管理、收发邮件、到账查款、信用评价、给顾客发送促销活动通知等烦琐的日常工作，是网店和顾客之间的纽带和桥梁，所以首先应该增加的职位是客户服务。一般安排一个人专职做客服就可以了，如果店铺中的商品分类多，交易量大，或是还有其他网站的业务，可以安排两三个人分工负责。客服最好是细致、耐心、机灵点的女孩，最基本的要求是普通话要标准、打字速度要快并且反应灵敏。

客服人员首先需要掌握的就是熟悉产品，如果可以，则尽量多教客服，当店主不在的时候，客服可以独当一面。

为了加强与顾客之间的良好关系，保证和拓宽客户群，客服人员最好花一些时间来研究顾客的购物心理，分析他们对服务方面的需求。如果有空余时间，可以陪顾客或网友聊天，培养潜在的顾客，但一定要注意时间的把握，要在不耽误自己其他工作的前提下适当安排时间。

2. 确定客服人员薪水待遇

客服人员的工资一定要和销量挂钩，一般要按销量提成，但是还要有一个最低保障。千万不能是固定的工资，否则员工肯定没有积极性，而且很容易觉得收入和工作强度不成比例。客服人员的合理薪水应该等于底薪+提成+奖励−处罚。

底薪需要根据各地的消费水平来定，因为某地消费水平最能反应当地的经济发展情况，所以卖家在招聘客服前要仔细地了解一下当地的经济情况，把当地常见的服务行业的工资标准都了解一下。这样做的目的是不会亏待了客服人员。卖家肯定都知道，客服这项工作是最烦琐的，所以薪水不能定得太少，太少了没有人会愿意干，但是底薪又不能定得太高，太高了人容易产生惰性，要定一个合适的底薪。

3. 商品拍照登录人员

这个位置可以说是网店中的“核心技术”，很多卖家都是自己在做。在网店达到一定规模后，有成千上万件的商品，就需要一个专人来管理在线商品，而这个岗位又必须和客服分开。店主应该把主要精力放在进货上，至于拍照、描述、登录最好也找有网页设计基础的人来做。第一可以保证页面制作美观专业，第二可以增强推广力度。任何职位工资要与业绩挂钩，而这个职位的提成也可以用网上拍下商品的数量或商品的浏览量来计算。

4．财务人员

财务人员的工作是每天记账管钱，银行查账的工作可以交给客服来做，但是财务要每天复查，如果已经注册公司的还要做必要的报表。另外购买办公用品、交水电费都可以让财务去做。虽然对技术要求很低，但是财务的人选比较关键，最好是自己的直系亲属，例如父母、兄弟姐妹、配偶等。如果实在没有就雇一个有会计证书的，因为这样的人毕竟要在这个行业发展，相对会有比较高的职业道德。

作为财务人员还要学会使用简单的表格统计店铺每天的收入和支出，做到及时、完整、准确地进行整理汇总和综合分析，并建立相应的统计报表。

5．库管员

如果店铺的商品种类多，数量大，可以请一个专职库管员。库管员是一个比较辛苦的职位，作为库管员，除了要拥有库管员的职业要求外，还必须具有较强的工作责任心和热情的服务态度，必须随时关注店铺的库存余量，确定哪些商品已经缺货，以便将其及时下架，以免给有此商品需要的顾客造成困扰。此外，通过定期盘点库存，并推出相应的促销活动来清仓，还可以快速动销产品，盘活资金。对于服装、食品等时效性较强的商品来说，及时清仓是减少亏损的一种有效方法。

6．忠实的采购人员

网店商品的采购一般是店主自己做，也可以让自己的亲戚负责帮忙进货。很多店主都不愿意用外人做采购，第一怕他们在进货时拿回扣，第二怕采购员自己出去单干。不过如果采购量确实很大，而自己又没有亲戚可帮，也可以招聘专门的采购人员，一般可以用下面的两种人。

第一是随遇而安型，这种人一般没什么太大的野心，对生活也没有太多要求，可以跟着干很久，一直都是一个帮手，没有自己创业的魄力。但缺点是进取心不强，另外可能会贪小便宜吃点回扣，只要不太过分完全可以聘用。

第二种是豪爽型，这种人可能胸怀大志，野心不小，但是为人正直，属于性情中人。他们不贪朋友的小便宜，而且进取心强，主动性很高。缺点是天下没有不散的筵席，也不可能让这类人干很久，只要走后不用你的关系与你在同一个平台竞争就不算过分。

7．建立奖罚分明制度

让卖家最头疼的可能就是客服对于网店信誉度并不是很关心，所以在售后服务方面并不是很积极，有时也会因为态度不好得罪买家，最好制定一些奖罚措施，比如得到一个差评扣100元，连续两个月都是好评奖300元等。

当然有一点要注意，要先分析原因，要仔细听客服的解释，再以店主的身份跟顾客联系，只要弄清楚事实就好办了，如果的确是客服的过错，那么必罚无疑，罚一次全体客服都会引以为戒。还有处罚和奖励的额度一定要提前拟好，打印出来贴在客服工作间里显眼的位置。

8．设立投诉专线

设立一个专门用于投诉的电话，这个专线最好是店主本人的手机号码，这样做既可以监督客服工作，又可以服务买家。

9．做好老板的学问

要成为一位好老板就要和蔼可亲，只有这样才会得到员工们的支持。首选要把自己的位置摆正，在管理的原则上要真正为员工服务，只有这样才会得到员工的认可，让他们把公司当成自己的，达到赢利赚钱的目的。一般比较好的老板有下面两种。

第一种：为人谦和、容易沟通、重情重义。这种老板是儒家学说的典范，与员工以兄弟姐妹相称，以德服人。员工往往发自内心地把工作做好。当然这也和自己的性情相关，不是谁都能达到这种高度的。

第二种：身先士卒、赏罚分明、说一不二。这种老板是坚定的法家拥护者，以法制赢天下。制定严格的纪律并且主动遵守，该赏则赏，该罚必罚。虽然严厉了一点，但是新员工也容易融入体制，不怕人员流动。但建议在大事情上还是要宽容一些。

14.6 打造百年网店品牌

网店品牌的建立必须以优质的商品质量和真诚的服务态度为基础，这需要卖家具有强烈的品牌管理意识，有意识地维护网店的品牌形象。良好品牌形象的树立要求关注每一个细节，既要把握所有与顾客沟通的环节，也要把握所有可能冲击品牌声誉的元素。

在网店或其经营的商品成为名牌，拥有了比较高的知名度，特别是比较高的美誉度后，会在买家心目中树立起极高的威望，使其表现出对品牌的极度忠诚。品牌网店就会像磁石一样吸引消费者，买家会在这种吸引力下形成品牌忠诚，反复购买并重复使用，且为其不断宣传，让其他买家也会在名牌产品的磁场力下开始被吸引，并可能同样成为此品牌的忠实消费者，从而有效降低了宣传开发新买家的成本。

采取精细化的品牌传播是网络商店开展品牌建设的核心环节。一方面，由于网店拥有资金规模小的天生缺陷，这就注定了网店不可能投入大量的资金去做品牌；另一方面，由于网店数量巨大，品牌传播的难度越来越大，这就意味着传统的品牌传播方式不适合网店塑造品牌的需要，网店要成功塑造品牌，必须走适合自己的精细化的品牌传播道路。可以从以下几个方面来具体操作。

1．店铺装修传递品牌信息

网上的品牌店铺通过豪华的装修来传递品牌信息，同样网店的品牌建设也可以通过对装修来传递品牌信息。网店的店铺装修主要包括店标的设计、店招的设计、商品图片的处理、商品描述模板的设计、店铺公告和店铺介绍的说明等。这些都是消费者进入网络商店选购商品所接触到的，网店可以充分利用这些资源传播自己的品牌信息。同时，网店在进行店铺装修的时候，应该使店铺装修之后的风格与品牌风格相符。

2．利用网络免费资源传递品牌信息

互联网上有许多免费的网络资源，网店可以充分利用这些免费的资源进行品牌传播。论坛是传递品牌信息的绝佳场所，此外，博客、QQ、阿里旺旺等都是很好的免费资源，网店如果利用好这些免费资源，将会收到意想不到的效果。当然，网店也可以通过花钱去网站上做广告来进行品牌传播。

3．赞助活动传递品牌信息

在电子商务平台的论坛里，经常有各种各样的活动。有些活动是官方的，有些活动是论坛自己开展的。对于各论坛自己开展的活动，一般都需要赞助商，这时网店可以考虑通过赞助活动来提高自己的知名度。由于活动举办方会大势地宣传活动，活动的曝光率相对来说高得多，网店虽然赞助付出了一点，但收到的回报也是相当高的。

4．在销售过程中传递品牌信息

虽然在网上交易中是互相看不到对方的，但销售过程是与买家直接接触的。网店应充分利用好这个机会传递品牌信息。在销售过程中主要是通过与买家的交流、成交信、发货通知书、信用评价等形式来传递品牌信息的。此外，发货也是网上购物不可缺少的环节，网店可以在发货上下功夫传递自己的品牌信息，例如可以在包装盒上印上自己的品牌标识，发货时在包裹里放一张印有自己品牌标识的书签、购物清单，以及印有自己品牌标识及店铺信息的手提袋等。

5．售后服务传递品牌信息

现在买家购物越来越理性，消费者在进行购物时，很大程度上会考虑售后服务，售后服务如果不好，则消费者很有可能就不会选择该产品，因此售后服务非常重要。同时售后服务也是传递品牌信息的一个非常好的环节，在售后服务过程中传递品牌信息是一把双刃剑，这主要取决于售后服务是否能让买家满意。如果让买家满意则能在买家心目中树立良好的品牌形象，否则将会损害品牌形象。

6．构建网络商店品牌文化

品牌文化是网络商店的无形资产，是网络商店竞争力的一种体现。拥有品牌文化的网店比没有品牌文化的网店更具竞争优势，而拥有强大品牌文化的网店则无疑是市场上的领导者。品牌文化越强，意味着网络商店在 C2C 电子商务市场上得到消费者的认同越多，影响消费者的作用也就越明显。

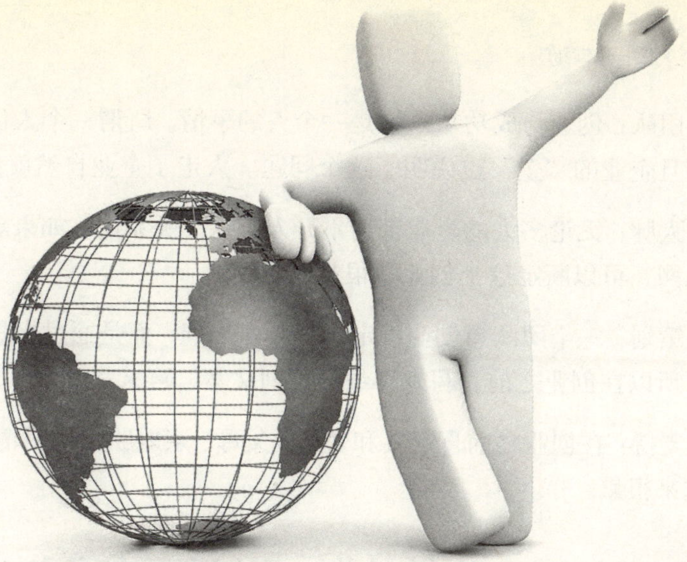

第 15 章 网店创业成功之道

开店指导

一旦选择了创业就一定会遇到各种的问题，若想成功，从开始创业的那一刻起，就应该一直保持自己的那份激情和动力，积极主动只能多不能少，面对问题应乐观、积极地去迎接，去解决。人们常说“坚持就是胜利”，事实的确如此，不懂得坚持的人是极难成功的，失败的人大多都是输在了不能坚持上。要想成为一名成功的创业者，就一定要明白自身的责任和使命。

15.1 成功创业五部曲

有自己的事业是很多人的梦想，但盲目创业并不能带来你想要的结果。如何成功创业？下面的创业五部曲或许能给你带来更多的启发。

（1）创业资金：创业最难的就是启动资金的问题了。空手套白狼很显然不适合现代社会，所以在想创业时，一定要考虑自己的资金是不是够支撑你走过创业初期的一段时间。

（2）创业团队：创业与成功从来不是一个人的事情。所谓一个人创业叫单干，团队创业才叫企业。而且企业的“企”也说明了这个问题。人走了企业自然就停止了。

（3）创业人脉：无论多大的企业都离不开人脉这个关系网。如果想创业，但是自己没有一点人脉关系网，可以断定这个创业是很难成功的。

（4）创业策划：一个团队想创业肯定不是心血来潮，而是通过大量的实践验证和想法来开始策划的。所以在创业之前，写好详细的策划文案，再来一步步实施是非常有必要的。

（5）创业支持：在创业之前肯定要和爱人、父母、亲戚朋友说明情况，获得他们的支持。否则自己做起来很累。

15.2 防微杜渐，时刻要有危机感

经常开店，时时有危机伴随。危机到来之前，总会出现一些征兆，譬如经常光顾的顾客突然不来了，一贯销售量稳定的商品突然销量暴跌，刚刚培训好的客服突然辞职等。如果你视这类事情只是“偶然事件”而置之不理，时日一长，经营就会丧失生命力。

在此情况下，积极提出“为什么”的疑问，是预防危机的开始。早期发现、早期防范，说明店主的危机防范意识比较强烈，而训练自己对问题有强烈敏感度的方法是制订“突发事件的防范计划”。防范突发事件，就是预防万一，面对紧急情况，可采取相应的策略。

（1）要有一种危机感

聪明的创业者应时时有一种危机感，具有忧患意识，对一切可能出现的不利因素有所认识。对于意识到的即将发生的危险问题，要及时处理，不能拖延。

面对日益激烈的市场竞争，任何一位创业者都要做好应对的准备。商场上只有积极进取的常胜赢家，没有恃才傲世的常胜赢家。心中没有忧患意识，对一些突发事件不予以重视，很可能就会栽跟头。

（2）不能长久沉溺于成功的经验中

随着时代的快速变化，以前能够助你取得成功的技术及资料，现在未必畅通无阻，也许会成为成功的绊脚石。一味地沉溺于过去的成功经验很可能会导致以后的经营失败。

摆脱过去的经验，才能避免错误。一些新经验、新技术要继续精进，还需要积极吸引符合时代潮流的新知识。即便只有一些细微变化，也需要致力于应变之道。

譬如当销量一直很好的商品突然滞销，倘若你漫不经心，认为还能恢复以往的红火状态，那就会无法挽回。商品之所以不受欢迎，是因为市场及消费者的改变，造成了商品与销售方式出现了偏差。

倘若发现销售状况不好改变时，一切都已迟了。因此，切不能忽视经营中的各种异常情况。一些过去成功的“必胜”技术与知识，往往会成为今后失败的原因。

（3）培养“水坝意识”

为了使店铺经营稳定发展，“水坝式经营”是非常重要的观念。修筑水坝是为了拦挡和储存水库中的水，保持必要的蓄水量，以适应气候或季节变化。

倘若公司的每个部门都能像水坝一样，哪怕外界情况突变，也不会受太大影响，而且能够维持稳定地发展，这就是“水坝式经营”的观念。资金、人员、设备、技术、商业计划等，都必须有“水坝”，并能充分发挥其功能。

另外，要经常保持适当的库存，以应付市场的急增。要为下一个经营周期做准备，如果能随时运用“水坝式经营”的方法，即便外界发生变化，也能迅速、适时地应付多种变化，来维持稳定的成长与经营。这就与水坝在大气干旱的时候可以借助平时的蓄积来解决水资源短缺的情况相似。

（4）做到防微杜渐

许多经营者，尤其是小店主，经不起意外打击，一次失足可能就爬不起来了，因此，经营者要有眼观六路、耳听八方的能力，防患于未然，在问题尚在萌芽之际，就要将它解决掉。

经商开店，要时刻保持一种危机感，以应对经商过程中的各种突发事件，使你的店铺避免亏损瘫痪。

15.3　及时寻找生意冷淡的原因

生意冷淡，是店铺经营开始走下坡路的征兆，如果不及时采取措施，店铺就会出现亏损。因此，店主一定要洞悉生意不佳的原因，然后对症下药，才能化险为夷。

下面总结一下网店生意不好的常见原因，希望能够引起店主的重视。

1. 所选项目是否属于冷门，市场需求大不大

现在网店销售的商品品种是五花八门、琳琅满目，但比较热门的还是女性用品、化妆品、

衣服、数码产品、饰品等。当然并不是叫大家都去经营这一类，但必须要了解自己所选择项目的关注度、需求度是否比较高，关注度、需求度比较高当然成交概率就高。像类似药品、五金工具、乐器、插花、文具等，相对来说属于需求偏少的门类，虽然也有做得好的，但毕竟比热门来说成交几率偏低，所以经营冷门项目需要更大的耐性和毅力。如果选择了冷门就不用过多烦恼为什么生意清淡少人询问，给自己时间，理性地渡过正常的“萧条”阶段。

2．商品定价是否合理

价格是买家购买商品最敏感的因素。一般而言，买家总是希望花最少的钱买更多的东西，不少店铺因为商品定价不合理而失去了大批的客户。商品定价时要参照淘宝上其他店铺的价格行情，然后再根据自己的利润确定。

3．商品的图片是否有问题

网上销售第一感观就是图片，一幅好的图片胜过千言万语。不少店铺的图片长短不一、灰暗阴沉、背景杂乱，或者只有一张图片而没有其他细节介绍，如果你都不能被自己的图片吸引，那就更吸引不到“挑剔”买家的眼球。甚至有的连商品的图片都没有，大大影响买家的判断和挑选感受，当然也会影响商品的销售了。

4．商品描述文字是否详细全面

有了好的图片再加上详细的文字描述，买家看了之后才会有购买的欲望。所以把商品的功能、特性、型号、质地、风格甚至保养方法等描述清楚，是促进商品成交的前提。

5．在线时间是否有保障

这一点想必不用多费语言来介绍，但其重要性却是有目共睹的。商品产生成交机会，有时真的只是一线机会，足够的在线时间是网店成功经营的起码条件。

有很多买家都会看店主是否在线，如果不在线，则就不会进入该店铺，宁愿去找其他的店铺，因为不在线就无法对商品进行咨询了。

6．销售的商品是否单一

有的店铺开始销售仅限于女装，随着买家询问的需求，不断丰富起其他产品，如包包、饰品、围巾、帽子、鞋等关联品种，这也满足了一些买家一次购买多件商品的需求，既节省时间也节约费用。产品丰富时，买家一般会搭配购买，在慢慢提高成交数量的同时也加快店铺信用的增长。

7．是否每天都有商品上架

保证每天、每小时都有新品上架，也就是店铺时刻都有新品上架，这样买家才能有更多的机会搜索到你的商品。每天要多次关注橱窗推荐，如果每天只关注一两次，则远远不够，因为店铺的推荐商品不断下架，那就要多次推荐，只有推荐的商品才更容易被买家搜索到。

8．商品名称是否完整且吸引人

别小瞧这看似不起眼的商品名称，它直接关系到别人能否成功搜索发现你的商品，尽管只有三四个字，但只要详细、贴切、合理，一样对成交产生着很大影响。不少新卖家在为商品取名方面非常简单，甚至标题基本雷同。商品起名时需要让买家了解到商品的作用、颜色等属性或其他特定意义的词汇。

9．是否重视店铺的宣传

在店铺没有开起来之前，店主最关心的问题就是如何把网店尽快开起来，并且装修好。可是一旦店铺开起来之后，多数店主会为店铺流量而伤透脑筋。网上开店最怕没人光顾，毕竟酒香也怕巷子深，网店的宣传推广也是一个系统工程，应该考虑诸多方面。

10．服务水平是否欠缺人性与灵活

在这一点上绝大多数新手卖家都充满自信。事实上，很多人觉得新手卖家的服务态度比钻石、皇冠卖家要好得多，也许因为买家少而更真诚更细致。但这并不是指所有新手卖家，也有不少有“服务”但没“技巧”的卖家。总之服务是一门学问，从服务中买家可以感受到店主的性格、态度、品性和专业度，如何做到服务恰如其分，让买家成为朋友也非一日就可练就，只能客观地寻找自身原因，理性并积极改善才能走得更顺畅。

15.4　开独立网店的好处

截至 2013 年 12 月，中国网民规模达 6.18 亿，互联网普及率为 45.8%，有 3 亿多网民会选择在网上购物。随着网民数量的不断增加，中国互联网正在形成一个巨大的网络消费市场。

面对如此大的蛋糕，越来越多的人开始选择在网上开店。但由于各种原因，许多人选择在淘宝等电子商务平台上开店，不免有些寄人篱下、受约束等遗憾。下面，分析一下开设独立网店的 6 个好处。

1．品牌的树立

建设网站首先需要一个漂亮的域名，这样方便记忆和传播。在淘宝等平台中开店，得到

的店址比较长，不便于记忆。拥有独立网店，宣传的是自己的域名，将商家和客户聚集在自己的平台上，在自己付出努力的同时，也为自己的网店赚取流量和知名度。另外，可以设计有自己特色的页面、支付接口、购物车等，让店铺看上去更加专业，增强客户的认同感和归属感。

2．设计的自由

如果自己架设网上商店，可以根据所卖产品的特色设计模板，增加栏目。比如卖玩具的网店，可以将页面设计得更为卡通一些，多开通一些史努比、芭比娃娃等特色栏目。这就如同开实体店的装修一般，经过精心装扮的精品店铺更能被人们记住。

3．更易的推广

拥有更加易记的独立域名、空间、特色页面和功能，网店就更加容易推广了，而推广的结果（包括流量、知名度）都完全归自己的独立网店所有。而且，自己做的网店系统中的搜索引擎优化可以做得很好，更加有利于网店及其中的商品页面被搜索引擎所收录，从而被更多的潜在买家搜索到。

4．拓展网络市场

如果是企业，更应该开设自己的独立网店。开独立网店可以在拓展网络市场的同时，为企业产品在网络中做无成本的口碑宣传。另外，企业可以根据需求，通过独立网店的开发团队定制如代理商平台、加盟商平台等功能，更好地拓宽产品的销路。

5．降低成本

现在，C2C 商务平台的各种收费越来越多，网店需要投放各种推广广告才能赢利。而独立网店有效地降低了开店成本。另外，网店还可以让企业用最低的成本，在全国范围内获得客户，并更快、更好、更集中地为他们提供各种服务、咨询，以及售后等问题的解决方案。

15.5　摆正心态才能成功

选择在网上开店创业意味着要付出很多，但不一定会得到理想的回报，如果心态调整得不好，将会遇到很多困难和障碍。要让自己的网店长久活跃在网络这个平台上，作为网店经营者就必须要拥有良好的心态和坚韧的毅力，要贯彻“全面认准了就要坚持”的原则。

1．坚持不懈的心态

网上开店心态最重要，只有坚持，坚持，再坚持。在网上开店和现实中一样，不是把货拿回来了，摆上架就会有钱挣，还需要做好服务方面和宣传方面的各种工作，有时甚至会有一段时间生意是冷清的，如果缺少坚持不懈的精神，就永远看不到胜利的一天。

2．不断学习的心态

不断学习，不仅仅是学习前辈们的经验，同时也要各学习各方面的技能。比如可以去那些做得好的店铺中，看一看有什么自己可以借鉴的。卖衣服的就多学习服装的搭配、色彩的搭配、面料的区分和特点等。

3．务实耐心的心态

做工作要实实在在，不懂就问，不要打肿脸充胖子，也不要想着能一步登天。成功的人都是从每一件小事做起的，只有脚踏实地把小事做好才能为大事做准备。在网上开店，每天重复的事情很多：店铺管理、推广宝贝、在论坛发帖回帖……这需要你有足够的耐心，否则就会失去很多顾客，没法做好生意。

4．了解风险意识

商海无情，再小的买卖也是有风险的。风险不可怕，只要用冷静的头脑去分析市场，做事有条理，有依据，有决断，未雨绸缪，就可以把风险控制在最小范围内。切忌畏缩不前，也不能盲目冲动。网上开店创业最大的失败就是放弃，三分钟热度那是对自己的不负责任，只有调整好心态，不断提高自己的从业技能，才不会在激烈的竞争中惨遭淘汰。

5．学会付出的心态

付出了不一定有收获，但是不付出就一定没收获。虽然有时付出了没有收获，但却在努力的过程中无形得到了很多，比如学会了怎么样去努力、怎么样去珍惜等。不要太计较眼前的得失，只要你真正努力去付出了，总有一天你会得到很多你意想不到的。

6．推陈出新的心态

这个社会变化太快，要跟在时代的最前沿才不会被淘汰。看看世界的变化，观察身边的市场，时刻保持自己的想法是跟得上时代的，是适应这个社会的。不好的习惯和方法就改，多点自己的创新。有了这种心态，自己才会不断去改变，才不会落后于人。

7．把买家当朋友的心态

即使不能把买家当作上帝，也要把买家当自己的朋友去对待。只有真心对待买家，生意才能持久发展。如果总想着自己能占别人的便宜，那么店铺是无法发展下去的。

8．勇于承担责任的心态

一旦自己的货有了问题，或者是出现了别的问题，买家找你的时候，千万不要找借口推卸。勇于把责任承担起来，该道歉就道歉，即使自己有委屈，买家在气头上说了很难听的话也不能和买家吵架。有了这样的气魄，别人才会信任你，误会才会消除。有了相互之间的信任，生意就不是问题了。

15.6　不怕失败，创业才能成功

任何一位成功的人在各种紧要关头，都具有临危不惧、不怕失败、顽强拼搏的精神，都能在最艰难的时候，不灰心丧气，并能不断地在失败中认真总结教训，迎难而上，化耻辱为动力，从而增加了成功的机会。他们的可贵之处就在于跌倒之后有所领悟，而不是莫名其妙地爬起来。

我们每个人都会面临各种挑战，各种机会，各种挫折，这时候你的抉择，你承受的挫折的能力，就是你未来的命运。

成功不是一个海港，而是一次埋伏着许多危险的旅程，人生的目的就是在这次旅程中要做一个赢家，成功永远属于不怕失败的人。

（1）避免更大的失败

“善败”者都是善退者，不善败的人，一般都对“失败之势”不能准确判断。倘若感到失败仍然抱有侥幸心理，悲观地等待，那么，等来的只会是更大的损失。作为老板，要想在失败来临之前避免失败，首先应对市场竞争态势有准确判断，能够清楚认识到将要来到的时机和领域；其次是善于快速退却，从而避免或减少损失，即抓住失败前的有利时机，抢先主动收缩或撤出必败的领域。

（2）以退为进抢占市场

退却实际上是一种间接的进攻策略。在激烈的市场竞争过程中，如果能够巧妙地让出一方市场，开辟出一方新天地，将其作为目标市场，最后包围先前让出的市场，则实质上是一种商战绝招。

（3）防止无节制的败退

面临失败的形势时，应该先退、早退，但这种退却并非无节制、无止境的溃退，而是为下一轮竞争做好准备。许多商家失败的教训给了我们很大的启示，无节制的败退必将导致店铺迅速解体，形成一败涂地的局面。因此，不管你面临何等严重的困难，处于何种危险的局面，都不能惊慌失措，而应尽全力挽救颓势，尽量使损失减少。当失败局势定形时，不能指望会出现何等奇迹，唯一的选择就是在撤出该经营领域的同时，在其他经营领域内采取一些打破常规的管理措施，将损失减少到最小程度。能在面临失败的形势下，将损失减少，就会战胜危机。

（4）退而求稳是良策

做生意要时刻分析商情，踏实前行，这样坚持下去必会获胜。因此，有多少钱就做多少钱的生意，盲目扩大只能使经营陷入无法收拾的境地。与其盲目扩大经营，不如保持小规模经营，倘若遇到困难，就可立即减小规模，不能做赔本生意。小生意不会有暴利，与其想一夜暴富，不如安分守己，退而求“稳”。

（5）及时调整经营策略

一个经营者，必须制定适应经营需要的经营策略。随着经营进程的不断提速，你更需要不断地调整你的经营策略。

这里存在两种情况：其一是在经营过程中如果你发现自己制定的经营策略存在问题，就需要马上进行调整，这样就能减少损失；其二是在经营过程中要随着市场不断变化，你所定制的经营策略也不能不变，必须随着市场的变化而做出相应的调整。

商场上处于逆境并不可怕，可怕的是你没有胆量将逆境击垮，有了打破逆境的力量，就能使一个面临颓败的企业起死回生。

15.7　造成店铺倒闭的原因有哪些

中国电子商务研究中心日前发布报告称，淘宝目前有 800 万卖家，每天停运或倒闭的卖家有近万个。有分析人士指出，2013 年以来电商行业价格战升级，加速行业洗牌，一大批缺乏资金实力的中小卖家将被淘汰出局，淘宝网店的生存空间也将日益被压缩。造成店铺倒闭的原因有以下几种。

1．无规划无计划，走到哪步算哪步

从一开始就没有规划网店的目标是什么，走一步算一步，比如只有一个销售目标，当月销售额多少万元，依据是什么；为完成这些销售额，推广要如何做，在一个月里淘宝直通车有什么推广计划，活动策划如何在节假日提前一个月来准备等，这些都要规划好，否则肯定会失败的。

2. 无经验，摸着石头过河

淘宝上很多卖家是兼职的，不亏即可，有赚更好。经验来自对业务的熟悉，当团队中没有人对淘宝最核心的运营一职熟悉的时候，店铺就会面临可怕的局面。

3. 乱搞促销活动

这种乱搞促销活动的问题，绝大多数的新卖家都有。具体体现为：一味地进行店内装修、店内页面优化、店内活动策划，就是不知道去店外推广。本来，他们的网店就缺少人气，可他们还是坚持在店内搞活动，在这种情况下搞秒杀，不仅不会搞红火，还会带来巨大的亏损。当连续亏损了几个月后，一般店主就会没耐心，最终，往往就会走向店铺关门的结局。

4. 过度使用聚划算和淘宝直通车等工具

本来聚划算和淘宝直通车是很有用的促销工具，可如果使用不当，则不仅会带来亏损，还会使得团队迷失方向。有些店主，就知道使用淘宝直通车、聚划算、钻石展位等这些大量"烧钱"的工具，因为一"烧钱"就有人流了，一停止"烧钱"就没了。

5. 不重数据分析不总结

没有经验的直接恶果就是，对数据漠不关心。但是淘宝又是与数据如此密切关联的，而不少卖家除了关注销售额有多少，甚至很少会认真去分析淘宝后台每项的数据有什么意义。

6. 对竞争对手关注不够

关注的目的不是为了模仿，当然，当别人做得比你好的时候，参考别人的长处是非常必要的，否则只是闭门造车，自欺欺人。关注的目的是获取店铺的很多关键性的信息。

7. 不重视细节必定失败

细节决定成败，这对于在淘宝上主要靠文字和视觉效果促成销售的方式来说更为明显。淘宝上需要注重的细节实在太多了。

有些卖家太过粗放，从不关心淘宝直通车有无背景图，以及有何区别，淘宝直通车上有没有"包邮"二字对点击率、成交率有什么影响，等等。这些直接导致的就是推广做不起来。这些细节在淘宝里有千千万万，涉及美工、客服、推广、运营、文案各个岗位。

8. 不重视客户体验

做淘宝的人都清楚，在淘宝中推广的费用是很高的，所谓隐性的投入，都体现在这些有点击无成交的推广上，但是为了争取买家，尤其是新买家，这笔钱又不能省。一旦新买家生意做成了，如果产品质量过硬，卖家时不时有优惠促销活动，买家可能回来进行二次购买。

推广的费用就是争取新买家，成本比较高，而讲究客户体验则是维护老客户。从成交付款之后的那一刻起，到买家收到货物之前，都要为二次购买作好长足的铺垫，譬如在包裹上写上温馨提示，在节假日、产品促销时发短信等之类。然而，很多卖家这方面做得实在很欠缺，也就是总是靠推广去拉客，而没有形成良性循环。

9．价格战

有一家传统鞋店，为了开拓业务，也开设了网店。实际上，在传统店铺中，他们的价格也比其他商店贵，因为他们的货确实比别家的好。可他们的网店业务员总感觉自家的定价太高了，实际上，他不知道他们产品所用的皮质和做工是完全不同的。因为没有将“材料精美、做工精细”体现出来，而在营销中也没有体现出差异化来，所以，最终，他们的店铺不仅价格总是抬不上去，反而破坏了公司原有的优质形象，导致实体店产品的价格开始下跌。

可以说，网络营销是一种创意营销，特别重视差异化竞争策略和细分市场定位策略，因为单纯的价格战不可能给你带来好的回报。

10．风格多变

同一个网店，主题色、主题背景、主题海报和主题活动经常变换不停，本来这也算是一件好事，至少可以给网友带来一些新鲜感。可是，如果经常没有规律地变换这些元素，网店就会失去主题方向，就会给人以一种混乱的感觉。如果经常变更，则很容易因为失去自己的特色而流失客户群。

11．大量传统企业在淘宝开店

伴随着传统行业的普遍上网开店，新加盟网购的实体企业的资源、资金优势给中小创业者的网店带来致命冲击。

12．高仿产品

另外，淘宝网上的很多卖家实际出售的多是高仿产品，随着知名品牌开展电子商务，以及网络加大打假力度，很多做高仿产品的网店日子越来越难过。

13．外部 B2C 价格战

大型 B2C 企业之间的价格战也波及淘宝卖家。淘宝卖家大多是以价格取胜，而当大量 B2C 企业低价促销并提供更多质量和服务保障时，淘宝卖家的消费者便被分流。中国电子商务研究中心分析师指出，在 B2C 大规模扩展时，淘宝卖家或因缺乏资金、技术等支持而大量倒闭。

博文电商旗下作家智库
BroadWell
电商图书
领导品牌
·提升作家品牌　服务广大电商
决战
移动电商
《决战移动电商》
书号：978-7-121-22318-1
移动互联网时代的
企业生存之道
周翔
移动电商实践先行者
2011 年创立 Kancart 移动电商平台。2011 年《创业家》年度黑马大赛决赛获奖。在阿里巴巴《天下网商》杂志开设移动电商专栏。2012 年福布斯杂志中美 30 位 30 岁以下创业者明日之星之一。PayPal 全球移动战略合作伙伴，亚太区移动战略合作伙伴。2013 上海市团委，第一财经《梦想创业团》最佳商业模式奖。
博文电商
拥有百万电商读者
新浪微博
weibo.com
@网商武器库
微信公众账号
网商武器库
電子工業出版社
PUBLISHING HOUSE OF ELECTRONICS INDUSTRY
http://www.phei.com.cn

博文电商
电商图
旗舰品
全面拯救你的店铺！
淘宝(天猫)这么玩才赚钱！
淘宝大学卖家秘籍 官方权威作品！
集20位淘宝大学老师与核心卖家多年经验，
从卖家角度出发，诠释如何做好淘宝（天猫）！
官方微信：
wangshang03
视觉不哭
美人心计
客户不丢
吸心大法
运营不累
精品电商图书
电商不难
迄今极个性、极直白的电商零售学箴言！
天猫O2O微信时代，最直白的电商零售学箴言！
电商大数据
国内第1本将大数据与电商完美结合的权威之作！
决战移动电商
国内首本移动电商实操参考手册！
左手微博右手微信
企业微营销实战攻略
上百个微信微博运营案例大揭密，一本书掌握微营销的奥妙
互联网思维到底是什么
移动浪潮下的新商业逻辑
最接地气最具实操价值的互联网思维力作！
30分钟玩转视频营销
视频营销，未来十年无可匹敌的营销武器
网站说服力
营销型网站策划
人人都有机会让网站转化率提升300%
做自己
鬼脚七第1本自媒体著作，分享电商正能量！